"共筑长城 文化抗战"丛书

编委会主任

李良志 张宪文

编 委（以姓氏笔画为序）

马 倩	马 博	王子泏	方清刚	田本相	史桂芳	史锡平
刘增杰	李良志	李肖然	李法桢	李新会	肖 红	吴美华
吴祖枝	张云鹏	张立新	张庆军	张自然	张明学	张国强
张宪文	陈林涛	阿 鹰	杨风华	雨 鹤	周大计	郑慧玲
姚 伟	袁凯强	高 丽	曹国华	韩新莉	裴匡一	薛建立

"共筑长城 文化抗战"丛书
主编 李良志 张宪文

抗战信札

主　编　李良志
副主编　吴美华　周大计

河南大学出版社
HENAN UNIVERSITY PRESS

图书在版编目（CIP）数据

抗战信札 / 李良志主编 .—郑州：河南大学出版社，2018.4
ISBN 978-7-5649-3303-6

Ⅰ．①抗… Ⅱ．①李… Ⅲ．①书信集－中国－现代 Ⅳ．① I266.5

中国版本图书馆CIP数据核字（2018）第 088634 号

策　　划	方清刚　马　博
责任编辑	薛建立　马　博
责任校对	柴桂玲　马　静
封面设计	周伟伟

出　　版	河南大学出版社
	地址：郑州市郑东新区商务外环中华大厦2401号
	邮编：450046
	电话：0371-86059701（营销部）
	网址：www.hupress.com
印　　刷	河南瑞之光印刷股份有限公司
版　　次	2018年9月第1版　　　　印　　次　2018年9月第1次印刷
开　　本	787mm×1092mm　1/16　　印　　张　31.25
字　　数	629千字　　　　　　　　 定　　价　68.50元

（本书如有印装质量问题，请与河南大学出版社营销部联系调换）

序

四年前,清刚希望我将十五年前主编出版的《抗战时评》一书重新修订,并希望我主编《抗战信札》一书,一并收入河南大学出版社策划的"共筑长城 文化抗战"丛书,同时希望我担任丛书主编。我那时已经做过癌症切除手术,全部个人藏书和资料捐献给了家乡的图书馆,而且早已辞却一切学术活动。但是,接到清刚的电话,我还是毫不犹豫地答应了。

我之所以愿意老骥伏枥,最主要还是因为抗战这个永恒的话题。

抗战胜利是近代以来中国抗击外敌入侵的第一次完全胜利,它彰显了中国共产党的中流砥柱作用,促成了中华民族的真正觉醒和伟大爆发,形成了载入史册、垂鉴百代的抗战精神,中华民族从此开始了真正的复兴。而在世界反法西斯战争的东方主战场上,中国的文化工作者上演了一幕幕荡气回肠的精彩活剧。文化抗战是中华全民抗战的一部分,是最能鼓舞抗战士气、凝聚抗战力量、揭露敌人罪行的利器和法宝,也是最能展示抗战精神的瑰丽画卷。中国抗日战争胜利的功劳簿上,有文化工作者浓墨重彩的一页。

抗战也是中国知识分子最淋漓尽致的才华展示和精神亮相。他们遭逢的艰苦磨难,他们的执着坚忍、鼓呼呐喊和奋斗捐躯,是胜利纪念碑上不可少缺的坚石,也是伟大的抗战史诗中不可忽略、不可忘却的一篇。

2004年,我和南京大学张宪文先生一道担任主编,与田本相、刘增杰、王少华、张庆军、史博公等专家学者合作,由河南大学出版社出版了包括《抗战诗歌》《抗战戏剧》《抗战电影》《抗战海报》《抗战照片》《抗战时评》等6部著作的"石头说话"丛书。看书名就知道,这是一部反映中国文化抗战的丛书,涵盖了抗战时期中国文化界和文艺界为坚持抗战直至胜利所做的彪炳日月的贡献。丛书以保存、介绍抗战文化史料入手,堪称中国文化抗战的历史活化石。这也正是"石头说话"丛书名的意义所在。屈指十余年过去,在河南大学出版社支持下,原来的《抗战诗歌》《抗战戏剧》《抗战电影》《抗战照片》《抗战时评》5部书经过修订,加上《抗战版画》《抗战漫画》《抗战歌曲》《抗战信札》,一共9部,历经艰难,作为"共筑长城 文化抗战"丛书就要出版了。每部书的主编都是各自领域的专家,每部书都有独特的视角和价值。

从"石头说话"丛书到"共筑长城 文化抗战"丛书,河南大学出版社经历了王刘纯、马小泉、张云鹏三任社长,刘小敏、张自然、杨风华、马博、董庆超、薛建立、马静、韩琳、范昕、翟淼淼、肖凤英等数十位编辑参与其中,作为百年历史名校及其出版社的责任担当与卓识,这是令我不仅感动,同时也钦佩不已的。

我之所以愿以耄耋之躯秉烛夜行,还因为方清刚。

十三年前,因为"石头说话"丛书,我和清刚成为忘年交。那时的他尽管已经年过而立,但眼神清澈而充满激情。他作为编辑,用雨衣包裹《抗战时评》书稿和校稿,然后在雨中骑行十余公里下班回家的情景,是我眼前一道有关出版的别致风景。后来,他潜心于家乡南阳的汉画像石收集与保护,来京时我还向他推荐了北京大学和人民大学的有关专家。那时,他已经过了不惑之年,眼神还是那样执着,充满激情。

很少有人知道,历时十四年的中国抗日战争,最后一战是在河南南阳结束的。遗憾的是,关于南阳会战,多年来一直没有一本正式出版物。作为一个南阳人,而且是有抗战情怀的南阳人,清刚策划《南阳会战——中国对日最后一战》一书，请我任编委会主任，我也欣然答应了。这是我与清刚又一次结缘。

后来，河南大学出版社的马博接力清刚，主持"共筑长城 文化抗战"丛书的编辑出版工作，并参与到书稿的具体通校之中，他的激情与认真，令我十分感动。

马博和河南大学出版社有意将"共筑长城 文化抗战"丛书继续做下去，我会是最坚定的支持者。我也希望更多的学者加入到这一盛事中来，希望更多的人研究抗战、了解抗战。我期待，而且我也相信，在纪念世界反法西斯战争和中国人民抗日战争胜利73周年之际，"共筑长城 文化抗战"丛书会生发更多茁壮的枝芽，绽放出更绚烂的花蕾。如果可能，我愿意继续参与到这部丛书的修订、充实和编撰工作中去。

马博希望我为"共筑长城 文化抗战"丛书作序，我没有推辞的理由。

是为序。

李良志
2017年7月7日于北京中国人民大学校外住宅时雨园

《抗战信札》的编辑思路与解说

《抗战信札》(以下简称《信札》)力求以新颖的视角和翔实的资料反映中国抗日战争的历史进程,记录抗日战争中的重大事件和重要人物,以此吸取历史经验和历史教训。

以"沈阳事件"为起点的14年抗日战争,向人们提出四大问题:第一,要不要抵抗日本帝国主义的侵略?是坚决拼死地抵抗,还是妥协退让地消极抵抗?第二,如何抵抗?我们的政治战略是什么?军事战略是什么?第三,抗战能不能胜利?中国会不会亡?第四,胜利的果实属于谁?战后谁主沉浮?

对上述时局提出的四个问题有两种不同的回答。

对第一个问题,中国共产党人和广大中国人民群众的回答是肯定的,《信札》的一开头就做了表述。中国共产党发表了诸多告人民书,人民大众的抗日救亡运动风起云涌,要求坚决抵抗到底。

当时的南京国民政府对第一个问题的回答是不同的,他们认为当时的日本太强大,而中国国力太弱,抗战的准备又不够,特别是他们认为有红军在后方"捣乱",因此中国只能对日退让妥协,其首要任务是消灭"内乱",消灭红军,从而制定了"攘外必先安内"的反动政策。他们对"九·一八事变"持冷漠消极态度,阻挠1932年上海"一·二八抗战",压制抗战舆论,取缔抗日组织,于是有"新生事件"的发生,非法逮捕爱国领袖"七君子",并对红色区域一连发动五次"围剿"。《信札》对此均做了反映。

当时的人民大众中对要不要抵抗也有不同的声音,如所谓"低调俱乐部",胡适博士最为突出,《信札》收录了有关他的几封信函。

第二个问题是如何抵抗。中国共产党的回答最旗帜鲜明,其号召力也最大。中国共产党的政治战略是建立最广泛的抗日民族统一战线,其军事战略是以山地游击战所支持的持久战。在建立抗日民族统一战线方面,1935年8月1日发表了著名的"八一宣言"告全国人民书。在这个纲领性文献的指导下,中国共产党广泛联络和争取民主人士、著名学者、地方实力派。鉴于中国中间势力的重大作用,《信札》用了较多的篇幅。关于中共的军事战略战术,《信札》有毛泽东的《论持久战》报照,有关于进行山地游击战和平原游击战的多次战略指示。

当时的南京国民政府对中共提出建立抗日民族统一战线持怀疑态度,他们畏惧人民群众的广泛动员,主张单纯的军队和政府抗战,对中共深入敌后发动群众抗日百般阻挠。南京国民政府的军事战略战术则是以空间换时间,大力进行保全城市的阵地战。

在国共两党不同战略战术的指导下,出现了两个不同的战场。中共开辟的敌后战场不断取得胜利,根据地迅速扩大,人民武装很快发展,甚至能组织起有50万大军参加的"百团大战"。南京政府领导的正面战场虽进行了22次著名的大会战,官兵奋勇抵抗,英烈辈出,可歌可泣,但多以失败告终,损失惨重,半年多丧失了近半个中国。《信札》对这两个战场都做了反映。

中国抗战中的两个战场是第二次世界反法西斯战争中的奇特景观,具有史无前例的特征、优点和意义。两个战场相互支持和配合,陷敌于人民战争的汪洋大海之中。中国的抗日战争是第二次世界反法西斯战争的重要组成部分,是世界反法西斯战争的东方主战场,它开辟最早,支持时间最长,战场最广阔,吸引的日军最多,付出的代价也最大,对争取世界反法西斯战争的胜利做出了彪炳史册的伟大贡献。

对第三个问题"抗战能不能胜利",国共两党的回答基本一致,只不过中共的回答最为明确、最为坚决,从未动摇,并有科学的理论依据,其集中体现即是毛泽东的巨著《论持久战》一书。《论持久战》的科学论断为全国人民及至两党所公认,八路军、新四军作战的辉煌胜利和大量国土的收复证明了《论持久战》科学论断的无比正确。

对"抗战能不能胜利",只有汪精卫之流的回答是否定的,他们最后投向日本帝国主义的怀抱,成为可耻的民族叛徒,受到全国人民的强烈声讨和唾弃。《信札》对此作了反映。

中共所建立的抗日民族统一战线,其基础和主体是广大人民群众,其重心则是要争取南京国民政府,争取蒋介石抗日。蒋介石当时拥有全国性政权,拥有几百万正规军,其武器装备也大大优于中国工农红军。抗战没有蒋介石参加,不可能顺利进行,也不可能取得胜利。

中共争取蒋介石抗日,经历了反蒋抗日、逼蒋抗日、联蒋抗日以及联蒋时期的又联合又斗争阶段。《信札》的最初部分反映的是反蒋抗日,因为蒋介石当时把共产党和红军当成死敌,在白区、红区对中共力量进行血腥围剿,中共只能既抗日又反蒋,二者并重。

逼蒋抗日大约在1935年底即开始。1936年9月,中共做出逼蒋抗日的指示,从此全力进行。《信札》以较多的篇幅展现出毛泽东、周恩来、刘少奇等中共领袖致蒋介石和南京国民党政府中枢的信函,其意义重大。

逼蒋抗日,除公开的舆论攻势外,还有重大的"地下动作",这就是从1935年秋开始的国共秘密谈判。谈判有四条渠道:第一条在莫斯科,中共代表为王明等人,国民党代表为邓文仪;第二条是由宋庆龄牵线的上海至延安渠道,其秘密使者叫董健吾;第三、第四条在南京、上海,中共代表有张子华、周小舟、潘汉年等,南京有曾养甫、陈立夫、张冲等。秘密谈判的主要议题一是边区的地位问题,一是红军改编的问题,谈判于1937年秋达成协议。《信札》设专题对此做了披露。

联蒋抗日,是从"七·七事变"开始的。这时,国共两党都宣誓坚决抗日,蒋介石正式承认共产党合法存在,宣布红军改编为中国国民革命军第八路军,南方红军、游击队改编为中国国民革命军新编第四军,我边区政权改称为陕甘宁特区。联蒋抗日后,统一战线呈现出许多新气象,如南京派中央考察团到达延安、两党共祭黄帝陵、中共代表团出席南京最高国防会议、成立国民参政会等。《信札》对此一一做了反映。

在联蒋抗日阶段,由于两党的阶级属性不同,所信奉的主义大相径庭,因而磨擦不断,有大有小,时紧时松,除国民参政会上的公开斗争外,还有1939年冬的"晋西事变"和1941年初的"皖南事变"。《信札》对"皖南事变"作了重点披露。中共在处理国共矛盾方面采取的策略是又斗争又团结,以斗争求团结,磨而不裂,这样既削弱了对方又发展了自己,维持和巩固了抗日民族统一战线。

1936年12月12日发生的"西安事变"是逼蒋抗日转到联蒋抗日的关键性契机,是时局转换的枢纽,这个事件震惊了中外。《信札》对这一事件作了详细披露,呈现的信函也较多。其中,最重要的信函有事变当日张学良致延安的十万火急电报,以及中共中央的多次回复;有蒋介石致何应钦的电报,以及宋美龄致蒋介石的信;还有张学良送蒋介石回南京时留下的手书,以及他被囚禁后致蒋介石的信函。这些信函颇为引人入胜。

中国抗日战争是反侵略的正义战争,正义战争不仅会得到全中国人民的坚决支持,也会赢得全世界一切爱好和平和主持正义的人士的支持。《信札》为此选编了华侨和全世界人民声援抗日的信函以及台湾同胞在抗战期间为光复台湾而斗争的信函。

抗战爆发后,热爱祖国的海外侨胞或者慷慨解囊,以金钱物资援助祖国，或者纷纷回国参加战斗。《信札》收集的马来西亚华侨白雪娇诀别双亲的信感人至深。

关于世界各国人民支援中国抗战的举措，《信札》收录了中共领导人接待援华人士的信函、苏联人民声援中国抗战的信函、印度著名诗人泰戈尔声讨日本侵略的信函以及德国西门子公司驻南京代表拉贝为建立南京安全区的信函。这些信函中，有的是原始档案，极为珍贵。

中日战争虽然是敌小我大，但却是敌强我弱，力量对比极为悬殊，中国要取得胜利，不能不竭力争取外援。南京政府最初试图向德国求援，德日结成轴心后，转而向苏、英、美求援，其重点是争取美援。

争取苏联方面的援助，最初主要是通过南京政府驻苏大使馆武官杨杰（后任大使）进行的。争取美援，《信札》有一组蒋介石、南京政府与美国总统罗斯福等的来往信函。这组信函不仅有经济援助问题，还有政治方面的问题。

抗战时期，中国共产党是国际共产主义运动的一员，从"九·一八事变"到1943年共产国际解散，中共与共产国际关系密切，许多问题中共必须向共产国际汇报并得到指示。共产国际的指示有的不大正确，但也必须承认，有不少指示是非常正确和重要的，如共产国际书记处书记季米特洛夫1936年12月16日关于和平解决西安事变的指示。

建立反法西斯的国际统一战线是争取抗战胜利的基本条件之一。在这方面，国共两党的认识基本一致，这一工作在1941年"珍珠港事件"后完成。国际反法西斯统一战线建成后，中国的国际关系和抗战局面为之一新，如成立了中国战区，废除了过去的不平等条约，美援大大加强。与此相适应，中国抗战也开始了向胜利进军的转折。《信札》为此设立了有关联合国的成立、中国战区建立、废除不平等条约、中国远征军等专题。

宋美龄作为当时中国的第一夫人，抗战时期，在保护救助难童、慰问前线将士、争取国际支援（特别是争取美国的援助）方面，做出了鲜为人知的杰出贡献。《信札》为此设立了专题。

日本对中国的战争不仅是非正义的侵略战争，而且是极端残酷、野蛮、毫无人性的反人类战争，日寇残杀中国人民的暴行必然遭到全世界人民的谴责。涉及这方面内容的信函不计其数，限于篇幅，《信札》只选择了最具代表性的关于南京大屠杀的一组信函，读者可从中见斑窥豹，了解日本帝国主义的野蛮兽行。本专题还对比选编一组中国军队实行人道主义的信函和照片，日本侵略者反人类的劣行更是昭然若揭。

南京国民政府军从战争爆发到"珍珠港事件"前的三年多作战中，虽拼死抵抗，但败多胜少，实力大大削弱，蒋介石只得退踞西南固守。太平洋战争爆发后，由于国际援助大大增强，蒋介石的实力不仅得到恢复，而且迅速增强，及至抗日战争行将结束之前，南京国民党政府建立了近800万装备精良的正规军，有强大的坦克集群和飞机大炮；与此同时，中国共产党也建立了有史以来最强大的人民武装，八路军和新四军共计200万，建立了19块抗日根据地和抗日政权。这一新的国内局势预示，两党即将进行新的"搏斗"。抗战胜利的硕果到底属于谁，谁主战后沉浮？为此，《信札》设立了两党争夺抗战胜利果实的专题，选编了1944年到1945年进行的"西安谈判"、"重庆谈判"、"受降斗争"的信函以及1945年8月毛泽东与蒋介石的来往函电，展示出当民族矛盾下降、阶级矛盾上升为主要矛盾后，国共两党新的较量重新开始。

1945年4月28日，意大利法西斯头目墨索里尼被意大利人民武装逮捕并处决。30日，德国法西斯头目希特勒在苏美两军兵临城下的危局中自杀身亡。5月8日，德国代表向苏、美、英、法无条件投降。7月17日至8月2

日,苏、美、英三国政府首脑斯大林、罗斯福、丘吉尔在柏林西南的波茨坦举行会议,签订发表了著名的促令日本投降的《波茨坦公告》。8月8日,苏联对日宣战,百万苏联红军越过苏蒙边界,刀锋直指日本关东军巢穴满洲。与此同时,八路军、新四军在各解放区对日本发起声势浩大的全面反攻。紧接着,日本广岛、长崎遭到美国原子弹的攻击。日本在面临彻底毁灭的局势下,于8月14日,由天皇裕仁宣布无条件投降,伟大的中国抗日战争以日本帝国主义的彻底失败、中国人民的胜利宣告结束。《信札》收集了这一阶段有关日本乞降、中国受降以及遣返日俘、日侨等问题的信函,以铁的事实昭示日本的失败。日本已被钉在历史的耻辱柱上,任何人妄图否认日本侵略、失败,都是徒劳的。

抗日战争铸就和积淀了中华民族宝贵的精神财富,这就是不怕牺牲、宁死不屈、勇往直前、前赴后继、不怕任何艰难险阻、精忠保卫祖国的伟大抗战精神。抗日战争也是中国人民一段难以忘怀、最艰难痛苦的岁月,广大的中华儿女,或在战场遭到日寇的杀戮,或妻离子散,在大后方颠沛流亡,他们挂念亲人、怀念故乡,日夜煎熬。为此,《信札》的最后部分设立了抗战家书和抗战英烈遗书专题,这也是本书主要内容的组成部分,是我们编撰人员尽力搜集的信函。

让我们继承抗日英烈们的遗志和伟大精神,为保卫祖国、建设祖国永远前进吧!

让我们把抗日战争的难忘岁月永远铭刻在记忆中,在幸福中不忘苦难,在祖国强大之时,时刻警惕新的敌人吧!

李良志

2018年5月31日

目 录

序 …………………………………………………………… Ⅰ
《抗战信札》的编辑思路与解说 ………………………… Ⅰ

一、中国共产党坚决主张抗战 …………………………… 001
二、建立抗日民族统一战线 ……………………………… 008
三、南京国民政府对日妥协对内镇压 …………………… 026
四、七君子事件 …………………………………………… 036
五、西安事变 ……………………………………………… 045
六、国共第二次合作谈判 ………………………………… 064
七、国共第二次合作后的新局面 ………………………… 074
八、中国共产党抗战的战略战术与作战 ………………… 081
九、中国国民党抗战的战略战术与作战 ………………… 090
十、国共合作中的磨擦 …………………………………… 101
十一、抗战时期的胡适 …………………………………… 121
十二、从主和到叛变的汪精卫 …………………………… 140
十三、日军暴行与中国军队的人道主义 ………………… 146
十四、海外侨胞对抗战的贡献 …………………………… 173
十五、抗战时期台湾人民的抗日斗争 …………………… 184
十六、支援中国抗战的国际友人 ………………………… 195
十七、抗战时期的中苏关系 ……………………………… 212
十八、抗战时期的中美关系 ……………………………… 249
十九、抗战时期的中英、中法关系 ……………………… 273
二十、联合国的创建与中国国际地位的确立 …………… 292
二十一、开罗会议与废除不平等条约 …………………… 312
二十二、中国战区的建立与同盟国的军事合作 ………… 333
二十三、中国远征军 ……………………………………… 347

二十四、抗战时期的宋美龄 ………………………… 353
二十五、争夺抗战胜利果实的斗争 ………………… 370
二十六、中国抗日战争的伟大胜利 ………………… 392
二十七、抗战家书和抗战英烈遗书 ………………… 409

后记 ……………………………………………………… 486

一、中国共产党坚决主张抗战

1931年的"九·一八事变",日本帝国主义侵占东北四省,揭开了14年中国抗日战争的序幕。紧接着,日本帝国主义得寸进尺,于1932年1月发动了侵犯上海的战争;1933年初,入侵长城各口;1935年5月,又开始了侵占华北,妄图使华北五省"自治化"。1937年"七·七事变"后,日本侵略者开始了对中国的全面侵略。

中国共产党代表全中国人民的意志,总是站在抵抗日本帝国主义侵略的最前沿,号召全国人民坚决奋起抵抗,决不妥协。中国共产党对"九·一八事变"后的一切抗日斗争,如1933年11月反蒋抗日的"福建事变"、1936年6月的"两广事变"以及1936年11月的"绥远抗战",均表示坚决支持。

中国共产党为日本帝国主义强暴占领东三省事件告全国人民书(宣言)

1931年9月20日

中国工农兵士劳苦群众们!

万宝山与朝鲜之血迹未干,日本帝国主义又公开进兵中国,强暴占领奉天、安东、营口,更大规模的(地)屠杀中国民众了!

各国帝国主义尤其是日本帝国主义,是压迫中国、屠杀中国民众的万恶强盗。半年以来从万宝山、朝鲜一直杀到青岛,现在又杀到奉天、安东、营口,中国劳苦民众被牺牲已经累万盈千,过去"五卅"、济南惨案等更擢发难数,现在他更公开更强暴的(地)占领中国土地,其显明的目的显然是掠夺中国,压迫中国工农革命,使中国完全变成它的殖民地。同时更积极更直接的(地)实行进攻苏联,企图消灭全世界第一个无产阶级的祖国、世界革命的大本营,及实行第二次世界大战特别是太平洋帝国主义战争,实行更大规模的屠杀政策以瓜分中国。

帝国主义强盗看得很明白:苏联无产阶级专政日益强固,社会主义建设得到空前的胜利,五年计划立刻就要完成,这对于帝国主义非常不利,而且含着极大的危险。各国帝国主义都拼命计划想消灭苏联,以图挽救他们垂死的命运,什么全欧联盟,什么胡佛计划,其根本都不出此。现在日本帝国主义实行占领中国东三省,不过帝国主义进攻苏联计划之更进一步的实现。全中国工农劳苦民众必须在拥护苏联的根本任务之下,一致动员武装起来,给日本强盗与一切帝国主义以严重的回答。

同时帝国主义强盗也非常明白:现在世界革命积极发展,中国工农革命日益高涨,工农红军与苏维埃区域又英勇的(地)冲破了帝国主义国民党军阀第三次的"围剿",土地革命与反帝国主义的浪潮尤其在万案韩案之后已经大大汹涌起来。这一革命浪潮的高涨,必然要根本推翻外国帝国主义及中国豪绅地主资本家国民党的反动统治,建立工农兵苏维埃政权。外国帝国主义看着中国国民党军阀已经不能消灭革命,看着他在中国的走狗军阀国民党等已经不能随心所欲的(地)替它保护并扩张对华掠夺的利益,因此便直接占领满洲中国领土。满洲事变便是最明显的表现。中国各派国民党及各派军阀根本都是帝国主义的走狗,张学良及整个国民党在中国民众被日本强盗大大屠杀的时候,高唱无抵抗主义与和平镇静的忍耐外交,充分的(地)表现了他们无耻的屈服,出卖民族利益的面目。全中国工农兵士劳苦民众,必须坚决一致在争取工农革命胜利自求解放的利益之下,实行反帝国主义反国民党的斗争。只有广大群众的革命铁拳,才能制止帝国主义的暴行,驱逐帝国主义滚出中国!

最后,现在正是各国帝国主义内部互相矛盾冲突,经济恐慌与政治危机更剧烈发展的时候,它们这种冲突和危机必然引导它们到第二次公开的厮杀,尤其是太平洋日美冲突的风云甚嚣尘上,中国便是它们这冲突火并不能放过的战场。它们一方面指使各自的军阀实行火并,另一方面有机可乘便直接出兵中国,以扩张它们在华的统治利益。这种事件不一而足,过去英屡次进兵中国,最近美国帝国主义也正高唱用十万大军进占中国。这次日本强占东三省,显然是捷足先登,准备大规模的(地)屠杀以牺牲中国。自然帝国主义与苏联的矛盾是最根本的矛盾,所以反苏联的战争是主要的危险,但是各国帝国主义自己互相冲突的战争也日益紧迫。全中国工农兵士劳苦民众必须在反对第二次世界大战、推翻帝国主义统治、争取中国民族解放的利益之下实行坚决的斗争,一致反对日本强暴占领东三省,实行变帝国主义压迫中国的战争为拥护苏维埃中国反帝国主义反国民党的革命战争,以解放中国。

全中国工农兵士劳苦民众们!

正当受着军阀战争与空前扩大的水灾的蹂躏牺牲痛苦不堪的时候,日本帝国主义又公开进兵中国,强占中国领土,屠杀中国民众了!任何一派的国民党与军阀都只能压迫红军与苏维埃,实行军阀战争,加工制造灾荒,及投降帝国主义,出卖民族利益。过去济南惨案及万宝山惨案及一切惨案都被国民党政府无条件投降出卖了!我们还要梦想国民党政府去抵抗帝国主义进兵吗?!国民党军阀的统治根本就是帝国主义压迫屠杀中国民众的保镖,我们应该一致动员起来,打倒国民党,打破一切和平改良的欺骗。只有群众斗争的力量,只有工农苏维埃运动的胜利,才能解放中国。

反对日本帝国主义强占东三省!

立刻撤退占领东三省的海陆空军!

自动取消一切不平等条约!

打倒一切帝国主义!

驱逐帝国主义在华的一切海陆空军滚出中国!

没收帝国主义在华一切财产!

反对帝国主义进攻苏联,武装拥护苏联!

反对帝国主义国民党进攻苏区与红军,拥护苏区与红军!

反对世界第二次大战!

打倒各派国民党,打倒一切军阀!

变帝国主义国民党反对中国革命的战争为反帝国主义反国民党的革命战争!

中国工农兵苏维埃斗争胜利万岁!

中国共产党中央委员会

(一九三一年九月二十日)

选自中央统战部、中央档案馆:《中共中央抗日民族统一战线文件选编》(上),第1~4页,档案出版社,1984年版。

中华苏维埃共和国中央政府告闽粤白军士兵书

1933年5月28日

广东福建的白军士兵们:

出卖中国的罪魁的国民党,南京政府,已经同日本订立了密约,不但放弃了满洲热河与察哈尔,而且以撤退北平天津的一切武装队伍为条件,来开始和平的谈判。整个的华北,现在是日本帝国主义的铁蹄蹂躏之下。全中国民众对于国民党南京政府的愤恨,已经达到了顶点。中华苏维埃共和国中央政府与革命军事委员会曾经一再向进攻全中国苏维埃区域的武装部队,提议在下列三个条件之下,订立作战的战斗协定来反对日本帝国主义的侵略：(1) 立即停止进攻苏维埃区域；(2) 立即保证民众的民主权利(集会结社言论出版罢工之自由)；(3) 立即武装民众的义勇军，以保卫中国及争取中国的独立统一与领土的完整。中华苏维埃共和国中央政府与革命军事委员会这一号召，虽是得到了全中国民众的拥护，但是国民党军阀不但不放弃进攻苏维埃区域的计画(划)，来共同的(地)反对日本帝国主义，却更进一步的(地)投降日本帝国主义，出卖整个华北，来加紧对于苏维埃区域的进攻。对于这个进攻，我百战百胜的英勇红军与工农民众，曾经给了卖国罪魁蒋介石的主力部队以最有力的打击，完全消灭了蒋介石的第一个纵队，击溃了所有的蒋介石的主力部队。为要使英勇的工农红军北上抗日，消灭占领华北的日本帝国主义的一切军队，中华苏维埃共和国中央政府及革命军事委员会认为必须消灭同日本订立密约，出卖整个华北的国民党罪魁蒋介石的主力，来肃清北上抗日的道路。中华苏维埃共和国与革命军事委员会在中国民族生死存亡的紧急关头，向广东福建的一切武装队伍再一次的(地)提议在他们承认上列三个条件之下，同他们订立作战的战斗协定，去反对日本帝国主义，出卖华北的国民党罪魁祸首蒋介石的南京政府。中华苏维埃政府与工农红军是全中国民众反帝国主义的政府与反帝国主义的武装。在我们的苏区，已经完全消灭了帝国主义的势力，一切反帝国主义的力量，都是我们的同盟者，一切想拿抗日剿共的欺骗宣传来进攻中国革命根据地，给帝国主义作瓜分中国的清道夫的任何福建广东的国民党军阀，我们只有以武装力量与之决战，一直到完全消灭他们，使苏维埃政权在全中国得到统治。广东福建的白军士兵弟兄们，起来，同中国工农红军在一起去同日本帝国主义作战，去打倒出卖中国的一切国民党军阀！

中华苏维埃共和国临时中央政府主席　毛泽东
革命军事委员会主席兼全国工农红军总司令　朱　德
(一九三三年五月二十八日)

选自《斗争》(上海)(手抄)四三期，1933 年 5 月 31 日。

毛泽东朱德告白军官兵书
1934 年 6 月

白军官长士兵弟兄们：

日本兵已经如狼似虎的(地)杀到北方，飞机大炮正在轰炸你们的家乡，日本兵杀你们父母,奸淫你们姊妹,烧你们村庄,掘你们祖坟,日本杀得你们家破人亡。国民党呢？又订立卖国条约,把北方卖给日本,北方已经不是你们的家乡。你们的父母妻子天天盼望着你们到北方去救他们！

弟兄们！"养兵千日,用在一朝！"救国家,救家乡,救你们自己的父母妻子,到北方去打日本,正是我中华好男儿保国卫民、立功于国家的时候了！但是正应该停止内战一致抗日的时候,蒋介石不肯派你们去抵抗日本,反而强迫你们到江西来中国人杀中国人！这是什么道理？这就是蒋介石卖国！蒋介石出卖了你们的家乡,蒋介石是日本兵烧杀你们父母妻子的"帮凶"！

蒋介石欺骗你们说"红军捣乱后方",实际上是蒋介石卖国不抵抗。你们只要想一想,这三年来的事实:出卖东三省的是谁？把上海抗日的十九路军撤退到福建的是谁？撤退长城抗日军的是谁？现在又把北方军队撤退到南方来的是谁？都是蒋介石张学良一帮卖国军阀。红军前三年早已对日宣战！早日宣布随便哪个部队,只要真正抗日,都愿意联合一起去打日本,这是你们早已知道的。因为红军要抗日,所以蒋介石帮助日本来"围剿"红军,用七八十万大兵围住红军,不让红军北上抗日,蒋介石说"抗日必先剿共",实际上就是蒋介石帮助日本一方面消灭红军,一方面不许友军弟兄开到北方去打日本,把中国的抗日力量完全消灭,好让日本不费力的(地)灭亡中国。所以不打倒蒋介石这个汉奸,四万万同胞就只有做亡国奴。

蒋介石欺骗你们说"中国无力抗日"！这更是胡说八道,中国有三百万正式军队,有四万万同胞,只要全国海陆空总动员,难道这样大的中国还打不过小小一个日本？说中国没有枪炮吧,全国有几十个大小兵工厂。军阀手里有的是枪炮！说中国没有军费吧！只要对日开战,立刻没收日本银行工厂商店,就有四十万万大洋。说打日本怕孤立吧！至少高丽台湾和日本的工农,都会暴动响应,我们前后方夹攻,不怕打不过日本！中国一定可以打胜日本！蒋介石说"中国无力抗日",实际上他是欺骗你们,使你们不打日本,好让日本灭亡中国。

弟兄们！你们到江西来得到什么好处？你们自己的家乡呢？正在被日本兵烧杀。你们自己的母女呢？正在被日本兵奸淫。你们自己在江西呢？翻山过岭,造堡垒,修马路,累得筋疲力尽。你们的父母妻子天天盼望着你们到北方去救他们,但是你们自己都"归不得家乡,救不了爹娘"。这种苦楚象(像)乱箭穿心。

弟兄们！蒋介石不许你们救家乡,强迫你们打红军,究竟你们有什么好处？说升官发财吧！坐气车,抱姨太太的是蒋介石,轮不到你们。你们呢？还是肚子不饱,双手空空！你们不愿打仗想后退吧！蒋介石摆着机关枪大刀队不要坐着家乡被日本烧杀,不要为蒋介石个人牺牲,救国家救家乡去!光荣!快点抱定主意,中国人不打中国人,联合红军打日本!

红军早已准备着联合你们,红军可以与任何部队,在下列的三个条件之下,订立抗日反蒋的作战协定:(一)立即停止进攻苏区,(二)立即保证民众的民主权利(集会结社言论出版罢工自由),(三)立即武装民众,创立义勇军。

不要怕!不要迟疑不决,枪炮在你们手里!只要你们大家自动不打中国同胞开回北方去打日本,蒋介石就没有办法,四万万同胞都会拥护你们!

我们向你们建议:

(一)你们不要打红军,或者枪口朝天放!实行中国人不打中国人,红军决不先来打你们。

(二)快点约定红军,两边互派代表,认立停战抗日同盟。

不论白军官长与士兵,不论政治派别,只要真正抗日,红军都愿与他一起去抵抗日本。

弟兄们!日本是我们敌人,不许你们去(回)转家乡,不让我们联合抗日的是(蒋介石)。

驱逐日本帝国主义!打倒汉奸蒋介石!

有意联合你们的红军　德　泽东
(一九)三四年六月

选自[日]毛泽东文献资料研究会:《毛泽东集补卷4》,第221~224页,日本苍苍社,1984年版。

红军领袖贺绥远守军抗日胜利

1936年11月21日

绥远傅存怀将军台鉴:

足下孤军抗日,迭获胜利,日伪军不能越雷池一步,消息传来,全国欢腾。足下之英勇抗战,为中华民族争一口气,为中国军人争一口气,非特足以媲美十九路军,且令坐拥重兵,专以残杀本国同胞为其唯一事业者,羞愧至死!近闻少数卖国汉奸竟欲假手于某有力者,假抗日之名,实际上控制足下之爱国行为,吾人深信足下必能以对民族之大义感化万安，不仅使汉奸卖国贼无所售其计，且转而增长抗日力量之团结也。红军抗日援绥，且早决心，无奈少数汉奸卖国贼竟仍高唱其抗日必先剿共之滥调，驱使爱国健儿实行进攻红军，以求削弱国防力量，而迎日本帝国主义根绝中国抗日运动之要求。抗日人民红军誓以其全力与若辈无耻之徒相周旋，庶几民族解放之大纛，而我全国人民与血性军人所高举者不致堕落，永增光辉。吾人深信吾人现所努力停止内战抗日救国之行动，必能对于足下之抗日义举遥为声援，敬以一瓣心香祝将军之胜利，并希望以此意转达贵军全体将士。

    毛泽东 朱德 叩 （一九三六年十一月）二十一日

选自《红色中华》，1936年11月23日。

二、建立抗日民族统一战线

把一切抗日力量组织起来,建立最广泛的抗日民族统一战线,是中国共产党战胜日本帝国主义的根本政治战略。1935年8月,在共产国际的帮助下,中国共产党发表了著名的"八一宣言";12月25日,在陕北召开的瓦窑堡会议上,又通过了关于建立抗日民族统一战线的政治决议,党的抗日民族统一战线工作大刀阔斧地开展起来。爱国的专家学者和知识分子是当时最觉悟和冲在最前列的抗日力量,而广大的中间势力又具有强大的实力和重要性,因此中共在争取这两部分人士方面做了极其广泛的工作,毛泽东、周恩来、朱德等同志为此发出了大量信函。抗战,不可能没有以蒋介石为首的南京各派势力的参加。蒋介石当时拥有全国性的政权,有200万的正规军,有广泛的国际联系,统一战线如果不包括蒋介石,抗日绝不可能胜利。中共在争取蒋介石方面经历了既抗日又反蒋、逼蒋抗日和联蒋抗日的发展过程。1936年9月,中共做出逼蒋抗日的决定,从此开始,争取蒋介石加入抗日民族统一战线的工作大力展开。

1935年12月17日至25日,中国共产党在陕北瓦窑堡举行政治局会议,通过《关于目前政治形势与党的任务决议》等文件,会议正式确定了抗日民族一战线的策略方针。图为瓦窑堡会议旧址。

周恩来致张伯苓①

1936年5月15日

不亲先生教益，垂念载矣，曾闻师言，中国不患有共产党，而患假共产党。自幸革命十余年，所成就者，尚足为共产党之证，未曾以假共产党之行败师训也。

去岁末，复闻先生于一二八事变后，曾拟挺身入江西苏区，主停内战，一致对外。惜当时未得见先生，而先生亦未得见苏维埃与红军历次抗日宣言，向使当时果来苏区，红军北上抗日之路，或可早开，又何致直至去岁始得迂回曲折，以先锋军转入陕甘！经二万五千里历十一省之长征，在事为难能，在红军抗日之意更可大白于天下，而战胜声威，为抗日保存活力，或亦先生所乐闻欤？

今国难日亟，华北垂危。红军不能忍华北五省拱手让人，已于十一月出师东向，力争对日作战，并一再宣言，主张停止内战，一致抗日，红军愿为先驱，集中河北。不图山西阎氏阻挡于前，蒋复出兵于后，反使中国军队，同室操戈，为暴日清扫道路，是实现广田三原则中日"满"共同防共之要旨，而非中国民族之利也。

目前华北局势，非战无以止日帝之迈进。华北沦亡，全国继之，救华北即所以救全国。兄弟阋于墙，外御其侮。今日如能集合全国之武力与人力财力智力，共谋抗日，则暴日虽强，不难战胜，而民族战争之开展，端赖有一致之政府与军队。居今日中国，应不分党派，不分信仰，联合各地政府及各种军队，组织国防政府与抗日联军，以统一对外，并开抗日人民代表会议，以促其成。先生负华北重望，如蒙赞同，请一言为天下先。想见从者如云，先生昔日之志，将得现于今日也。

事急矣！东进匪遥，率直进言，幸赐明教，并颂教祺！

周恩来
一九三六·五·十五于瓦窑堡

注释：

① 张伯苓（1876~1951），天津人，教育家。1904年在天津创办敬业中学堂（后改名南开学校）。1919年任南开大学校长。1945年后曾任国民党中央监察委员、国民党政府考试院院长等职。

选自中共中央文献研究室:《周恩来书信选集》,第95~96页,中央文献出版社,1988年版。

毛泽东致章乃器、陶行知、沈钧儒、邹韬奋①

1936年9月18日

乃器行知钧儒韬奋先生:

先生们抗日救国的言论和英勇的行动,已经引起全国广大民众的同情,同样使我们全体红军和苏区人民对先生们发生无限的敬意!但要达到实际的停止国民党军队对红军进攻,实行停止内战一致抗日,先生们与我们还必须在各方面作更广大的努力与更亲密的合作。

我相信我们最近提出的民主共和国口号,必为诸位先生所赞同,因为这是团结一切民主分子实行真正抗日救国的最好方策。

付上我们八月二十五日致国民党书,请求诸位先生予以审察,并以高见惠示我们。

国民党军队继续对于红军的进攻与一切野蛮法令的尚未撤废,到今天仍然把我们与先生们远远地隔离着,彼此不能经常共同讨论与交换抗日救国的具体意见。这也就不得不使诸位先生对于我们今天所执行的抗日统一战线的方针与实际行动,尚有若干的隔阂与误会。因此,我委托潘汉年同志与诸位先生经常交换意见和转达我们对诸位先生的热烈希望。

此致

抗日救国的敬礼!

毛泽东
(一九三六年)"九一八"五周年纪念日

注释:

① 章乃器(1897~1977),浙江青田人。曾任上海浙江实业银行副经理、中国征信所董事长。陶行知(1891~1946),安徽歙县人,人民教育家。沈钧儒(1875~1963),浙江嘉兴人,爱国民主人士,律师。邹韬奋(1895~1944),江西余江人,新闻记者和出版家。曾先后主编《大众生活》(周刊)、《生活日报》、《生活星期刊》。当时,他们是上海文化界救国会和全国各界救国联合会的领导人。

选自中共中央文献研究室:《毛泽东书信选集》,第55~56页,中央文献出版社,2003年版。

毛泽东致蔡元培①

1936年9月22日

孑民先生左右：

五四运动时期,北大课堂,旧京集会,湘城讲座,数聆先生之崇论宏议,不期忽忽二十年矣！今日者何日？民族国家存亡绝续之日。老者如先生一辈,中年者如泽东一辈,少年者则今日之学生,不论贫富,不分工农商学,不别信仰尊尚,将群入于异族侵略者之手,河山将非复我之河山,人民将非复我之人民,城郭将非复我之城郭,所谓亡国灭种者,旷古旷世无与伦比,先生将何以处此耶？共产党创议抗日统一战线,国人皆曰可行,知先生亦必曰可行,独于当权在势之衮衮诸公或则曰不可行,或则曰要缓行,盗入门而不拒,虎噬人而不斗,率通国而入于麻木不仁窒息待死之绝境,先生将何以处此耶？孙中山先生联俄、联共与农工政策,行之于一九二五至一九二七年之第一次大革命而有效,国共两党合作之时期,亦即国民党最革命之时期。孙先生革命政策之毁弃,内战因之而连绵不绝,外患乃溃围决堤滔滔不可收拾矣！八月二十五日共产党致国民党书,虽旧策之重提,实救亡之至计,先生将何以处此耶？读《新文字意见书》,赫然列名于首位者,先生也。二十年后忽见我敬爱之孑民先生,发表了崭然不同于一般新旧顽固党之簇新议论,先生当知见之而欢跃者绝不止我一人,绝不止共产党,必为无数量人也！从同志从朋友称述先生同情抗日救国事业,闻之而欢跃者,更绝不止我一人,绝不止共产党,必为全民族之诚实儿女,毫无疑义也。然而百尺竿头,更进一步,持此大义,起而率先,以光复会、同盟会之民族伟人,北京大学中央研究院之学术领袖,当民族危亡之顷,作狂澜逆挽之谋,不但坐言,而且起行,不但同情,而且倡导,痛责南京当局立即停止内战,放弃其对外退让对内苛求之错误政策,撤废其爱国有罪卖国有赏之亡国方针,发动全国海陆空军,实行真正之抗日作战,恢复孙中山先生革命的三民主义与三大政策精神,拯救四万万五千万同胞于水深火热之境,召集各党各派各界各军之抗日救国代表大会,召集人民选举之全国国会,建立统一对外之国防政府,建立真正之民主共和国,致国家于富强隆盛之域,置民族于自由解放之林。若然,则先生者,必将照耀万世,留芳千代,买丝争绣,遍于通国之人,置邮而传,沸于全民之口矣。先生其将不令数千里外曾聆教益之人,稍稍减杀其欢跃之情而更增之以至于无已乎？

宋庆龄先生，何香凝先生，李石曾先生，吴稚晖先生，张溥泉先生，于右任先生，孙哲生先生，居觉生先生，覃理鸣先生，柳亚子先生，叶楚伧先生，邵力子先生，汪精卫先生，陈璧君先生，经亨颐先生，陈公博先生，顾孟余先生，曾仲鸣先生，甘乃光先生，张静江先生，戴季陶先生，陈果夫先生，丁惟汾先生，宋子文先生，陈树人先生，褚民谊先生，彭泽民先生，李任潮先生，李德邻先生，陈友仁先生，邹海滨先生，徐季龙先生，朱霁青先生，白云梯先生，恩克巴图先生，李福林先生，陈护方先生，程颂云先生，唐孟潇先生，朱益之先生，李协和先生，柏烈武先生，刘震寰先生，谭逸儒先生，张知本先生，冯自由先生，谢慧生先生，茅祖权先生，蒋雨岩先生，孔庚先生，郭沫若先生，沈雁冰先生，陈望道先生，李鹤鸣先生，胡适之先生，章行严先生，周作人先生，钱介磐先生，傅斯年先生，罗家伦先生，段锡朋先生，陈宝锷先生，张东荪先生，彭一湖先生，彭泉舫先生，杨端六先生，胡子靖先生，陈凤荒先生，周谷城先生，舒新城先生，以及一切之党国故人，学术师友，社会朋旧，统此致讯。

寇深祸急，率尔进言。风雨同舟，愿闻明教。

敬颂

道安。不具。

毛泽东

一九三六年九月二十二日

注释：

① 蔡元培(1868~1940)，号孑民，浙江绍兴人。早年反对清朝封建专制统治，是光复会的发起人之一。1916年底任北京大学校长，五四运动期间积极支持学生的爱国运动。1928年起任南京"中央研究院"院长。"九·一八事变"后主张抗日，曾任中国民权保障同盟副主席。1940年在香港病逝。

选自中共中央文献研究室：《毛泽东书信选集》，第57~59页，中央文献出版社，2003年版。

毛泽东致许德珩① 等

1936年11月2日

各位教授先生们：

收到惠赠各物（火腿、时表等）②，衷心感谢，不胜荣幸！我们与你们之间，精神上完全是一致的。我们的敌人只有一个，就是日本帝国主义，我们正准备一切迅速地进到团结全国出兵抗日，我们与你们见面之期已不远了。为驱逐日本帝国主义而奋斗，为中华民主共和国而奋斗，这是全国人民的旗帜，也就是我们与你们共同的旗帜！

谨致
民族革命的敬礼！

毛泽东

（一九三六年）十一月二号

注释：

① 许德珩（1890~1990），江西九江人。早年参加辛亥革命和五四运动。1936年任北京大学教授，与马叙伦、杨秀峰、张申府、程希孟等教授租住"北平文化界救国会"，积极从事抗日救亡运动。新中国成立后，任第四至第五届政协全国委员会副主席、第四至第六届全国人大常委会副委员长、九四学社中央主席。

② 1935年底，许德珩和夫人劳君展得悉毛泽东已到达陕北，买了三十多双布鞋、十二块怀表和十几只火腿，委托中共地下党的徐冰、张晓梅设法转送到陕北。

选自中共中央文献研究室：《毛泽东书信选集》，第72页，中央文献出版社，2003年版。

各位教授先生们，

收到惠赠各物（大腿、时表等），衷心感谢，不胜荣幸！我们与你们之间，精神上完全是一致的。我们的敌人只有一个，就是日本帝国主义。我们正准备一切迅速地进到团结全国坚决抗倭。

我们与你们见面之期已不远了。为驱逐日本帝国主义而奋斗！为中华民族之独立解放而奋斗！为人民民族旗帜、共和国旗帜，也就是我们与你们同一的民族革命的旗帜！谨致民族革命的敬礼！

毛泽东
青月二号

选自中共中央文献研究室：《毛泽东书信选集》，第74~75页，中央文献出版社，2003年版。

毛泽东、朱德等致蒋介石

1936年12月1日

介石先生台鉴：去年八月以来，共产党苏维埃与红军，曾屡次向先生要求，停止内战，一致抗日。自此主张发表后，全国各界，不分党派，一致响应，而先生始终孤行己意，先则下令围剿，是以有去冬直罗镇之役。今春红军东渡黄河，欲赴冀、察前线，先生则又阻之于汾河流域。吾人因不愿国防力量之无谓牺牲，率师西渡，别求抗日途径，一面发表宣言，促先生之觉悟。数月来绥东情势盖危，吾人方谓先生将翻（幡）然变计，派遣大军实行抗战。孰意先生仅派出汤恩伯之八个师向绥赴援，聊资点缀，而集胡宗南、关麟征、毛炳文、王均、何柱国、王以哲、董英斌、孙震、万耀煌、杨虎臣、马鸿逵、马鸿宾、马步芳、高桂滋、高双成、李仙洲等二百六十个团，其（气）势汹汹，大有非消灭抗日红军，荡平抗日苏区不可之势。吾人虽命令红军停止向先生之部队进攻，步步退让，竟不能回先生积恨之心。吾人为自卫计，为保存抗日军队与抗日根据地计，不得已而有十一月二十一日定边山城堡之役。夫全国人民对日寇进攻何等愤恨，对绥远抗日二将士之援助何等热烈，而先生则集全力于自相残杀之内战。然而西北各军官佐士兵之心理如何，吾人身在战阵，知之甚悉（编者按：此时中共对东北军之统战宣传殆有成效），彼等之心与吾人之心并无二致，亟欲停止自杀之内战，早上抗日之战场，即如先生之嫡系，号称劲旅者，亦难逃山城堡之惨败。所以者何，非该军果不能战，特不愿中国人打中国人，宁愿缴枪于红军耳。民心与军心之向背如此，先生何不清夜扪心一思其故耶？今日者，绥远形势日趋恶化，前线之守土军队为数甚微，长城抗战与上海一二八之役，前车可鉴，天下汹汹，为公一人，当前大计，只须（需）先生一言而决。今日停止内战，明日红军与先生之西北剿共大军，皆可立即从自相残杀之内战战场，开赴抗日阵线。绥远之国防力量骤增数十倍。是则先生一念之转，一心之发，而国仇可报，国土可保，失地可复，先生亦得为光荣之抗日英雄，图诸凌烟，馨香百世，先生果何故而不出此耶？吾人敢（感）以至诚再一次的（地）请求先生，当机立断，允许吾人之救国要求，化敌为友，共同抗日，则不特吾人之幸，实全国全民族唯一之出路也。今日之事，抗日降日，二者择一。徘徊歧途，将国为之毁，身为之奴，失通国之人心，遭千秋之辱骂。吾人诚不愿见天下后世之人聚而称曰：亡中国者非他人也，蒋介石也；而愿天下后世之人视先生为能及时改过，救国救民之豪杰。语曰，"过则无惮改"，又曰，"放下屠刀，立地成佛"，何去何从，愿先生熟察之。寇深祸急，言重心危，立马陈词，伫候明教。毛泽东、朱德、张国焘、周恩来、王稼祥、彭德怀、贺龙、任弼时、林彪、刘伯承、叶剑英、张云逸、徐向前、陈昌浩、徐海东、董振堂、罗炳辉、邵式平、郭洪涛率中国人民红军二十万人同上,一九三六年十二月一日。

(一九三六年十二月一日)

选自秦孝仪等:《中华民国重要史料初编——对日抗战时期·第五编:中共活动真相(一)》,第73~74页,中国国民党中央委员会党史委员会出版,1985年版。

周恩来致陈果夫、陈立夫[①]

1936年9月1日

果夫
立夫 两先生:

分手十年,国难日亟。报载两先生有联俄之举,虽属道路传闻,然已可窥见两先生最近趋向。黄君从金陵来,知养甫先生所策划者,正为贤者所主持。呼高应远,想见京中今日之空气,已非昔比。敝党数年呼吁,得两先生为之振导,使两党重趋合作,国难转机,实在此一举。

近者寇入益深,伪军侵绥,已成事实,日本航空总站,且更设于定远营,西北危亡迫在旦夕。乃国共两军犹存敌对,此不仅为吾民族之仇者所快,抑且互消国力,自速其亡。敝方自一方面军到西北后,已数作停战要求。今二、四两方面军亦已北入陕甘,其目的全在会合抗日,盖保西北即所以保中国。敝方现特致送贵党中央公函,表示敝方一般方针及建立两党合作之希望与诚意,以冀救亡御侮,得辟新径。两先生居贵党中枢,与蒋先生又亲切无间,尚望更进一言,立停军事行动,实行联俄联共,一致抗日,则民族壁垒一新,日寇虽狡,汉奸虽毒,终必为统一战线所击破,此可敢断言者。敝方为贯彻此主张,早已准备随时与贵方负责代表作具体谈判。现养甫先生函邀面叙,极所欢迎。但甚望两先生能直接与会。如果夫先生公冗不克分身,务望立夫先生不辞劳瘁,以便双方迅作负责之商谈。想两先生乐观事成,必不以鄙言为河汉。

临颖神驰,伫待回教。专此,并颂

时祉!

周恩来
(一九三六年)九月一号

注释:

① 陈果夫(1892~1951),浙江吴兴人。当时任国民党中央执行委员会常务委员、江苏省政府主席。陈立夫(1900~2001),浙江吴兴人。当时任国民党中央执行委员会常务委员、中央党部组织部部长。1935年底至1936年,蒋介石指定他负责秘密同共产党联系和谈判。

选自中共中央文献研究室:《周恩来书信选集》,第100~101页,中央文献出版社,1988年版。

周恩来致蒋介石

1936年9月22日

介石先生:

自先生揭橥反共以来,为正义与先生抗争者倏已十年。先生亦以清党"剿共"劳瘁有加,然劳瘁之代价所付几何?日本大盗已攫去我半壁山河,今且升堂入室,民族浩劫高压于四万万人之身矣!近者,先生解决西南事变①,渐取停止内战方针。国人对此,稍具好感。惟对进攻红军犹不肯立即停止,岂苏维埃红军之屡次宣言、全国舆论之迫切呼吁,先生犹可作为未闻耶?

先生须知,共产党今日所求者,唯在停止内战、建立抗日统一战线与真正发动抗日战争。内战果能停止,抗战果能实行,抗日自由果能实现,则苏维埃与红军誓将实践其自己宣言,统一于全国抗日政府指挥之下,为驱逐日寇而奋斗到底。先生素以继承孙中山先生革命传统为职志者,十年秉政,已示国人对外妥协对内征服之失策。现大难当前,国人抗日之心甚于"五卅",渴望各党合作之忱甚于民国十三年改组,先生其亦有志于回到孙先生革命的三大政策之传统而重谋国共合作乎?当先生实行孙先生革命政策时,全国群众闻风景从,先生以之创黄埔,练党军,统一两广,出师北伐,直抵武汉。及先生背弃孙先生遗教,分裂两党统一战线后,则众叛亲离,内乱不已,继之以"九一八",五年外患,国几不国。先生抚今追昔,其亦有感于内战之不可再长而抗日之不容再缓乎?苏维埃与红军为此呼吁,至再至三,但仍不得先生之坚决同意。前者东向抗日被阻于晋,今者全国主力红军集中西北,目的更全在抗日,乃先生又复增兵相逼。先生岂竟忘日寇已陈兵绥东,跃跃欲动,即欲变西北为殖民地耶?来敢正告先生:红军非不能与先生周旋者,十年战绩,早已昭示国人。特以大敌在前,亟应团结御侮。自相砍伐,非但胜之不武,抑且遗祸无穷。若先生以十年仇隙,不易言欢,停战议和,未可骤信,则先生不妨商定停战地区,邀请国内救国团体各界代表监视停战,必知红军力守信誓,只愿在抗日战争中担任一定防线,以其全力献之于民族解放,他则一无所求也。先生其亦有意于一新此民族壁垒而首先在西北实现乎?天下汹汹,为先生一人。先生如决心变更自己政策,则苏维埃与红军准备随时派遣负责代表与先生协定抗日大计。此共产党、红军确定之政策,将千回百折以赴,不达目的不止者也。

先生为国民党及南京政府最高领袖,统率全国最多之军队。使抗日无先生,将令日寇之侵略易于实现,此汉奸及亲日派分子所企(祈)祷者。先生与国民党之大多数,决不应堕其术中。全国人民及各界抗日团体尝数数以抗日要求先生。先生统率之军队及党政中之抗日分子,亦尝以抗日领袖期诸先生。共产党与红军则亟望先生从过去之误国政策抽身而出,进入于重新合作共同抗日之域,愿先生变为民族英雄,而不愿先生为民族罪人。先生如尚徘徊歧路,依违于抗日亲日两个矛盾政策之间,则日寇益进,先生之声望益损,攘臂而起者大有人在。局部抗战,必将影响全国。先生纵以重兵临之,亦难止其不为抗战怒潮所卷入,而先生又将何以自处耶?

奉上八月二十五日敝党中央与贵党中央书,至祈审察。迫切陈词,伫候明教。顺祝起居佳胜!不一。

周恩来

(一九三六年)九月二十二日

注释:

① 西南事变,即两广事变。

选自中共中央文献研究室:《周恩来书信选集》,第105~107页,中央文献出版社,1988年版。

毛泽东致阎锡山

1936 年 5 月 25 日

百川先生：

敝军西渡，表示停止内战，促致贵部及蒋氏的觉悟，达到共同抗日之目的。微日通电或恐未达，抄上一份，托郭团长带回，即祈审览。

救国大计，非一手一足之烈所能集事。敝军抗日被阻，然此志如昨，于回百折，非达目的不止，亦料先生等终有觉悟的一日。侧闻蒋氏迫先生曰甚，强制晋军二度入陕，而以其中央军监视其后，是蒋氏迄无悔祸之心，汉奸卖国贼无与为匹，三晋军民必有同慨。先生如能与敝方联合一致，抗日反蒋，则敝方同志甚愿与晋军立于共同战线，除此中国人民之公敌。

郭团长及贵军官兵一律优待，同属国人，胜之不武，敝方绝无骄矜之心，武器弹药，楚失楚得，谅先生及贵军领袖亦当不致有所芥蒂也。今遣郭团长返晋，面致手书，如有所教，乞令郭君再来，以便沟通两方，成立谅解，对付共同之公敌。吉县县长暂留此间，稍缓亦当令其返晋。国难日亟，谅三晋贤者决难坐视也。

专此。即颂

勋祺。不一！

毛泽东

（一九三六年）五月二十五日

选自中共中央文献研究室：《毛泽东书信选集》，第 29 页，中央文献出版社，2003 年版。

毛泽东致蒋光鼐、蔡廷锴①

1936年9月22日

憬然
贤初先生勋鉴：

岁月不居，时节如流。回顾一九三三至一九三四年兄我双方合作救国②之时，又已整整三年矣。而国难日亟，寇进不已，南京当局至今尚无悔祸之心，内战持续如故，全国人民之水深火热又如故。瞻念前途，殷忧何极！然而国际形势进入了新的阶段，国内爱国运动蓬勃发展。光荣的十九路军系统在先生等领导之下，继续奋斗，再接再厉。弟等则转战南北，接近了抗日阵地。抗日救亡的统一战线得到了全国各党各派各界各军一切有良心的爱国人士之赞成与拥护，即国民党内部亦有了若干开始的转变，凡此都是不同于昔的新局面。驱除日寇，挽救危亡，为期实不甚远。敝党八月二十五日致国民党书提出了新的具体方案，检呈一份，敬祈审察。为达推动全国（包括南京在内）进行真正之抗日战争起见，特向先生及十九路军全体同志提议，订立根据于新的纲领之抗日救国协定，拟具草案八条借供研讨，并祈转达陈真如先生及十九路军各同志。如荷同意，即宜互派代表集于适当地点正式签订。如兄方以为尚有需磋商增改之处，不妨往复商洽，使臻完善，然后签订。总之，真正之救国任务，必须有许多真正诚心救国之志士仁人，根据互相确信之政治纲领，为联合一致之最大努力，方有彻底完成之望。热诚爱国如先生，知不以斯言为无当也。真如先生何时归国，深以为念，弟等甚盼其迅速回国，从事统一战线之伟业。钱寿康先生南旋，托致手书。海天在望，不尽依迟。专此。敬颂

勋棋

毛泽东
（一九三六年）九月二十二日

注释：

① 蒋光鼐（1887~1967），字憬然，广东东莞人。1930年任国民党军第十九路军总指挥。1932年日本侵略军进攻上海，他与蔡廷锴等指挥十九路军进行"淞沪会战"。1933年参加组织抗日反蒋的福建人民革命政府。新中国成立后，曾任纺织工业部部长、中国国民党革命委员会中央常务委员。

蔡廷锴(1892~1968),字贤初,广东罗定人。1930年任国民党军第十九路军军长。1932年参加指挥"淞沪抗战"。1933年参加组织抗日反蒋的福建人民革命政府。新中国成立后,曾任政协全国委员会副主席、国防委员会副主席、中国国民党革命委员会副主席。

② 指1933年10月至1934年1月蒋光鼐、蔡廷锴等组织福建人民革命政府期间,同中华苏维埃临时中央政府及工农红军签订停战协定和抗日反蒋协定。

选自中共中央文献研究室:《毛泽东书信选集》,第62~63页,中央文献出版社,2003年版。

毛泽东、周恩来致张学良①

1936年10月5日

汉卿先生阁下：

　　中国共产党建议全国各党各派各界各军的抗日民族统一战线已经一年多了,虽已得到全国人民的赞助,但中国国民党不但至今采取游移不决态度,而且当日寇正在准备新的大举进攻时,反令胡宗南军深入陕甘配合先生所指挥的部队扩大自相残杀的内战。我们正式宣言,为了迅速执行停止内战、一致抗日主张,只要国民党军队不拦阻红军的抗日去路与侵犯红军的抗日后方,我们首先实行停止向国民党军队的攻击,以此作为我们停战抗日的坚决表示,静待国民党当局的觉悟,仅在国民党军队向我们攻击时我们才在自卫的方式上予以必要的还击,这同样是为着促进国民党当局的觉悟。先生是西北各军的领袖,且是内战与抗战歧途中的重要责任者,如能顾及中国民族历史关头的出路,即祈当机立断,立即停止西北各军向红军的进攻,并祈将敝方意见转达蒋介石先生速即决策,互派正式代表谈判停战抗日的具体条件。拟具国共两党抗日救国协定草案,送呈卓览。寇深祸急,愿先生速起图之。

毛泽东　周恩来
(一九三六年)十月五日

注释：

① 张学良(1901~2001),辽宁海城人,东北军爱国将领。1935年10月起任国民党西北"剿总"

副司令。1936年12月和杨虎城一起发动"西安事变",要求蒋介石停止内战,一致抗日。"西安事变"和平解决后,被蒋介石长期关押。

选自中共中央文献研究室:《毛泽东书信选集》,第66页,中央文献出版社,2003年版。

毛泽东致傅作义①

1936年10月25日

宜生主席先生勋鉴:

　　日寇西侵,国难日亟。先生统帅师旅,捍卫边疆,今夏小试锋芒,已使敌人退避三舍。观乎报载以死继之之言,跃然民族英雄之抱负,四万万人闻之,神为之王,气为之壮,诚属可贺可敬。红军远涉万里,急驱而前,所求者救中国,所事者抗日寇。今春渡河东进,原以冀察为目的地,以日寇为正面敌,不幸不见谅于阎、蒋两先生,是以引军西还,从事各方抗日统一战线之促进。目前情势,日寇侵绥如箭在弦上,华北长江同时告急。但国内统一战线粗有成就,南京当局亦有转向抗日趋势,红军主力之三个方面军已集中于陕甘宁地区,一俟取得各方谅解,划定抗日防线,即行配合友军出动抗战。红军虽志切抗战,但在未得友军谅解,尤其在未得抗战地区之友军及地方行政长官之谅解以前,决不贸然向抗战阵地开进。在已得正式谅解而向抗战阵地开进与实行抗战时,自当以其全力为友军之助,而绝不丝毫妨碍共同抗战之友军及其后方之安全与秩序,兹派彭雨峰同志来绥,与先生接洽一切,乞以先生之意见见教,并希建立直接通讯关系。百川先生处,今春曾数数致书,夏时又托郭团长将意,久未得复,祈先生再行转致鄙意。如有可能介绍彭同志赴晋一晤,实为公便。叨在比邻,愿同仇之共赋。倘承不吝赐教,幸甚幸甚。

　　专此。即颂

戎绥

毛泽东
(一九三六年)十月二十五日

注释:

① 傅作义(1895~1974),字宜生,山西临猗县人。当时任国民党绥远省政府主席、国民党军第

三十五军军长。1949年1月，率部接受和平改编，对北平和绥远的和平解放做出了贡献。新中国成立后，曾任政协全国委员会副主席、水利电力部部长。

选自中共中央文献研究室：《毛泽东书信选集》，第70~71页，中央文献出版社，2003年版。

毛泽东致冯玉祥①

1936年12月5日

焕章先生：

从报纸从广播从沪宁友人得悉先生一腔抗日救亡之义愤，虽没有和先生见面，等于见了一样。

在亡国惨祸面前，不分党派信仰将同遭浩劫，因此合作救亡是天经地义。

然而蒋介石先生至今犹孤行己意，对日无抗战决心，对内则动员三百个团大举"剿共"。最近敝军略施还击，胡宗南军一旅溃败，一旅覆灭，其军心动摇已极，然夫己氏犹不悟也。

目前急务似无急于停止内战。诚得先生登高一呼，众山齐应，今日停战，明日红军与西北"剿共"各军立可开进于绥远战场。否则，长城淞沪诸役前车可鉴，日蹙国百里，虽噬脐而无及矣！泽东与先生处虽异地，心实无间，倘得不吝教诲，锡以圭针，敢不拜赐！敝方抗日救国纲领，具见八月二十五日致中国国民党书，前曾遣人付上，谅承鉴察，有何评判，愿接高明。

先生老部下董振堂诸君，大有进步，堪以告慰。书不尽意。

肃颂

勋祺！

毛泽东　手启

（一九三六年）十二月五号

注释：

① 冯玉祥(1882~1948)，字焕章，安徽巢县人，爱国将领。1931年"九·一八事变"后，主张抗

日,反对蒋介石的不抵抗政策。1933年与中国共产党合作,在张家口组织民众抗日同盟军,任总司令。1936年时任国民党政府军事委员会副委员长。

选自中共中央文献研究室:《毛泽东书信选集》,第80页,中央文献出版社,2003年版。

三、南京国民政府对日妥协对内镇压

"九·一八事变"后,全国人民的抗日怒潮风起云涌,中国共产党更是大声疾呼,号召全国军民奋起抗战。南京国民政府这时虽表面上也喊不能容忍日本帝国主义的侵略,但背地里却是百般忍耐,密指张学良与日本周旋,以退让求得和平解决。而对人民大众的抗日救亡运动,对爱国将领的抗日义举,则是怒不可遏,采取取缔、镇压的政策。例如,1933年6月18日,刺杀了积极宣传抗日、反对国民党极权统治的中国民权保障同盟副会长兼总干事杨杏佛;1934年11月9日,杀害了察绥民众抗日同盟军第二军军长兼北路前敌总指挥吉鸿昌将军;4天之后又刺杀了积极宣传抗日的《申报》总经理史量才;在上海出版的《新生》周刊,因刊载了一篇有损日本天皇的文章——《闲话皇帝》,在日本的胁迫下,上海当局竟查封了《新生》周刊,逮捕了该刊主编杜重远。在蒋介石"攘外必先安内"的反动政策下,南京政府对湘赣的红色区域一连发动五次血腥"围剿"。

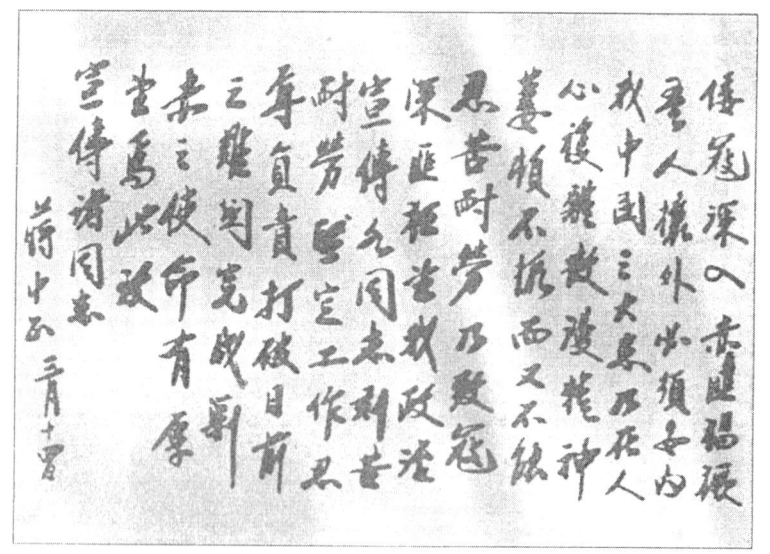

蒋介石"攘外必先安内"手迹

顾维钧致张学良

1931年10月14日

限即刻到。北平。张副司令汉卿兄勋鉴：顾密。日本坚持直接交涉，先订大纲协定，然后撤兵。此种主张业已照知蒋使，催我答复。一面通告国联，并在会议上公然提出，似为日本固定方针。而其陆军盘据（踞）辽、吉相机扩大，其海军驶入我江海要口以示威，各处侨民复游行以寻衅，是彼外交、军事双方共进，着着逼我，以图解决。我方若不速定全盘方针，拟就具体办法从容逐步应付，转瞬之间失却国际同情，而形势转趋严重，单独应付更感不易。进退维谷，危险更不堪设想。故连日一本与蒋主席谈话之旨：在外委大小会议中，主张先定具体方针，速电施使以避僵局。今晨外委开会，观所接东京报告，举国空气紧张，首相遍访各党首领及元老与枢府重臣，商议组织联合内阁应付严重关头，是其用意益形显然。弟以时机危迫，再催当局诸委速定办法，经讨论后，以李、于、吴诸位①之建议拟定，戴、宋与李代部长②逐日到外部主持一切，以应事机。次日，开会再行报告或提出追认。旋与宋部长说明紧迫情形，催其迅与当局诸公决定大计。钧任、敬舆同为焦急，现正合力进行，顷宋约再往谈，结果容续电。奉闻。弟维○叩。寒申。

(中华)民国二十年十月十四日

注释：

① 李指李石曾，于指于右任，吴指吴稚晖，时均为特种外交委员会委员。

② 戴为特种外交委员会委员长戴传贤，宋为副委员长宋子文，李代部长为外交部代部长李锦纶。

选自李云汉等：《国民政府处理九·一八事变之重要文献》，第252~253页，中国国民党中央委员会党史委员会出版，近代中国出版社，1992年版。

顾维钧致张学良

1931 年 10 月 15 日

限即刻到。北平。张副司令汉卿兄勋鉴：顾密。顷弟在宋寓与戴季陶、宋子文续商办法，蒋主席亦莅临。悉英方确知理事会法主席已拟就解决办法要点：（一）日军退出被占区域，（二）派中立国文武人员监视接收，（三）两国直接开谈判。据云，候一、二点办后，即实行第三点。唯如何措词（辞），尚未接详报。又：蒋主席示弟以敬舆所呈办法（即弟寒电所拟方案），询弟谓：如上述英方消息属确，则所拟方案须再提出否？弟答：如日方承受国联提议，自可作罢。若日方坚持芳泽原提办法，仍当有具体答案。蒋称：是。并谓：关于直接，至少须设法办到华府办法，由第三国代表旁听为宜。并约弟明日四时续谈。再，此间接施代表电，报告与法主席谈话要点：（一）锦州华军并无攻击沈阳日军之意。（二）赞成国联派遣中立国文武人员视察接收事宜。（三）欢迎美代表加入理事会讨论中日案之会议，（四）对满铁权利问题此时无意提出，（五）关于日方所提协定大纲，法主席谓甚为注意。惟日军撤退只以侨民安全唯一条件。又：商请英、美公使调派军队至山海关监视日军行动一节，正另电达矣。顾○○叩。删戌。

选自李云汉等：《国民政府处理九·一八事变之重要文献》，第 256~257 页，中国国民党中央委员会党史委员会出版，近代中国出版社，1992 年版。

顾维钧致张学良

1931 年 10 月 16 日

限即刻到。北平。张副司令汉卿兄勋鉴：顾密。今晨七时，蒋主席在陵园约谈要点：（一）对日拟根据弟之草案以东亚和平为基础，提出大纲若干条。（二）谓阅敬舆兄昨呈兄处拍来各电，悉兄焦急万分，希望速了。惟日本军部对人问题态度坚决。外务省为迁就军部计，亦已同意。观日政府对于我方责成吾兄派遣代表接收一节，置之不理，反要求另派负责代表，其意显然。中央亦愿速了，但操之过急，徒使日方气焰益高，转增我对外对内之困难。不如从容应付，俾可设法疏解或加派接收人员。嘱弟电陈吾兄，以纾锦虑。弟谓兄意对日始终与政府一致,惟此事关系我国甚大,恐不能全恃国联,亟望政府速定具体方针与步骤,庶不至拖延愈久,收拾愈难。(三)撤兵后,如能得国联或第三国之代表加入为公证人,亦可开始交涉云。谈毕,弟参加特别会议,到戴、宋、于、邵、孔、朮、颜、李①诸人,讨论蒋、戴与弟三人提案内容,结果拟将三案并为二案。下午由戴、颜及弟修正文字后,电达施代表。谨先奉闻。弟顾○○叩。谏已。

(中华)民国二十年十月十六日

注释:

① 戴传贤、宋子文、于右臣、邵元冲、孔祥熙、朱培德、颜惠庆、李锦纶。

选自李云汉等:《国民政府处理九·一八事变之重要文献》,第258页,中国国民党中央委员会党史委员会出版,近代中国出版社,1992年版。

张学良致顾维钧密电

1931年11月26日

特急。南京。外交部顾部长少川兄并转钧任、敬舆两兄勋鉴:○密。极密。顷接米瑞风①自锦来亲译电云:据昨由平来锦英员今日与职等作恳切密谈,要旨如下:(一)国联自身本无实力,仅能调解纠纷,不能强制执行,中日事件最好中日能自谋解决办法,如肯直接交涉,国联居中监视。据彼意:中国不至吃甚大亏,果能如此,在各国认为中国受益已多,若专仰国联解决,或望其尽何等真实力量,均不可靠。(二)国民党执政以来,对外骄矜太大,颇失各国好感。例如收回汉口莱界,办理情形,毫不为英国稍留颜面,其他各国感受此种难堪亦复不少。此次各国不记宿嫌,仍对中国表示同情,完全为人道正义起见。最后该员等并称此为友谊之恳谈,不负任何责任。等语。谨密(秘)闻。等情。特密达。弟张学良。宥(二十六日)戌。秘。

(中华)民国二十年十一月二十六日

注释：
① 米春霖，字瑞风，时任辽宁省政府代理主席。

选自李云汉等：《国民政府处理九·一八事变之重要文献》，第298页，中国国民党中央委员会党史委员会出版，近代中国出版社，1992年版。

张学良致蒋中正、顾维钧密电
1931年11月29日

限即刻到。南京。蒋主席钧鉴，顾部长少川兄勋鉴：□密。顷日矢野代办来云：奉本国训令，略谓：英、法、美与中国提商拟以锦县一带为中立地域，中国军队撤至山海关。日本对此原则上甚表同意，如贵方赞成此种办法，日方即可派代表商洽。等语。答当以此事尚未奉到政府训令，不能作确定之答复。惟个人对此亦颇赞成。但有应声明者二事：第一，希望日军最大限度不越过原遣地点即巨流河车站。第二，须留少数军队在锦县一带即中立区域内，以足敷防止匪患，维持治安为度。至将来日方如派代表时，总宜舍军事人员，而用外交人员。矢野又谓：个人对于第二点，仍希望中国军队全数撤退，惟未奉训令，亦不能正式答复。等语。查划定中立地域办法，亦属避免冲突，以图和平解决之一道，日方既表同意，我方似可与之商洽。究竟英、法、美各国政府对此态度如何？中央意旨如何？此间应如何与之接洽，除已令锦方军队照此原则准备施行外，统乞指示一切，俾有遵循为祷。张学良叩。艳(二十九日)丑。秘。

(中华)民国二十年十一月二十九日

选自李云汉等：《国民政府处理九·一八事变之重要文献》，第303页，中国国民党中央委员会党史委员会出版，近代中国出版社，1992年版。

张学良致蒋中正等密电
1931年12月7日

南京。蒋主席钧鉴，特种外交委员会、外交部、教育部、铁道部勋鉴：□密。阻止北平学生赴京请愿一案,迭经遵电将北宁、平津各车暂停开行在案,乃各校学生占卧前门、丰台路轨,日夜不散;不服解散,不听劝导。倘以武力制止,则该站紧邻使馆,又恐别滋事端,用柔、用刚,为术俱穷,而平津交通之阻塞已阅日,以至平汉、平绥车站,亦被学生占据,外交团方面,纷纷援辛丑和约换文来相诘责,倘再不解决,当此外交危迫之际,恐招不良之影响。本晨复与各校负责人再三切劝,始允将大部分解散,其余一小部份(分)准予登车南下,但即此一次为止,无论何校,不得再援此例。交涉至此,始获解决,同时恢复交通。学良明知中央为难,万不愿任其多事。无如事属两难,不得不权其缓急,伏乞鉴原。除电饬北宁、津浦路局遵办外,谨此电述。张学良叩。阳。秘。印。(七日)。

(中华)民国二十年十二月七日

选自李云汉等:《国民政府处理九·一八事变之重要文献》,第318页,中国国民党中央委员会党史委员会出版,近代中国出版社,1992年版。

冯玉祥致蒋委员长函
1933年3月22日

介石仁弟道鉴:昨承电约,并请马伯援同志来张,厚意殷殷,感念之至。国危至此,唯有赤诚团结,共谋救济,祥与弟台共患难,共生死,以完成北伐,个人之情谊犹昔,纵有时主张稍异,然实为创造新国家而发生者也。今者国难日亟,而敌尤进攻不止,此诚最大危难之时,非力图自卫,拚命抵抗,不能以救灭亡。兹有数事,为弟陈之:(一)迩来妥协之谣,遍于海内,此固为敌方所造,然吾非靠辟谣之方,须以事实属反证,则其谣自息。(二)迅发精锐部队,从各方齐发,不致抵抗仅限于一隅,尤盼吾弟亲率十万,收复失地,祥当竭全力为臂助也。(三)前方各军,与敌苦战,饷项械弹,均极缺乏,精设法补充之;(四)抗日军队及义军死伤甚烈,请设法抚恤之,补充之;(五)政治为一切根本,尤望政府刷新,与民更始。以上五条,为祥所贡刍荛,希采择之,不尽之意,请希文同志面达,如小兄冯玉祥启。

(中华)民国二十二年三月二十二日

选自存萃学社：《一九二七~（年至）一九三四年的反蒋战争》（下册），第584页，大东图书公司，1978年版。

冯玉祥致蒋委员长等报告克复多伦电

1933年7月12日

南昌蒋委员长，南京汪院长，北平何委员长，黄委员长勋鉴：顷接前方捷电，我军自阳午围攻多伦以来，血战五昼夜，官兵死亡者千六百余人，兹已于文晨，克复多伦，敌人向东溃窜等语。祥久疏戎马，伏处山林。前只以东北沦亡，滦热继陷，多沽为四省之续，平津订城下之盟，一时为血性所驱，民众所迫，不得不奋（愤）然而起，振臂一呼，以武装保卫察区，收复失地自任。惟自上月号晨出发以来，官兵食不果腹，衣不蔽体，阴雨则鞍马尽湿，昏夜则席地幕天。且际兹酷暑气候，多有著皮衣皮帽以杀贼者，酸辛惨苦，困难万分。兹幸托全国民众之助，总理在天之灵，虽以饥寒疲敝之师，挟腐锈窳残之械，而气凌霄汉，志雪国仇，旬日之间，收复康保、宝昌、沽源等地，今又继续收复多伦。察省地区，可告完整。惟保察之任务虽尽，而东北四省之失地未收，瞻望河山，犹深惨恸。公等执国家大政，掌百万雄师，兵械之精，何啻霄壤；饷糈之富，更不待言。如蒙慨念东北同胞亡国之痛，废停战协定之约，兴收复四省之师，则祥虽庸愚，敢辞鞭镫。否则，惟有自率此十万饥疲之士，进而为规复四省之谋。一息尚存，此志不懈；成败利钝，之死靡他。谨电奉闻，诸惟亮察。冯玉祥叩。文（十二日）申。

（中华民国二十二年七月）十二日

选自陶英惠：《蒋冯书简新编》，第167页，台湾学生书局有限公司，2010年版。

告别读者诸君

1935年6月30日

今天是记者最后和读者诸君谈话的时期了。本刊诞生至今，不过一年有半。在这一年半的期间，中国民族的生命在风雨飘摇中。记者编行本刊，不知经过了多少折磨，受到了多少鸟气。但我们总是立定脚步,咬紧牙关,忍耐着,希望着,希望这一线不灭的微光,长此支持下去;领导着有觉悟的青年们,奋发猛醒,共同前进。不料光天化日之下,来了一个霹雳,竟将我们这一线的微光都被遮断了。

读者诸君大概做梦也猜想不到罢。日本①帝国主义用武力占据了东北,侵夺了华北,甚至支配了整个中国的政治,还觉得不爽气。现在帝国主义的威力,却打击到我们这个小刊物的头上来了。本刊一向站在反帝的立场,对于日帝国主义者更毫不客气的(地)常常揭破他们的阴谋,因此得了一个"触犯刑章"、"妨碍邦交"(见上海市政府令)的罪名,一纸命令,竟限日停刊了。本刊为反帝而创办,尽反帝的使命,现在又为反帝而牺牲,这牺牲是光荣的,我们所乐意的。现在趁这最后的一个机会,让记者向读者诸君说几句话罢。

本来中国的民众,已经踏入了生死存亡的关头。出路只有一条,就是发动民族抗日战争。坐着空谈,是不能而且也不许的。看看全国的农村,看看全国的都市,看看全国的金融工商,看看全国的政治文化,从那(哪)一方面你能找到出路呢?坐在"沙发"上的先生们尽管喊着救济农村,而农村的饿莩(殍)们,像流水般一批一批转入都市来。住在"月宫"里的老爷们,尽管高唱救济工商,而工厂商店的大门,像鞭炮似的劈劈拍拍(噼噼啪啪)的(地)关闭。贪官污吏,加紧榨取;土豪劣绅,拼命盘剥。自然,只有这般东西才愿维持他们的残局,也只有这般东西才愿和帝国主义去勾结。谁是我们的敌人,不是也很清楚明白了吗?

但是,读者诸君,我们没置下广厦万间,怕什么飞机;我们并没有金玉珠宝,怕什么炸弹。我们的要求很简单,只是牺牲与真理。常言道:"牺牲一身剐,便把皇帝打。"北方有句土话说:"横的怕硬的,硬的怕不要命的。"我们的命不要了,还怕什么呢?

帝国主义敌人的脑袋不是铁打的,身体也不是铜铸的。我们没什么高深的计谋,就是你把我拖下水里来,我把你拉到泥里去。你不叫我活着,我也不叫你太平过去。十个臭虫能制服住一个活人,使不得安枕,难道说我们连一个臭虫都不如吗?这就看我们肯不肯彻底的(地)牺牲罢了。

因此,本刊虽然被迫停刊了,我们虽然生活在一团黑漆的时代,但是我们的前途是光明的,胜利的。亲爱的读者诸君,请记住过去的屈辱,认定正确的路线,鼓起斗争的勇气,担当历史的使命。让后代的人们知道,最后胜利不是属于帝国主义者,到底是属于被压迫人民啊。

杜重远

(中华民国)二十四年六月三十日

注释：

① 原文为××，由编者改为日本。在其他个别文章中也有此类现象，均作了改正，不再一一注出。

选自周天度、孙彩霞：《救国会史料集》，第8~9页，中央编译出版社，2006年版。

闲话皇帝①（节录）

1935年5月4日

（上略）我们中国的皇帝算是取消了，然而现世界却是还存在着不少的皇帝，这可又怎么去解释呢？像现在，英国有皇帝，意大利有皇帝，日本有皇帝，南斯拉夫有皇帝，暹罗也有皇帝，这种过时代的古董各国为什么仍要保存它，不把它送进博物院里去呢？这自然是也有它存在的理由的。现在的皇帝可是大不同于从前的皇帝了。从前的皇帝，能干点的，真是一日万机，忙的(得)个不得了，威权当然也是高于一切。"君要臣死，不得不死"。就是糊涂一点的皇帝，三天两天的朝是要坐的，大小的事情还是要问过他一下，方才敢做。现在的皇帝呢，他们差不多都是有名无实的了。这就是说他们虽拥有皇帝的名儿，却没有皇帝的实权。就我们所知道的，日本的天皇是一个生物学家，对于做皇帝，因为世袭的关系，他不得不做，一切的事，虽也奉天皇的名义而行，其实早做不得主，接见外宾的时候，用得着天皇；阅兵的时候，用得着天皇；举行什么大典的时候，用得着天皇，此外天皇便被人民所忘了。日本的军部、资产阶级，是日本的真正统治者。上面已经说过，现在日本的天皇，是一位喜欢研究生物学的，假如他不是做着皇帝，常有许许多多不相干的事来寻着他，他的生物学上的成就，也许比现在还要多些。据说他已在生物学上发明了很多东西，在学术上这是一个很大的损失。然而目下的日本，却是舍不得丢掉"天皇"的这一个古董，自然，对于现阶段的日本的统治上，是有很大的帮助的，这就是企图用天皇来缓和一切内部各阶层的冲突，和掩饰了一部分人的罪恶。意大利与大英帝国内的皇帝所尽的作用也是这样。（下略）

易水

（1935年5月4日）

注释：

① 这篇经国民党中央图书杂志审查委员会审查通过的一般性叙事文章发表后，日本驻上海领事竟以"侮辱天皇，妨害邦交"为由，向上海市政府及南京政府提出抗议，要求向日本"谢罪"，封闭《新生》周刊社，判处作者及编者徒刑，并策动日本浪人捣乱。国民党对此惊慌失措，竟然屈服于日本的压力，完全满足了日方的要求，向日本道歉，封闭了《新生》周刊。1935年6月10日，国民党中央政府特颁《敦睦邦交令》，并通令各省市一体遵行。1935年7月9日，江苏高等法院审理此案，以"诽谤罪"判处杜重远徒刑一年二个月。"《新生》事件"是当时的一大冤案，在社会上引起很大震动。本文作者易水为艾寒松的笔名。

选自《新生》周刊，第2卷，第15号，1935年5月4日。

四、七君子事件

"七君子事件"是全面抗战之前国民党政府迫害爱国民主人士的事件之一。围绕这一事件开展的大规模营救活动则成为维护人民抗日救国权利、揭露南京国民政府镇压抗日救亡运动罪行的政治动员,促进了全国抗日救亡运动的蓬勃发展。

在"九·一八事变"后的抗日救亡运动中,全国各地相继成立的各类抗日救国会对动员民众奋起抗日、抵制南京国民政府对日妥协退让政策起到了积极作用,因而也最遭南京国民政府的忌恨。1936年11月23日凌晨,南京当局突然将上海领导各界抗日救亡运动的领导人沈钧儒、邹韬奋、李公朴、沙千里、史良、章乃器、王造时等逮捕入狱。26日,上海市公安局发表了一个公开声明,以莫须有的罪名诬指七君子,"非法组织所谓上海各界救国会,托名救国,肆意造谣","勾结赤匪,妄倡人民阵线,煽动阶级斗争,更主张推翻政府","密谋鼓动上海总罢工,以遂其扰乱治安,颠覆政府之企图","现值绥边剿匪吃紧之际,后方尤应巩固,不得不行使紧急处置,以遏乱萌"[1]。

七君子均为著名的爱国专家教授,在国际国内均享有崇高声誉,因而他们被捕后,立即遭到国际国内人民的强烈抗议。宋庆龄率先发起组织了"爱国入狱运动"。李宗仁、白崇禧、冯玉祥等地方实力派致电蒋介石,要求释放爱国七领袖,"以顺舆情"。欧美等国的海外侨胞,乃至国际上的著名学者、科学家如美国的杜威、爱因斯坦等,也联名营救七君子。迫于国际国内舆论的强大压力,南京当局不得不于1937年7月13日释放七君子。

这组信函反映了社会各界全力营救七君子出狱的活动。

注释:
① 《中央日报》,1936年11月26日。

1937年7月31日,被关押达8个多月的七君子被释放。图为出狱时七人在看守所院内的合影(左起:王造时、史良、章乃器、沈钧儒、沙千里、李公朴、邹韬奋)。

全国各界救国联合会紧急通电

1936 年 11 月 24 日

全国各报馆杂志社转全国各人民团体公鉴:

敝会号召救亡,忠心救国,为全国各界人士所共见。际此绥远事件紧急,中华民族生死存亡之秋,敝会领袖沈钧儒、章乃器、王造时、李公朴、史良、沙千里、邹韬奋等七人突为当局所逮捕,实出意外。敝会现除仍决继续工作,率全国救国民众为诸领袖作后盾,并要求当局将此案公开审判,将领袖立即释放外,尚望全国各界人士、各公团,凭正义、凭良心,一致主持公道,加以援助。敝会幸甚!中华民族前途幸甚!

全国各界救国联合会叩

(一九三六年)十一月二十四日

选自《救亡情报》,第 28 期,1936 年 11 月 29 日。

李宗仁白崇禧等营救电

1936年11月25日

特急。南京冯副委员长焕公、孙院长哲公、居院长觉公、程总长颂公、朱主任益公并转在京诸同志赐鉴：国密。沪港电传沈钧儒、王造时、李公朴、邹韬奋、章乃器、史良、沙千里等七人，因参加上海各界领袖所组织之中华民族抗敌将士后援会援助绥东战士，被沪当局认有煽动日纱厂罢工风潮嫌疑，遂依据《危害民国治罪法》，于漾（二十三日）晨会同捕房概予逮捕，分押一二两区法院审讯等情。当此日人主使匪伪侵我绥东，全国舆情极端愤慨之时，政府对于爱国运动，似不应予以压迫。况声援抗日战士，立意极为纯洁，纵或对日纱厂罢工工友有同情举动，亦系爱国热情所应有之表现，与危害民国实极端相反。且沈钧儒等七人平时或主教育，或主言论，其为爱国志士，久为世人所公认，如政府加以迫害，足使全国志士寒心。公等主持中枢，党国柱石，务恳迅予援救，以顺舆情，至为盼祷！李宗仁、白崇禧、黄旭初叩。有（二十五）。印。

《桂林日报》
1936年11月26日

选自周天度、孙彩霞：《救国会史料集》，第282页，中央编译出版社，2006年版。

冯玉祥致蒋介石密电

1936年11月26日

洛阳。蒋委员长介公赐鉴：密。昨闻章乃器、沈钧儒、王造时、李公朴、史良、邹韬奋、沙千里等七人，在上海被公安局拘捕。窃以章等之热心国事，祥亦素有所闻，尚非如报纸宣传之为共党及捣乱者，且其设立救国会宣传救国，立论容有偏激，其存心可为一般人所谅解。今若羁押，未免引起社会之反感，而为日人挑拨离间之口实。拟请电令释放，以示宽大。若恐有轨外行动，应于释放后，由祥同李协和、孙哲生、陈立夫诸先生招其来京，共同晤谈，化除成见，在中央统一领导之下，为抗日救国努力。并责令其募捐购机及抚慰前线将士,使表其诚,且藉(借)此以促进国人更团结于中央抗敌御侮之宗旨下也。未知尊意以为如何?匆此布臆,无任企盼。冯玉祥。宥。

(1936年11月26日)

选自周天度、孙彩霞:《救国会史料集》,第284页,中央编译出版社,2006年版。

马相伯致冯玉祥函

1936年11月30日

焕章将军勋鉴:寝电垂询晋京时日,何将军爱我之深也!感谢,感谢!老夫须俟行装运毕,旅费与生活费谋定,始克成行。

近阅报载沪上沈钧儒等七人,涉有阴谋扰乱治安及企图颠覆(覆)政府嫌疑,当局施以逮捕解送法院讯办等情,众惊骇莫名。况沈钧儒律师首领,其血心爱国,人人钦仰,视东北义军有过之。国家兴亡,匹夫有责。杀一不义,虽得天下,文武不为。今则学生爱国,罪以共党;人民爱国,罪以共党;至沈君等数人,以民胞物与心则有之,以苏俄为心,窃可以首领保其无也。幸我将军有以体恤之!国家幸甚!民族幸甚!专此。即颂勋安。

马相伯谨启
(中华民国)二(十)五年十一月卅日

选自周天度、孙彩霞:《救国会史料集》,第284页,中央编译出版社,2006年版。

英国名流罗素等营救章乃器等七人

1936年12月28日

中国人民的朋友们对于全国各界救国联合会领袖们之被捕,非常关怀。我们相信,这种逮捕是由日本主使,因为日本害怕中国的统一与自由。我们希望立即释放逮捕的抗日志士。

哲学家罗素、皇家律师蒲理特(D. N. Pritt)、国会议员克利蒲(Cripps)爵士、人民之友社秘书长杨格夫人等。

《救国时报》
1936年12月28日

选自周天度、孙彩霞:《救国会史料集》,第316页,中央编译出版社,2006年版。

蒋介石复冯玉祥电

1936年12月3日

南京。冯副委员长焕章吾兄勋鉴:宥电敬悉。〇密。沈钧儒、章乃器等诸人,有为中所素识者,亦有接谈数次者。前更以国家大势,救国要义,向之详加劝导,乃彼等不唯不听,而言论行动反日益乖张,若非存心祸国,亦为左倾幼稚病中毒已深,故尔执迷不悟。近更乘前方剿匪紧张之时,鼓吹人民阵线,摇惑人心,煽动罢工,扰乱秩序。中处迭据确报,沪上罢工,其经费均由章乃器以救国会经费散发每日七千元,是其背景可知。若非迅予制裁,不特破坏秩序,危害国家,即彼等自身,亦必更陷于不可赎之重大罪恶。值此国难严重,固当集中心力,爱惜人才。但纲纪不能不明,根本不能不顾,故此时处置,正所以保全彼等,使不至更趋绝路以祸国。中意除依法惩处,不令放任外,仍当酌予宽待,以观其后。务望兄等同此主张,以遏乱萌而正视听,无任企(祈)祷。弟中正叩。江未。洛。印。

(1936年12月3日)

选自周天度、孙彩霞:《救国会史料集》,第285页,中央编译出版社,2006年版。

冯玉祥营救"七君子"函

（冯玉祥致陈布雷函）

1937 年 4 月 26 日

布雷先生赐鉴：溪口夜话，益审先生文章道德，蕴蓄素深，尤其志虑忠纯，计划周匝，钦佩之至。至谦为怀，更令我心拆（折）无似。返京数日，每感回忆，引瞻光霁，弥深响（向）往。为沈君钧儒等七人事，日前曾话及之，用再书而叙之。沈君等见事之未尽美善，不无义气磅礴，至出过激步骤，或远于事实，此固人事所难免，而正须随时匡救者也。前承先生言及，对于该七人事，曾派人征询意见，以便设法种种，并以该七人未能完全接受，以致中止。弟到苏州，曾请薛子良为之探询，并得书面消息，大可以洽商，并可以接受种种，不似前谈之结果也。兹特专函奉达，并加附薛函及附件，派张秘书锋伯进谒崇阶，用陈台览。余有未便尽书者，悉由张秘书面为详述。可否参照薛函内办法设法办理之处，尚希鼎力设法请求先生，曲予周全，为国家惜人才，为伊等进规补，运筹在握，两全齐（其）美。庶彼等早日开释，咸知所感，将来为国效用，来日方长也。专此。敬颂筹祺。

冯玉祥敬启

（中华民国）廿六年四月廿六日

选自周天度、孙彩霞：《救国会史料集》，第 427 页，中央编译出版社，2006 年版。

宋庆龄致冯玉祥函

1936 年 11 月 23 日

焕章先生大鉴：

径（敬）启者。昨夜夜半时候，全国救国联合会委员章乃器、沈钧儒、王造时、李公朴、史良、邹韬奋、沙千里先生等住宅，被上海市公安局会同租界巡捕房派探搜查，将章乃器先生等七人捕去，诬为共产党，现拘禁于巡捕房。庆龄闻此消息后，殊为愤慨。我国东北失地几及六省，而绥远战事又已爆发，国难严重至此，正国民急应奋起救国之时，章先生等系救国会办事人，救国为全国国民责任，岂救国者即为共产党乎？请先生主张公道，迅电蒋介石先生立即释放章先生等七人，民族解放前途幸甚！关于营救章先生等事，兹托孙哲生先生与先生共同商议。如须(需)廖夫人及庆龄联名加入发电时，即将名加入可也。

专此奉达，即请

大安。

孙宋庆龄

(中华民国)廿五年十一月廿三日

选自周天度、孙彩霞：《救国会史料集》，第283页，中央编译出版社，2006年版。

冯玉祥复宋庆龄函

1936年11月26日

孙夫人惠鉴：

顷由哲生先生交来大函，读悉种切。章乃器诸先生被捕之事，祥亦有所闻知，已与哲生先生设法营救，并为介石先生去电，请其早日释放，乞释雅怀。其他详情，晚间拟再与哲生谈商，容另奉告。专复。

顺颂

时绥。

冯玉祥敬启

(中华民国)廿五年十一月廿六日

选自周天度、孙彩霞：《救国会史料集》，第283页，中央编译出版社，2006年版。

宋庆龄为营救"七君子"致中央电

1937年7月7日

牯岭国民政府林主席、行政院蒋院长、中央政治会议汪主席、军事委员会冯副委员长、南京立法院孙院长、考试院戴院长、司法院居院长、监察院于院长、司法行政部王部长勋鉴：沈钧儒等从事救亡工作，竟被江苏高等法院翁检察官，以危害民国罪提起公诉，并经当庭以《危害民国紧急治罪法》规定死刑之第一条起诉相威吓。庆龄等十六人或为救国会会员，或为救国会理事，或与沈等共同从事救亡工作，不能坐视沈等久困囹圄，特状请同院，并予羁押，有罪同受处罚，无罪同复自由。具状经旬，未有处置。复于前日，同往苏州，于晨间九时余先后谒见同院院长与首席检察官面陈，首席检察官竟不愿论理，中途离席，欲以不理了之。庆龄等愿牺牲个人全部之自由，以明沈等之忠诚，立愿而来，岂能因长官之充耳高倨而自罢？自惟有留院守候，静待理解处置，时阅整个下午，充耳高倨如故。庆龄等本携有入狱用具，当即准备在院守候彻宵，庶冀翌日或可得一合法合理之处置。迨至傍晚，忽由夏检察官出见，接受庆龄等所提出之四点，嘱庆龄等一面回沪，自将证据检出呈递，即当从事侦查云云。并通告首席检察官及院长亦均同意。庆龄等始于午后七时余离院回沪。查沈钧儒等爱国救亡，不应有罪。迄今被押，已逾半载，自应一面从速先予停止羁押；庆龄等及全国救亡运动中人，断不敢坐视沈等瘐困而已身独享自由。除一面依照所立志愿，并遵检察官之指示进行外，特亟专电奉达，务祈迅予主张公道，勿失全国志士之心，不胜迫切待命之至。宋庆龄。阳。

（1937年7月7日）

选自《救国无罪——"七君子"事件》，时代文献社，1937年版。

释放七君子以一新天下耳目
——周恩来致蒋介石
1937年4月15日

蒋先生赐鉴：

前电计达。

阅报见上海被捕之爱国分子沈钧儒、章乃器、邹韬奋等七人，竟以救国罪名为苏州法院提起公诉，并通缉陶行知等五人，此举已引起全国不安。良以三中全会后，先生即以释放政治犯、容许言论自由晓谕全国，会今沈、章、邹诸人，政治犯也，其行容或激越，其心纯在救国，其拥护统一尤具真诚，锒铛入狱已极冤，抑乃苏州法院竟违背先生意旨诉以违

（危）害民国之罪，不特群情难平，抑大有碍于政府开放民主之旨。先生洞照四方，想能平反此狱，释沈等七人并取消陶等通缉，以一新天下耳目，是则举国民众所引颈仰望者也。谨电陈辞，敬祈鉴察。

周恩来　叩

（1937年4月15日）

选自中共中央文献研究室：《周恩来书信选集》，第131页，中央文献出版社，1988年版。

五、西安事变

"西安事变"亦称"双十二事变",是国民党爱国将领张学良、杨虎城在临潼扣留蒋介石,迫使他停止内战、联共抗日的重大事件。"西安事变"的和平解决成为时局转换的枢纽,为第二次国共合作的形成、抗日民族统一战线的建立创造了条件。

1936年12月12日凌晨,张学良、杨虎城采取迅雷不及掩耳的果断措施,一举逮捕了到西安来胁迫他们停止抗日、攻打红军的以蒋介石为首并包括陈诚、朱绍良、蒋鼎文、卫立煌等全部高级将领。这就是震惊中外的"西安事变"。毛泽东闻讯事变发生,立即给张学良发出两封"万万火急"电报。第一电首先询问"是否已将蒋介石扣留",然后提出:(1)立即将东北军主力调集西安、平凉一线;十七路军主力调集西安潼关线;在固原、庆阳、鄜县、甘泉一带,仅留少数红军,他们决不进占寸土;红军负责钳制胡宗南、曾万钟、毛炳文、关麟征、李仙洲各军。(2)蒋介石必须押在兄自己的卫队营里,且须严防其收买属员,尤不可交其他部队,紧急时"诛之为上"。(3)恩来拟来兄处协商大计,如何盼复。①这就是著名的"文亥"电。同日,延安即收到了张学良发来的"文寅"急电。张学良在电文中报告了事变概况,并请求派代表来西安"共商大计"。12月13日,一天之内毛泽东接连给张学良发出6封电报。第一电,首先欢呼"元凶被逮,薄海同快",然后建议:(1)号召西安、西北以及全国民众起来拥护义举,认为只有将全部行动基础置于民众之上,西安义举才能胜利。(2)应立即逮捕或驱逐部队中的法西斯分子,对全军进行深入的政治动员,向全体官兵宣布蒋氏卖国残民罪状,政治上团结全军,此举乃"最紧急任务之一"。(3)火速抢占潼关,并置重兵,确占兰州、汉中两个战略要点。(4)红军以2万人移驻环县、曲子一带,主力移至海原、固原地区,协同张部防胡宗南军南下。(5)请速派飞机至延安接周恩来一行赴西安。②12月14日、15日,毛泽东一连给张学良发出9电,15日第二电以传达华北方面负责人口气,提出下列几点:(1)希望张氏"干到底,胆大些、胆再大些",要赶快消灭敌人。(2)此间各派早要求红军给蒋以更大的严重打击,在被严重打击后各派更好胁迫南京抗日。此时红军似应立即以进攻防御的姿势打击敌人。(3)我们正努力促成拥护张学良的舆论,宣传蒋介石与南京继续内战、对日投降的错误,并督促各实力派响应西安,但当蒋"尚在人世时,各方总还在犹豫观望"。华北方面所言,"不为无见,望加参酌"。③16日,《红色中华》报发表《蒋介石罪大恶极——十年反革命、五年卖国》的社论,历数他的种种罪恶,声讨他"虽百死也不足赎其罪于万一",要求将蒋交付人民公审,交付人民裁判。17日,周恩来抵达西安,与张、杨、蒋介石等谈判。18日,中共中央发出关于解决西安事变致国民党中央的电报,此电对事变、对蒋介石的处置采取了崭新的立场。电报说只要国民党承诺下列几点:(1)召集抗日救国代表大会,决定对日抗战,组织国防政府和抗日联军;(2)调回讨伐军,全部增援晋绥前线,承认红军、东北军及西北军的抗日要求;(3)停止一切内战,一致抗日;(4)开放人民抗日救国运动,给人民言论、集会、结社等自由,释放一切政治犯及上海爱国领袖;(5)实现孙中山的三大政策。从此开始,"不但国家民族从此得救,即蒋氏安全自由亦不成问题";不论中共的内外文电中,再也不提惩蒋、审蒋了。

中共对事变中处置蒋介石的问题的确经历了一个从罢蒋、审蒋、惩蒋到放蒋的转变过程。为什么会有这个转变呢?(1)事变发生后,铺天盖地的上下舆论均是要求释放蒋介石,和平解决事变,就连一直和中共友好、同情中共的冯玉祥将军,学界名流如蒋梦麟、梅贻琦、徐涌明、李蒸、李书华、陆志韦、李麟玉等,都发表文章、电讯,要求释放蒋介石、和平解决事变。(2)国内的众多地方实力派,如两广的李宗仁、白崇禧,西北的盛世才,华北的阎锡山、傅作义,西南的刘湘、刘文辉、龙云等,他们素来与蒋介石的矛盾深刻,但这时都反对事变,要求和平解决。(3)苏联对事变的态度极为冷淡,甚至怀疑事变有日帝间谍的参与,共产国际书记处书记季米特洛夫于16日发来电报,力主和平解决事变。(4)当时国共实力极为悬殊,如若惩蒋,必然是大规模的、持久的内战,这只会有利于日本帝国主义对中国的进一步侵略。(5)当时国际上英美集团的舆论也都持和平解决的立场。(6)至于张学良本人,他从无加害蒋介石的念头。中共中央审时度势,科学地分析了当时的国内外局势,做出了正确处置蒋介石、和平解决事变的英明决定,而这一英明决定促进了第二次国共合作的形成,奠定了打败日本帝国主义、争取抗日战争胜利的政治基础。

本专题的信函反映了中国共产党对和平解决西安事变做出的极大努力以及事变的复杂过程。

注释:
①②③ 参见李良志:《从"罢蒋"、"审蒋"、"诛蒋"到"放蒋"——再谈西安事变中我党处置蒋介石方针的演变》,载《百年潮》2007年第7期,第53~58页。

蒋介石、张学良等

对西安事变和平解决做出贡献的周恩来

国民党爱国将领杨虎城

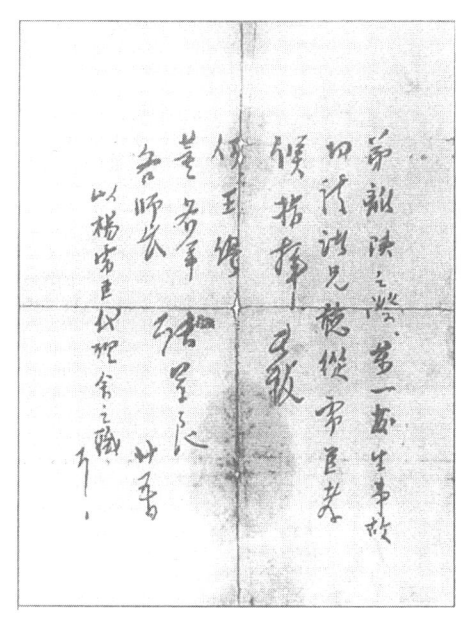

"西安事变"和平解决后张学良护送蒋介石回南京前写给部下的亲笔信

张学良致毛泽东、周恩来

1936 年 12 月 12 日

东、来兄：

蒋之反革命面目已毕现，吾等为中华民族及抗日前途利益计，不顾一切，今已将蒋及重要将领陈诚、朱绍良、蒋鼎文、卫立煌等扣留，迫其释放爱国分子，改组南京国民政府。兄等有何高见，速复，并望红军全部速集于环县，以便共同行动，以防敌北进。

弟毅文寅

（1939 年 12 月 12 日）

选自汪新、王相坤：《1936：历史在这里拐弯——西安事变始末纪实》，第 173 页，华文出版社，2007 年版。

稍后又来电："邀请中共速派代表来西安共商大计。"

选自王绍华、张福兴：《延安统帅部》，第 27 页，解放军出版社，2005 年版。

毛泽东致张学良

1936 年 12 月 17 日

李毅①兄：

筱电奉悉，集力抗战甚妥。惟对敌意见，弟认胡宗南、汤恩伯均不过一支队，各以一部箝（钳）制之可也，敌之要害在南京与京汉、陇海线，若以二三万人之战略迂回部队突击京汉、陇海取得决定胜利，则大局立起变化，此点祈考虑。我们对远方②已作几个报告，尚无回报。兄令刘鼎将每日群众运动情形电告一次，若远方知此次事变及事变后之进展，不是单纯军事行动，而是与民众联系的，估计当寄以同情。惟远方政府目前为应付外交，或尚不能公开赞助我们。恩来在肤施城外等候，请速饬肤施民团让出该城。如何,盼复。③

弟赵东

(1936年12月17日)

注释:
① 李毅,即张学良。毛泽东在发给张学良的诸多电报中有时又称张兄、李宜。
② 远方,即指苏联。
③ 原件存中央档案馆。

选自中央档案馆:《中国共产党西安事变档案史料选编》,第212页,中国档案出版社,1997年版。

宋美龄致蒋介石函①

1936年12月13日

夫君爱鉴:

昨日闻西安之变,焦急万分。

窃思吾兄平生以身许国,大公无私,凡所作为,无丝毫为自己个人权利(力)着想。即此一点寸衷,足以安慰。

且抗日亦系吾兄平日主张。惟兄以整个国家为前提,故年来竭力整顿军备,团结国力,以求贯彻抗日主张。此公忠为国之心,必为全国人民所谅解。

目吾兄所处境况,真相若何,望即示知,以慰焦思。

妹日夕祈祷上帝,赐福吾兄,早日脱离恶境。

请兄亦祈求主宰,赐予安慰。为国珍重为祷!

临书神往,不尽欲言。专此奉达。

敬祝

康健!

妻 美龄

(中华民国)廿五年十二月十三日

注释：

① 此信交蒋介石的顾问端纳，他于1936年12月14日从南京飞往西安，亲自交给蒋介石。

选自曾景忠：《蒋介石家书日记文墨选录》，第23~24页，团结出版社，2010年版。

蒋介石致宋美龄信①

1936年12月15日

余决为国牺牲，望勿为余有所顾虑。余决不愧对余妻，亦决不愧为总理之信徒。余既为革命而生，自当为革命而死，必以清白之体还我天地父母也。对于家事，他无所言。唯经国、纬国两儿，余之子即妻之子，望视如己出，以慰余灵。但余妻切勿来陕。

(1936年)12月15日

注释：

① 此信写成后，蒋介石交黄仁霖返回南京转送宋美龄。蒋介石恐此信为张学良扣留，事先让黄一再朗诵，以便口述告宋。后信果为张扣留。

选自曾景忠：《蒋介石家书日记文墨选录》，第23~24页，团结出版社，2010年版。

蒋介石致宋美龄遗嘱

1936年12月20日

贤妻爱鉴：

兄不自检束，竟遭不测之祸，致令至爱忧伤，罪何可言。今事既至此，惟有不愧为吾妻之丈夫，亦不愧负吾总理与吾父吾母一生之教养，必以清白之身还我先生，只求不愧不怍无负上帝神明而已。家事并无挂念，惟经国与纬国两儿皆为兄之子，亦即吾妻之子，万望至爱视如己出，以慰吾灵。经儿远离十年，其近日性情如何，兄固不得而知；惟纬儿至孝知义，其必能克尽孝道。彼于我遭难前一日尚来函，极欲为吾至爱尽其孝道也。彼现驻柏林，通信可由大使馆转。甚望吾至爱能去电以慰之为感。

(中华民国)廿五年十二月二十日　中正

选自曾景忠：《蒋介石家书日记文墨选录》，第23~24页，团结出版社，2010年版。

张学良致孔祥熙

1936年12月12日

孔部长庸之我兄勋鉴：弟对国事主张，曾经商讨，区区苦衷，谅蒙鉴及。不意介公违反众论，一意孤行，举整个国家之人力财力，消耗于内战，吾兄职掌财政，当能洞悉。绥东战起，举国振奋，乃介公莅临西北，对于抗日，只字不提，而对于青年救国运动，则摧残备至。弟陈辞再三，置若罔闻！伏思中华民国，非一人之国家，万不能忍以一人而断送整个国家于万劫不复之地。弟爱介公，八年如一日，今不敢以私害公，暂请介公留住西安，促其反省，绝不妄加危害。我兄遇弟至厚，当能谅其无他，披沥奉闻，并乞明示。此间一切主张，共以"文"电奉陈。张学良叩。震印。

(1936年12月12日)

选自汪新、王相坤：《1936，历史在这里拐弯——西安事变始末纪实》，第200页，华文出版社，2007年版。

张学良致宋美龄

1936年12月12日

蒋夫人赐鉴：

学良对国事主张，当在洞鉴之中。不意介公为奸邪所误，违背全国公意，一意孤行，致全国之人力、财力，尽消耗于对内战争，置国家民族生存于不顾。学良以告罪之身，海外归来，屡尽谏诤，率东北流亡子弟，含泪"剿共"者，愿冀以血诚促其觉悟。此次绥东战起，举国振奋,介公以国家最高领袖,当有以慰全国殷殷之望,乃自到西北以来,对于抗日只字不提,而对青年救国运动,反横加摧残,伏思为国家、为民族生存计,不惮(忍以)一人而断送整个国家于万劫不复。大义当前,学良不忍以私害公,暂请介公留住西安,妥为保护,促其反省,绝不妄加危害。学良平生从不负人,耿耿此心,可质天日。敬请夫人放心,如欲来陕,尤所欢迎。此间一切主张,(以)文电奉闻。挥泪陈词,伫候明教。张学良叩。

(1936年12月12日)

选自汪新、王相坤:《1936,历史在这里拐弯——西安事变始末纪实》,第174页,华文出版社,2007年版。

孔祥熙[①]致张学良

1936年12月12日(自上海发)

急!西安张副司令汉卿吾兄勋鉴:密。顷由京中电话告知,我兄致弟一电,虽未读全文,而大体业已得悉。保护介公,绝无危险,足徵吾兄爱友爱国,至为佩慰!国势至此,必须举国一致,方可救亡图存。吾兄主张,总宜委婉相商,苟能有利于国家,介公患难久共,必能开诚接受,如骤以兵谏,苟引起意外枝节,国家前途,更不堪设想,反为仇者所快!辱承契好,久共艰危,此次之事,弟意或兄痛心于失地之久未收复,及袍泽之环伺呈请,爱国之切,必有不得已之苦衷,尚须格外审慎,国家前途,实利赖之。尊意如有需弟转达之处,即乞见示。先复布意,伫候明教。弟孔祥熙叩文亥沪寓印。

(中华)民国二十五年十二月十二日

注释:

① 孔祥熙当时任行政院副院长。

选自秦孝仪等:《中华民国重要史料初编——对日抗战时期·第五编:中共活动真相(一)》,第160页,中国国民党中央委员会党史委员会出版,1985年版。

张学良致宋子文等

1936年12月13日

宋委员长文兄、孔部长庸之兄并转王晓籁、钱新之、林康侯、陈光甫、贝淞荪诸兄勋鉴：○密。此间情形，谅得电已洞察一切。日寇深入，凛念复（覆）亡，此间所有举措，皆为增强抗战力量，决非从事内争。事态昭然，区区苦衷，当为诸公所共谅。上海系全国金融枢纽，未容紊乱。诸公关切邦国，尤负金融界之众望，希力予维持，并转向金融界同人详切说明此间举动，决无肇启纠纷之意。务使安定照常，不稍恐慌。诚恐外间谣传，不明真相，特电奉达。弟张学良。元午。

（中华）民国二十五年十二月十三日

选自秦孝仪等：《中华民国重要史料初编——对日抗战时期·第五编：中共活动真相（一）》，第161～162页，中国国民党中央委员会党史委员会出版，1985年版。

张学良复宋美龄

1936年12月15日

京蒋夫人赐鉴：元电敬悉，语重心长，至深感佩。介公在此，极为安全，精神饮食如常，良常谒谈，并饬妥加侍奉，万望勿以为念。介公处境艰苦，良所素知，但国家民族已至存亡最后关头，中央非变更对外妥协政策，不足以救危亡。精诚团结，固为必要，但必须中央政策，悉合民意，始足以言团结。沉着准备，固为胜算，但强敌无厌，危机一发，何容再谈准备。数年来良之拥护介公，竭诚尽智，为夫人之所深知，金石可渝，此心无二。只以爱国家爱介公发于至诚，屡经以立起抗日涕泣陈词，文证具在，绝非虚语，乃介公之主张坚执不移，万不得已，始有文日之举。区区之心，为公而非为私，倘介公实行积极抗日，良仍当竭诚拥护。端纳即行遄返，不尽之意，由渠面为详陈，统祈鉴察为祷。张学良翰戌印。

（1936年12月15日）

选自秦孝仪等:《中华民国重要史料初编——对日抗战时期·第五编:中共活动真相(一)》,第170页,中国国民党中央委员会党史委员会出版,1985年版。

季米特洛夫致中共中央

1936年12月16日①

现回答你们的几封来电,建议采取以下立场:

(一)张学良的行动,无论他的意图如何,客观上只能有害于中国抗日民族统一战线力量的团结并鼓励日本侵略者。

(二)既然事变已经发生,必须考虑现实,中国共产党应根据以下原则坚决主张和平解决冲突。(1)改组政府,使一切抗日运动的代表和拥护中国领土完整和独立的人士参加政府。(2)保证中国人民的民主权利。(3)停止消灭红军的政策,并在反对日本侵略的斗争中同红军合作。(4)与那些同情中国人民摆脱日本帝国主义进攻的国家合作。

(1936年12月16日)

注释:
① 此电中央20日才收到。

选自汪新、王相坤:《1936:历史在这里拐弯——西安事变始末纪实》,第246页,华文出版社,2007年版。

周恩来致毛泽东并中央

1936年12月17日

毛并中央:

(甲)我率罗、杜(指罗瑞卿、杜理卿)等9人今乘机抵西安,即与张面谈。并住张公馆。

(乙)张同意在内战阶段不可避免围攻西安前行最后手段。

（丙）刘峙已以5个师入潼关，围华县，逼渭南，如急进，应战无把握。张拟以杨部控守西安，东北主力集渭水北备战，决战必须红军参加。

（丁）刘多荃、董英斌及何柱国两师需1周内方能集中，沈克已开动，王以哲只3个师，留固原、平凉，拟压迫沈久成师离会、静。13师离咸阳经华阳趋汉中。17路向西安潼关线集中。张意我以主力打胡（宗男）一部，接肤、甘，准备胡北退后，我以主力出渭水北下游，侧击蒋敌。

（戊）我与张商定红军主力仍先开庆、环，便机动，胡退可继进，请至少以1军去肤、甘，便南下策应。

（己）蒋鼎文今早放出，持蒋信令停止内战。宋子文、于右任明日来，我们商定条件：

（一）停止内战，中央军全部开出潼关。

（二）下令全国援绥抗敌。

（三）宋子文负责成立南京过渡政府，肃清一切亲日派。

（四）成立抗日联军。

（五）释放政治犯，实现民主，武装群众，开放救国会议，先在西安开筹备会。

（庚）为缓和蒋系进兵，使我集中分化南京内部，推广全国运动，在策略上答应保蒋安全是可以的，但声明如南京进兵挑起内战，则蒋安全无望。

（辛）东北军抗日情绪高，西北军杨亦有七八分把握，我明日见杨。冯（钦哉）动摇，张同意以西北三角团结组成推动全国中坚。西北临时军委红军加入。余禀告。

恩来　（1936年12月）17日

选自汪新、王相坤：《1936：历史在这里拐弯——西安事变始末纪实》，第267~268页，华文出版社，2007年版。

中共中央致周恩来

1936年12月21日

恩来同志：

（甲）目前局势是日本与南京右派联盟企图夺取蒋系中央大权，造成大乱；另方面是南京与各地左派企图调和而中派在动摇中。

（乙）我们与西安策略，应扶助左派，争取中派，打倒右派，变内战为抗战。

（丙）请与张、杨商量，立即采取如下步骤：

一、争取蒋介石、陈诚等与之开诚谈判，在下列基础上成立和平：（第一）南京政府中增加几个抗日运动之领袖人物，排除亲日派，实行初步改组；（第二）取消何应钦等之权力，停止讨伐，讨伐军退出陕甘，承认西安之抗日军；（第三）保障民主权利；（第四）停止"剿共"政策并与红军联合抗日；（第五）与同情中国抗日运动之国家建立合作关系；（第六）在上述条件有相当保证时，恢复蒋介石之自由，并在上述条件下赞助中国统一，一致对日。

二、依上述条件与阎锡山、宋子文、于右任、黄埔左派、二陈派等谈判。

三、对阎锡山迁蒋至山西办法应表示可以考虑。

四、招致一切愿意和平之人来西安谈判。

五、招致英美倾向者来西安，经过他们使英美赞助和平。

六、巩固西安军事阵地，使尽可能持久，以待政治谈判之成功。

七、对陕甘之黄埔军官，如胡宗南、樊松甫、董钊等进行接洽。

八、兄应以共产党代表资格，公开与蒋、陈、宋、阎、于等基于上述条件谈判，调停双方。

中央书记处 （1936年12月）21日

选自汪新、王相坤：《1936：历史在这里拐弯——西安事变始末纪实》，第286~287页，华文出版社，2007年版。

毛泽东致潘汉年[①]

1936年12月21日

汉年同志：

即向陈立夫先生等提出下列要求，征其同意。

目前最大危机是日本与南京及各地亲日派成立联盟，借拥护蒋旗帜，造成内乱，奴化中国。南京及各地左派应速行动起来，挽救危局，共产党愿意赞助左派，坚决主张在下列条件基础上成立国内和平，一致对付日本与亲日派。

（甲）吸收几个抗日运动之领袖人物加入南京政府，排斥亲日派。

（乙）停止军事行动，承认西安之地位。

（丙）停止"剿共"政策，并与红军联合抗日。

（丁）保障民主权利，与同情中国抗日运动之国家成立合作关系。

（戊）在上述条件有相当保证时，劝告西安恢复蒋介石先生之自由，并赞助他团结全国一致对日。结果如何，速以电报答复。

毛

（1936年12月21日）

注释：

① 原件存中央档案馆。

选自中央档案馆的档案。

中国共产党中央委员会致国民党中央

1936年12月18日

南京。国民党中央执行委员会：

蒋介石在此次被幽，完全是因为蒋氏不肯接受抗日主张，不肯放弃攘外必须安内的错误政策所致。本党致贵党建议书及许多通电曾舌敝唇焦，一再向贵党与蒋氏提议，联合各党各派一致抗日，奈蒋氏对于日寇的步步进攻，依然是一再退让，对于绥东阎、傅两将军的英勇抗战，仍然坐视不救，对于全国的抗日救亡运动，摧残不遗余力，反而调集大军进攻苏维埃与红军，最后并欲压迫提议抗日的东北军与十七路军，以继续扩大内战。此种举动诚为错误已极。在此情形之下，贵党果欲援救蒋氏，则决非调集大军讨伐张、杨不能奏效，实属显然。在日寇加紧侵略，晋绥危急关头，此种扩大内战行动决不能为爱国人民与爱国军人所见谅，即贵党明达之士，想亦不愿以蒋氏一人而致中华民族以万劫不复的病患。试看日寇自蒋氏被幽以来，尽其造谣挑拨之能事，以鼓动内战，其阴毒计，昭然若揭。想贵党决不至如此轻举妄动，中日寇之奸谋。退一步，即对于援救蒋氏个人，亦非武力所能解决，武力的讨伐，适足以杜塞双方和解的余地。故本党认为，为国家民族计，为蒋氏个人计，贵党必须毅然决然立刻实行下列处置：

（一）召集全国各党、各派、各界、各军的抗日救国代表大会，决定对日抗战，组织国防政府抗日联军；

（二）将讨伐张、杨与进攻红军的中央军，全部增援晋绥前线，承认红军、东北军及十七路军的抗日要求；

（三）停止一切内战，一致抗战；

（四）开放人民抗日救国运动，实行言论、集会、结社的民主权利，释放一切政治犯及上海爱国领袖；

（五）实现孙中山先生的三大政策。

本党相信，如贵党能实现上项全国人民的迫切要求，不但国家民族从此得救，即蒋氏的安全自由当亦不成问题，否则糜烂横政，民族生存与贵党生命，均将为贵党错误的政策而断送干净也。时机紧迫，敢贡刍荛，尚希明察。

中国共产党中央委员会

1936年12月18日

选自汪新、王相坤：《1936：历史在这里拐弯——西安事变始末纪实》，第254~255页，华文出版社，2007年版。

张学良护送蒋介石回南京时留下的手书

1936年12月25日

弟离陕之际，万一发生事故，切请诸兄听从虎臣孝候①指挥。

此致

何、王、缪、董②各军各师长

张学良

（一九三六年十二月）二十五日

以杨虎臣代理余之职。

注释：

① "虎臣"，应为虎城；"孝候"应为孝侯。

② 即何柱国、王以哲、缪澄流、董英斌。

选自汪新、王相坤：《1936：历史在这里拐弯——西安事变始末纪实》，第319页，华文出版社，2007年版。

周恩来致张学良

1937年1月10日

汉卿先生：

　　自兄伴送蒋先生入京后，此间一切安然，静候蒋先生实践诺言，由兄归来主持大计。及撤兵令下，特赦呈文发表，愈足使大家认识蒋先生信义和宽宏。乃事未及周，蒋先生休假归里，中央大军竟重复压境，特赦令转为扣留，致群情惶惑愤懑不可终日。尤以整理西北部令，直视西北如无物。杨先生虽力持慎重。查一般将士之义愤填胸，兼之以中央军着着（招招）进逼，战机危迫已在眼前。弟居此仍本蒋先生及兄在此时所谈之对内和平、对外抗战的一贯方针，尽力调处。只要中央军不向此间部队进攻，红军决不参加作战。若进入潼关之中央军必欲逼此间部队，为自卫而战，则红军义难坐视。时机危迫，兄虽处不自由之地，然一系西北安危，请即商量蒋先生乃依前令尽撤入陕甘之兵，立保兄回西北主持大计，则和平可坚，内战可弭，一切人事组织都好商量。弟纵处客位，亦当尽力之所及，为赞助蒋先生完成抗日统一大计，而首先赞助兄及杨先生完成西北和平伟业也。至一切西北赤化谎言，蒋先生及兄均知之，必能辨其诬。弟敢保证，凡弟为蒋先生及有关诸先生言者，我方均绝对实践。只有蒋先生依预定方针逐步实现和平统一，团结御侮大业可立就也。非者，任令大兵进逼，挑起内战，不仅西北糜烂，全国亦将波及无疑，而垂成之统一局面又复归于破碎。此事之至痛者，徒供日寇及少数亲日分子所称快。吾望蒋先生及兄有以制止挽救之也。临颖神驰，伫候明教，并希为国珍摄万岁！

周恩来

（一九三七年一月）十号

选自中共中央文献研究室:《周恩来书信选集》,第123～124页,中央文献出版社,1988年版。

周恩来致蒋介石

1937年1月11日

蒋先生:

自汉卿先生陪送先生回都后,此间一切安然,静候先生实践诺言,完成和平统一大计。及撤兵令下,特赦呈文发表,愈使大家认识先生顾全大局之心,钦佩无所。乃事未及周,先生请假归里,中央军竟重复开入陕境,特赦令转为扣留,致群情愤激不可终日。尤以处置西北善后之部令与先生意图完全相违,虎城先生虽力持慎重,但一般将士实已愤慨万分。来居此仍本共产党红军历来主张之对内和平、对外抗战之一贯方针,尽力调处。来敢保证,只要中央军不向此间部队进攻,红军决不参加内战。但默察现状,中央军进入潼关者已达十二师,正向西安迈进,窥敬之部长意图似有非逼成内战不止之势。现先生虽假中,但战机危迫,先生以一系全国安危,待先生力排众议,坚持前令,尽撤入陕甘之兵,立释汉卿先生回西北主持,则内战可弭,和平可坚,一切人事组织、政府主张、抗战筹备均将循先生预定之方针前进,统一御侮之大业必可速就。虽然者,一部分主战之士将不顾大局,挑起内战,不仅西北糜烂,全国亦将波及无疑,而垂成之统一局面又复归于破碎。此事之痛,除日寇及少数亲日分子称快外,不特为全国同胞所反对,想亦为先生所不忍见不愿为也。

来承召谈,只以大兵未撤,汉卿先生未返,暂难抽身。一俟大局定,当即入都应约。如先生认为事宜速决,请先生以手书见示,保证撤兵释张,则来为促进和平、赞助统一,赴汤蹈火亦所不辞。至一切西北赤化谎言,先生及汉卿先生均知之审,必能辨其诬。凡来为先生及夫人与张、宋诸先生言者,我方均绝对保证实践。且为外交计,来及党人在此遵先生约,均守秘密,更无向外广播之可能。盖凡能为对内和平、对外抗战尽力者,我方愿举全力为先生助也!专此奉达,伫候回教,并颂起居佳胜!不一。

蒋夫人均此不另。

周恩来

(一九三七年)一月十一日午

选自中共中央文献研究室:《周恩来书信选集》,第126~127页,中央文献出版社,1988年版。

张学良致蒋介石

1937年11月9日

介公委员长钧鉴:

雨农①兄来山,欣闻钧座虽在夙夜辛劳之中,身体、精神两健,深为快慰。此非只钧座自身,乃中华民国之幸福也。学良山居②如恒,竭力于知识及身体,尽能养修。唯一念及我同志同胞们在抗战中各尽其天职,罪孽深重如学良者,反安居后方。每一思及,衷心如焚。学良非有所希及,为良心所驱使。谨为陈述,俯乞鉴查。并叩

钧安!

学良谨肃 (一九三七年)十一月九日③

注释:

① 雨农,即戴笠。蒋介石当时命他管监囚禁中的张学良。
② 山居,当时张学良初囚禁在安徽黄山。
③ 此系1937年11月9日。

选自《抗日战争研究》,2005年第2期,第203页。

张学良致宋美龄

1937年7月

夫人赐鉴:

○①幼年不幸,慈爱母见背,环境非佳,读书又少,秉性粗率,良友远离,以致举动多乖,乏人匡正。每一念及,深为疚心。自念入世以来,除先严时加训诲外,扶持爱护者,只有委员长一人。感激之深,铭心刻骨。○恪守夫人前在妙高台之训,惟委员长之命是遵,

所以居山以来，每日以阅书看报检束身心为事，外间事一概不闻不问。惟自中日战事爆发以来，家仇国难，时萦于心，恨不能舍命捐躯，以抗强敌，是以前此有请缨雪耻之举。近两月中，每日注意锻炼身心，以备领袖之驱使，期为民族而牺牲，不敢自图安逸，苟全性命于乱世间。○受委员长之优容厚待，有如家人。委员长运筹决策，夙夜焦劳，凡属同志同袍，皆各效其能，以为抗战之助力。○处此时势，讵敢妄有希冀。扪心自问，实有难安者耳。否则饱食暖衣，山居优游亦（抑）或他人求之所不得。夫人平素待我良厚，故敢略陈下情，尚祈有以教之是幸。率渎不恭，惟希鉴谅。敬颂
神祉②！

（1937年7月）

注释：
① "○"，相当于"良"，或"学良"，是当时张学良留底稿时自称的。
② 此信未写年月，推断应写于1937年7月全面抗战爆发后不久。

选自《抗日战争研究》，2005年第2期，第207页。

张学良致宋子文

（此信年月日不明）

子文兄大鉴：见报载知兄已返国，弟等在此一切安适，惟前由香港带来之现款早已用罄，目下常囊空如洗。弟深知雨农①状况，不愿常烦向他累索。现在百物腾贵，弟与四妹②二人吸一吸香烟每月约千枝，就是别（蹩）脚货"大小英"香烟，要近万元（弟还要Chesterfield，假如兄能给我带些来，无任欢迎之至）。每月看看杂志，购买书籍，还有两个庸人的零费，我们四个人穿鞋袜、衣被等，每月总得几千，换个一双布鞋，总是百元以上，一条被单，总是二千以上，要是做一套布的棉衣，总得三千。我们四个人只是刷刷牙，每个月就得五百元。现在钱太不算钱了，看起来数码好大，万元当不了战前几百元使用。弟从来没有这样穷过，有时弟与四妹相顾大笑，觉着手中一钱不名，真是好玩得狠（很）。现在不能不向兄作将伯之呼，拟用四妹（赵鸾翔）名义向中国银行或兄借款数十万元，或将来由弟偿还，或立即由弟函美国家中拨还。两种办法，请择其一。总之，弟每月总得二万元

零用(听只数目吓人,其实不过当年一二百元),请兄替弟想办法。否则几万数目,到手就了,下月又怎样办呢?弟目下快成犹太鬼③了,吸香烟要吸到底,舍不得丢烟头。走路要择软的,怕费鞋哟。你们听见会笑罢。

　　再,此前函家中所要的东西,未晓这回交兄带来否?兄前次出国前送来皮鞋呢帽等,弟真舍不得带。现在弟已化为真正乡下人,大布之衣,大白之冠,也许有人误会弟是冯焕章④先生的信徒了。我知道这是麻烦你。但是我又不得不麻烦你,请兄分神,并乞原宥。

专颂
政安

弟:良再拜
(此信年月日不明)

四妹附笔问候⑤

注释:
① 雨农,即戴笠。
② 四妹,即赵四小姐赵一荻。
③ 犹太鬼,吝啬之意。
④ 冯焕章,即冯玉祥。
⑤ 此信无法推断年月。

选自《抗日战争研究》,2005年第2期,第210~211页。

六、国共第二次合作谈判

中国共产党争取南京国民政府参加抗日民族统一战线、实现第二次国共合作的工作，一方面是通过公开的舆论和个人信函进行，另一方面则是通过秘密谈判进行。

秘密谈判从1935年冬开始，一共有四条渠道：第一条渠道，是南京政府同中共中央北方局的渠道，地点南京，中共谈判代表为周小舟、吕振羽①，南京方面谈判代表为曾养甫、谌小岑②。第二条渠道，是南京政府同上海中共临时中央局的渠道，中共代表为张子华③，南京方面的代表亦为谌小岑，地点上海。第三条渠道，是宋庆龄与蒋介石、宋美龄、孔祥熙等南京政府核心人物之间的渠道，其秘密使者为董健吾④，他奔走于上海、延安之间，传达谈判信息。第四条渠道，是南京政府与中共驻共产国际代表之间的渠道，中共谈判代表王明、潘汉年，南京方面的谈判代表为邓文仪⑤，地点莫斯科。

秘密谈判的主要问题为中国共产党的地位问题、边区政权问题和红军改编问题。谈判最后由周恩来、叶剑英、林伯渠、博古等同南京方面的蒋介石、陈立夫、顾祝同、贺衷寒等直接谈判，地点有时在西安、杭州，有时在庐山，有时在上海、南京。1937年9月，谈判最后达成协议，其主要之点为：南京政府正式承认中国共产党的合法地位，中共放弃土地革命与暴动政策；改陕甘宁边区为特别行政区，隶属南京行政院，政府人员由中共推选，南京加委任命，主席林伯渠，下设民政、建设、教育、农工、财政五厅，共辖26个县镇，南京每月供经费15万元；陕北红军改编为国民革命军第八路军，辖三个正规师，人数4.5万，总指挥朱德，副总指挥彭德怀。南方红军游击队改编为国民革命军新编第四军，军长叶挺，副军长项英。南京按规定每月给八路军、新四军发放军饷。1937年9月22日，国民党中央通讯社公开发表《中共中央为公布国共合作宣言》；9月23日，蒋介石在庐山发表《对中国共产党宣言的谈话》。这两个文件标志着国共谈判的结束和第二次国共合作的形成。

本专题的信函反映了国共谈判的过程。

注释：
① 周小舟当时任中共北平市委委员、宣传部长；吕振羽当时为北平中国大学教师。
② 曾养甫当时任国民党中央执行委员，南京铁道部政务次长、浙江省建设厅长；谌小岑当时为南京铁道部劳工科科长，与周恩来是旧交。
③ 张子华，中共上海临时中央局组织部秘书。
④ 董健吾，中共上海临时中央局成员，公开身份为上海圣彼得教堂牧师。

⑤ 邓文仪，蒋介石侍从秘书，南京驻苏联大使馆首席武官。

最早同国民党当局谈判的中国共产党代表潘汉年

周恩来致曾养甫

1936年8月31日

养甫兄：

　　黄兄带回手札，陈述盛意，此间同志极引为幸。

　　国难危急如此，非联合不足以成大举。弟方数年呼吁，今幸贵方所表同情，复得兄出而襄赞，救亡前途实深利赖。弟方除已致送贵党中央公函，表示弟方一般方针及建立两党合作之诚意和意愿外，兹为促事速成，亟愿与贵方负责代表进行具体谈判。承允面叙，极表欢迎。惟苏区四周，弟等外出不易。倘兄及立夫先生能惠临敝土，则弟等愿负全责保兄等安全。万一有不便之处，则华阴之麓亦作为把（会）晤之所。但弟身外出安全，须贵方代为策划。为慎重秘密计，现仍托黄兄回报，并携去较妥靠之密码，至呼号波长一如来约。凡机密事，统可电中相商。晤期约定，即希告黄兄先来布置一切，以便弟得代表弟方兼程前往也。

　　书不尽意，托黄兄面达。专此。顺颂

时祉！

恩来

（一九三六年）八月三十一号

（根据中央档案馆保存的抄件刊印）

选自中共中央文献研究室:《周恩来书信选集》,第98～99页,中央文献出版社,1988年版。

中共中央致共产国际

1937年4月5日

国际书记处：

〔甲〕恩来从杭州见蒋回来,其经过如下：

子、关于谈判内容,我方以书面提出者有下列各项：

第一部、共产党方面承认：

（一）拥护三民主义及国民党在中国的领导地位。

（二）取消暴动政策及没收地主土地政策,停止赤化运动。

（三）取消苏维埃政府及其制度。现在红军驻在地区,改为陕甘宁边区,执行中央统一法令与民主制度。其行政人员,由地方推荐,中央任命,行政经费另定之。

（四）取消红军名义,改编为国民革命军,服从中央军委会及蒋委员长之统一指挥,准备国防需要而调赴前线参加作战,其编制人员给养及补充,统照国军同样待遇,其各级军政人员由其部队长官推荐,呈请中央军事委员会任命。

（五）改编现在红军中之最精壮者,为三个国防师,计六旅十二个团,及其他直属之骑兵、炮兵、工兵、通信、辎重等部队,在三个师上设某路军总部。

（六）其余处置：原苏区地方部队改编为地方民团及行政区的保安队,编余的精壮人员改为徒手工兵队,担任修路工程,老弱残废由中央给资安置,红军学校俟办完本期后结束。红军中的医院工厂保留。

第二部、要国民党方面保证者：

（一）实现和平、统一团结御侮的方针,全国停止剿共。

（二）实现民权,释放政治犯,在全国各地分批释放共产党员,不再拘捕共产党员,容许共产党在适当时期公开。

（三）修改国民大会组织法及选举法,使各党各派、各民众职业团体、各武装部队均能选派代表参加,以制定民主的宪法。

（四）修改国防会议条例，使国防会议成为准备与指导对日抗战的权力机关，并使共产党亦能参加。

（五）实行准备对日抗战工作及改善人民生活的具体方案。

丑、恩来见蒋时，口头说明中共拥蒋的立场，系站在为民族解放、民主自由、民生改善的共同奋斗的纲领上的，因此中共为表示合作之诚意，特承认上述书面中之六项条件，同时要求蒋及国民党给以上述五项保证，并附口头声明六点：

（一）陕甘宁边区须成为整个行政区，不能分割。

（二）红军改编后的人数须达四万余人。

（三）三个师上必须设总部。

（四）关于副佐及政训人员不能派遣。

（五）红校必须办完本期。

（六）红军防地须增加（因此六点均为在西安与顾祝同谈判到最后时的争执要点）。其次复说明中共为国家民族利益计与蒋及国民党合作，但决不能忍受投降收编之诬蔑。对各省分裂运动，我们坚决反对，但愿蒋与南京给以机会，提高他们对抗日民主的认识，以彻底实现和平统一。

寅、蒋谈话大意：

（一）承认我们有民族意识，革命精神，是新生力量，几月来的和平运动影响很好，要我们检讨过去决定，并坚守新的政策，必能达到成功。

（二）承认由于国共分家致十年来革命失败，造成军阀割据帝国主义者占领中国的局面，但分家之责，他却归于鲍罗廷。他指出彼此要检讨过去，承认他过去亦有错误，其最大失败，在没有造出干部，他现在已有转变。

（三）要我们不必说与国民党合作，只是与他合作。一个党在环境变动时常改变其政策，但一个政策，必须行之十年二十年方能有效。人家都说共党说话不算话，他希望我们这次改变，要能与他永久合作，即使他死后也要不生分裂，免得因内乱造成英日联合瓜分中国。

（四）要我们商量一永久合作的办法，恩来答以共同纲领是保证合作到底一个最好办法，他要恩来赶快进来商量与他的关系及纲领问题，恩来再三问他尚有何具体办法，他均说没有，但要我们商量。

（五）关于具体问题，他认为是小节，容易解决，他说国民大会国防会议在几个月后，我们可以参加。行政区要整个的，须我方推荐一个南京方面的人来做正的，以应付各方；副的以下均归我们，并由我们自己干，他不来干涉。军队人数不同我们争，总的司令部可以设,他决不来破坏我们部队,只是联络而已,粮食接济定愿设法,即使永久合作的办法尚未肯定,他也决不再打。

卯、总观蒋的谈话意图,中心在领袖问题,他明知:

(一)共产党的独立组织,不能改变,宋美龄亦承认共党可在中国公开。

(二)共产党的国际关系不能取消。

(三)共产党不会无条件的(地)拥护他,而他又不能满足于党外合作,故他要我们想新的办法,他认为这一问题如能解决,其他具体问题自可放松一些,否则必从各方面给我们困难,企图逼我就范。

辰、我们现商定办法如下:

(一)我方起草一个民族统一战线的纲领(以抗日十大纲领及国民党第一次代表大会宣言为共同基础),征求蒋的同意,并提议在这个纲领基础上,结合新的民族联盟(或党),包含国共两党及赞成这个纲领的各党派及政治团体,共同推举蒋为领袖。

(二)我们提出修改国民大会组织法选举法的草案,征蒋同意,如蒋同意上述统一纲领及这一修改,我们可以答应赞助蒋为总统。

(三)我们准备提出修改宪法的草案,在全国范围内进行民主运动以影响蒋。

(四)对其他具体问题,我们坚持在不妨碍苏区实行民主制度及共产党在红军中的独立领导的原则之下,进行一切谈判,故对行政区的问题拟接受红军改编以四万五千人为定数,地方部队另编一万人,如此除老弱妇女外,便无多余精壮青年。

(五)如基本上及具体问题上均能满意解决,则我们拟以党的名义发表合作宣言,以争取公开活动,否则拟采取拖延办法,待事变发展,以便促蒋让步。

(六)恩来俟纲领起草好后,即将再度南下见蒋。

〔乙〕目前各方情况及我党策略方针:

子、南京方面:亲旧派的活动,较以前改变了一些策略,这是反映了日本解散议会以前的外交面目。欧美派的活动,较前增高。抗日派对我们虽表示好意,但迄未形成政治集团力量,对蒋亦甚畏惧。西西派是我们在民众运动中在文化界、教育界的强硬对手,他们最不愿意我党公开,虽然他们并不反对合作。黄埔系分为军官系与政训系,前者较易接近,后者常捣乱我们与蒋合作。士官、保定、陆大各系中亦有接近我们者。

丑、各省方面:东北军现已陆续开往豫皖驻防,一般的对我们关系均好,现在力助其内外团结。杨虎城部队经改编后,托派分子尚未肃清,拟再向其严重提出,否则必会分裂。阎锡山与我们有商业来往,其守土抗战主张确能深入民众,惟甚限制我党活动。宋、韩有五省联盟酝酿,韩并向蒋提议开晋、绥、直、鲁、川、桂六省会议,以解决与南京纠纷,蒋恐不会允许。我们在河北活动尚较自由。广西方面现正转坏,过去因抗日而引起的民众运动,现遭受摧残,胡汉民的新国民党残余入桂进行所谓"清血运动",所有左派分子均被排斥,其策略是反对南京容共,反对我们联蒋,有接近日本可能,民族大同盟被摈,近在香港,甚无聊。托派分子拟往勾引。川刘与南京冲突不致发生战争,但川刘左右极落后,在各省中欲打破其割据思想,而提高到抗日与民主阶段,以川刘为最难,与我们关系尚保持。

寅、民众方面:近半年来我党影响极扩大,但无组织力量巩固之。自七领袖被捕,上海及全国救联失败后,全国统一救国运动在国民党包办下,左派群众尚未能加入。许多新刊物亦尚不能经常存在,尤其国民党三中全会后,因我党尚未能经常的(地)公开发表政治领导主张,致左派刊物在民主运动中,尚不能形成有力舆论,结果不能不使《大公报》及《国闻周报》的资产阶级影响扩大。上海工人斗争颇开展,国民党力图控制,我党似有一部分下层关系,但无从指导。华北为我们学生运动根据地,惟环境复杂,对统一战线策略的运用,极费力量。

卯、我们现时在各方面活动的策略中心,是为着彻底的(地)实现全国和平统一,团结御侮的方针,加紧从各方面进行对日抗战的准备工作及民族统一战线的民主运动,特别是民主运动,在目前内战停止抗战准备期中,更有其严重意义。也只有在民主运动中,才能发展南京抗日派的政治团结,才能提高反蒋各省的政治觉醒,才能扩大全国的抗日统一运动,才能争取民族统一战线的领导,同时也才能改变一些蒋介石的独裁观念与各省军阀的割据思想,以便于抗战的发动和胜利。

中央书记处
(一九三七年四月五日)

选自中央统战部、中央档案馆:《中共中央抗日民族统一战线文件选编》(中),第447~453页,档案出版社,1985年版。

周恩来致蒋介石

1937年7月15日

蒋先生赐鉴:

来庐后所陈宣言,已荷阅正,从此露布四方,当能使举国同慰。现在华北炮火正浓,国内问题更应迅速解决,其最急者为苏区改制与红军改编之具体实施。昨蒙面示张淮南君转达各节,其中关于同盟会纲领,承允讨论,极为欣慰。惟关于军队统率问题,与前次庐山所示又有出入,实使来惶惑,无以自解于党中同志。缘上次在庐,承面告三师以上不能设指挥部时,来即陈说红军在改编后无统帅机关以管理人事、经理教育、指挥等事的困难。先生当答以可由政治机关如政治主任来管理联络。来彼时曾反问政治机关如何能指挥军事,先生曾说:"我要你们指挥,你们亦实能指挥,这是没有问题的。"面谒后,来以政治名义管理军队究嫌不妥,曾向子文先生及蒋夫人再三陈说三个师以上的统率机关应给军事名义,因先生坚持未允,来乃归陕北磋商,中间并一度来电重申前请,得慕尹主任代复亦仍嘱以庐山所谈办法解决。来即据此再三向党中军中诸同志解释,告以只要政治机关能够统辖人事、经理教育、指挥各事,名义如何应勿计较,各同志始不再争。乃昨据张君转告,部队在改编后各师须直隶行营,政治机关只管联络。此与来上次在庐所面聆及归陕向党中诸同志所面告者出入甚大,不仅事难做通,且使来一再失信于党中同志,恐碍此后各事之进行。

林、秦两同志若能同时晋谒,更所切盼。专肃。
敬颂

崇祺!

周恩来 启
(一九三七年)七月十五日

选自中共中央文献研究室:《周恩来书信选集》,第135~136页,中央文献出版社,1988年版。

蒋介石致顾祝同

1937年2月16日

西安顾主任勋鉴:对第三者处理方针,不可与之说款项之多少,只可与之商准留编部队人数之几何为准,当西安事变前本只允编三千人,后拟加为五千人,但五千人之数尚未与之明言也。今则时移情迁,彼既有诚意与好意之表示,中央准编其四团制师之两师。照中央编制,八团兵力已在一万五千人以上之数,不能再多,即可以此为标准,与之切商。其余人数，准由中央为之设法编并与安置，但其各师之参谋长与师内各级之副职，自副师长乃至副排长人员，皆应由中央派充也。此仅对军事而言，至其他关于政治者，待军事办法商妥后，再由恩来来京另议可也。中正手启。铣午机京。

(中华)民国二十六年二月二十六日

选自秦孝仪等：《中华民国重要史料初编——对日抗战时期·第五编：中共活动真相（一）》，第264页，中国国民党中央委员会党史委员会出版，1985年版。

蒋介石致顾祝同[①]

1937年2月8日

特急。潼关顾主任勋鉴：对恩来除多说旧感情话以外，可以派亲信者间接问其就抚后之最低限度之方式，与切实统一之办法如何，我方最要注意之一点，不在形式之统一，而在精神实质之统一。一国之中，决不能有性质与精神不同之军队也。简言之，要其共同实行三民主义，不作(做)赤化宣传工作。若在此点同意，则其他当易商量，如彼愿与兄面谈，亦可以此言切实直告，但仅以劝告方式，而非负责任者之态度示意也。以总理与越飞共同声明之宣言中，彼越飞当时已承认中国不能施行共产主义而赞成三民主义也。中正。齐戌机杭印。

(1937年2月8日)

注释：
① 顾祝同当时任西安行营主任。

选自秦孝仪等：《中华民国重要史料初编——对日抗战时期·第五编：中共活动真相（一）》，第262~263页，中国国民党中央委员会党史委员会出版，1985年版。

顾祝同致蒋介石

1937年2月13日

特急。上海委员长蒋。密。与周恩来谈话,彼所提出之意见,分为比较具体的与临时的办法两种:(甲)比较具体的:(一)共产党承认国民党在全国的领导地位,停止武装行动及没收土地政策,坚决实行御侮救亡统一纲领,国民政府允许分期释放在狱共党,不再逮捕和破坏,并容许其在适当时间公开;(二)苏维埃制度取消,现时苏区政府改为中华民国特区政府,直受南京国民政府或西安行营管辖,实施普选制度,区内行政人员由地方选举,中央任命;(三)红军改编为国民革命军,接受军委会及蒋委员长统一指挥和领导,其人员编制饷额和补充,照国军待遇,其领导人员,由其推荐军委会任命,其政训工作,由其自做,但中央派少数人员任连(联)络,其他各边区赤色游击队,编为地方团队;(四)共党得派代表参加国民会议;(五)该军得派代表参加国防机关;(六)希望三中全会关于和平统一团结御侮及容许民主自由改善人民生活,能有进一步的主张和表示。(乙)如比较具体的办法一时不便施行,拟请定一临时办法即暂划一地区俾其驻扎,每月酌予接济。(丙)据云该方现有全数人员,因驻地粮食昂贵,官兵每人每月最低伙食非七元以上,不敷维持,故如具体的解决在地方上完全不取他款,每月全数至少非七十万元不能生存等语,究应如何办理,敬乞钧裁示遵。职顾祝同文亥。

(1937年2月13日)

选自秦孝仪等:《中华民国重要史料初编——对日抗战时期·第五编:中共活动真相(一)》,第262~263页,中国国民党中央委员会党史委员会出版,1985年版。

顾祝同致蒋介石

1937年6月14日

(一)周回陕职已与晤谈,连日此间落雨,俟天晴即密派军用机送渠回肤施。

(二)据周至再恳求谓陕北食粮缺乏,请补发五月份补助运输费五万元,六月份照三十万元发给,又前允发给夏季军服只三万套,拟请再加发一万五千套等情,可否乞一并示知,并乞军政部补发为盼。

(1937年6月14日)

蒋委员长批示:一、运输费及夏季服装,各照发。二、周如要求组织军部,则应坚决拒绝,示其不能有商量余地。

选自秦孝仪等:《中华民国重要史料初编——对日抗战时期·第五编:中共活动真相(一)》,第305~306页,中国国民党中央委员会党史委员会出版,1985年版。

何应钦致蒋介石
1937年6月29日

第三者经费每月三十万元,二十六年度军务费总预算并未列入,除造送追加预算外,拟恳电饬财政部,以后按月如数照发,以凭转汇。

(1937年6月29日)

蒋委员长批示:如拟。

选自秦孝仪等:《中华民国重要史料初编——对日抗战时期·第五编:中共活动真相(一)》,第305~306页,中国国民党中央委员会党史委员会出版,1985年版。

七、国共第二次合作后的新局面

国共两党捐弃前嫌,化干戈为玉帛,共同抗日御侮后,国内政治局面立即出现了许多新气象。一九三七年4月5日,国共两党代表林伯渠、张继、顾祝同等同赴陕西中部黄陵县,共祭黄帝陵,毛泽东还撰写了祭文。同年5月中旬,国民党派中央考察团赴延安,参观、访问、视察了许多文教、政治、军事单位,中共中央举行了盛大的欢迎会、座谈会、宴会。同年8月,周恩来、朱德、叶剑英出席在南京召开的最高国防会议,陈述了中共抗击日本侵略军的战略战术问题。1938年1月11日,中共在武汉创办了《新华日报》和《群众》周刊,在延安出版的《解放》杂志,也允许在国统区发行。南京政府还允许中共向临时首都武汉派驻中共中央代表团和中共中央长江局,允许八路军、新四军在全国许多城市设立办事处或通讯处。南京政府撤销原军委员会所属行营政训处和第六部,恢复久负盛名的北伐战争时期的政治部,周恩来任政治部副主任,政治部所属第三厅,郭沫若任厅长,吸收了一大批进步、民主人士参加抗战工作,第三厅被誉为"名流内阁"。1938年4月,在重庆成立了国民参政会,毛泽东、董必武、秦邦宪(即博古)、吴玉章、林伯渠、陈绍禹(即王明)、邓颖超等人为参政员,国民参政会被誉为"战时国会"。第二次国共合作建成后,南京政府从监狱中相继释放了一大批爱国政治犯,中共重要干部陶铸、方毅、王鹤寿、钱瑛、曹瑛、潘梓年、张琴秋等都是这一时期被释放的。国民党的上述举措标志着国民党在民主进程上已前进了一大步。中共通过武汉八路军办事处做了许多内政外交工作,利用《新华日报》广泛传播了中共的方针、政策、战略、战术,利用国民参政会讲台进行了争取民主、揭露黑暗、反对专制的斗争。还应该提到的是,第二次国共合作建成后,南京政府还给八路军、新四军、边区政府发放一些薪饷、经费:八路军每月30万元,以后增至50万元;新四军每月6.6万元,以后增加到11万元。另外还发放一些米津、开拔费、医疗费等。这些军饷虽然很少①,而且有时拖欠,"皖南事变"后停发,但对当时经济上极端困难的八路军、新四军来说,还是一项重要的接济。

这组信函反映了第二次国共合作建立后国共双方关系,特别是国民党政府在政策上的一些变化。

注释:

① 当时国民党军队师长每月一般发薪800元,连长发100多元;而八路军师长每月只给5元,连长3元。当时国民党所发军饷是按4.5万人编制给的,以后中共军队发展到50万、80万,国民党政府仍只按4.5万人发饷。

国民党中央考察团受到延安军民的热烈欢迎

1937年清明节国共两党代表同祭中华民族的始祖黄帝陵（前排右3为中国共产党代表林伯渠，右7为国民党代表张继，右8为国民党陕西省政府主席孙蔚如）

国民政府给朱德、彭德怀的委任状

毛泽东朱德周恩来等致南京国民政府

1937 年 7 月 29 日

南京林主席蒋委员长国民党国民政府公鉴：

日寇进攻，已将中华民族压迫到无路可走之地步，平津一战，申历载未申之积愤，亦寒猖狂之敌胆，我前敌抗日将领及全体战士，建殊勋，振中外，不但敝军同人可同声爱戴，溯自东北丧失，六年于兹，全国同胞，痛心疾首，此次日寇进攻，华北危急，幸赖国共两党诚意合作，蒋委员长十七日谈话之坚决抗战，宋明轩先生之改变方针，前敌将士之英勇杀敌，全国各界之同声援助，致有本月二十八日之大捷，从此军心大振，民意所趋，知日寇非不可抗，但患方针之不当，知国家非无实力，但患办法之失宜，从此方针确定，办法改良，全国一心，军民一体，进一步收复冀东察北及东北四省，决非难事。然日寇经此挫败必将倾其全力，对我作大规模之压迫，一面保守已得地区，一面进攻华北各地，我全国军民上下，惟有在国共两党亲密合作之基础而实行坚固的民族团结，发动大规模的抗战，达到保全国土，恢复失地，驱除日寇，消灭汉奸之目的。敝军正在加紧改编，不日出动，参加作战，尚望时予指教，民族革命幸甚。红军将领庆贺平津胜利。谨电。

毛泽东、朱德、周恩来、张国焘、贺龙、刘伯承、林彪、徐向前、叶剑英、张云逸、萧克、徐海东七月九日叩。

（一九三七年）七月九日

选自秦孝仪等：《中华民国重要史料初编——对日抗战时期·第五编：中共活动真相（一）》，第 276~277 页，中国国民党中央委员会党史委员会出版，1985 年版。

蒋介石为共产党共赴国难宣言谈话

1937 年 9 月 23 日

国民革命之目的在求中国之自由平等，总理曾说明三民主义为救国主义，即希望全国国民一致为挽救国家存亡而奋斗。不幸十年以来，一般国人，对于三民主义，不能真诚一致的(地)信仰,对民族危机,亦无深刻之认识,致使革命建国之过程中,遭受不少之阻碍,国力固因之消耗,人民亦饱受牺牲;遂令外侮日深,国家益趋危殆。此数年间,中央政府无日不以精诚团结共赴国难相号召,而国人昔日之怀疑三民主义者,亦均以民族利益为重,放弃异见,而共趋一致,足证国民今日皆已深切感觉存则俱存,亡则俱亡之意义,咸认整个民族之利害,终超出于一切个人一切团体利害之上也。此次中国共产党发表之宣言,即为民族意识胜过一切之例证。宣言中所举诸项,如放弃暴动政策与赤化运动,取销(消)苏区与红军,皆为集中力量,救亡御侮之必要条件;且均与本党三中全会之宣言及决议案相合。而其宣称愿为实现三民主义而奋斗,更足证明中国今日只能有一个努力之方向。余以为吾人革命,所争者不在个人之意气与私见,而为三民主义之实行,在存亡危急之秋,更不应计较过去之一切,而当使全国国民彻底更始,力谋团结,以共保国家之生命与生存。今日凡为中国国民,但能信奉三民主义而努力救国者,政府当不问其过去如何,而咸使有效忠国家之机会。对于国内任何派别,只要诚意救国,愿在国民革命抗敌御侮之旗帜下,共同奋斗者,政府无不开诚接纳,咸使集中于本党领导之下,而一致努力。中国共产党人既捐弃成见,确认国家独立与民族利益之重要,吾人唯望其真诚一致,实践其宣言所举之诸点。更望其在御侮救亡统一指挥之下,人人贡献能力于国家,与全国同胞一致奋斗,以完成国民革命之使命。总之,中国立国原则,为总理创举之三民主义,此为无可动摇无可移易者。中国民族既已一致觉醒,绝对团结,自必坚守不偏不倚之国策,集中整个民族之力量,自卫自助,以抵抗暴敌,挽救危亡。中国不但为保障国家民族之生存而抗战,亦为保持世界和平与国际信义而奋斗,世界明达之士,必能深切了解之也。

(中华)民国廿六年九月廿三日

选自中国第二历史档案馆:《中华民国史档案资料汇编·第五辑第二编政治(二)》,第3页,江苏古籍出版社,1998年版。

毛泽东致蒋介石

1938年9月29日

介石先生惠鉴:

恩来诸同志回延安,称述先生盛德,钦佩无既。先生领导全民族进行空前伟大的民族革命战争,凡在国人,无不崇仰。十五个月之抗战,愈挫愈奋,再接再厉,虽顽寇尚未戢其凶锋,然胜利之始基,业已奠定,前途之光明,希望无穷。此次敝党中央六次全会一直认为,抗战形势,有渐次进入一新阶段之趋势,此阶段之特点,将是一方面将更加困难,然又一方面必将更加进步。而其任务在于团结全民、巩固与扩大抗日阵线,坚持持久战争,动员新生力量,克服困难,准备反攻。在此过程中,敌人必利用欧洲事变与吾国弱点,策动各种不利于吾国统一团结之破坏阴谋。因此,同人认为此时期中之统一团结,比任何时期为重要,唯有各党各派及全国人民克尽最善之努力,在先生统一领导之下,严防与击破敌人之破坏阴谋,清洗国人之悲观情绪,提高民族觉悟及胜利信心,并施行新阶段中心必要的战时政策,方能达到停止敌之进攻,准备我之反攻之目的。因武汉紧张,故欲恩来同志不待会议完毕,即行返汉,晋谒先生,商承一切。未尽之意,概托恩来面陈。此时此际,国共两党休戚与共,亦即长期战争与长期团结之重要关节,泽东坚决相信国共两党之长期团结,必能支持长期战争,敌虽凶顽,终必失败,而我四万万五千万人之中华民族终必能于长期的艰苦奋斗中,克服困难,准备力量,实行反攻,驱除顽寇,而使自己雄立于东亚。此物此志,知先生必有同心也。专此布臆,敬祝健康!并致民族革命之礼!

      毛泽东谨启　(中华)民国二十七年九月二十九日

  选自秦孝仪等:《中华民国重要史料初编——对日抗战时期·第五编:中共活动真相(一)》,第367页,中国国民党中央委员会党史委员会出版,1985年版。

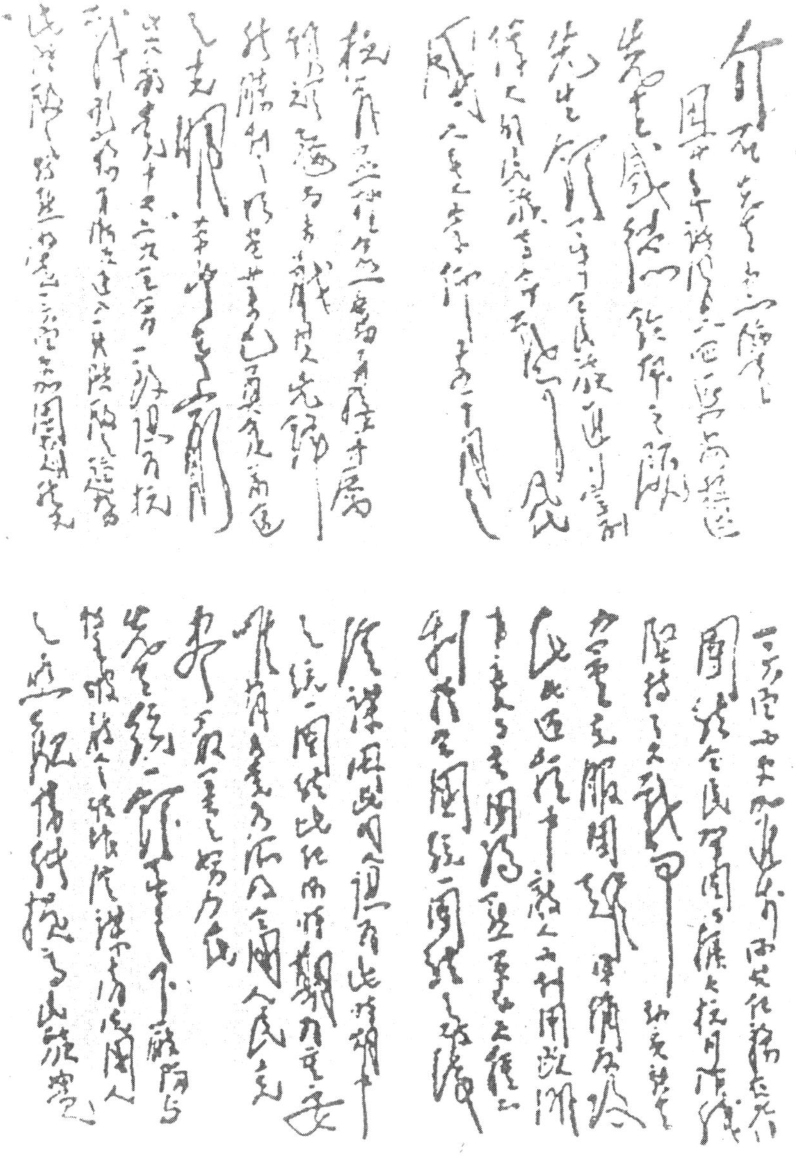

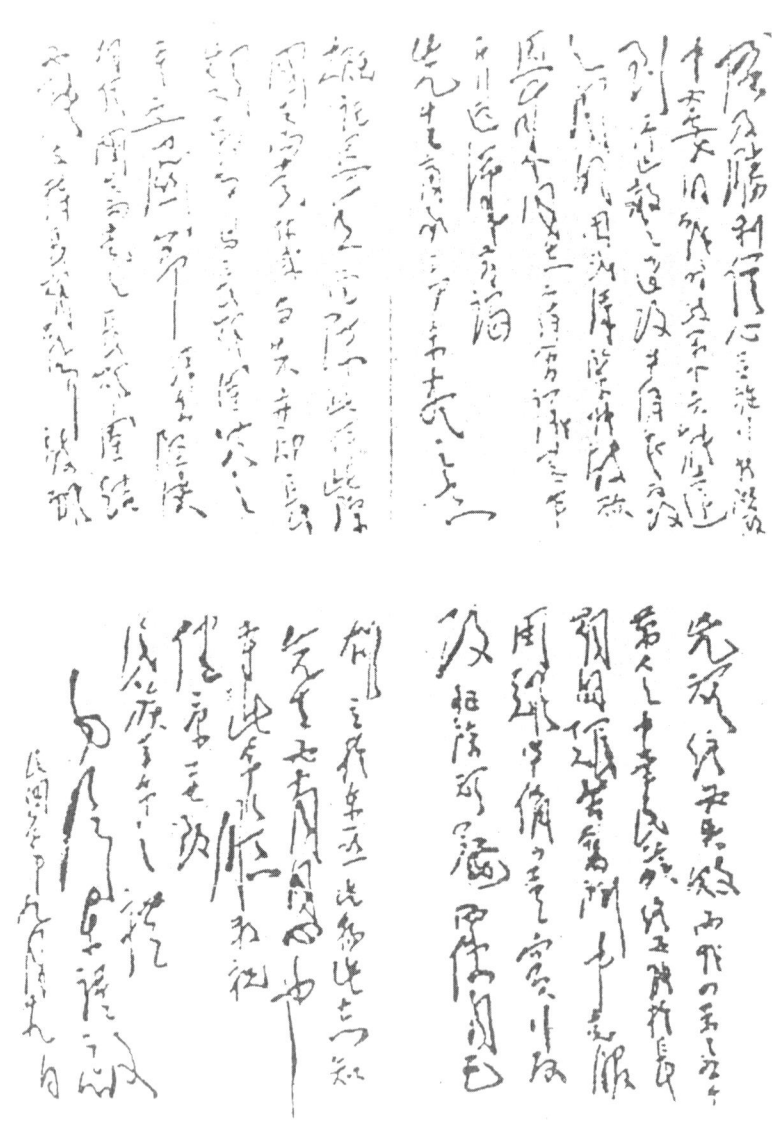

抗战初期毛泽东上书蒋委员长表示恭顺
(中华)民国二十七年九月二十九日

选自秦孝仪等：《中华民国重要史料初编——对日抗战时期·第五编：中共活动真相(一)》，中国国民党中央委员会党史委员会出版，1985年版。

八、中国共产党抗战的战略战术与作战

从"九·一八事变"开始的14年抗日战争,时局对中国人民提出的首要问题是要不要抗战,其次是如何抗战。由于抗战路线的不同,在要不要抗战的问题上,国共两党的回答是不同的;在如何抗战的问题上,国共两党的回答也是有差别的。

对于如何抗战,中共的政治战略是建立最广泛的抗日民族统一战线,我们在前面已作了介绍。中国共产党抗战的军事战略又是什么呢?党中央特别是毛泽东对此作了最明确、也最正确的回答。毛泽东在抗战初期对中共军队的一系列指示中,用一句话作了概括,即独立自主的山地游击战。以后,他总结十个月的作战经验,写了《抗日游击战争的战略问题》和《论持久战》两部光辉著作,不仅回答了如何抗战的军事战略战术问题,同时还回答了抗战能不能胜利的问题。他根据当时敌我状况和国际环境四个相互矛盾的特征,即敌强我弱、敌小我大、敌退步我进步、敌寡助我多助,认为中共军队的战略战术原则是:集中最优势兵力,进行内线中的外线、少数中的多数、防御中的进攻,其作战形式是游击战和带游击性的运动战,积小胜为大胜,消灭敌人的有生力量,最后战胜日寇。八路军、新四军坚决执行上述战略战术,深入敌后,一面作战,一面建立抗日根据地,创造了战争史上的奇迹。至抗战胜利前夕,中国共产党领导的八路军、新四军和华南游击队,在敌后建立了近1亿人口的19块抗日根据地,正规军发展到131万余人,民兵268万人,成为抗日战争的中流砥柱。

《抗日游击战争的战略问题》早期版本

毛泽东给抗日军政大学第二期学员作《论持久战》的报告

在前线指挥"百团大战"的八路军副总司令彭德怀

毛泽东致彭德怀

1937年9月12日

甲、同意你偕恩来去南京一行。

乙、在晋在冀在京,均着重解释我军"独立自主的山地游击战争"这个基本原则,取得他们的彻底了解与同意。

丙、此原则中包含:(一)依照情况使用兵力的自由。现在蒋鼎文还在说刘师应速上前线。彼等用意,或者不明白使用大兵团于一个狭小地域实不便于进行游击战争,如果是这样,可见我们对此原则并未向他们有过彻底坚持的说明;或者他们含有恶意,即企图迫使红军打硬仗。(二)红军有发动群众创造根据地组织义勇军之自由,地方政权与邻近友军不得干涉。如不弄清这一点,必将发生无穷纠葛,而红军之伟大作用决不能发挥。(三)南京只作战略规定,红军有执行此战略之一切自由。(四)坚持依傍山地与不打硬仗的原则。

丁、你未回军以前,属我直接指挥,通知朱任林贺。

(1937年9月12日)

选自《人民日报》,1981年7月7日。

毛泽东致周恩来并转刘少奇、杨尚昆、朱瑞并告朱德、彭德怀、任弼时

1937年9月25日

甲、整个华北工作,应以游击战争为唯一方向。一切工作,例如兵运、统一战线等等,应环绕于游击战争。华北正规战如失败,我们不负责任;但游击战争如失败,我们须负严重的责任。

乙、除山西部署已告外,应令河北党注全力于游击战争,借着红军抗战的声威,发动全华北党(包括山东在内)动员群众,收编散兵散枪,普遍地但是有计划地组成游击队。

为此目的,周是否应与冯治安、黄绍竑等再谈一次,请酌。

丙、为此目的,应着重于高级干部之分配及独立领导的党政军集体机关之组织。要设想在敌整个占领华北后,我们能坚持广泛有力的游击战争。要告诉全党,今后没有别的工作,唯一的就是游击战争(要发动党内党外)。为此目的,红军应给予一切可能的助力。

丁、请以整个华北的部署见告。

（1937年9月25日）

选自《人民日报》,1981年7月7日。

毛泽东致彭德怀
1937年9月21日

德怀同志：

阎锡山现在处于不打一仗,则不能答复山西民众,要打一仗则豪(毫)无把握的矛盾中,他的这种矛盾是不能解决的,你估计放弃平刑(型)关,企图在沙河决战的决心是动摇的,这种估计是完全对的。他的部下全无决心,他的军队已失战斗力,也许在雁门关、平刑(型)关、沙河一带会被迫的(地)举行决战,然而大势所趋,必难持久,不管决战胜败如何,太原与整个华北都是危如累卵。个别同志对于这种客观的必然的趋势似乎还没有深刻认识,被暂时情况所诱惑,如果这种观点不变,势必红军也同阎锡山相似陷入于被动的应付的捱(挨)打的被敌各个击破的境遇中。今日红军在决战问题上不起任何决(定)作用,而有一种自己的拿手好剧,在这种拿手剧中一定能起决定作用,这就是真正独立自主的山地游击战争(不是运动战)。要实行这样的方针,就要战略上有有力部队处于敌之翼侧,就要以创造根据地发动群众为主,就要分散兵力,而不是以集中打仗为主,集中打仗则不能做群众工作,做群众工作则不能集中打仗,二者则不能并举,然而,只能分散做群众工作,才是决定地制胜敌人援助友军的唯一无二的办法,集中打仗在目前是豪(毫)无结果之可言的。目前情况与过去国内战争根本不同,不能回相(想)过去的味道,还要在目前照样再做。我完全同意你十八日电中"使敌虽深入山西,还处在我们游击战争的四面包围中"这个观点,请你坚持这个观点。从远处大处着想,对于个别同志不妥当的观点给与深刻的解释,使战略方针归于一致。林彪同志来电完全同意我十七日的判断与部署,他只想以陈①旅集中相机给敌以打击,暂时不分散。这种一个旅的暂时集中,当然是可以的,但有许久远(还)无机可乘时,仍以适时把中心转向群众工作为宜。王震率一个团暂时到五台也是可以的,但请注意到适当时机,仍以转赴晋西北为宜。以情况判断林率陈旅即使能打一二个胜仗不久也须转向五台来的,统请斟酌处理。

毛泽东
(一九三七年九月)二十一日

注释:
① 指陈光。

选自中央档案馆:《中共中央文件选集》,第11册,第339~340页,中共中央党校出版社,1991年版。

毛泽东致周恩来、刘少奇、杨尚昆等
1937年9月25日

(甲)整个华北工作应以游击战争为唯一方向,一切工作例如民运,统一战线等等,应环绕于游击战争。华北抗(正规)战如失败,我们不负责任。但游击战争如失败,我们需(须)负严重的责任。

(乙)除山西部署已告外,应令河北党注全力于游击战争,借着红军抗战的声威发动全华北党(包括山东在内)动员群众收编散兵散枪,普遍的(地)但是有计划的(地)组成游击队。为此目的的周是否应与冯治安黄绍雄等再谈一次,请酌。

(丙)为此目的,应着重于高级干部之分配及独立领导的党政军集体机关之组织。要设想在敌整个占领华北后,我们能坚持广泛有力的游击战争。要告诉全党,今后没有别的工作,唯一的就是游击战争。为此目的,红军应给与一切可能的助力。

毛泽东
一九三七年九月廿五日

选自中央档案馆:《中共中央文件选集》,第11册,第353~354页,中共中央党校出版社,1991年版。

蒋介石致朱德

朱总司令玉阶兄:

电悉,接诵捷报,无任欣慰,着即传谕嘉奖。

(原件无日期)

选自王绍军、张福兴:《延安统帅部》,第58页,解放军出版社,2005年版。

毛泽东致彭德怀
(祝贺百团大战胜利)

"百团大战真是令人兴奋,像这样的战斗是否还可以组织一两次?"

(原件无日期)

选自王绍军、张福兴:《延安统帅部》,第140页,解放军出版社,2005年版。

朱德、彭德怀、左权致聂荣臻等
1940年7月22日

聂、贺、关、刘、邓并报军委①:

甲、情况与任务

(一)由于国际形势的变动,我西南国际交通路被截断,国内困难增加,敌有于八月进攻西安截断西北交通之消息。似此,一部(分)大地主大资产阶级之更加动摇,投降危险亦随之严重,我军应以积极的行动在华北战场上开展较大胜利的战斗,破坏敌人进攻西北计划,创立显著的战绩,影响全国的抗战局势,兴奋抗战的军民,争取时局好转,这是目前严重的政治任务。

(二)敌寇依据几条交通要道,不断向我内地扩大占领地区,增多据点,封锁与拦截我各个抗日根据地之联系,特别是对于晋东南以实现其囚笼政策,这种形势日益严重。又选据各方情报,敌寇有于八月间进犯西安企图,为打击敌之囚笼政策,打破进犯西安之企图,争取华北战局更有利的发展,决定趁目前青沙(纱)帐与雨季时节,敌对晋察冀晋西北及晋东南扫荡较为缓和,正太沿线较为空虚的有利时机,大举破击正太路。

乙、战役组织

(一)战役目的,以彻底破坏正太线若干要隘、消灭部分敌人,收复若干重要名胜关隘据点,较长期截断该线交通,并乘胜扩大拔除该线南北地区若干据点,开展该路沿线两侧工作,基本是截断该线交通为目的。

(二)基本内外区为井陉寿阳等,但对其他各重要铁道线,特别是平汉同蒲,应同时组织有计划之总破袭,配合正太铁道战役之成功。

(三)战役兵力组成,直接参加正太线作战之总兵力应不少于廿二个团,计聂区(冀中在内)应派出十个团,一二九师派出八个团,一二零师派出四至六个团,总部炮兵团大部,工兵一部,对其他各铁道线配合作战之兵力,由各区自行规定之,各出动部队之后方勤务,由各区自己布置之。

(四)定"八一三"以前(约八月十号左右)为开始战斗期限。

丙、战役部署另告

丁、战役准备在八月十号前完成下列准备:

(一)侦察平定以东至石家庄段,由聂区负责,平定(平定城含)至榆次太谷段由一二九师负责,榆次太谷段以西(榆次含)至忻口线由一二零师负责,侦察着眼点另告,但钳制方面的侦察由石家庄至芦(卢)沟桥,由聂区负责,由石家庄至安阳,由太谷至洪洞,白晋路由刘邓负责。

(二)粮食准备各出动部队从出动之日起,应准备一个月之粮食。

(三)破路爆破器材之准备。

(四)出动部队之调动与休整。

(五)对敌伪军及敌占区民众与会门等工作之准备(多制就各种传单标语)。

(六)地方工作原来之准备,调集大批地方工作干部加以对敌占区各种政策及工作方法方式等之训练。

戊、战役政治保证计划另告。在战斗未发启前严格保守秘密。准备未完毕以前,战役意图只准告知旅一级首长为止。

朱彭左
（一九四〇年七月）廿二日辰

注释：

① 姓名全称是聂荣臻、贺龙、关向应、刘伯承、邓小平。

选自中央档案馆：《中共中央文件选集》,第12册,第649~651页,中共中央党校出版社,1991年版。

朱德、彭德怀、左权致刘伯承等

1940年9月16日

刘、邓、聂、贺、关、吕、程、宋、(,)并告徐、朱、陈、罗、肖、杨、崔并报军委①：

（一）百团大战第一阶段以破击正太路之作战已于九月十号基本上结束,我已取得破击正太路基本的成功,敌寇损失极大。该路短期内尚难修复并已部分调动了敌人,部分错乱敌军之部署。百团大战胜利之政治收获更大,无论在大后方在友军中均有极大之好影响,推进了加紧坚决抗战与团结进步,提高了友军之抗战积极性(如蒋令各战区积极行动,卫令晋南友军向白晋同蒲两路南段积极进攻,配合我百团大战)。

（二）为扩大百团大战第一阶段之战果贯彻百团大战之目的,拟定百团大战第二阶段之作战计划如次：

（甲）第二阶段作战基本方针(:) (A)继续破击敌寇交通,(B)克服(复)深入我基本根据地内之某些据点。

（乙）作战部署：(1)一二师以截断同蒲路北段交通之目的,集结主力破击宁武轩岗段同蒲路而彻底毁灭之。

(2)冀中冀南部队以打击敌寇修筑沧石路德石路邯济路之目的,应集结主力彻底毁灭各该路已修成之部分及全线路基(详见虞辰电令)。

（3）晋察冀军区以开展边区西北方向工作之目的,应集结主力破坏涞源灵邱公路及夺取该两城(主要是涞源)并以有力部队在同蒲路东侧积极配合一二师之作战。

（4）一二九师以恢复榆社辽县之目的,开展榆辽地区斗争并以一部兵力不断破击白晋路北段。

（5）晋察冀与一二九师原留正太沿线行动之部队不变,并须积极阻扰（挠）敌之修复该路。

（6）挺进军应以有力部队在平汉路北段平绥路及北平城郊积极活动,冀中应以一部兵力在北宁路及津浦北段积极活动,不断破路倾车扩大影响阻敌增援。

（7）对其余各大小交通线之配属作战部队由各战略区自行配置之。

（丙）第二阶段之作战统于本月二十号开始战斗。

（三）作战具体部署及参战兵力迅即电告为要。

朱彭左

（1940年9月16日）铣午

注释：

① 姓名全称是：刘伯承、邓小平、聂荣臻、贺龙、关向应、吕正操、程子华、宋任穷、徐向前、朱瑞、陈光、罗荣桓、萧克、杨得志、崔田民。

选自中央档案馆：《中共中央文件选集》,第12册,第663~664页,中共中央党校出版社,1991年版。

九、中国国民党抗战的战略战术与作战

本专题主要收录反映国民政府确定对日抗战战略战术,并呈现其具体化过程的函电,以便使读者了解国民政府军事委员会在"七·七事变"后组织反侵略战争的战略意图及其对抗战全局的影响。

"卢沟桥事变"发生后,国民政府一方面电令宋哲元部就地抵抗,一方面连续召开军事会议研判日军侵华战略与进攻形势。会议认为日军将因袭元灭宋、清灭明的作战轴线,凭借其先进的军事装备自北向南速战速决,达到灭亡中国之目的。而中国幅员辽阔,人口众多,西南部地区地形复杂,沿海工业西迁后可作为支撑全面抗战的战略支点,遂正式确定以空间换时间、积小胜为大胜、以持久消耗战粉碎日军侵华的战略。即以长久的时间来固守广大的空间,以广大的空间来延长抗战的时间,通过消耗敌人实力,最终赢得战争胜利。与此同时,为阻止日本的侵略,国民政府也未放弃外交谈判和其他外交活动。

在上述战略方针指导下,国民党军队自1937年7月起,在华北、华东、华中地区次第抵抗,迫使日军不得不将其作战轴线由自北向南改为溯长江西上。接着国民政府又组织了徐州会战,并取得台儿庄大捷。徐州会战后,日军切断陇海铁路,企图由徐州直取武汉。国民党军队则在花园口决堤,利用黄河泛滥迫使日军只能沿长江两岸西进武汉。经五个月的准备,中国军队在武汉迎战日军,双方激战150余天,随后中国军队转入粤汉铁路以西的有利地形作战。

在国民党军队逐次抵抗的同时,共产党所领导的八路军、新四军开赴华北,积极配合友军作战,掩护了沿正太铁路撤退的国民党军队。

据统计,从1937年7月"卢沟桥事变"到1938年10月武汉失守,日军陆续将其陆军34个师团中的32个师团投入中国战场,战火从华北蔓延到华东、华中和华南地区。国共两党两军携手合作——当国民党军队努力抵御日军的正面进攻时,八路军、新四军在侧翼牵制、掩护友军;当华北、华东、华中广大地区和城镇先后失守,八路军、新四军则在那里发动和建立抗日武装,展开艰苦卓绝的敌后游击战争,从而形成了中国反法西斯战争中的正面战场和敌后战场。前者的抵抗不仅大大消耗了日军有生力量,为我东部地区的人员、物资、工业设备内迁赢得了宝贵时间,而且为敌后战场的开辟创造了有利条件;后者的开辟和发展则极大地牵制和消耗了日军的兵力,减轻了正面战场的压力,使日军陷于两面作战、顾此失彼的境地。在这15个月中,中国军民毙伤日军40余万人,日军不得不将"速战速决"的战略调整为"以华制华"、"以战养战"。

1938年11月下旬，国民政府军事委员会在南岳军事会议上根据敌我态势的上述变化将"持久消耗战"战略具体化为："国军连续发动有限度之攻势与反击，以牵制消耗敌人，策应敌后之游击战，加强敌后方之控制与袭扰，化敌后方为前方，迫敌局限于点线，阻止其全面统治与物资劫掠，粉碎其'以华制华'、'以战养战'之企图，同时抽调部队，轮流整训，强化战力，准备总反攻。"① 会后，国民政府军事委员会一方面据此调整兵力部署，除8个战区外，新组建苏鲁、冀察两个游击区，一方面将全国部队分三期轮流整训。

这期间国民政府军事委员会针对日军的进攻态势分别组织了南昌会战、随枣会战、第一次长沙会战、桂南会战、枣宜会战、豫南会战、上高会战、晋南会战和第二次长沙会战。与此同时，国民政府军事委员会在"国军连续发动有限度之攻势与反击，以牵制消耗敌人，策应敌后之游击战"的方针指导下，自1939年11月下旬至1940年3月，还在北起绥远、南至广西的整个正面战场发起冬季攻势。

太平洋战争爆发后，中国战场成为世界反法西斯战争的重要组成部分。1942年元旦，中美英等26个国家在华盛顿签订共同宣言，对德意日三国联合作战。中美英军队在亚洲及太平洋战场相互支援，共同抗击日本军队的进攻。这期间国民政府除派出中国远征军入缅甸协同英美军队作战之外，还在国内战场针对日军的进攻于1941年12月下旬至1942年1月中旬组织了第三次长沙会战、浙赣会战、鄂西会战、常德会战、豫中会战、长卫会战、桂柳会战、豫西鄂北会战和湘西会战。其中第三次长沙会战被国际媒体誉为太平洋战场上"同盟军唯一决定性之胜利"。

1943年10月和1944年5月，中国驻印军队与中国远征军分别向缅北、滇西日军发起反攻，于1945年3月取得胜利。1945年5月，中国军队在华南发起桂柳反攻，经两个多月激战，克复桂林，收复失地5.2万余平方公里。

尽管本专题中所选取的电报着重从宏观层面展现正面战场的情况，但我们仍能管中窥豹，感受到正面战场在这场波澜壮阔的反侵略战争中的重要地位和作用。

注释：

① 蒋纬国：《八年抗战是怎样打胜的 第二篇——抗日战争关键性会战之检讨》，载秦孝仪等《中华民国重要史料初编——对日抗战时期·第二编：作战经过（一）》，第568页，中国国民党中央委员会党史委员会出版，1981年版。

第19路军总指挥蒋光鼐(中)、军长蔡廷锴(右)、淞沪警备司令部司令戴戟(左)合影

蒋介石致宋哲元

1937年7月13日

宋主任勋鉴：卢案必不能和平解决，无论我方允其任何条件，而其目的，则在以冀察为不驻兵区域，与区内组织用人皆得其同意，造成第二冀东，若不做到此步，则彼必得寸进尺，决无已时，中早已决心，运用全力抗战，宁为玉碎，毋为瓦全，以保持为我国家与个人之人格。平津国际关系复杂，如我能抗战到底，只要不允任何条件，则在华北有权利之各国，必不能坐视不理，而且重要数国外交皆已有把握。中央决宣战，愿与兄等各将士，共同生死，义无反顾。总之，此次胜败，全在兄与中央共同一致，无论和战，万勿单独进行，不稍与敌方以各个击破之隙，则最后胜算，必为我方所操。请兄坚持到底，处处固守，时时严防，毫无退让余地，今日对倭之道，惟在团结内部，激励军心，绝对与中央一致，勿受敌欺，则胜矣。除此之外，皆为绝路，兄决心如何？请速详告。中正手启。元未。机钴。

（1937年7月13日）

选自秦孝仪等：《中华民国重要史料初编——对日抗战时期·第三编：作战经过（二）》，第43页，中国国民党中央委员会党史委员会出版，1981年版。

蒋介石致冯玉祥

1937年9月12日

冯副委员长，并转战区全军将士：

密。我军抗战之战术，必须以攻为守，以近为远，以积极进攻之行动，方能达到消极抗战，坚持到底之目的。自开战至今已足一月，凡敌军之利器，与其海陆空之全力，皆已全部使用。充其量亦不过利用其多数之飞机与大炮之威力，以胁制我军之精神。换言之，仍不外乎威胁而已。须知战场作战之主兵种，全在步兵，而敌军步兵之怯弱，实不值我军之一击。此当为我全体官兵所共见而自信者也。每察战斗之经过，得一最大之教训，即我军如不自动撤退，则敌军决（绝）不敢深入我军阵地，更无击退我军之勇气。于此经验所得，只要吾军官兵固守其原有阵地，一面加强工事，多设伪装，以减少我军之损伤；且必研究敌每日所发现优点与劣点，以资我军战术逐渐之改正。一面沉著应战，坚忍不拔，虽至最后之一兵一弹，亦必在阵中抗战到底，至死不渝，则最后胜利必归于我也。我全军将士乎！凡我中国之寸土尺地，皆须洒满我中华民族黄帝子孙之血迹，使我世代子孙，皆踏此抗倭血迹而前进，永久不忘倭寇今日侵略与屠杀之惨史；必使倭寇侵略之野心，摧毁灭绝而后已。吾知以我将士今日牺牲之壮烈，必能达成我军复兴民族之使命，中正一息尚存，此志不懈，必与我全体将士同生死，必与我中华民国共存亡，决不负我全体将士之所期许也。

蒋中正手令。文未。侍。参。京。

（1937年9月12日）

选自陶英惠：《蒋冯书简新编》，第302页，台湾学生书局有限公司，2010年版。

蒋介石致各战区全体将士

1937年9月13日

通令各战区全军将士：我军抗战之战术，必须以攻为守，以近为远，以积极进攻之行动，方能达到消极抗战，坚持到底之目的。开战至今，已足一月，凡敌军之利器，与其海陆空军之全力,皆已全部使用,充其量亦不过利用其多数之飞机与大炮之威力,以期胁制我军之作战精神;换言之,仍不外乎威胁而已。须知战场作战之主兵种,全在步兵;而敌军步兵之怯弱,实不值我军之一击,此当为我全体官兵所共见而自信者也。每当战斗之经过,得一最大之教训,即我军如不自动撤退,则敌军决不敢深入我军阵地,更无击退我军之勇气。于此经验所得,只要我军官兵固守其原有阵地,一面加强工事,多设伪装,以减少我军之损伤。且必研究敌军每日所发现优点与劣点,以资我军战术逐渐之改正;一面沉着应战,坚忍不拔,虽至最后之一兵一弹,亦须在阵中抗战到底,至死不渝,则最后胜利必归于我也。我全军将士乎!凡我中国之寸土尺地,皆须洒满我中华民族黄帝子孙之血迹,使我世代子孙,皆踏此抗倭血迹而前进,永久不忘倭寇今日侵略与屠杀之惨史。必使倭寇侵略之野心摧毁灭绝而后已,吾知以我将士今日牺牲之壮烈,必能达成我军复兴民族之使命。中正一息尚存,此志不懈,必与我全体将士同生死,必与我中华民国共存亡,决不负我全体将士之所期许也。蒋中正。令。九月十三日。元未。侍参京。

(1937年9月13日)

选自秦孝仪等:《中华民国重要史料初编——对日抗战时期·第二编:作战经过(一)》,第50~51页,中国国民党中央委员会党史委员会出版,1981年版。

蒋介石致各战区司令长官各集团军总司令等并转全体将士

1937年10月22日

各战区司令长官、各集团军总司令、各军团长、各军长师长旅长团长,并转全体将士均鉴:此次对倭抗战,我诸将士秉革命精神,万众一心,忠勇奋发,或牺牲壮烈,愈久愈奋,或坚苦转战,屡挫敌焰。敌寇凭藉(借)优势武器,增援相继,曾不能逞其狡谋。三阅月之恶战苦斗,虽牺牲惨重,而复兴民族之光明道路。已在艰难黯淡中现其曙光,世界各国之同情,亦随我奋勇坚决的抗战而日益普遍。国联大会有严重之决议于先,东西诸邦社会民众,均发动抵制日货,以为应援。比京九国公约国会议,克日即将召集。以足证我愈团结,人愈重视。我之团结抵抗愈坚强奋勇,则友邦之同情与援助,必日益增强。正义必复伸张,强暴终归殄灭,堪以确信者也。敌寇受此举世共弃之形势下,其势愈弱,其惶急愈甚。

当此比京九国公约国会议即将举行之际,敌必倾其全力,以期获得军事上之胜利,而转移国际之形势;我全体将士尤当特别努力,加倍奋励,使敌人速战速决之企图,不能侥幸以逞。且当于此时机表示我精神力量,以增加国际地位与友邦同情。须知此次抗战,不惟保国族之生存,亦所以扶持世界之正气。战争愈将达最后之成功,则困难必愈甚,而吾人必愈加奋发,百折不回,再接再厉以赴之。一方面坚守三民主义战胜一切之自信;一方面发扬团结一致,誓死报国之精神。此二者,实为必操胜算之左券也。愿与我全体将士一心一德、团结奋斗,争取最后胜利。军事委员会委员长蒋。

(1937年10月22日)

选自秦孝仪等:《中华民国重要史料初编——对日抗战时期·第二编:作战经过(一)》,第55页,中国国民党中央委员会党史委员会出版,1981年版。

蒋介石致蒋廷黻转杨杰[①]

1937年11月10日

莫斯科。蒋大使转杨次长:我军上海撤退,乃为受金山卫敌人登陆侧背动摇之故;但撤退安全并无损失,以后持久抵抗,决(绝)无问题。无论何时,决不与日言和,望转告苏俄当局。中正。灰。机京。

(1937年11月10日)

注释:
① 蒋廷黻当时为驻苏大使,杨杰为军委会参谋次长。

选自秦孝仪等:《中华民国重要史料初编——对日抗战时期·第二编:作战经过(二)》,第211页,中国国民党中央委员会党史委员会出版,1985年版。

国民政府发表为贯彻长期抗战移驻重庆文告

1937年11月20日

自卢沟桥事变发生以来,平津沦陷,战事蔓延,国民政府鉴于暴日无止境之侵略,爰决定抗战自卫,全国民众,敌忾同仇,全体将士,忠勇奋发,被侵各省,均有极急剧之奋斗,极壮烈之牺牲,而淞沪一隅,抗战亘于三月,各地将士,闻义赴难,朝命夕至,其在前线,以血肉之躯,筑成壕堑,有死无退。暴日倾其海陆空军之力,连环攻击,阵地虽化煨烬,军心仍如金石。临阵之勇,死事之烈,实足昭示民族独立之精神,而奠定中华复兴之基础。迩者,暴日更肆贪黩,分兵西进,逼我首都,察其用意,无非欲挟其暴力,要我为城下之盟。殊不知我国自决定抗战自卫之日,即已深知此为最后关头,为国家生命计,为民族人格计,为国际信义与世界和平计,皆无屈服之余地。凡有血气,无不具宁为玉碎、不为瓦全之决心,国民政府兹为适应战况,统筹全局,长期抗战起见,本日移驻重庆,此后将以更广大之规模,从事更持久之战斗,以中华人民之众,土地之广,人人本必死之决心,以其热血与土地凝结为一,任何暴力,不能使之分离。吾人外得国际之同情,内有民众之团结,继续抗战,必能达到维护国家民族生存独立之目的。特此宣告,惟共勉之。

(1937年11月20日)

选自秦孝仪等:《中华民国重要史料初编——对日抗战时期·第二编:作战经过(二)》,第211~212页,中国国民党中央委员会党史委员会出版,1985年版。

李宗仁[①]致蒋介石(关于台儿庄战况)

1938年4月16日

据张军团长自忠一四、一三电称:据报此次台儿庄,敌军空前惨败,非但打通津浦线之企图已成泡影,即华北各战线亦有总崩溃之趋势。敌陆军大臣杉山因此战局之成败,特秘密飞平与寺内紧急协议,决改变华北作战计划:

甲、再由国内、朝鲜、关东等线约十万军力,仍以徐州为目标,继续进犯。

乙、如在一两个月内不能攻下徐州,则集中兵力择徐、郑间陇海线之弱点,而突破之。

丙、如仍难得逞,则退守黄河北岸,先肃清晋、鲁、豫各省内部之游击队,再行待机南犯。

但窃观现时敌军在华北之移动,似有战事重心转移鲁西,以犯商丘、兰封等地之模样;因晋南之敌自撤出后全部均向东进,而运往平汉路转送该方面之军用品、给养、援兵,亦络绎不绝等情。谨电呈察。

(1938年4月16日)

拟办:拟复悉,并抄交军令部。职林蔚(印)呈,二十七年四月十七日。

蒋委员长批示:阅。

注释:
① 李宗仁当时任第五战区司令长官。

选自秦孝仪等:《中华民国重要史料初编——对日抗战时期·第二编:作战经过(二)》,第259页,中国国民党中央委员会党史委员会出版,1981年版。

李宗仁呈请褒奖台儿庄作战有功将官

1938年4月24日

前次台儿庄作战,孙总司令连仲指挥所部,固守台儿各村落,虽敌军屡以主力,集中炮火,猛烈攻击,皆能不恤伤亡,沉着应战,并时反击,予敌以重创,使汤军团及张轸师,达成包围,把握胜利。汤军团长恩伯,指挥主力,迂回枣峄,行动敏捷,侧击敌军。果敢攻击,获取胜利之基础。该总司令,军团长,忠勇奋发,指挥恰当,实已开国军胜利之途径,树袍泽奋斗之楷模。恳予特别褒奖,以励有功。至所部各级官长作战功绩,已令查明呈报,以资分别奖叙,谨电呈鉴核。

拟办:拟交铨叙厅办理,并复。职林蔚(印)呈,二十七年四月二十五日。

蒋委员长批示：如拟。

（1938年4月24日）

选自秦孝仪等：《中华民国重要史料初编——对日抗战时期·第二编：作战经过（二）》，第263页，中国国民党中央委员会党史委员会出版，1981年版。

蒋介石致孙连仲[①]

1937年7月30日

孙总指挥仿鲁兄：我军无论在何地，无论大小部队，到达地点，必须星夜赶成据点，强固野战工事，深沟宽壕，须使其唐（坦）克车不能侵入我阵地，我能固守勿失，然后再向左右方照所规定之战线，工事竭力延长。万一我全线工事未成，而敌来进攻时，我军亦可固守原地，沉着应战。勿稍慌张，俾后方部队得以如期赴援也。望以此意向各师旅团营长深切晓谕为要。中正手启。陷未办。

（1937年7月30日）

注释：
① 孙连仲当时任前敌总指挥

选自秦孝仪等：《中华民国重要史料初编——对日抗战时期·第二编：作战经过（二）》，第243页，中国国民党中央委员会党史委员会出版，1981年版。

蒋介石致徐永昌[①]

1939年2月7日

徐部长：应切实研究对华北、华中与华南各区敌军进犯我军时，我军如何集中兵力或运用各区部队策应、以打击敌军之方案，须特别专心研究，立定计画（划）详报为要。中正。二月七日。

（此后作战计画（划），应先取攻势防御，总以先用少数相当兵力，利用工事坚强抵御。待敌军久攻，不克、兵力疲惫时，我军再用主力集中转取攻势，此为转守为攻前，尤其我后期抗战惟一之原则，令各战区切实照此奉行。）

（1937年2月7日）

注释：
① 徐永昌当时任军令部部长。

选自秦孝仪等：《中华民国重要史料初编——对日抗战时期·第二编：作战经过（一）》，第182页，中国国民党中央委员会党史委员会出版，1981年版。

蒋介石致徐永昌（关于对敌作战战术）
1939年5月2日

徐部长：对于钻隙迂回等各战术，与中下级官长独断专行之动作，应通令各军师长以上各主管，对其部下特别奖励，以后若无指定专攻击据点之命令，则无论大小部队，不许攻击据点，或借攻击据点为名，停止对持，不向指定目标设法进取，则应严禁与处罚。希以此意制成正式命令，以中正名义通令。此照。中正。二日。

（1939年5月2日）

蒋介石致前方各军师团（关于战略战术）
1940年8月27日

通令前方各军师团，以后作战多为山地战，故须特别注重，各级官长尤其下级干部有独立作战之性能与决心；所以应将山地战之原则、性能特别演习，总使下级官兵皆能养成各个作战之习惯，及自动袭击敌军侧背、与截获敌军后方辎重与破坏敌后之通信、交通等要旨,而对于我军之补助通信及联络之方法,尤应注重实习;并使之能迅速确实为主也。中正。八月廿七日。

(1940年8月27日)

选自秦孝仪等:《中华民国重要史料初编——对日抗战时期·第二编:作战经过(一)》,第319页,中国国民党中央委员会党史委员会出版,1981年版。

何应钦[①]致蒋介石(关于呈请为汤恩伯晋升上将等)
1945年7月30日

职部于七月二十六日开始向柳州推进,三十日出发完毕。八月一日在柳州开始办公,请核备。自攻克柳州后第三方面军即继续与敌血战二十余日,先后攻克榴江、永福、阳朔、义宁,对桂林形成三面包围态势。汤司令官恩伯亲赴前线指挥作战,七月二十七日攻克桂林,光复反攻重要基地,对今后全面作战形成有力态势,战果辉煌,厥功甚伟,拟请准晋级上将或上将衔,以资鼓励。复查该方面军全体将士忠勇用命,完成伟大战果,拟恳传令嘉奖,以资激励。

(1945年7月30日)

拟办:查汤司令官晋级,前据魏德迈参谋长报请奉批,交铨叙厅存记,兹据何兼总司令所请同前,拟交铨叙厅电核议,至传令嘉奖第三方面军一节拟准照办。职周至柔(印)呈。三十四年八月三日。

蒋委员长批示:如拟。

注释:
① 何应钦当时任陆军总司令。(汤恩伯为第三方面军司令官)

选自秦孝仪等:《中华民国重要史料初编——对日抗战时期·第二编:作战经过(六)》,第596~597页,中国国民党中央委员会党史委员会出版,1981年版。

十、国共合作中的磨擦

半殖民地半封建的旧中国有两个基本矛盾,即帝国主义侵略与压迫的民族矛盾、国内统治阶级剥削与压迫的阶级矛盾。与此相适应,中国人民必须进行民族斗争与阶级斗争。在不同时期,民族矛盾与阶级矛盾有主次之分,有时民族矛盾上升为主要矛盾,有时国内阶级矛盾又上升为主要矛盾。"九·一八事变"后,由于日本帝国主义要灭亡中国,民族矛盾上升为主要矛盾,国内阶级矛盾下降为次要矛盾,但此时阶级矛盾并未消灭,有时还会非常尖锐,第二次国共合作的抗战时期,情况正是如此。

那么,中国共产党如何处理这两种矛盾、两种斗争呢?毛泽东对此规定了基本的斗争原则。他指出:民族斗争,不能否认、抹杀阶级斗争,阶级斗争又必须服从民族斗争,不能超越民族斗争的需要和允许,不能破坏民族斗争,不能不利于民族斗争。这两种斗争的关系,他称之为"民族斗争和阶级斗争的一致性"①。毛泽东又形象地将这个原则概括为:"人不犯我,我不犯人,人若犯我,我必犯人";"不斗则已,斗则必胜";坚持"有理、有利、有节的斗争"②;"磨而不裂"。整个抗战时期,中共及其军队就是依据这个原则,来应对国民党发起、挑动的国共磨擦。

抗战时期,国民党的反共磨擦曾出现三次高潮。第一次高潮发生在1939年冬至1940年夏。国民党顽固派首先在陕甘宁边区、山西和河北地区,向八路军和抗日团体发动进攻,捕杀中共工作人员,破坏治安;山西的阎锡山在晋西发动"十二月事变",在晋东南屠杀抗日群众500余人,抓捕1000余人。中共领导的新军在八路军的有力支援下坚决回击,打退了阎锡山的进攻,阎损兵折将,损失惨重。中共派出萧劲光、王若飞与阎锡山言和,阎锡山不得不接受,恢复了山西的统一战线局面。这次反共高潮的太行山地区和华中津浦路两侧的皖东地区,顽固派朱怀冰、石友三、韩德勤等部,在八路军的坚决反击下,也于1940年5月偃旗息鼓。

第二次反共高潮发生在1941年初。蒋介石鉴于江南新四军的迅猛发展,以及磨擦将军韩德勤在多次反共磨擦中遭到极沉重打击和削弱,于1940年10月19日以何应钦、白崇禧名义发出反动命令,命令在大江南北坚决抗战的八路军、新四军,在一个月内全部移至长江以北。由于中共在观察、分析当时时局方面的某些失误,也由于皖南新四军主要领导人项英在北移过程中行动迟缓、犹豫不决,1941年1月6日奉命北移的新四军在皖南的茂林地区遭到国民党军队7个师共8万余人的包围和突袭。皖南新四军9000余人奋战7昼夜,寡不敌众,弹尽粮绝,除约2000余人突围外,一部被打散,大部壮烈牺牲或被俘。军长叶挺在与国民党谈判时被扣押,政治部主任袁国平牺牲,副军长项英、副参谋长周子昆在突围时被叛徒杀害。1941年1月17日,蒋介石反诬新四军"叛变",宣布取消新四军番号。事变发生后,中共中央一面在舆论上向国际国内揭露国民党的血腥罪状,一面向国民党当局提出解决事变的"十二条"要求,一面宣布重建新四军。中共的舆论战、谈判战获得了国际国内的广泛同情和支持,蒋介石成为众矢之的,陷于空前的孤立,他被迫不得不答应"以后再亦决无剿共的军事"③。

第三次反共高潮发生在1943年5月共产国际宣布解散之际。国民党大造反共舆论,叫嚷"马列主义已经破产"、"共产主义不适用于中国",要求"解散共产党"、"取消陕北特区"。蒋介石趁机发表反动著作《中国之命运》,国民党军胡宗南部在洛川召开军事会议,妄图包围陕甘宁边区,"闪击"延安。由于这时中共日益强大,军事上有充分准备,舆论上全面驳斥国民党的种种反共谬论,在国际国内强大舆论的声援下,这次反共高潮刚刚抬头即被制止了。

下面,是有关皖南事变的一组信函。

注释:
① 《毛泽东选集》,第2卷,第538页,人民出版社,1991年版。
② 《毛泽东选集》,第2卷,第749~750页,人民出版社,1991年版。
③ 中共中央党史研究室:《中国共产党历史》,第一卷,下册,第576页,人民出版社,2002年版。

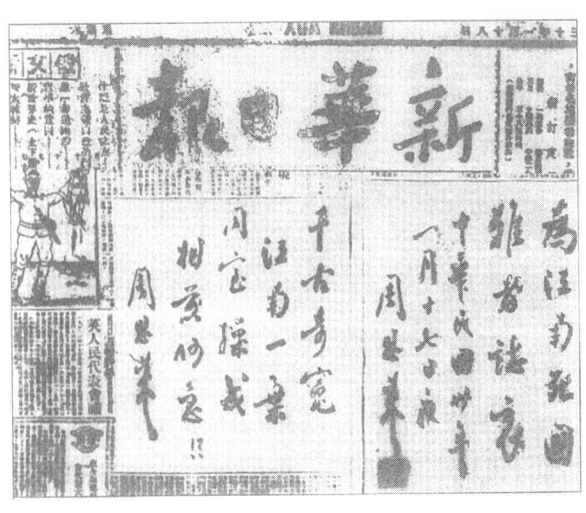

1941年1月18日,周恩来为揭露国民党制造震惊中外的"皖南事变",在《新华日报》上发表题词。

毛泽东致周恩来

1940年11月21日

（一）只要蒋介石未与日本妥协，大举剿共是不可能的，他的一切做法都是吓我让步，发表"皓电"是吓，何之纪念周演说是吓，汤、李东进也是吓，胡宗南集中四个师打关中也是吓，命令李克农撤销办事处也是吓，他还有可能再做出其他吓人之事。除吓以外还有一个法宝即封锁，此外再无其他可靠办法（当然进攻张云逸、彭雪枫是可能的），许多中间派被他吓倒了，纷纷要求我让步，我须善为说词（辞）以释之。

我除在文章上"佳电"表示和缓及皖南一点小小让步外（实际我早要北移，但现偏要再拖一两个月），其他是寸土也不让，有进攻者必粉碎之。我们现已准备了一个铁锤，只待政治条件成熟，即须给他重重的一棒。目前我们的一切宣传文章，都是为了成熟这个政治条件。

（二）除何应钦另有阴谋外（挑拨内战），蒋介石必把他的法宝（吓共让步）密告了白崇禧，故白如此象（像）煞有介事，实际白是不想打的，他很怕真打起来，我们却应利用这个弱点去吓白，除白以外一切吓我之人，我应以我之法宝转吓之，这些法宝就是八路军新四军下级官兵如何愤激，他们请求南调，我们已十四个月未发子弹，华北没有饭吃，汤、李东进必引起大冲突，苏北和平也必破裂，陕北今年灾荒甚重，饥民要求迁地就食等等。

这些□□□政治攻势，也应向着那些天真烂漫的中间派，引起他们着急，去影响蒋介石那个死流氓。

（三）胡宗南已对二十八师、二十四师、预三师、第八师下准备进攻宜君、淳化、正宁三点间葫芦地带的命令，大概一二星期内会有一个突然进攻，朱总已电胡宗南叫他制止，一面准备一部分兵力打击之。只待胡发动，我们即在苏北发动一个局部战斗以报复之。为隔断韩、霍打通皖苏之目的，突然攻占淮阴、宝应间之一块地方，如得手，霍必好转，韩必就范。其直接的理由是霍守义打我彭明治，莫德宏打我张云逸，目前就要宣扬这个理由。

（四）只有软硬兼施，双管齐下，才能打破蒋介石的诡计，制止何应钦的投降，争取中间派的向我，单是一个软或单是一个硬，都达不到目的。①

（1940年11月21日）

注释：

① 此信函表明党中央对蒋介石欲歼灭皖南新四军的图谋估计不足；而北移"偏要再拖一两个月"也会使项英更无决心尽速开赴江北。

选自中央档案馆：《皖南事变（资料选集）》，第101~102页，中共中央党校出版社，1982年版。

毛泽东致周恩来

1940年11月30日

此次拟发两俭电，一致何应钦，专质问停发军饷理由，此电昨日已直发何，同时发你及通电全国，收到盼告。一致蒋，犹豫了两天，得你们意见后决定今日拍发，亦是直发蒋，并发你处稍等再发通电。此次蒋、何、白串通一气，用"皓电"、调兵、停饷、制造空气、威胁办事处等等手段，全为吓我让步，并无其他法宝。李任潮的估计是完全正确的，还是我们历来说过的话，既不能投降，又不能剿共，这种可能性依然存在。他只有吓人一法，对日本是吓，对我们也是吓，除了这个流氓手段外，他是一筹莫展的。蒋现在的特点是内外不稳固（内外危机交迫），在他统治下，军政、财经、文化、人心一概不稳固，其危机在蒋历史上是空前的，这是其内部不稳固，对敌对我没有防线，这是其外部不稳固。为挽救危机稳固内外防线起见，结成蒋、桂、何联盟（大资产阶级的反共统一战线，而何、白却另有目的），其中心战略是攻势防御，以攻势之手段，达防御之目的，决非全般（盘）战略攻势，因为这是不可能的。其一切对我恐吓手段及可能的局部进攻，都是攻势，而以沿泾水、渭水、黄河、淮河、淮南路筑封锁线达其巩固外部防线之目的，以造成反共空气，缩小我之活动，组织反共联盟（以蒋、桂、何联盟为基础）达其巩固内部防线之目的，这两件事是他能够办到的，总之是达到防御目的。本质上蒋与过去一样，依然未变，仍是又抗日又反共的两面政策，而其对日则是绝对防御（毫无攻势），对我则是攻势防御。所以：（一）不稳固；（二）两面政策；（三）攻势防御。这三点就是蒋目前的全般实质。在此情况下，我之方针是表面和缓，实际抵抗，有软有硬，针锋相对。缓和所以争取群众，抵抗所以保卫自己，软所以给他以面子，硬所以给他以恐怖。而真正的军事调动，只有一一五师两个团，其他一律不动。但各地仍须积极准备，除对付局部进攻外，随时可以调动七万以上精兵，给敢于大举进犯者以猛重的打击，因我愈有准备，彼愈不敢进攻，这是有备无患道理。至于在实际上，此次反共规模,不会比上次大,只会比上次小,因为我更强了,彼更弱了,此点不向下面传达,以免引起下面松懈。冯玉祥的估计是不正确的,所谓惹急了他会撕破脸皮乱打,这是被蒋之流氓吓倒了的话,其实蒋是精于计算的人,他的流氓只用以吓人,并不用以决定政策。①

(一九四〇年十一月三十日)

注释:
① 此信函仍表现对蒋介石的反共决心估计有失误。

选自中央档案馆:《皖南事变(资料选辑)》,第103~104页,中共中央党校出版社,1982年版。

毛泽东、朱德、王稼祥致周恩来、叶剑英等 我苏北部队必须从淮安宝应间打开一缺口

1940年12月6日

周叶、并告叶项、彭左①:

为隔断韩霍,打通苏皖,以便黄克诚增援皖东,粉碎桂军莫德宏之进攻起见,我苏北部队必须从淮安宝应间打开一缺口。兹据胡陈微辰电称,连日我各部向西攻击,已冲破三道防线,占领射阳、陶家林,正与韩部在曹甸、安丰激战中,韩部已被我截断,缴枪千余枝,等语。只待曹甸、安丰、念阳、黄浦、平桥等地占领,此次战役即可结束,仍留兴化、高邮及他处不打,保存韩德勤,与蒋介石讲价钱。此缺口打通后,黄克诚主力即可向皖东增援。请根据朱彭叶项致蒋俭电(十一月二十八日)所述理由,应付外界询问。

毛朱王②

鱼亥

(1940年12月6日)

注释:
① 周叶,即周恩来、叶剑英;叶项,即叶挺、项英;彭左,即彭雪枫、左权。

② 毛朱王，即毛泽东、朱德、王稼祥。

选自中央档案馆的档案。

毛泽东、朱德、王稼祥致刘少奇等
（宜放出一路让韩顾活命逃走）
1940年12月9日

胡服、陈毅、克诚①：

如确知韩德勤②、顾锡九在安丰、曹甸，企图北窜，则我进攻时，宜放出一路，让韩顾能活命逃走为好。③

毛朱王

（一九四〇年）十二月九日

注释：

① 胡服，即刘少奇；克诚，即黄克诚。

② 韩德勤（1892～1988），抗战开始时任第24集团军副总司令，代理总司令；后任鲁苏战区副总司令，江苏省政府主席兼江苏省保安司令。

③ 曹甸战役又沉重地打击了韩德勤部，这当然会更刺激蒋介石。半个月后，"皖南事变"发生了。

选自中央档案馆的档案。

叶挺等致中共中央
1941年1月11日

一、顽敌四十、一四四、七九、五二、一八各师，已于今日合围，预计明晨会总攻。

二、顾并已下生擒我等之命令。

三、我们方针:缩短防线,加强工事,以少数钳制多数,控制一个团以上强力,选择弱点,俟机突击,给以大打击后,再做第二步,能突破当更好。

四、现士气尚佳,惟粮弹不齐,不能久持。

(一九四一年一月十一日)

选自中央档案馆:《皖南事变(资料选辑)》,中共中央党校出版社,1982年版。

叶挺致毛泽东、朱德、王稼祥
1941年1月11日

本军五昼夜不停与五、六倍(之敌)激战于重围,计划又告失望,现将士疲劳过度,只好固守一拚。惟士气尚高。此次失败,挺应负全责,实因处事失计、指挥失当所致。但政委制□□□□之缺点实亦一因。今日事已至此,只好拚一死以赎其过。

(一九四一年一月十一日)

选自中央档案馆:《皖南事变(资料选辑)》,第134页,中共中央党校出版社,1982年版。

宋庆龄等致蒋介石及国民党中央
1941年1月12日

蒋总裁暨中央执行委员、监察委员诸同志:

抗战进入第五年度,敌人失败之局已定,国际于我有利之势已成,今年已迫近最后胜利之年,我国人自当坚信而共作决心以赴之。惟是日寇失败命运之决定,尚非即为我民族解放之最后完成,我之抗战尚未脱离危机,仍须经历更大之艰难困苦,则诚如总裁今年元旦之昭示。溯自我党前年临时代表大会确定抗战建国纲领以来,昭示国策,为建国而抗战,亦为抗战而建国。实即指出最后胜利之机,系于国内各种适宜之设(措)施与措置,如被沦陷区域之收复,被凌压人民之解放,三民主义之实现,国家民族独立自由地位之来到,均将以此为断。

不料最近讨伐共军之声竟甚嚣尘上,中外视听为之一变。国人既惶惶深忧兄弟阋墙之重见今日,友帮亦窃窃私议中国抗日之势难保持。倘不幸而构成剿共之事实,岂仅过去所历惨痛又将重演,实足使抗建已成之基础,隳于一旦。而时势所趋,又非昔比,则我国家民族以及我党之前途,将更不堪设想矣!然共党问题原为世界性之问题,世界之病态不除,则此种势力组织必存在,我总理早已揭示其端倪矣。此种世界性组织,既由世界资本主义影响之所及而存在,即或假武力作一时侥幸之解决,仍必复活滋长,决不能以人工之力以消减,已为无疑之问题,此一义也。我总理过去提出与共产党共同努力于国民革命伟业,这是勿容(毋庸)变更。总理临终时曾致书苏联,其本旨外在联合苏联,而内在训示吾人应以国共和平合作团结互助为重心。诸同志对此当能念念不忘!今者日寇欲置我国于殖民地,日寇不独为我党之敌人,亦正为共产党之敌人,敌人之敌人,即为我之良友,故吾党不得以如何消灭共产党为决定政策之出发点,实乃毫无疑义,此又一义也。今日之中国共产党既在我政府领导之下,则准其发展所长,为吾党之他山,抗战之干城,此正符合总理天下为公之怀抱,亦即切符总裁昭告国人发挥国家无限潜力之意旨,是则无碍我党有益国族,又更为目前迫切之要义。况且党派问题,决非处理共产党一党之问题,乃为处理我党以外,各抗日党派之一般原则。各党各派自由发展,本为民主国家当然之定则,而各党各派在同一革命巨标下不应猜忌,尤为我国在抗建时期所必要。吾党领导革命以进而实行宪政,权之所在,责无旁贷,今日大敌在外,内已一致,一切问题在于发展内容,而不拘形式,在统括大体而不苛求方法,设使有力于此,无从运用以对外,迫而施之予对内,在我则自孤其势,在人将谓我领导无方,殊非我党诸同志之始愿。为期中国革命之完成,为保我党领导之不隳,要在示人以宽,感人以诚,动人以德,处人以信,我总裁及中央诸同志,必能考虑及之。更有进者,总裁屡次讲话,敌人所欲于我者,我当避免,敌人所不欲于我者,我当坚持。今日敌人既濒败境,惟欲我抗建实力之削弱,以至于崩溃,予是惟欲我发动剿共,以酿成无限制之内战,而在我痛心敌人以战养战之阴谋,应从扶植沦陷区域各种抗日实力入手,力避敌人以华制华之毒计,我当保障国内绝不酿成分裂开端,盖已成为无可争辩之关键。诚如此,国内前后种种磨擦事件无因而生。敌人近来种种谣言攻势不攻自破,总裁所痛述者,则敌之挑拨离间,脔割分裂政策,将永无实施可能。功罪之分,成败之界,至为明显,匪特国人所深知,抑亦敌友所均悉。我总理遗训,唤起民众,联合以平等待我之民族,共同奋斗,至理昭告,于今尤为切合。总裁所谓地无分南北,人无分老幼,皆有抗日救国之责任,早已普及深入于国人之心。乃有全国抗战进入第五年度,今年成为最艰辛最重要之一年,而剿共问题,竟恍若迫在眉睫,引起国人惶惑,招致友邦疑虑,又为敌人之乘间找隙造成便利机会。因此不得不望于总裁暨中央诸同志之毅然决然进谋国内和平之巩固。窃以为慎守总理遗训,力行吾党国策,撤硝剿共部署,解决联共方案,发展各种抗日实力,保障各种抗日党派,一举手措足之劳,即可转定抗建基础,安如磐石。至于共产党乏所言所行,苟系有违国人公意,必不为国人所爱护,何须施以武力;如期有力可用,我党自应询国人公意而加以爱护争之于有用之地,亦无所用其危疑。我党政策,彰彰在人耳目,如何发扬光大,责任在我。凡诸所陈,纯秉爱国爱党之衷心,希亮察焉。

宋庆龄、柳亚子、何香凝、彭泽民

(一九四一年一月十二日)

(《新中华报》原注:此文有若干处电码不明,恐有遗误,特此声明)

选自中央档案馆:《皖南事变(资料选辑)》,第253~255页,中共中央党校出版社,1982年版。

南洋华侨领袖陈嘉庚通电

1941年3月5日

国民参政会转中央政府钧鉴;全国军政长官、全国同胞公鉴:

去岁春间,庚以南侨总会主席名义,代表海外三千一百万华侨,率领慰劳团回国慰劳,考察战时军政现象,民众情形,以及经济生产事业,语其大旨,不外两端,一则藉视祖国抗战实情如何,最后胜利有无把握;一则搜集各地进步实证,携回宣传,鼓舞侨胞,加强捐汇,自春至冬为时九月,西北高原,东南濒海,足迹所经,凡十五省。而耳目所及,士兵则艰难苦战,不顾生死,民众则踊跃效劳,不惜血汗,爱国精诚,直足使人感奋。惟政治不及军事,贪污尚未澄清,啧啧人言,亦复可畏。我国虽然未达胜利,然确有可期。庚等南归,据实报告,寸心本无爱憎,片言绝不扬抑。海外华侨捐资救国,纯为热情所驱,不以有党而增,亦不以无党而减,推倒满清,共赴民国,救济灾难,捐输教育,数十年如一日,千万人同一心。当地法令,共产党既潜伏,国民党又未能活动,百千人中,有党籍者一二人而已。多数华侨,咸深识大体,发扬正义,不分党派,爱护国家。抗战之初,获得国共两党统一对外,莫不踊跃欢呼。不意中途磨擦,谣言繁起,遂至热望冰消,义捐停缴,或且疾首蹙额,骇汗相告。庚统一侨团,义难坐视,乃于回国期中,分谒渝延两党领袖,垂涕而告,苦劝息争,用以顾全大局,所兴蒋委员长与毛泽东先生对庚所述,均无间言,庚闻之良慰,且以引告全团。但乃南归来逾一月,危机又遍国中,值此敌寇横行,国仇未雪,如复自为鹬蚌,势必利落渔人,民族惨祸,伊于胡底。华侨无党派立场,无利害私见,值兹异敌,弥切隐忧,庚久赴炎荒,罕闻政治,人间名利,视之漠然,党派异同,更非所闻。兹逢第二届参政会开幕,不以愚拙谬厕一员,为述所怀以告同感,尚祈一致主张,制止内争,加强团结,抗战前途,仍利赖之,天海非遥,愿闻明教。

陈嘉庚歌叩
(一九四一年三月五日)

选自中央档案馆:《皖南事变(资料选辑)》,第256~257页,中共中央党校出版社,1982年版。

毛泽东致周恩来

1941年1月25日

人家已宣布我们叛变,我们决不能再取游移态度,我们决不能再容忍,我们决不能怕破裂,否则我就要犯严重错误,因此延安命令及谈话的全部,包括文字在内是完全正确的。我们表明态度之后听凭蒋介石去处置,或者他执行我们的十二条,两党重归妥协,或者实行全面破裂。你们应向各方表示,蒋介石已将我们推到对立地位,除非蒋介石取消十七号命令及实行其他必要步骤,我们是只有和他对立一途,因为我没有别的路走,你们应迅即回延。余详书记处的指示。

(一九四一年一月二十五日)

选自中央档案馆:《皖南事变(资料选辑)》,第190页,中共中央党校出版社,1982年版。

中共中央致周恩来

1941年1月25日

（一）为了对抗蒋介石一月十七日的步骤，我们必须采取尖锐对立的步骤回答他，否则不但不能团结全国人民，不能团结我党我军，而且会正中蒋之诡计。

（二）延安命令及谈话已直发中央社、蒋介石、香港、上海及各地。

（三）此命令及谈话仅为对付蒋一月十七日步骤，不用八路及中央出面，待蒋采取其它（他）步骤时，我们再采取新的必要步骤。

（四）我们的让步阶段已经完结，我们须准备对付全面破裂，蒋以为我们怕破裂，我们须表示不怕破裂。

（五）政治上取全面攻势，军事上取守势。

（六）蒋一月十七日命令及谈话，对我们甚为有利，因为他把我们推到同他完全对立的地位，因为破裂是他发动的，我们应该捉住一月十七号命令坚决反攻，跟踪追击，绝不游移，绝不妥协。

（七）中间派的议论决不可尽信。

（八）你们须立即向国民党表示，如果他们不能实行我们所提的十二条（主要是取消一月十七日命令），你们应要求他们发护照，立即回延。

（一九四一年一月二十五日）

选自中央档案馆：《皖南事变（资料选辑）》，第193页，中共中央党校出版社，1982年版。

毛泽东致彭德怀、刘少奇、周恩来

1941年1月25日

（一）我们对于皖南事变及重庆军委会一月十七日宣布新四军叛变之处置，见一月二十日延安军委命令及谈话。我们须一口咬定这是日寇与亲日派（不说蒋）的计划。关于所谓军纪军令迫我北移及各地捉人杀人一切反革命行为,我们均咬定是亲日派承日寇命令所为。这样一来,使我政治上处于优势,使蒋介石及国民党不得不转入辩护地位,并不是蒋与日本业已讲和了,关于蒋日间矛盾,即使很小,我们还是可以利用的。

(二)我们一月二十日的策略,可以对付两种情势中之任何一种:如蒋业已准备全面破裂,我们便是以破裂对付破裂;如蒋并未准备全面破裂,我们便是以尖锐对立求得暂时缓和。

(三)我们三个月来的让步态度(佳电及皖南撤兵),取得了中间派的好感,但给了蒋以向我进攻的机会。这种态度应立即结束,转到尖锐对立与坚决斗争的立场。

(四)一月十七日的步骤是蒋一大失策,我们须紧紧捉住,跟踪追击,绝不游移,绝不妥协。

(五)如要转弯,除非蒋介石取消一月十七号命令及作其他必要表示,否则我们决不能转弯。

(六)蒋的阴谋是各个击破,把新四军看成地方事件。我们却不能这样,必须把他看成全国性事件。

(七)政治上取攻势,军事上暂时仍取守势。

(八)但蒋现尚未提及八路与中共,故我们亦不提及整个国民党及中央军,八路及中共人员亦不公开出面,看蒋怎样来,我们便怎样去,在这点上我们仍是防御的。

(九)不出三个月德必攻英,日亦还有可能攻华,世界局势必有变化,蒋介石的气焰可能减低。但如英国根本失败,罗斯福应付不来,蒋的投降可能就大了。

(十)中间派话不可不信,不可尽信,只有我们取坚决斗争绝不妥协的立场,才能真正争取中间派,否则,中间派的动摇立场客观上是于蒋有利的。

(一九四一年一月二十五日)

选自中央档案馆:《皖南事变(资料选辑)》,第 191~192 页,中共中央党校出版社,1982 年版。

毛泽东等七参政员致参政会秘书处删电

1941年2月15日

国民参政会秘书处公鉴：

关于政府对新四军之处置，我党中央曾有严重抗议，并提出善后办法十二条，如(一)制止挑衅，(二)取消一月十七日的命令，(三)惩办皖南事变祸首何应钦顾祝同上官云相三人，(四)恢复叶挺自由，继续充当军长，(五)交还新四军全部人枪，(六)抚恤皖南新四军全部伤亡将士，(七)撤退华中的剿共军，(八)平毁西北的封锁线，(九)释放全国一切被捕的爱国政治犯，(十)废止一党专政，实行民主政治，(十一)实行三民主义，服从总理遗教，(十二)逮捕各亲日派首领，交付国法审判等项，请政府采纳。在政府未予裁夺前，泽东等碍难出席，特此达知，敬希鉴察！①

毛泽东、陈绍禹、秦邦宪、林祖涵、吴玉章、董必武、邓颖超

即删印

(一九四一年二月十五日)

注释：

① 蒋介石妄图以共产党参政员出席参政会来蒙骗舆论，淡化"皖南事变"。

选自中央档案馆：《皖南事变(资料选辑)》，第241页，中共中央党校出版社，1982年版。

周恩来致中共中央

1941年2月20日

昨日将七参政员致国民参政会公函送王世杰，声明在中共中央所提十二条(原文照抄)未得政府裁夺以前，中共参政员碍难出席。同时将此公函抄送各小党派及有正义感之参政员二十余人。王世杰得公函后，立即找张冲谈话，认为此系中共表示破裂。黄、左

等访王世杰,亦说时局严重,必须设法解决。张冲从昨晚至今午,接连以电话及公函请我暂行收回此公函两天,以便他从中奔走,请蒋约我谈话,我均严词拒绝,指出自剑英回后,只十天中,政治压迫之严重和接连不断,无理已极,实属忍无可忍。张认为十二条虽已提出一月,举国皆知,但为对外宣传,尚非正式公文,今向参政会提出,势必付诸讨论。而其中有取消一·一七命令,取消一党专政,蒋是吃软不吃硬的,结果必致翻脸。我告以:翻脸已半翻脸了,现在所能做的,不过是讨伐令,全国清党,逮捕办事处人员,封闭《新华日报》等等,我们已经准备着了。至于见蒋,必不能得结果,仍是撤过黄河那一套。张冲仍纠缠不休,请求以他名义代转延安,缓期两日提出。本来缓期两日,便于我们准备,未尝不可,但公函已送出,决不能收回。因此,我只答应将他的意见代转延安,其他不能答应。现特请示你们。我想,目前还不是谈判的好时机,见蒋毫无结果,而且击退顽方政治压迫,必须动员舆论和中间力量,故将此事经过参政员来调解是必要的。我们的条件,如果能由各党委员会在会外从政治上讨论党派纠纷及十二条,则不直接提出参政会,也是可以的。如此可拉住各小党派,争取民主,以为难国民党。或者国民党承认二届参政会延期开会,则我们的问题也可稍缓提出,便于我们先在外边作扩大宣传。否则,我们一切都准备了,即他捕杀讨扣,毫无所惧。中央意见如何?请立复。

(一九四一年二月二十日)

选自中央档案馆:《皖南事变(资料选辑)》,第212~213页,中共中央党校出版社,1982年版。

周恩来致中共中央

1941年2月25日

今晨张冲又来,约谈三小时,我坚决告他,七参政员公函不能撤回。他苦苦哀求,甚至说:为了国家计,他跪下都可以。我说这不是个人问题,而是政治问题。在新四军问题后,政治压迫,军事进攻,我们确无让步可能。张说:一朝中总有秦桧、岳飞,我们是忠,他们是奸;我们要顾大局,他们是不顾大局的。前函可称文字有错,拿出校对一次,以便蒋能见周,否则在公函压迫下,蒋训令大家,蒋说蒋是被迫而见的。我告以具体当不能及尤目前见蒋亦无意义,因不会得有任何结果的。张说:不然。他根据各方可能意见,提出具体办法如下，请我报告中央：

（一）军事上，十八集团军以正规军开到黄河以北，其他游击部队全部留华中，配合友军作战（说游击部队愿留多少是多少，可是为中央留面子，声明正规军队开黄河以北），其他仍还我一军，补新四缺，归还叶挺及其他干部。边区及冀察政权照前议。派两人传发。

（二）参政会改请董、邓出席议会，而毛泽东不能来时，指定人呈意□□□则提新四问题，另成立分区调查委员会，讨论党派问题以蒋为主席、周为副。

（三）目前军事进攻停止，政治压迫要总解决，需请蒋负责纠正，再不许发生新事件。

我答他：现谈判具体条件我可报告中央请示，无必要取回公函，更无必要见蒋。张冲答：如果你们不出现参政会，已表示破裂，则一切无从谈起，如在公函不撤情况下，政治方面仍坚持十二条压迫而让步的，蒋无法接受，国民党亦将大哗。我答：不拒绝谈判，但绝对不撤回公函，彼此僵了三小时。张最后请我将所提三项办法，报告延安请示，张之唯一的要求，是出席参政会，并望明早答他，因为参政会，三月一号开会，及小党派已向声明参政会中共参加必不可少，提议成立备方面联合委员会。我党以报告可发，一切待延指示，但公函决不能撤回。我观张冲所谈急是急，但此面子是要，我们是公函不能撤回，谈判之一拍，参政会不参加，但此种关系到如何程度，要是目前坚持十二条一条不让步，我与他们具体，还是坚持不接受十二条即不出席参政会，或答复商议十二条即可出席参政会，在他们今天不愿面对十二条，（张冲□之为二十一条，我痛□之），而我们各处扣住十二条，你们意见如何，请告，以便答复张冲及各小党派。①

（一九四一年二月二十五日）

注释：

① 此稿原件为抄件，其中文字错漏较多，不一一注明，照原样排印。

选自中央档案馆：《皖南事变（资料选辑）》，第 217～218 页，中共中央党校出版社，1982 年版。

周恩来致毛泽东

1941 年 2 月 26 日

顷见张冲，将剑英漾电及你的意见给他看了。张冲表示，漾电等于破裂。我说，责在国民党。我党为挽救破裂，故提出十二条。张云：十二条中，取消命令，取消一党专政，今天实做不到，但昨日三项办法已答复了十二条。我说：所以中央要我回去讨论。张说：你如回去，他们（指国民党）又要说你们破裂了。我说：你们不让我回去岂不更表示压迫。张说：可否你回去讨论，参政员公函也要撤回。董、邓两位可出席参政会。我说：万做不到。这样做将成为历史上滑稽剧，不是侮辱我们？张说：董、邓如不出席，他们不会让你回去的。我说：我本准备在此待捕的。张转又说：若董、邓不出席，则主席团选毛成立调解委员会，岂不成了单思病。我说：你晓得我们开会赞成不赞成你提的那套办法呢？张更说即使董、邓只出席一人也好。我说：国民党请客吧，被请者为"奸党"，还要客来捧场，岂不是侮辱？张说：骂人者不能代表中央，我是代表中央说的。我坚决的（地）告以：出席是不可能的。张请我报告延安。我答：一切谈判我都报告延安，中央说出席的希望决不会有的。

综观张之谈话，目的在找我们捧场。居里在此犹未走，闻系专等观光参政会开会的（我早已面告居里，我们决不出席）。他们英美派很急，连胡秋原都被动员了，找吴克坚劝中共出席参政会。而白崇禧等军人，则仍在大骂说：非打不可。亲日顽固分子则仍在压迫。这仍然是哄、吓、压三策并进。我以为只有决不撤回公函，坚决拒绝出席，才可揭破流氓骗局（骗外骗内）。

（一九四一年二月二十六日）

选自中央档案馆：《皖南事变（资料选辑）》，第219～220页，中共中央党校出版社，1982年版。

周恩来致中共中央

1941年3月1日

（一）现在是僵局对峙着，须打开一关。

（二）此次参政会我们得了大面子，收了大影响。蒋亲提主席名单，昨夜今朝连续派两批特使迎董、邓，一百多国民党员鸦鹊（雀）无声，任各小党派代表提议，最后延期一天，蒋被打得象（像）落水狗一样，无精打彩的（地）讲话。全重庆全中国全世界在关心着、打听着中共代表究否出席，人人都知道延安掌握着团结的人是共党中央。毛同志的威信，在两个参政员及我们的态度上表现出来了。诸老想出种种方法来调和，我们咸拒绝了。黄炎培钦佩的(地)说,贤才不堪为铁的纪律摧毁,昨使孙的心都拿在手里,专等着中共代表出席,以为中共不来,一切□□我们□千言□。

□□□"我已一夜多未睡"也还不能□冲被重庆恐惧的□□故单就参政会的文章已做到顶点,应该转个弯了,这是我们(周、董、邓)共同的认识。

毛主席,现在已是十八点了,只是今夜无论如何谈判不出结果。就参政会本身,我们已有了大影响,现在全重庆都在等待我们消息,盼望我们出席,但没有保证和结果,使出席实在□□□。现在僵局必须打开,中间的办法已没有用,一切待中央立即指示。详情见另一报告。

(3)现在困难的是:一切谈判均无保证,而且还未具体化,如出席,太便宜这个大流氓,但今晚一夜是无论如何得不到结果的。所以从僵局要做只有听之,然而在蒋这种历次摇尾乞怜状态下,人心是不能不受影响的,而蒋也有流氓一着。

(四)因此我们不能不请示中央,如要开,在告办法,只有将停止军事进攻,政治压迫十项要求(共有二十多件)于开会前直接见蒋,并当面交他,请蒋立刻负责解决,其他基本问题,在参政会开时讨论,并约同张冲来延这是一个办法。另一个办法便是硬到底,我们也是准备了。不过中间的办法,现在是没有了,请立复。

(一九四一年三月一日)

(此稿原件为抄件,其中文字错漏较多,不一一注明。)

选自中央档案馆:《皖南事变(资料选辑)》,第225~226页,中共中央党校出版社,1982年版。

中共中央给周恩来、董必武、邓颖超的指示
1941年3月1日

(一)临时办法无结果无明确保证,绝对不能出席,必须坚持我们的原则立场。

(二)告诉国民党及小党派,延安回复已到,为顾全团结大局起见,同意临时办法十二条在有结果有明确保证时可以出席,以示我党仁至义尽。

(三)判断此次谈判决(绝)不会有结果,故你们的决心须在不出席上,亦不宜出外活

动,坚守自己的原则立场。如我们此时出席,我们即失掉一切立场,结果将非常之坏。

(四)即选周为主席团亦决不能出席。

(一九四一年三月一日)

选自中央档案馆:《皖南事变(资料选辑)》,第226页,中共中央党校出版社,1982年版。

周恩来致中共中央

1941年3月15日

甲、毛主席十二日指示收悉。

乙、昨(十四)日蒋约我谈半小时,宋美龄在座。

丙、蒋谈话目的在和缓对立空气,粉饰表面,也许可解决一些小问题(如新华、捕人、发护照等事)。解决大问题尚非其时。

丁、蒋表示有数点:

(一)两月多未见面,由于事忙,参政会前,因不便未见。

(二)不管怎样,条件总是提向他的(又承认提向他了)。

(三)当然没有那样答复,现在开完会,情形和缓了,可以谈谈。

(四)问会后延安有否电来,我答没有。他要我电延,问最近意见。我告他:问题总要解决才有办法。于是将新四事件及二月份各种压迫说了一顿,但他对新四事件置不答,而对压迫事则说这是底下做的,不明白他的意旨。对新华、放李涛等人、发护照,都可做到。要我直接写给他,其实我早已全部写给他了,现拟再分写给他。

(五)我提到防地、扩军,他对防地未答,但也未谈开黄河北岸事,只说:只要听命令,一切都好说。军队多点,饷要多点,好说。我当告以自一月起已无饷。他连说可以发。

(六)我说闻叶希夷已到,我要见他。他说:尚未到。当去查,如到,可见他。

(七)我说,党政委员会改组中,我的名义可取消。他说另找实际工作。我说不必要。

(八)他约下星期再见,宋并说请吃饭。

戊、现在的问题是在我攻势下,蒋为敷衍门面,想谋表面和缓,而实际仍在加紧布置,以便各个击破。其法宝仍是压、吓、哄三字。压已困难,吓又无效,现在正走着哄字。

己、我们办法是利用目前可能,先解决一些小问题(如新华、捕人、发护照、发饷等),还是等着大问题一道解决?请即示复,以便应付。

(一九四一年三月十五日)

选自中央档案馆:《皖南事变(资料选辑)》,第235~236页,中共中央党校出版社,1982年版。

华中局关于项英、周子昆被谋杀经过向中共中央的报告(节录)

1942年(月日不明)

一、项、周于去年三月中旬在皖南山中埋伏,被随行副官叛徒刘厚总谋杀。彼时,与项、周同行者李志高(参谋处第一科科长)、谢忠良(第二科科长)等计二十余人。彼等为皖变后逗留皖南最后一批人员。项、周虽主张过江,但特别迟疑,不立下过江决心,总以交通不畅为虞。李、谢等以项、周应负失败责任,对项、周不满,形于辞色,且曾公开反抗,屡屡要求分家。项、周均不良于夜行,颇有依赖李、谢帮助之意,见李、谢不肯,只好暂时分住数处,徐图过江。项、周与李、谢等共分住四处,在深山中,相距均为三四里不等。李、谢等带了七八人住一处,项、周仅带一个特务员及刘厚总共四人同住,而以刘厚总专任对外与李、谢等连络之责。(下略)

(一九四二年)(月日不明)

选自中央档案馆:《皖南事变(资料选辑)》,第160~161页,中共中央党校出版社,1982年版。

刘厚总给蒋介石的报告①

1948年（月日不明）

　　窃厚总昔在新四军,乃与政府并肩抗战。及新四军违反政府命令,致被解散,该军副军长项英、参谋长周子昆,复谋组织游击大队,与中央抗衡,决命厚总为大队长。厚总既愤日寇之残暴,不忍自相戕害,妨碍抗战国策,为表个人之赤诚,不惜冒万死,于皖泾县山居内,将项英、子昆叛首刺死,并取其黄金8两5钱、手枪3支（其中一支系史达（斯大）林赠送项英者）、派克自来水笔3枝（支）、金挂表及火车挂表各1个（表、笔现已发还,但成废物,不是局本部所换）、法币2万数千元,一并缴交皖太平县政府投诚。虽经迭解,应皆有案可查。以项英之才能（其在中共之地位、其在江西领导游战时,政府即曾悬赏捉他）,设令尚生存于今日,其影响之所及,不难设想,而厚总之所贡献于政府者,其价值如何,当亦不难估计。但此种忠诚之表现,非惟未蒙抚慰,且不幸被禁数年。现蒙局本部开释,并蒙发给2500万元,以资返籍,深感大德。厚总因被禁有年,致成残体,耳、目、脚等均有重病（现正医病）,年龄老迈,六亲无靠,虽蒙厚惠2500万元,实不敷医病之用,他如购买行李衣物及旅费与今后生活费用,均无着落。际此生活奇昂,瞻念前途,不禁凄然,为此,不揣冒渎,披沥上陈,恳乞悯其投诚之愚衷,恩准另发救济费（或作奖金,厚总自当登报道谢）若干,以延蚁命,借昭激劝。并恳发给自首证书（并乞严令下属军政人员,对诚意投诚而有显著工作表现之自首者之生命财产,加以保障,"确有不法行为者在外",对剿匪建国有利无害）和护照,俾便返籍,免致当地政府发生误会,无任感祷。

　　谨呈
主席蒋！

刘厚总（近更名刘雄）呈
（1948年）（月日不明）

注释：

① 刘厚总此信写于1948年。蒋介石对中共的叛徒历来不屑一顾,此信足以说明刘厚总的可耻悲惨下场。

选自林治波等：《中国抗日战争秘闻》,第191页,京华出版社,2007年版。

十一、抗战时期的胡适

胡适(1891~1962),学者,教育家。字适之,安徽绩溪人。早年肄业于上海公学,1910年赴美国留学,先后就读于康乃尔大学和哥伦比亚大学,是实用主义哲学家杜威的学生,获哲学博士学位。1917年回国,任北京大学教授,曾提倡文学改革,为当时新文化运动的著名人物。1925年至1938年,先后任上海兴华大学教授、中国公学校长、北京大学文学院院长等职。1938年任国民党政府驻美大使。1942年任行政院最高政治顾问。抗战胜利后,任北京大学校长。1948年移居美国。1962年病逝于台北。胡适一生深深卷入政治漩涡,他是蒋介石不抵抗政策的代言人,受到国人的严厉批判。

"九·一八事变"后,胡适既反对日本侵略又反对抗战,组织了"对日让步研究会"。他反对日本扶植的伪满洲国,但又认为在东北撤退国军、满洲实行自治,"看不出有什么可反对的",主张接受日本提出的五项原则进行交涉,反对以武力抗争。胡适对"察哈尔抗日"、"福建事变"、"两广事变"、"西安事变"均持批评、反对立场。他反对中共的抗日民族统一战线政策和坚决抗战的主张,却竭力拥护蒋介石"攘外必先安内"的反动政策,充当国民党政府的御用政治文人。

胡适在国难当头、民族危机深重的时刻,顽固坚持恶劣错误立场,理所当然遭到全国进步舆论的严厉批判。鲁迅先生曾写诗予以抨击,人们甚至痛斥他是"民众之敌"、"国家之敌",要"驱逐他出华北"。

下面是一组抗战时期胡适来往信函,我们且看这些信函中胡适说了些什么,信友又说了些什么。

1938年胡适初任驻美大使时所摄及自题诗句

胡适致周作人

1931 年 9 月 26 日

启明兄：

　　谢谢你的信。

　　王维做梵志体，可见梵志时代确很早，又可见他的影响很大。今天遍检《四部丛刊》，只不见《右丞集》，稍暇当寻出这两首诗看看。

　　说到"没落"，我更一日千丈。十九那天，什么事也不能做，翻开寅恪要我题的唐景崧（他的夫人的祖父）遗墨，见那位台湾民主国伯里玺天德①说什么"一枝（支）无用笔，投去又收回"，我也写了一首律诗在上面：

> 南天民主国，回首一伤神。
> 黑虎今何在？黄龙亦已陈。
> 几枝无用笔，半打有心人，
> 毕竟天难补，滔滔四十春！②

　　　　　　　　　　　　　　　　胡适　一九三一年九月廿六日

注释：

① "伯里玺天德"为英语"president"（总统）的音译。

② "九·一八事变"后，胡适作此律诗，没落可想！

选自中国社会科学院近代史研究所中华民国史研究室：《胡适来往书信选》（中），第459页，社会科学文献出版社，2013年版。

敬致胡适①

1931 年 12 月 10 日

适之先生：

　　报载先生在平组织对日让步研究会（早日直接交涉即少吃亏），确否？此之谓领导，此之谓负责,要言之,为有勇气,至为佩企,胜于为经济学会会员矣(始终保留一种发言资格,国家社会实受其益)。以弟意中,东三省将来行政长官莫如在君,尊意以为然否? 武官何人? 则不能言。第一剿匪,第二经济开放,未尝不可以有为也。弟又说梦话了。

  即颂

日佳

敬拜上　一九三一年十二月十日

  注释:

  ① 此信及后一封信写信人不详。

选自中国社会科学院近代史研究所中华民国史研究室:《胡适来往书信选》(中),第464~465页,社会科学文献出版社,2013年版。

敬 致 胡 适

1931年12月11日

适之先生:

  昨寄一函,已人览否? 弟意对日让步研究,须先研究不交涉于日本最为有利之事实,方足以动人(日本在东三省事事可以进行,即以吉会路言,再数月可以完成),然后研究到如何让步。盖不战即交涉,若两者均阁置迁延,即为政府取巧不负责。兄以为如何? 如平心论之,国民党亦可谓恶贯满盈,此事解决,应即行辞职,以谢国人,否则国人亦必竭力推倒之。以党治国岂能再存在,至少亦得让国家主义成一党也。兄勿但为政府画(划)策,宜助国人自动解决困难。学生均别有作用(倒政府),主张国难与政府(不可并为一谈)先后解决,实为持平。如仅谋解决困难,而于"政府"、"党"不置一词,不足以平国人之愤,况学生乎!

  专颂

台祉

敬　一九三一年十二月十一日

  顷知北大代表被绑,实系党部雇人绑去,党部陶百川已逃,被绑者以学生围市政府不散,已释去。是尚成为党,成为国哉!

选自中国社会科学院近代史研究所中华民国史研究室：《胡适来往书信选》（中），第464～465页，社会科学文献出版社，2013年版。

叶公超致胡适

1931年12月21日

适之兄：

今天报上又有华北政治分会的消息。你写给李石曾的信，何不在报上发表她，以辟外人谣传和猜疑。和你无接触的人，不免因此猜疑你平日和这般人时有往来。这种误会与你固无损，我觉得亦无什么益处，莫如 nib it in the bud（把它消灭于萌芽状态之中），如何？因为昨天遇见一位这样猜疑你的人，所以想起来写这封信。祝你康健。

弟崇智顿首　一九三一年（十二月）廿一日

选自中国社会科学院近代史研究所中华民国史研究室：《胡适来往书信选》（中），第469页，社会科学文献出版社，2013年版。

徐旅人致胡适

1932年5月31日

适之先生：

昨天为五卅惨案的第七周年纪念，坐在家里，想起了当前的国难，便写下了一篇短文，是否可登《独立评论》，我是一点把握都没有。犹记去年暑假，在东京书摊上翻读几年前的日本《改造》杂志，曾见先生的一篇谈话，那时宁汉刚刚分裂，先生从美国回来，经过东京。先生说蒋介石反共，于彼更方便，也令国民党成功更快（大意似如此）。当时读之，不胜感慨。国民党先是残杀农工，随即反共，终乃绝俄。可是现在形势似在逆转了，国民党虽然成功，然而东北四省都失去！于今来觉悟英美的靠不住，来与苏联复交，未免太迟了些，于事何济？环顾国际局势，我国已陷绝境。苏联认此为赤化我国的良机，日本是非怂恿列强共管我国不可。如何去从死里求生，真是一个大大的难题！

我现在还有半年的积欠官费可领,并不希望稿费。我不自量的(地)很想为《独立评论》写点稿子。民十五六我在南昌曾主编过半年《民国日报》,自问对政治还不是一个十分的门外汉,讨厌的是我唯物论的臭味还太重耳!

生徐旅人　一九三二年五月卅一日晨

选自中国社会科学院近代史研究所中华民国史研究室:《胡适来往书信选》(中),第482~483页,社会科学文献出版社,2013年版。

胡适致罗文幹(稿)

1932年9月15日

　　……我至今还以为中日问题应该直接交涉,六月间你们说是不可能,此时似又有直接交涉的可能了。不知道你们此时有何对付之策。我的意思以为,此时如果有人敢作直接交涉,其所得之条件必较任何国际处理所能得之条件为更优。日本自币原下台以后,所争在直接处理远东事件而不受第三方面之干涉。观上海协定所争之日军撤退期限一点,我方代表让步至四个月,至六个月,而卒不能将此条列入协定。及至我方受Lampson(兰普森,英驻华大使)之暗示而不争将此条列入协定,签字之日,日本政府即下令于一个月之中撤完。此一前例,可耐人寻思。

　　我以为我国必须决定一个基本方针:究竟我们是否有充分的自信心决定和日本拼死活?如真有此决心作拼命到底的计划,那自然不妨牺牲一时而谋最后的总算帐(账)。

　　如果我们无此自信力,如果我们不能悬知那"总算帐(账)"究竟有多大把握,那么,我们不能不早早打算一个挽救目前僵局的计划。

　　说的(得)更具体一点,我们的方式应该是:"如果直接交涉可以有希望达到(1)取消满洲国,(2)恢复在东北之行政主权之目的,则我们应该毅然决然开始直接交涉。"此方式既定,可使有吉知之,亦可使全国人知之,可使世人知之。我六月间所谓政府应宣言愿意交涉,即此意也。……

(中华民国)廿一,九,十五

罗文幹致胡适

1932 年 9 月 19 日

适之老先生：

来示敬悉。你未病最好未有了。现在阔人，总是多病，所以成了病夫之国，因你是阔人，故我以为你是病了。在君病后出条子，想是"苦得来"，但不知到汉口献了甚(什)么锦囊妙计？你来函反复争论直接交涉问题，我以为此办法是对的，惜去年初出事时未办，现在日本正在得意时候，我们亦不必急急，总要在国际有些变化时候，或日满更倒霉，则交涉尚易开口，彼此尚有价可讲。目前我们最需要的，是不好将我们的气馁下去。国民的抵制、义勇军的捣乱、拿笔杆的口诛笔伐(外部在内)；最好拿枪杆的不要看命看得太重(但是最难)；有钱的拿钱接济义勇军；守土者总要学学做狗，贼来不咬一口，亦要吠两声；果能如此，坚持一、二(一二)年，不怕小鬼不来请我们交涉。可怜我现在说的是醉话，现在的人不要钱，不要命，是没有的事。国可亡，家可破，钱同命是舍不得的。以此种民族，焉有天天不受人侮辱呢？闲话少提，你几时来看看我？你须知我穷官僚，是不能供给你旅费、汽车的，故来看我的时(候)仍请自备川资。你来时最好到八面槽长盛酒家买四五十樽陈酒来送老朋友。等我天天发出无谓抗议宣言无聊的时候，老朋友亦可快活快活。我们老了，不期到了中年的时候做上一个亡国奴，真是可悲痛的事。

弟文幹复　一九三二年九月十九日

选自中国社会科学院近代史研究所中华民国史研究室：《胡适来往书信选》(中)，第495~496 页，社会科学文献出版社，2013 年版。

胡适致张学良（稿）[①]

1932 年 8 月 7 日

汉卿先生：

今早见报载精卫先生辞职的五电，又见先生的谈话，此事劈空而来，使我们向不与闻政治内幕者感觉如堕五里迷雾中,四顾不知方向。

精卫先生此举,颇失政体,自无可讳言。他应该命令先生尽力抵抗;或者竟下令免先生之职。但他自己先辞职,是很失大体的。况且昨日日本军部发表蛮横的宣言,以近日义勇军的活动完全归功于先生,当此时候,政府即不满意于先生,也不应该在此时发表劝先生辞职的通电。

精卫先生有此二失,颇使人失望。然为先生计,当此吃紧关头,一人的行止与大局甚有关系;稍一不慎,可以造成一个再分裂的局面。故我以朋友的私谊,很想为先生进一言,供先生的参考。

我的私意以为先生此时应该决心求去,以示无反抗中央之意,以免仇视先生者利用这个局面为攻击先生之具。难进易退,为大丈夫处世的风度;而在不得已时整军而退亦正是军人的本领。先生此时自不应"拂袖而去,而危及治安";然而如此撑持下去,恐舆论将疑先生为恋栈,恐世界将谓先生为反抗政府,而中国果然不成一个统一的国家。此真千钧一发之时,先生下半世的令名与功业均系于此时的一个决断。先生已宣示"个人身家性命,均早经置之度外"了;此时所顾虑者,内则治安的维持,外则东北与热河的抗敌工作之继续。此时先生若能决然声明下野,而一面将军事政治付托向日最可信任的人,并且声明这个态度完全是出于维护一个统一的国家的血诚——倘先生能出此上策,则国人与外人皆将原谅先生的苦心,并且钦敬先生的高风雅度。倘先生能以维护统一国家的意旨勉励所属将领、兵士及行政人员,并且声明情愿以在野之身襄助继任者维持华北的治安与对外的御侮工作,如此则此二点皆可不成问题了。

我承先生不弃,前月曾有令我贡献鄙见之言,当时因既有委员会的会议。②

(1932年8月7日)

注释:

① 汪精卫通电辞职为1932年8月6日,此信当写于8月7日。参阅《独立评论》第13号(1932年8月14日出版)胡适所著《汪精卫与张学良》一文。

② 原信写到此为止,未写完。

张学良致胡适

1932 年 8 月 11 日

适之仁兄大鉴：

　　于书敬悉，高论同愚见甚相符合，非素日爱良之深者，安能出此诚恳之言论。弟决不作仇者比现在更再快乐之事，重抄旧式军人之手段。弟愿同先生再进一步之淡，不过日来甚忙，想先生知之，拟于今晚或明日过贵宅一访，请先生切勿客气，勿来敝寓，因已嘱门房不引领客人，如兄来时，必受闭门羹也。此复，敬请

秋安

　　　　　　　　　　　　　　　弟学良顿首　一九三二年(八月)十一日

尊稿附送还。

选自中国社会科学院近代史研究所中华民国史研究室：《胡适来往书信选》(中)，第491~492 页，社会科学文献出版社，2013 年版。

郑螺生、方之桢等致胡适

1932 年 10 月 18 日

适之先生惠鉴：

　　昨读大著关于调查团报告书之批评，①有不能已于言者，谨举数端就正左右：

　　一、东三省解除武装问题：先生以为东三省有二十万兵不能守土，故赞成解除武装，此种因噎废食、因一人而概全体、因一时而概千万世之谬见，不图竟出于先生之口。先生当知东三省不抵抗出于所谓司令长官之命令，绝非全体将领士兵之公意。试观今日浴血苦战之马占山等，非犹是当日东三省之将领乎？无此仅存之武装，将无此仅有之抵抗，日本军阀不更振振有词，谓东省全体人民一致维护伪国乎？姑让百步，假定武装有害无益，亦须由我自动解除，不能受人强迫退出。譬如先生辞去中国公学校长，出于先生自动，孰得非议；先生若受外国强迫，先生尚得为自由人乎？应请反省者一。

二、东三省设立自治政府问题：先生对此建议表示满意，甚至称誉此种自治政府胜于今日之广东、四川，但先生亦曾思及此种自治政府如何产生乎？即由中日代表及在暴日支配下之东三省人民伪代表（东三省人民代表我政府虽得规定办法分别选出，但在暴日与伪国双重压迫中之人民，真能代表民意者孰敢应选，敢应选者只为媚日汉奸以口奴参加会议，表面上似有三表决权，实际上日得其二，我得其一，不待开会，胜败已决）合组之顾问会议产生，为问、粤政府曾由此种共管会议产生乎？产生以后须由中国政府宣言确认……此项宣言将被认为对于中国政府有国际协定之约束性质，中国政府不得缔结与宣言条款相违反之国际协定，为问广东、四川有此永远断送之约束乎？宣言之外，须由外国教练官协组特别宪警，该自治政府行政长官得指派相当数额之外国顾问，其中日人应占一重要比例，又须就国联行政院所提名单中指派国籍不同之外籍人员二名，监督警察及税收机关，掌有广泛之权限，并须就国际清理银行董事会提出名单中，指派一外围人为东三省中央银行总顾问，为问广东、四川有此出卖主权怪象乎？依调查团之提议，中央政府虽有管理海关、邮政、盐税及第一次任命东三省行政长官之权，而对于此类税款之分配及以后行政长官之产生，又须由顾问会议议定，顾问会议之日代表与伪代表联合，必不利于我方，所谓管理权固虚有其名，所谓任命权亦昙花一现耳，为问四川、广东与中央之携贰果若是其甚乎？先生对此种种危害回避不说，仅以曲笔轻轻遮过，对于以伪易伪之自治政府则大捧特捧，称为一种联邦式，为问美、德联邦有如此豁裂破碎，既隶本国，兼隶外国乎？应请反省者二。

三、关于日方利益之中日条约问题：调查团对于此项条约，目的认东三省经济上之开发，日本得自由参加，其权利之广泛，无异东省之主人。对于居住及租地权，有在东三省及热河之任何地方，日本人应予以居住权及领事裁判权之拟议，较二十一条件所要求之居住及租地权仅限于南满洲者十倍严酷。对于铁路纠纷有名为合并、实则赠与（予）之拟议。日、韩两国合邦，结果只有日而无韩。中日铁路合并，结果只有日而无我。推而至于任何方式之中日经济合作，亦必日为主而我为奴。凡此种种，祸害显著，先生何不指摘？

四、中日和解公断不侵犯及互助条约问题：调查团对于此项条约内容，主张缔约国之一方或第三者如对尤军备区域有任何侵犯，即成为一种侵略行为，其他一方——或遇第三者攻击时，则缔约双方——有采取其所认为适当之任何办法以防御无军备区域之权，依此主张，则东三省将由纯粹中国领土变为中日两国共管，与九国条约、国联盟约……大相违反，先生何不纠正？

五、中日商约问题：调查团不知日本侵略为抵制日货之因，拟由中国政府担认在其权力之内采取一切办法以禁止并遏抑有组织之抵制日货运动，而未附以日本对中国不得有任何侵略压迫之条件,不啻主张中国人无论受日如何侵迫,仍当认贼作父,欢迎仇(日)货,顾强权不顾公理,先生何不辩驳?应请反省者三。

更有进者:闻先生与溥仪交厚,溥仪被逐出宫,先生为鸣不平,此番维护调查团,并歌颂其所拟设立东三省自治政府等办法,意或别有用心,故竟为此曲说,甚至以小己冒多数,一则曰"我们不能不佩服……他们的公平的判断",再则曰"他们这七个月的辛勤工作是值得我们的感谢和敬礼的",是又螺生等不能不质问先生何以混用"我们"二字之理由也,幸先生有以自白。

郑螺生
方之桢　敬启　一九三二年十月十八日南京淮海路三益里一号
林有壬

注释:

① 1932年10月9日,胡适在《独立评论》第21号发表题为《一个代表世界公论的报告》的论文,对国际联盟调查团关于日本帝国主义侵略我国东北问题的报告书赞扬备至,认为值得"感谢和敬礼";对调查团所提出的"满洲自治"的主张,则说:"我看不出有什么可以反对的理由。"

选自中国社会科学院近代史研究所中华民国史研究室:《胡适来往书信选》,第497~499页,社会科学文献出版社,2013年版。

吴世昌致胡适

1935年11月18日

适之先生:

昨天读你的星期论文①,心里非常悲痛;今天又读《平津太晤时报》上载的华北独立运动消息,我的悲痛实在忍不住了。中国人民这几年过的是什么日子?这几天过的什么日子?我们回想起"九一八"事变初起的时候,国家的不可收拾还没有这样利害深刻。那时的时论,有的主张玉碎,有的主张瓦全,但是现在呢,纵甘破碎已非玉,便欲为瓦岂得全!试问我们在这悠悠的四年中,有没有作玉碎的准备,有没有求瓦全的方法?且不说在朝的国民党的糊涂蹒跚,即就在野士大夫的舆论而言,实在也把事情看得太容易,太多顾虑踌躇,乃至于太躲懒了!

记得事变初起的时候,政府是主张镇静,镇静,第三个镇静的!然而不解镇静的是青年,他们有热血,有悲愤,不懂世故,不顾死活,一次请愿,二次请愿,数千十来岁的学生,忍不住中年人所忍得住的耻辱,蚁聚在首都,要求政府抵抗,要求政府防御。当时政府的国策,士大夫的舆论,都一致主张镇静、隐忍、持重的,结果是"静"得子弹打过来连痛也不叫一声,"镇"得全国的青年快要都做"隐"士了。甚至把一些只有中年人才想得出来的恶毒的讽刺,掷到请愿的学生身上去。直到经过"一二八"之役以后,国策舆论才知道不抵抗的可耻,镇静隐忍之不能启发敌人的慈悲,然而已经来不及,送了三省,又赔(陪)嫁一个热河。接着是塘沽协定,多谢黄前委员长的香槟叫政府和人民又像"贵妃醉酒"一般伸个懒腰躺了下去!

现在,先生第一个觉悟,承认塘沽协定以后认为可以□□的观念是错误的,喊出"国土和主权应当防御,应当死守"的口号。然而这口号在"九一八"以后立刻就有无数青年悲凉地喊过的,但是当时他们人微言轻,除了国府二三等的文官照例的敷衍话以外,有谁理睬这悲凉的呼喊?不但不理睬,许多居于青年领袖的言论,还极力加以抨击,乃至不准这样呼喊!假使政府当时立刻从事国防,步步为垒,步步为守,何至于弄到今日这田地!

我说士大夫的舆论把事情看的(得)太容易,先生那篇《我们可以等候五十年》便是一个例子。为了这篇文章,多少天真的青年真的打算再等五十年,希望七十岁以后,再对儿孙写"王师北收(定)中原日,家祭无忘告乃翁"的遗嘱。但是今日此时,欲求再等五十天,岂可得乎?热河战事初起时,许多青年都到热河察绥去做宣传工作,丁文江先生写了一篇《抗日的效能》登在《独立评论》上,他说他对那些青年非常敬佩,但他不主张他们去那样干,因为民众自知爱国,无须学生去唤醒,他的证据是"一二八"之役上海的工人、老妈子都捐钱助战。但他竟没有想到上海一地每天有十五万份报纸,而热河察绥在那时走了一千五百里也找不到一个印刷局!事实呢?热河的人民还不知那时是光绪几年啦。(现在当然已经知道昭和几年了!)你们二位的一句话有多少分量,为了这样一句话,政府的考虑和青年的向背,对于国运,有多少关系!所谓一言兴邦,一言丧邦,假使真有其事,大概就是指这一类的事罢(吧)?

我默察近年一般知识分子的心理,大概都是"现状下苟安,思想上躲懒"。这是使我非常难受的。文化学术上比五四时代进步得多,思想上、节操上、民气上还不如五四时代。这是国民党所应负很大的责任的。可怜全国优秀的青年被杀的被杀,亡命的亡命,不被杀而不亡命的,还有一个"关",关了几年监狱,放出来也神经反常,壮志消沉了。剩下的青年,真是少得可怜,只要看各校的学生都组织不起来,受了这样严重国难,而对政治仍是一般的冷漠,便可知道这些杀剩的青年,变成这样的消沉,又是谁之过呢?可怜四年前刚有一点学生运动的火星,都叫今天一碗冷冰冰的"镇静",明天一碗冰冰(冷)冷的"隐忍",浇得气息全无。我对于这次华北的政变,关于某一些人的变节都不觉得可悲,学鲜卑语,习弹琵琶的,历史上多的是这类"识时务的豪杰";惟有在过去的四年中,既未做防御自卫的工作,又不曾唤起垂死的北地民众,以致促成这个局面,这是知识分子所应当痛切自责,百身莫赎的!

国民党执政以后,尤其是国难以后,一个最不可恕的过失,便是他们天天在嘴里念着的"唤起民众",绝对没有做。李朴生先生还说国民党是锦标队,举了许多政绩;我只要举一个反证,便可使他惭愧无地。我只请问:国民党组织民众、训练民众的能力,能比得上被他所痛剿毒咒的共"匪"的十分之一吗?

先生,就在当前,横亘着一个不可避免的命运:今日的黄河流域,便是明日长江流域的镜子。是不是在那个时候再听先生说一声"我当时的观察错了"?因为到那个时候,光是"守"是不够的,若光是"守",那只是把古北口的惨剧重新扮演一次;一定要把防线以内的民众组织起来,训练起来的。但是现在谁配说这句话?谁能干这个事?

先生,假使你不能否认五四运动的价值,请你考虑这问题;假使你没有消尽五四运动的勇气,请你肩起这问题。我今晚头痛,这信写得如此糟,不希望先生把它发表,只希望请先生回答我上面的问题。

一个青年吴世昌上　一九三五年(十一月十八日)

注释:

① 胡适于1935年11月17日在《大公报》发表题为《用统一的力量守卫国家》的星期论文,对日本帝国主义的进攻,强调"一个'守'字",反对抵抗,认为"没有自守自卫的能力,妄想打倒什么,抵抗什么,都是纸上的空谈,甚至于连屈伏(服)求和都不配"。

选自中国社会科学院近代史研究所中华民国史研究室:《胡适来往书信选》(中),第596~598页,社会科学文献出版社,2013年版。

胡适致吴世昌(稿)

1935年11月22日

世昌兄:

谢谢你的信。

但是你太错了。你说我的《我们可以等候五十年》一文是"把事情看的(得)太容易了"的一个例子。我的意思恰相反。我因为不肯"把事情看的(得)太容易",所以才如此说。只有一些真"把事情看的(得)太容易了"的人们,才在那个时候喊着打仗。

直到今日,我还不肯"把事情看的(得)太容易",所以才很郑重的(地)说一个"守"字。四年的准备也许还不够"守",但总比四年前或两年前有把握多了!国际的形势也比那时候好的(得)多了。但去"能守",还差的(得)远,因为"守"当然包括守势的"战"。

凡为国家设计,决不可"把事情看的(得)太容易"。至于你所说的"勇气",我可以回答说:在这几年中,主战的人并不需要什么勇气。只有不肯跟着群众乱喊作战的人,或者还需要一点道德上的勇气。

时髦话谁不会说?说逆耳之言,说群众不爱听的话,说负责任的话,那才需要道德上的勇气。

此信不是驳你,只是你要明白我自己的看法。

胡适　一九三五年十一月廿二日

选自中国社会科学院近代史研究所中华民国史研究室:《胡适来往书信选》(中),第598~599页,社会科学文献出版社,2013年版。

胡适告北平各大学同学书(稿)①

1935年12月(日期不明)

各位同学:

在十二月九日北平各校学生请愿游行之后,我们负有各大学生行政责任的人,曾联名发表告同学书,指出"诸位同学请愿及罢课的第一目标可以说是已经达到,希望诸位同学勿别生枝节,勿虚掷光阴,即日恢复学业"。不幸那篇告同学书发表之后,又自十六日北平各校学生大举游行的事,参加者数千人,受伤者总数约近百人。此等群众行动易发而难收,有抗议的功用而不是实际救国的方法。诸位同学都在求学时期,有了两次的抗议,尽(仅)够唤起民众,昭告天下了。实际报国之事,决非赤手空拳喊口号发传单所能收效。青年学生认清了报国目标,均宜努力训练自己成为有知识有能力的人才,以供国家的需要。若长此荒废学业,今日生一枝节,明日造一惨案,岂但于报国救国毫无裨益,简直是青年人自放弃其本身责任,自破坏国家将来之干城了!

所以我们很诚恳的(地)第二次提出劝告,希望诸位同学即日复课,勿再虚掷光阴。报国之事,任重而道远,青年人切不可为一时冲动所误而忽略了将来的准备。

(1935年12月)(日期不明)

注释:

① 此稿当拟于1935年12月16日以后,参阅《独立评论》第183号(1935年12月29日出版)胡适《再论学生运动》一文。

选自中国社会科学院近代史研究所中华民国史研究室:《胡适来往书信选》(中),第609~610页,社会科学文献出版社,2013年版。

胡适致李宗仁、罗文幹(电稿)

1936年6月9日

广州东山李德邻先转罗钧任先生鉴:南中消息使人怪诧难信。今日无论甚(什)么金字招牌,都不能减轻掀动内战、危害国家之大责任。三年前闽变起时,展堂、德邻、伯南诸公曾有"必将为亲者所痛,仇者所快"之谠论。今日之事何以异此?迫切陈词,伏望两公与伯南、健生诸公悬崖勒马,共挽危机,国家幸甚!胡适。

佳 (六月九日)
(1936年6月9日)

选自中国社会科学院近代史研究所中华民国史研究室:《胡适来往书信选》(中),第628~629页,社会科学文献出版社,2013年版。

罗文幹致胡适(电,抄件)

1936年6月13日

译转北平米粮库胡同胡适之兄鉴:来电悉。昔年长城之役,兄主停战休养,今已四(?)年矣,华北寇患日深,使当日一鼓作气,倭奴或稍畏惧,即战而败,亦可步比国、东非后尘,听候舆论主持公道,或有一日虽败犹荣。去年弟闻北方来者言,兄因寇患猖獗,亦已改谈抵抗,乃今日西南发难抗日,而兄反又谓不能减轻掀动内战、危害国家之责任,弟实未解。假使中央此时皆举兵北向而不南下,则有何内战之可言。今日东京路透传来川樾日使将压迫中央制止抗日举动,做成中日满合作,减轻关税,俾免运□,并强我承认日本在我国之特别利益,试问此种要求如何可以接受,如何可以商议?兄公忠谋国,必有以教我。而请缨拒敌,兄不假思索,即断为危害国家,此种圣人之言,弗未之前闻也。蒋先生素怀(?)闻圣人之言,望切实劝其领导抗日,以救国难而顺民情。咏霓兄处亦乞请其主持正论,以定大计。弟一生不偏不党,富贵贫贱皆尝过滋味,再无所图,但求一死报国。弟虽不才,亦非金字招牌所能利用也。兄望重一时,中外共仰,一言兴邦,一言丧邦,乞登高一呼,以正气号召天下。国家存亡,在此一举,望兄熟察之。弟罗文幹。元一九三六年[六月十三日]。印。

(1936年6月13日)

选自中国社会科学院近代史研究所中华民国史研究室:《胡适来往书信选》(中),第631~632页,社会科学文献出版社,2013年版。

胡适致苏雪林(稿)

1936年12月14日

雪林女士:

　　谢谢你十一(月)十八日的长信。我十二月一日到上海,十日回家,昨晚(十一)始得检出细读。

你自称疏懒,却有此豪兴,有此热诚,可佩之至。关于《独评》,你的过奖,真使我愧汗。我们在此狂潮之中,略尽心力,只如鹦鹉濡翼救山之焚,良心之谴责或可稍减,而救焚之事业实在不曾做到。我们(至少可说我个人)的希望是要鼓励国人说平实话,听平实话。这是一种根本治疗法,收效不能速,然而我们又不甘心做你说的"慷慨激昂、有光有热"的文字——也许是不会做——奈何!奈何!

此事当时时放在心上,当与一班朋友细细谈谈,也许能做到更积极一点。

关于左派控制新文化一点,我的看法稍与你不同。青年思想左倾,并不足忧虑。青年不左倾,谁当左倾?只要政府能维持社会秩序,左倾的思想文学并不足为害。青年作家的努力,也曾产生一些好文字。我们开路,而他们做工,这正可鼓舞我们中年人奋发向前。他们骂我,我毫不生气。

左倾是一事,反对政府另是一事。我觉得政府的组织若能继续增强,政府的力量若能继续加大,一部分人的反对也不足虑。我在北方所见,反对政府的势力实占极小数。其有作用者,虽有生花的笔舌,亦无能转变其分毫。其多数无作用者,久之自能觉悟。我们当注重使政府更健全,此釜底抽薪之法,不能全靠笔舌。

我总觉得你和别位忧时朋友都不免过于张大左派文学的势力。例如韬奋,他有什么势力!你说他"有群众数十万",未免被他们的广告品欺骗了。(《生活》当日极盛时,不过两万份,邵洵美如此说。)

"叛国"之徒,他们的大本事在于有组织。有组织则天天能起哄,哄的(得)满城风雨,象(像)煞有几十万群众似的。

不知为什么,我总不会着急。我总觉得这一班人成不了什么气候。他们用尽方法要挑怒我,我总是"老僧不见不闻",总不理他们。你看了我的一篇《西游记的第八十一难》没有(《论学近著》)?我对他们的态度不过如此。这个方法也有功效,因为是以逸待劳。我在一九三零年写《介绍我自己的思想》,其中有二三百字是骂唯物史观的辩证法的。我写到这一页,我心里暗笑,我知道这二三百字够他们骂几年了!果然,叶青等人为这一页文字忙了几年,我总不理他们。

今年美国大选时,共和党提出 Governor Landon(兰敦州长)来打 Roosevelt(罗斯福),有人说"You can't heat somebody with nobody"(你们不能拿小人物来打大人物)。我们对左派也可以说"You can't beat something with nothing"(你们不能拿没有东西来打有东西的)。只要我们有东西,不怕人家拿"没有东西"来打我们。

关于鲁迅,我看了你给蔡先生的信,我过南京时,有人说起你此信已寄给他了。

我很同情于你的愤慨,但我以为不必攻击其私人行为。鲁迅猎猎攻击我们,其实何损于我们一丝一毫?他已死了,我们尽可以撇开一切小节不谈,专讨论他的思想究竟有些什么,究竟经过几度变迁,究竟他信仰的是什么,否定的是些什么,有些什么是有价值的,有些什么是无价值的。如此批评,一定可以发生效果。余如你上蔡公书中所举"腰缠久已累累","病则谒日医,疗养则欲赴镰仓"……皆不值得我辈提及。至于书中所云"诚玷辱士林之衣冠败类,廿五史儒林传所无之奸恶小人"一类字句,未免太动火气(下半句尤不成活),此是旧文字的恶腔调,我们应该深戒。

凡论一人,总须持平。爱而知其恶,恶而知其美,方是持平。鲁迅自有他的长处。如他的早年文学作品,如他的小说史研究,皆是上等工作。通伯先生当日误信一个小人张凤举之言,说鲁迅之小说史是抄袭盐谷温的,就使鲁迅终身不忘此仇恨!现今盐谷温的文学史已由孙俍工译出了,其书是未见我和鲁迅之小说研究以前的作品,其考据部分浅陋可笑。说鲁迅抄盐谷温,真是万分的冤枉。盐谷一案,我们应该为鲁迅洗刷明白。最好是由通伯先生写一篇短文,此是"gentleman(绅士)的臭架子",值得摆的。如此立论,然后能使敌党俯首心服。

此段似是责备你,但出于敬爱之私,想能蒙原凉。

我回家已几日了,匆匆写此信,中间又因张学良叛国事,心绪很乱,时写时停,定多不贯串,请你莫见笑。

匆匆问好。

胡适 (中华民国)廿五,十二,十四

选自中国社会科学院近代史研究所中华民国史研究室:《胡适来往书信选》(中),第642~644页,社会科学文献出版社,2013年版。

陶行知致胡适

1937年10月16日

适之吾兄:

这次在华盛顿相见,很为高兴,只因时间不足,不能畅谈,最是遗憾。第二天朋友来谈,说及吾兄在卢沟桥事变之后曾提出和平方案,问到具体内容,彼也不知。我当时很想抽空亲来请教,可惜时间不许。昨天接到国内来信,说老兄在国防参议会里曾提出承认

"满洲伪国"的主张,是否谣传,尚希赐示。如果老兄真有这主张和方案,对美国当局交换意见时是否也拟提出?有人说您预备以三千万人之自由来换"和平",我不大相信(但也不大放心),所以特来请教。敬祝康健!

行知　(中华民国)二六,十,十六

选自中国社会科学院近代史研究所中华民国史研究室:《胡适来往书信选》(中),第664~665页,社会科学文献出版社,2013年版。

吴晗致胡适

1932年1月30日

适之先生:

有一个疑难问题,数月来亘亘于胸,未解决,盼望先生指示一个出路!

处在现今的时局中,党国领袖卖国,政府卖国,封疆大吏卖国,每日看报所能得到的是,最初:"镇静,镇静!"次之是:"政府有最后准备,下最大决心,请信任!信任!"现在是:"你们所要的都答应,只要不拆我们的台就感谢不尽,无条件的(地)屈服,屈服!"

翻开任何国任何朝代的史来看,找不出这样一个卑鄙无耻、丧心病狂的政府,也很难找到这样一个麻木不仁、浑浑噩噩的国民。

学生不应离开学校去作无聊的举动,如发传单、喊打倒之类,但是应否作个别行动,为自己争人格,为政府争光荣,这行动是否有意义?学生一无可杀人的枪械,二无可凭借的势位,三无可号召的群众,空口说"救国"是否有用?(现在平津一带连"救国"都无人提起了。)假如不,看着人家出卖你的父母兄弟,听着若干千万同胞的被屠宰的哭声,成天所见到的消息又只是"屈服"、"退让",假使自己还是个人,胸腔中还有一点热血在着的时候,这苦痛如何能忍受。

自杀是不负责任的卑鄙行为,但是假如自己是活人,又能比长眠人幸福多少?至少他们不致再受我们所受的苦痛。

过去四个月,无时无刻不被这种苦痛所蹂躏。最初的克制方法,是把自己深藏在图书馆中,但是一出了馆门,就仍被袭击。后来专写文章,冀图避免此项思虑,但是仍不成功……在就睡后仍陷于一种无可奈何的深思中,结果是成为照例的失眠。

最近在历史系开始工作,整理成、同、光三朝的京报,把它编一目录。起初几天,倒也感觉兴趣,可是后来渐渐有对外关系和军事种种记载的出现,不由的(地)把它和现在的一一比较,结果只是使你愤怒,扼腕,假使可能的时候,情愿时光倒流,至少那几个皇帝和大臣只是无能,短见,而决(绝)不是卖国,屈服!

为着要知道现状的进展,不得不每天看报,但是看报的结果,又只是使你气不得,笑不得。"不幸而为中国人",这一天便再也不能沉下气去做一点什么事了。

这苦痛不能向有党籍的人吐露,也不能告诉根本没有主张的人,生在过去备受先生的训诲指导,盼望此时先生也同样地予以解决的方法,并指示一条应走的路。敬颂
康健!

学生吴春晗上　(一九三二年)一月卅日

选自中国社会科学院近代史研究所中华民国史研究室:《胡适来往书信选》(中),第473~475页,社会科学文献出版社,2013年版。

胡适劝毛泽东痛下决心放弃武力电

1945年8月4日

润之先生:顷见报载,傅孟真转述兄问候胡适之语,感念旧好,不胜驰念。二十二晚与董必武兄长谈,适陈鄙见,以为中共领袖诸公,今日宜审察世界形势,爱惜中国前途,努力忘却过去,瞻望将来,痛下决心,放弃武力,准备为中国建立一个不靠武力的第二政党。公等若能有此决心,则国内十八年之纠纷一朝解决;而公等二十余年之努力,皆可不致因内战而完全消灭。美国开国之初,吉佛生十余年和平奋斗,其所创之民主党遂于第四届大选获得政权。英国工党五十年前仅得四万四千票,而和平奋斗之结果,今年得一千二百万票,成为绝大多数党。若能持之以耐心毅力,将来和平发展,前途未可限量。万万不可以小不忍而自致毁灭!以上为与董君谈话要点,今特陈达,用供考虑。胡适。三十四年八月四日。(原电见当时国内各报)

(中华)民国三十四年八月四日

选自秦孝仪等:《中华民国重要史料初编——对日抗战时期·第五编:中共活动真相(三)》,第373~374页,中国共产党中央委员会党史委员会出版,1985年版。

十二、从主和到叛变的汪精卫

汪精卫(1883~1944),名兆铭,字季新,浙江山阴(今绍兴)人,生于广东番禺,日本政法大学毕业。早年参加同盟会,曾任《民报》主编。1910年因参加暗杀清摄政王载沣被捕,辛亥革命后受袁世凯收买,参加组织国事共济会,拥袁窃国。袁死后,投奔孙中山。1925年在广州任国民政府常务委员会主席兼军事委员会主席。1927年在武汉发动"七·一五反革命政变",后任南京国民政府行政院长兼外交部部长。因对蒋介石独揽大权不满,1928年底和陈公博、顾孟余等在上海成立"中国国民党改组同志会",为国民党"改组派"首领。

汪精卫作为亲日派大地主大资产阶级的代表,降日反共、破坏抗战、出卖民族利益,是中国现代史上头号汉奸卖国贼。"九·一八事变"后,他主张对日妥协,推行不抵抗主义,并被爱国志士刺伤。"七·七事变"后,任国民党副总裁、国民参政会议长。他与亲日派分子周佛海等大肆散布抗战必亡的谬论,被称为"低调俱乐部"。汪精卫不仅直接参加了对蒋介石的劝降活动,而且频繁与日本勾结,进行降日活动。1938年12月,离开重庆潜逃河内,发表《艳电》公开投降日本。1939年底与日本签订卖国密约《日支新关系调整要纲》。1940年3月在南京成立伪国民政府,任主席,建立伪军与特务组织,残酷统治沦陷区人民,并配合日军对敌后抗日根据地进行封锁、清乡。1944年3月赴日治病,11月在名古屋病亡。

本专题的这组信函反映了汪精卫从主和到叛变投敌的轨迹以及全国各界人士愤怒声讨其卖国行径的正义呼声。

汉奸汪精卫

汪精卫复某先生电稿

1934年4月23日

马电敬悉。承示"战则同为牺牲,和则同受谴责",令人感奋。日本在国际社会,道德上已成孤立,而军事经济犹足以无道行之。我国道德上虽得同情,而军事经济无各国实际援助,则亦孤立而已。以孤立之中国,支孤立之日本,不能持久,已无待言。弟平日决心欲集吾党精锐,共同一拼,而让他人为李鸿章,如此则不力而战之苦衷将为人所谅,而量力而和之苦衷亦将为人所谅。惟一战而败,吾辈死固不足惜,恐平津失陷,华北亦随以沦亡,而土地丧失之后,收复无期,是不啻吾党亡而以平津华北为殉也。此亦深可动念者。如在最低限度内有方法保全平津及华北,弟亦将不顾一切而为之。但若要签名于承认傀儡政府及割让东三省、热河之条约,则弟以为宜俟吾党牺牲之后,届时弟必不独生。以程婴、公孙杵臼为例,亦可谓吾党为其易,使他人为其难,但亦可谓如此始成一段落也。未知我公以为何如?弟兆铭。漾 （一九三三年四月）［二十三日］。

（1934年4月23日）

选自中国社会科学院近代史研究所中华民国史研究室:《胡适来往书信选》(中),第550页,社会科学文献出版社,2013年版。

汪精卫致胡适

1933年11月22日

适之先生:

十一月二十日的信已经收到,感谢感谢。

我想不答复呢,实在不可;欲答复呢,实在不能,因为纸上不但说不完,而且也不好写在纸上。

简单一句话,外交不能为外交而办外交,要为军事财政全般情形而办外交。

先生有一句话最扼要:"世界大战如果在不久即爆发,我们应如何?大战如能展缓两三年,我们又应如何?"我现时的一切思想行动,全集中于此一点。

国名不便写在纸上,用甲、乙、丙、丁来代替,先生必然猜得到。

甲国和乙国打架之前,甲国必首先要求我国表示态度。我国帮他么,无此情理;不帮他么,立刻占领华北及海口。甲是预备陆军三百五十万人来打仗的,三百万对付乙国,五十万对付我国。要之,在乙未胜或未败以前,我国已经一败涂地。

以甲对乙,胜负未可知;以甲对乙、丙、丁,则乙、丙、丁之胜利是必然的,我们何惮作比利时呢?

但是我国的经济大势,百余年来,由北移南,通商以来,更移于沿海沿江。如今战争,是经济战争。以现在我国的军队,若无经济供给,留驻于沿海沿江吗?必然成为无数的傀儡政府;退入西北内地吗?必然成为无数的土匪。换句说话,绝不能做到比利时,因为没有他么纯粹简单。那么,即使乙、丙、丁幸而战胜,我国已成一团糟,除了化做苏维埃,便是瓜分或共管。

然则怎么样呢?要使我们在军事财政上做成比利时的资格,无论大战爆发之迟早,我们不可不努力做成。我的外交,便是求适应于此一点。

照现在情形,是不能做比利时的,上头已经说过;然现在及将来,不可不做到比利时,上头又已经说过。然则怎样好呢?诸葛武侯说得好:"鞠躬尽瘁,死而后已,成败利钝,非能逆料。"我们现在除了努力预备做比利时,更无第二条路,预备得一日是一日,预备得一件事(是)一件事。但是预备是要有时间和物力的,原谅也罢,不原谅也罢。

先生替我想出一个替人,我真是感激,但这人不能做我的替人。简单的(地)说罢,先生不是以华北停战为"不能不如此做"的么!但如果是这人,华北停战必然做不成;若要做成,一样的要如五月杪的呕(怄)气,硬做,越权,而至于不欢而散。

不止此也。五月间的事,本来可以做得好些,因为呕(怄)气,硬做,越权,所以草率了事,生吞活剥,格外做得不好。

先生,请你再替我想一个替人罢。

汪兆铭　(一九三三年)十一,廿二

选自中国社会科学院近代史研究所中华民国史研究室:《胡适来往书信选》(中),第556~557页,社会科学文献出版社,2013年版。

八路军新四军讨汪救国通电

1940年3月15日

重庆林主席、蒋委员长、国民政府各院部会、国民参政会、中央党部、中央社、新华日报、大公报、扫荡报、中央日报、青年新闻记者学会、反侵略大同盟、中苏文化协会、妇女慰劳会、各战区司令长官、各集团军总司令、各军师旅团长、各省政府、省党部、省参议会、省抗敌后援会、三民主义青年团省团部、全国各党派、各报馆、各民众团体及海外侨胞公鉴：

汪逆登场，全国震愤。伏读国民参政会通电及蒋委员长在参政会之演说，诛奸讨逆，大义凛然。德等率部深入敌后，为保卫祖国而战，已历三年，深知敌伪阴谋，在于分裂我内部团结，以求倾覆我国家，灭亡我民族，宰割我人民。近日以来，敌伪所至各地，竟敢高揭伪青天白日旗，遍设伪军伪党，号召和平反共。夫所谓和平即投降也，反共即灭华也，固已昭然若揭。然一部分丧心病狂之人，随声附和，亦复所在多有。欧战扩大，国际阴谋分子与敌伪沆瀣一气，企图建立东方所谓反共阵线，抗战危机，千钧一发。当此之时，国内少数不明大义之徒，或策动投降，或实行反共，而以反共为投降之准备步骤。盖反共之极，势必至于投降，而投降之前，尤必倡言反共，汪精卫之覆辙，其明证也。故居今日而言，抗战之危机，实不在敌伪之猖狂，而在我抗战阵线内部投降反共分子之存在。敌人近在中条山脉附近，设置无线电广播，倡言国共即将分裂，中国即将内战，呜呼！是何言欤！？夫敌之厚者我之薄，亲所痛者仇所快，德等转战疆场，不惜肝脑涂地，惟求全国继续团结，不中敌人奸计，消弭磨擦，反对内战，在我蒋委员长领导之下，合四万万五千万人之心为一心，坚持抗战局面，争取最后胜利。以我中华土地之大，人口之众，乘敌寇衰竭之时，遇欧战方酣之会，如能加紧团结而不自坏其长城，再接再厉而不自丧其勇气，则抗战未有不胜，建国未有不成者。德等不敏，誓率全军为祖国流最后一滴血，驱除敌伪，还我河山，虽赴汤蹈火所不敢辞。尚祈各界先进，全国同胞，群策群力，共救危亡，临电不胜屏营企（祈）祷之至！

国民革命军第十八集团军总司令朱德，副总司令彭德怀，新四军军长叶挺，副军长项英，率所属全体将士同叩。删。

（1940年3月15日）

选自中央档案馆：《中共中央文件选集》，第12册，第645～646页，中共中央党校出版社,1991 年版。

沈钧儒邹韬奋等申讨汪精卫叛国投敌的快邮代电

1939 年 1 月 2 日

国民政府军事委员会蒋委员长钧鉴：

汪兆铭背党叛国，通敌求和，违反国策，惑乱人心，固革命政党所不容，亦全国人民所共弃。顷读中央执行委员会常务委员会决议，永远开除其党籍，并撤除其一切职务，当机立断，义正词严，非特足以肃党纪，正观听，更可以安人心，振士气，破奸谋，固国本，威声所播，全国奋兴！抗战到底，原属全国拥护之国策，一年有半以来，赖将士用命，民众效力，内部团结，国际同情，最后胜利已操券而待。日寇势穷力蹙，爰有近卫荒谬声明，谋遂其以华制华之毒计，前经我委员长严词驳斥，敌人鬼蜮伎俩，已既揭发无遗，乃汪兆铭竟认贼作父，甘为敌伥。征诸过去汪氏所发表之言论，其对于内政外交主张，本已处处表现其妥协动摇之倾向。艳（29 日）电发表，贼子用心，始乃毕露。但我全国同仇敌忾之决心，绝不致受其影响，我政府领导抗战之威信更将因之增强，我全国人民除坚决拥护政府抗战国策、领袖革命主张及中常会锄奸决议外，更应以此事变为殷鉴，提高对于汉奸国贼之警觉。自兹以后，凡属言论行动表现妥协动摇倾向之份（分）子，均应随时揭发，严加制裁，以击破日寇之诡计，巩固革命之大业，在我最高领袖领导之下，努力迈进，完成抗战建国之大业。迫切陈词，伏希鉴察。沈钧儒、张申府、邹韬奋、胡愈之、史良、张仲实、沈志远、王炳南、沈兹九、曹孟君、柳湜、于毅夫、于炳然、艾寒松、毕云程、史枚、戴白桃、胡子婴、杨经才、徐仲敏叩。冬。

（1939 年 1 月 2 日）

选自（原载）《全民抗战》五日刊第 46 号,1939 年 1 月 5 日。

讨汪通电

1939年1月3日

吾人求尽国民卫国之天职，自始以纯洁之心理，坚决的态度，主张拥护政府、拥护领袖对敌抗战。对汪兆铭艳电曲解敌相近卫声明，主张接受，绝对反对。尤以其向中央提议之先，遽行向外宣传，一似有意破坏团结，大为诧异。惟愿吾全国同胞，认清利害，坚定意志，在领袖指导之下，同心戮力，不断地求进，增加抗战力量，争取最后胜利，谨此宣言。

黄炎培　张澜　梁漱溟　冷遹　江恒源

（1939年1月3日）

选自(原载)《新蜀报》，1939年1月4日。

十三、日军暴行与中国军队的人道主义

日本皇军是世界上最残酷、最野蛮、最虐杀成性的侵略军,较之杀害600万无辜犹太人的德国法西斯侵略军,只有过之而无不及。

侵华日军暴行之一是大规模地残杀中国俘虏和平民,其方式有枪杀、刺杀、活埋、砍头、火烧、冻死、饿死、溺死、电死、喂狗,甚至开膛挖心。其中,活埋就有"倒栽葱"、深沟立埋、埋身露首、掘坑互埋、掘坑自埋等。日军为了锻炼新兵刺杀的胆量,将俘虏捆绑起来,让新兵刺杀,名为"试胆教育"。战争期间,日军在占领区制造了种种惨案。1932年9月16日的"抚顺平顶山惨案",将全村百姓3000余人杀害。1937年农历八月八日,在山西天镇县制造了"八八惨案",杀害全镇平民2300余人。此外还有"朔县九二八血案"、冀东的"潘家峪惨案"……等等。日军在占领区还实施烧光、杀光、抢光的"三光政策",搞大并村的"集团部落",制造无人区,实施"治安强化运动",对我敌后根据地"扫荡、蚕食、清乡";在1942年5月1日开始的对冀中抗日根据地连续两个月的大扫荡中,被杀害的平民百姓达5万余人,许多家庭被一户一户杀绝。

日军暴行之二是对中国城乡实行大轰炸。从1937年8月"淞沪会战"爆发至1938年1月3日,不到半年时间内,日军飞机轰炸中国城乡2204次,投弹2.7万余枚,炸死1万余人,炸伤1.3万余人,炸毁房屋4.2万余间。战时首都重庆是日军轰炸的重点目标,从1938年2月至1944年12月的7年中,日机轰炸重庆,直接伤亡者共32829人,其中死16376人,伤16453人。在日军的"无差别"轰炸政策中,河北、山西、察哈尔、绥远、内蒙古、山东、河南、陕西、甘肃、青海、浙江、江苏、福建、安徽、湖北、湖南、江西、广东、广西、四川、云南、贵州、西康等省均遭到不同程度的轰炸。

日军暴行之三是对中国妇女实施性暴力。1937年11月日军占领苏州后,强奸妇女1320人,还把230余妇女驱赶到一个大宅院,供将校级军官集体奸淫。12月,日军占领扬州,仅19日一天,就强奸妇女350人。1937年12月13日,日军占领南京,强奸暴行达到顶点,仅12月16日夜至17日,至少1000名妇女被强奸。抗战期间,日军强征中国"慰安妇"达20万人之多,有的"慰安妇"一日之内被日军奸污37人次。性暴力之惨,旷古未闻。

日军暴行之四是强征中国劳工。14年抗战中,被强征的中国劳工超过1000万人之多,他们被迫在占领区或日本国内的工矿企业中进行非人的苦役。由于劳动时间过长,缺衣少食、疾病缠身,大批大批的劳工被折磨致死。据统计,14年中,仅在东北被虐待致死的劳工有200余万人。据战后日方统计,运往日本的4万名中国劳工中,约7000人死亡,伤残6778人。在国内的一些日据煤矿中,许多被折磨致死的劳工被扔到荒野山沟,形成的万人坑达100多个,死难同胞达100万以上。

  日军暴行之五是违反国际公约,实施化学战、细菌战。1938年8月22日,日波田支队第2联队第3大队,在湖北的赤湖北侧,发射毒气筒420只,然后将200余被毒气伤害的中国军人用刺刀刺死。在1940年的八路军"百团大战"中,日军施放毒气,致八路军官兵2万余人中毒。臭名昭著的日本"731部队"是实施细菌战的罪魁祸首,他们生产霍乱、伤寒、鼠疫、炭疽、白喉、痢疾等细菌,来残害中国军民。1941年夏,"731部队"在湖南常德投放50公斤鼠疫菌跳蚤,导致四五百人死亡;以后又多次向常德投放鼠疫杆菌,致常德鼠疫流行,死亡7600余人。更令人发指的是"731部队"实施血淋淋的"活体解剖",许多中外战俘、平民成了他们的实验品,死在他们的解剖刀下。

  日本侵略军在人类文明史上留下了最黑暗、最丑恶、最惨无人道的一页。

  下面,我们选辑《拉贝日记》中关于拉贝申请成立南京国际安全区以及他向日本当局抗议日军暴行的部分信函,以使读者目睹日军在南京的暴行之一二。另外,我们还选辑了部分中国军队实施人道主义、国际主义的信函、照片,以彰显中国军人的伟大人格和高尚人性。

《拉贝日记》封面

1937年12月《东京日日新闻》对两个日军尉官向井敏明和野田毅在南京开展杀百人比赛的报道。

日军入侵上海,大批难民从虹口、闸北地区逃入租界。

日军在南京砍杀中国人。

衡阳市繁华区中山北路被日机炸后的断垣残壁。

日军随意残杀中国民众和被俘士兵。

被日军杀死的苏州儿童。

拉贝致希特勒与克里伯尔

1937 年 11 月 25 日

上海德国总领事馆转国社党中国分部负责人拉曼先生：

我恳请您代为转发以下电报。

第一封，

致元首：

国社党南京地区小组组长、本市国际委员会主席请求元首阁下劝说日本政府同意为平民建立一个中立区，否则 20 多万人的生命将会受到即将爆发的南京争夺战的危及。

谨致德意志的问候！

拉贝
西门子驻南京代表

第二封，

致总领事克里伯尔：

恳请您支持我今天请求元首劝说日本政府同意为平民建立一个中立区，否则在即将爆发的南京战斗中，可怕的血腥屠杀将不可避免。

希特勒万岁！

拉贝
西门子代表
南京国际委员会主席

如有必要，将由我来支付电报费。请西门子洋行（中国上海）从我账上预支。

拉贝
（1937 年 11 月 25 日）

选自［德］埃尔文·维克特：《拉贝日记》，第 71~72 页，周娅、谭蕾译，新世界出版社，2009 年版。

唐生智① 致拉贝

1937年12月3日

致约翰·H.D.拉贝先生
南京安全区国际委员会主席
尊敬的先生：

　　尊函已收到。我获悉贵委员会本着仁爱的精神，为了保护平民百姓，计划在南京成立难民区。作为负责城防的司令官，您请求我承诺从区内撤出所有的军事设施和指挥所（包括交通指挥所），禁止军事人员在区域内居住或进入该区域。鉴于在上海已有设立这类区域的先例，考虑到这样一个区域能拯救许多穷苦人的生命并减轻他们的苦痛，我原则上完全赞同成立这样一个区域。

　　我可以保证满足您的愿望，但同时我又必须指出实际执行所面临的困难。事情总有轻重缓急，因此有些事情必须予以考虑。

　　关于从安全区撤出所有军事组织和交通设施一事，我已经下达命令，根据您的愿望执行。我会尽快敦促军事人员不得在区域内居住或穿越该区域。总而言之，我会在我的权限范围内满足您的愿望，作为卫戍司令，我钦佩贵委员会的工作并愿意竭诚与您合作。

　　希望您的努力能有成效。

　　谨致问候！

您忠实的
签名：唐生智
南京战区卫戍司令
（1937年12月3日）

注释：
① 唐生智当时为南京卫戍区司令长官。

选自[德]埃尔文·维克特：《拉贝日记》，第93页，周娅、谭蕾译，新世界出版社，2009年版。

拉贝致唐生智

1937 年 12 月 6 日

南京战区卫戍司令

南京

尊敬的唐将军：

　　昨天您和委员会主席及代表进行了十分友好的交谈，对于您对委员会工作的首肯以及在帮助南京难民和平民方面所给予的支持，委员会在此表示衷心的感谢。

　　委员会特别要感谢的是您就安全区事宜所给予的详细的保证：1. 在安全区域内不设立新的军事设施、战壕或其他掩体，同时也不得在区内留有火炮；2. 在安全区域作（做）出明确标记后，下令禁止所有军事人员进入安全区；3. 所有属于军事指挥所或其他部门的军事人员必须逐步撤出安全区。

　　对于您提出的为安全区作（做）出明确标记的建议，委员会将立即执行，以便于中方军事人员执行您的命令。

　　委员会和受您指挥的警察局长方先生商定，张贴致中国军人的通告，向他们简要地介绍安全区的性质和作用，以便他们能理解禁止他们进入安全区的理由。

　　委员会关切地并充满理解地注意到了您的表态，即：委员会的愿望具体实施起来会面临很大的困难。对此委员会要指出，接待大规模难民也有一定的困难。他们寻求得到保护，但是只要安全区内布置有军事设施和军事人员，这种保护就不能得到。

　　委员会不否认您说法的正确性，即：短时间内从安全区撤出武装军事人员比较困难。但另一方面请允许委员会冒昧地指出，由于通讯联系的难度越来越大，总有一天，当等到最后一分钟才开始从区内撤出全部军事设施时，几乎就不会再有机会通知日本人安全区开始启用了。而在这一段时间内日本人会轰炸区内的难民，并指责中国军方因滞留在所谓的安全区而必须对此负责。

　　为此，委员会希望您继续努力，尽快从安全区内撤出所有部队。委员会已经发表了一项声明，表达了对您所作承诺的充分信任。

　　最后，委员会在此对您充满同情地顾及到平民百姓的利益表示感谢，请求能继续得到您的友好合作以及您关于安全区各项努力的建议。要知道，安全区维系着许多中国人的命运。

此致崇高的敬意!

签名:约翰·拉贝

(1937年12月6日)

选自[德]埃尔文·维克特:《拉贝日记》,第96~97页,周娅、谭蕾译,新世界出版社,2009年版。

拉贝致日本当局

1937年12月6日

1937年12月6日致日本当局电:

1. 国际委员会已获悉日本当局的答复,委员会对内容已作了记录。中国当局目前正在减少区内的军事设施的数量并从区内撤出军事人员。委员会已经开始用旗子标记出区域的界线,旗子的图案是白底红圈红十字(红圈象征安全区)。在安全区转角处的地上或建筑物的房顶上水平悬挂画有上述标记的大横幅。

2. 安全区内剩余的中国军事人员正在逐步撤离,数以万计涌进区内的难民和其他平民正遭受着困难,鉴于以上情况,委员会希望日本军队在安全区筹备期间以及设立后不要轰炸该区,也不要对该区域发动任何形式的进攻。国际委员会将努力尽快完成赋予其的工作。

3. 国际委员会获悉,日本当局在答复电第5段中作(做)出了承诺,我们对此表示感谢。日方承诺内容如下:可以把下列情况看成是一种表态,日本军队无意对未被中国军队使用的地点或不存在军事设施或没有部署中国军队的区域发动进攻。

4. 国际委员会在此通知日本当局,共有15~20名外籍人员志愿管理安全区。

继续留守在城市内的外籍成员表明,他们认为中国以及日本当局在安全区方面所作(做)的保证是诚实并且可信的,此外这还表明,委员会将坚定地负责将所有有关安全区的规定实施到底。

签名:约翰·拉贝

国际委员会主席

南京宁海路

1937年12月6日

选自[德]埃尔文·维克特：《拉贝日记》，第96页，周娅、谭蕾译，新世界出版社，2009年版。

拉贝致日本大使馆参赞福田德康

1937年12月16日

致福田德康先生

日本大使馆参赞

南京

尊敬的福田先生：

  昨天在交通银行的会晤中，我们已经向少佐先生反复强调过，应当想方设法尽快恢复城市的正常生活，这是非常必要的。

  难民的恐慌情绪因日本士兵在安全区的暴行加剧了不少，许多难民甚至到了不敢离开他们所待的房子去旁边的粥厂领取每日的定量米饭的地步，因此我们现在面临着向收容所运送米饭的任务，我们向大众提供粮食方面工作的难度因此大大增加了，我们甚至找不到足够的脚力把米和煤运送到粥厂。造成今天早上数千名难民没有得到食物。为了让中国的平民都能得到食品，国际委员会中的几个外国委员想尽一切办法避开了日军巡逻队，把卡车开到了安全区。昨天，日本士兵把我们委员会好几个委员的私人汽车拖走了。

  现随函附上日军在安全区的各种暴行。

  目前这种人心惶惶的局面如果结束不了，任何正常的活动都不可能进行，例如，不可能找到劳工去修复电话局、水厂、电厂和各种商家店铺，甚至连清扫街道的人都找不到。

  为了改善现在的局势，国际委员会冒昧地向日本皇军建议，立即采取以下预防措施：

  1. 所有搜家活动由贵军军官指挥，率领正规的小分队进行（因为制造麻烦的大多是四处游荡的士兵，他们3~7人一伙，没有军官带队）。

  2. 最好在白天和夜里，在安全区的所有通道口都安排日军岗哨（这项建议，昨天我们已经向贵军的少佐先生提过），阻止四处游荡的日军士兵进入安全区。

  3. 立即发放汽车通行证，并贴在汽车挡风玻璃上，以免日军士兵扣留我们的卡车和私人汽车（即使在城市保卫战的最艰苦的时期，中方司令部还是向我们提供了通行证，虽然此前已有车辆被扣，但在递交了申诉后，在24小时内所有车辆都物归原主了。此外，虽然中国军队的处境十分艰难，但还是提供给我们3辆卡车为平民百姓运送粮米。与他们相比,日本皇军具有更好的装备,并且已经控制了全城,城内的战斗也已经全部停止,因此我们坚信,在当前中国平民百姓最需要得到日军关心和保护的情况下,日军会表现出更高的姿态)。

日军最高指挥官于昨天抵达南京,我们原以为市内的秩序和安宁会因此而得到恢复,所以昨天我们没有提出任何指控。结果昨天夜里的情况比前天还要糟糕,促使我们决定向日本皇军指出,这种状况不能再持续下去了。我们相信,日军最高指挥官对日军士兵的暴行是不会坐视不管的。

谨致崇高的敬意!

签名:约翰·拉贝

主席

签名:刘易斯·S.C.斯迈思

秘书

(1937年12月16日)

选自[德]埃尔文·维克特:《拉贝日记》,第126~127页,周娅、谭蕾译,新世界出版社,2009年版。

1937年12月16日拉贝致日本大使馆参赞福田德康信件的附件[①](日本士兵在南京安全区的暴行)

1937年12月16日

(在给你们的所有报告中,我们在此仅举几起,均是已经仔细核实过的事件。)

1) 12月15日,安全区卫生委员会第二区的6名街道清扫工在他们位于鼓楼的住所里被闯进的日本士兵杀害,还有一名清扫工被刺刀严重刺伤,日本士兵任何明显的理由都没有! 这些人是我们安全区的雇员。

2) 12月15日下午4点,在金陵女子文理学院门口附近,日本士兵抢走了一辆载有大米的卡车。

3) 12月14日晚上,安全区第二区的全体居住人员被赶出房子,然后被洗劫一空。第二区区长本人也被日本人抢劫过两次。

4）12月15日夜晚,7个日本士兵闯进金陵大学图书馆大楼,拖走7名中国妇女,其中当场强奸了三名妇女。

5）12月14日晚上,我们听到许多人诉说,日本士兵闯进中国居民的房子,强奸或强行拖走妇女。安全区内由此产生了极大的恐慌。昨天数百名妇女搬进了金陵女子文理学院的几栋建筑物,我们委员会的3名美国先生整夜守候在学院,以保护那里的3000名妇女和儿童。

6）12月14日,没有军官带队的30名日本士兵搜查了大学医院和女护士的寝室,医院的职员们遭到了有组织的抢劫。被偷走的物品有:180元现钞、6枝自来水笔、4块表、2卷医院的绷带、2只手电筒、2双手套和1件毛线衣。

7）12月15日,不论是收容所、公共场所,还是大学建筑物内,从各个方面都传来报告,日本士兵在各个地方强行闯入,多次抢劫中国难民。

8）12月15日,美国大使馆遭破门盗窃,若干小物件丢失。

9）12月15日,日本士兵翻越金陵女子文理学院的后墙,砸开一扇门,闯入了学院的医学系。因为该系在12月13日就已经把可移动的物品全部转移了,所以没有东西被窃。

10）12月14日中午,日本士兵闯入钢银巷的一所房屋,强行拖走4名姑娘,并且强奸了她们,2小时后将她们放了回来。

11）12月15日下午我们在宁海路的米铺遭到了日本士兵的搜查,他们买走3袋米（3.75担）,只支付了5元钱。米市的现行价是每担9元,所以,日本军队欠国际委员会28.75元。

12）12月14日晚上,11名日本士兵闯入钢银巷的另一所房屋,强奸了4名中国妇女。

13）12月14日,日本士兵竟然闯进美国女传教士格雷斯·鲍尔小姐的住所,抢走一双皮手套,喝掉了桌子上的所有牛奶,还用手把糖罐里的糖全部掏空。

14）12月15日,日本士兵闯入美国医生R.F.布雷迪的车库（双龙巷1号）,打破福特汽车的一块玻璃窗,还带来1名机械师,试图发动汽车把车开走。

15）12月15日,日本士兵闯进汉口路的一个中国居民家,强奸了一名年轻妇女,并强行拖走了3名妇女。其中2名妇女的丈夫跟在日本士兵的后面追赶,结果被这些日本士兵枪杀。

如上所述,我们委员会的外国成员对以上事件都已经进行了核实。

签字:刘易斯·S.C.斯迈思

秘书

（1937年12月16日）

注释：
① 日军于1937年12月13日占领南京城，从拉贝的12月16日日记以及同日由刘易斯S.C.斯迈思签名的日军暴行附件中，即可看出日军杀害俘虏和平民、强奸妇女的暴行就已大规模开始了。

选自[德]埃尔文·维克特：《拉贝日记》，第128～129页，周娅、谭蕾译，新世界出版社，2009年版。

拉贝致蒋介石

1937年12月10日

1937年12月10日电报
致最高统帅蒋介石：

  国际委员会在此诚挚地恳请将此消息转达给蒋介石将军：卫戍司令唐生智将军出于人道主义的考虑支持停火建议。但唐生智将军必须奉命保卫城市，因此关于中国军队撤退的事宜须交最高统帅决定。南京成千上万的平民百姓由于军事行动流离失所，还有20万人的生命正处于危险之中。在这紧要关头，国际委员会再次冒昧地重申自己的建议，望迅即接纳此项建议。①

签名：拉贝
主席
（1937年12月10日）

注释：
① 蒋介石对在南京停火的建议表示拒绝。

选自[德]埃尔文·维克特：《拉贝日记》，第111页，周娅、谭蕾译，新世界出版社，2009年版。

拉贝致日本大使馆二秘福井喜代志

1937年12月18日

致福井喜代志先生 　　　　　　　　　　　　　　南京安全区国际委员会
日本帝国大使馆二等秘书 　　　　　　　　　　　　　　　　　　南京宁海路
南京 　　　　　　　　　　　　　　　　　　　　　　1937年12月18日

尊敬的福井先生：

非常遗憾，我们不得不再次打扰您。因为我们非常关心20万平民的疾苦和忧患，为此我们请求日本军事当局立即采取切实有力的干预，制止四处游荡的日军士兵在安全区的暴行。

各方纷纷给我们送来日军暴行的报告，而我们没有时间也没有场地将这些暴行事件一一记录在案。

昨天有1000名妇女因在家遭到奸污或家中遭到抢劫而逃到金陵大学。为了保护这些妇女，贝茨博士昨天晚上回到了在金陵大学的寝室，准备在那里过夜，但是不论在他自己睡觉的地方还是在大学图书馆，他都没有看见一个宪兵岗哨。

晚上8点，菲奇、斯迈思博士和米尔斯3位先生来到金陵女子文理学院，准备在大门边的一间屋子里支床过夜（为了保护这里的3000名妇女和儿童，自12月14日以来，我们中的一些人一直是这样过夜的。人们由于害怕，纷纷逃到这里，这里的人数昨天增加到了4000人），他们遭到了日军搜家小分队的粗暴扣留，被拘禁了大约有1个多小时。

小分队的军官命令金陵女子文理学院的两位女负责人明妮·沃特林小姐和陈女士以及她们的女友特维内姆夫人走出大门，在寒风中日军士兵对她们推推揉揉（搡搡）。日本军官坚持认为，校内有中国士兵，一定要把他搜出来执行枪决。最终他们还是放菲奇等3人回了家，但同时又不允许米尔斯留下，所以后来事情怎么发展我们就无从得知了。

综上所述，结合12月16日司法部抓人事件（即使是乐观的报告，被抓的人中至少也有数百名平民，见"特别备忘录"），我们坚信，如果不立即采取必要的制止措施，安全区全体平民的生命都将受到严重威胁，因为搜家小分队军官的情绪直接决定着他们的生死。

由于极度恐惧，成千上万的妇女纷纷跑到我们的美国学校寻求保护，这样男人们就越来越孤独。（如：截至12月15日，小桃园的原语言学校共安置有600人，12月15日夜间发生了多起强奸事件后，400名妇女和儿童便逃到了金陵女子文理学院，结果那里只留下了200名男子。)这些公共校舍原来计划安置3.5万人,但是由于妇女们的恐惧,人数一下增加到了5万人。就这还不包括从司法部和最高法院撤出来的所有男人。

如果目前的恐怖局面一直持续下去,不仅我们所能提供的住房会成问题,就连供应粮食和招募工人也将变得越发艰难起来。今天早上贵方代表菊池先生来到我们办公室,了解发电厂工人的招募情况。我们只能告诉他,连我们自己的工人都不敢出去干活。我们委员会的欧洲成员不得不自己当卡车司机,为各个收容所运送粮食和燃煤。粮食委员会委员在过去的两天中都不敢走出自己的家门。就在昨天晚上日军士兵在住房委员会的一位先生家里(汉口路23号)强奸了他家的两位妇女,更让人气愤的是,日军士兵竟然强迫他在旁边站着看。粮食委员会副主任(外国人)索恩先生(神学教授)保护着收容在金陵神学院的2500名中国人,但他又不得不自己开卡车去运粮食。只要他出去,中国人就没有人保护了。就在昨天,而且是在大白天,在大庭广众之下,日军士兵在神学院一个挤满难民(妇女、儿童和男人)的大厅里强奸了多名妇女。我们外国人不可能既要养活20万中国平民,又要不分白天黑夜地为他们提供保护。这是日本当局的任务。如果贵方能为他们提供必要的保护,我们是能够保证粮食方面的供应的!

日军军官在安全区执行搜查任务时,好像一直有一个想法在左右着他们的情绪,那就是他们认为安全区里到处都是穿着便服的中国士兵。我们曾向贵方说明过,安全区里是有过中国士兵,但是他们已经在12月13日下午放下武器,然后才进入安全区寻求保护的。

所以今天我们可以向贵方保证,安全区内已经没有解除武装的中国士兵了,贵方的搜家小分队已经将他们全部清理了出去,但让人遗憾的是同时遭到清理的还有许多中国平民。

考虑到各方的有关利益,我们向贵方提出以下经过深思熟虑的建议:

一、约束士兵

1. 我们再次重申昨天的请求,派出宪兵部队,昼夜在安全区巡逻。

2. 在12月16日的信函中,我们请求贵方在安全区的各通道口设置岗哨,阻止四处游荡的日本士兵进入安全区,岗哨至今未设。不过我们仍然请求,日军能想方设法,阻止士兵抢劫、强奸和屠杀中国平民。建议命令士兵夜间不得出营。

3. 我们再次请求贵方,在贵军恢复安宁和秩序之前,在18个较大的收容所的入口处设置岗哨。而且必须严格命令岗哨,全面履行职责,禁止士兵爬墙进入收容所(随函附上收容所清单)。

4. 另外我们再次请求,在各收容所张贴日语布告,便于日军士兵了解收容所的性质,禁止他们进入收容所骚扰可怜的难民。

二、搜家

1. 日本搜家小分队的军官们显然并不了解收容所的性质和作用,因此建议贵军派一名高级军官在收容所所长的陪同下,逐一视察全部18个收容所,在白天视察并了解收容所的内部情况。

2. 我们都十分清楚,目前在安全区已经没有解除武装的中国士兵了,也不存在任何狙击手。但是日军现在仍然在不断搜查收容所和私人住宅,而且这种搜查一直伴有抢劫和强奸行为。所以我们认为,日军以前打算阻止中国士兵躲藏在安全区的计划,由宪兵巡逻队来执行。

3. 我们之所以冒昧地提出以上建议,是因为我们坚信,只要平民百姓过上两三天太平的日子,他们就能在安全区内开始正常的生活,食品和取暖物资也就可以得到运输,商家店铺也可以重新开张营业,工人们也就敢出去找活干,他们可以帮助恢复对民生至关重要的企业,如发电厂、自来水厂和电话局等。

三、关于被抓走的我方警察

我们已于昨天向贵方指出,贵军从司法部抓走了50名着装的警察和45名"志愿警察"。在此我们还要指出,我方又有40名派驻在最高法院建筑物内的着装警察被抓走。一名日军军官对他们提出的指控是,说他们在搜查之后又将中国士兵放进了司法部建筑物,因此必须枪毙他们。

所附的"司法部事件备忘录"说得很明白,对那些被日军士兵驱赶离家的中国平民(男女皆有),由委员会的外国委员负责将其中的一部分安置在司法部的建筑物里。

伍长德是南京警察部队的一名警员,被派在总部工作。在1937年12月16日,他被日军以是中国士兵的理由抓走了。被带到了首都剧场对面的空地上。日本兵让他在那儿站了几个小时,在此期间,又有1000多个中国人被赶到了那里。随后,他们被带到了汉西门,日本人命令他们蹲在地上。他们被强行分为七八十人不等的几个组,押至城外,用机枪处决。幸好,伍被分在最后一组,这个时候天色已晚,机枪扫射时,他没有受伤,便随即倒地装死。然后,日本兵开始收集引火之物,准备将尸体烧毁。一些日本兵用锄头把柴火堆在一起。一名日本兵走到伍的身边的时候,发现他还在呼吸,就用锄头猛击其背部,还把柴火堆在他的旁边。日本兵在柴火点燃之后就撤走了。伍在被烧着之前,成功地从柴火堆中逃了出来。他极有可能在城外躲了10天之久,直至第三次他装扮成一个乞丐才回到城里。这幅画面拍摄于1938年2月15日,这个时候,他的伤口基本上愈合了。

此外我们昨天还请求,把原中国政府分配给我们安全区的450名着装警察交给即将组建的由日本领导的警察部队。同时我们还希望,把前面提到的90名着装警察也编入这支警察部队。关于另外45名"志愿警察",我们希望能将他们送回我们总部,或者通告我方,已将他们安置在何处工作。对这450名分配给我们安全区的着装警察,我们列有一个花名册。如果需要,该名册可以提供给贵方。

我们真诚的(地)希望,贵方能友好地采纳我们的建议。在此我们向贵方保证,为了南京平民百姓的利益,我们愿意和贵方进行合作。

谨致崇高的敬意!

签名:约翰·H.D.拉贝

主席

(1937年12月18日)

选自[德]埃尔文·维克特:《拉贝日记》,第137~140页,周娅、谭蕾译,新世界出版社,2009年版。

M.S.贝茨[①]写给日本大使馆的信

1937年12月18日

致日本大使馆　　　　　　　　　　　　　　　　　　　　　　　　　　　南京
南京　　　　　　　　　　　　　　　　　　　　　　　　　　　　　　　12月18日

由于贵军士兵持续不断的抢劫、暴力和强奸行为,整个城市笼罩在惊恐和悲惨的气氛中。1.7万多人,其中有很多是妇女和儿童,逃到我们的建筑物里来寻求保护。现在越来越多的人正在涌进安全区,因为外面的情况比我们这里还要糟糕。下面我列举一些在过去的24小时中在我们的建筑物中发生的暴行,就是这些暴行还不算是最严重的。

1. 大学附中,干河沿:

一个受到惊吓的孩子被军用刺刀刺死,另一个被刺成重伤,即将死去。8名妇女被强奸。就连我们好几个试图帮助这些可怜的人并向他们提供食物的雇员,也遭到了日本士兵的无端殴打。不管白天还是夜晚都有贵军的士兵爬过围墙。许多中国人都已经3天睡不着觉了,他们的身心受到严重的损害,变得有些歇斯底里。如果有朝一日这种恐惧和绝望变成对贵军士兵强奸妇女行径的抵抗,那将会发生毁灭性的大屠杀,对此贵当局要承担责任。贵军士兵把美国国旗以污辱的方式撕扯下来。

2. 蚕厂,金银街:

有两名妇女被强奸。

3. 农具仓库,胡家菜园11号:

有两名妇女被强奸。

4. 系所在地,汉口路11号:

我们委员会的人员在此居住,有两名妇女被强奸。

5. 系所在地,汉口路23号:

我们委员会的美国委员在此居住,有一名妇女被强奸。

6. 农艺系,小桃园:

这座建筑物曾经多次遭到日本人的恶意骚扰,所以所有的妇女都逃走了。今天早上我去那里察看时,6个日本士兵站在我的对面。尽管我用极为客气的方式询问他们是否遇到了什么麻烦,其中的一个日本兵仍然始终用手指扣着扳机,并多次用手枪对着我。

就是以上未经修饰的事实还没有提到那些白天被四处游荡的日本兵骚扰多达10次、夜间被骚扰多达6次的可怜人们的困难。这些日本兵出来要么是为了找女人,要么是为了抢劫,这些情况说明立即实施管制非常必要。

贵方的一些代表声称,昨天夜里已经在所有这些建筑物的大门口,以及其他一些安置了大批难民的地方,都布置了军警岗哨。而我们却连一个岗哨都没有看见。因为日本士兵到处都在翻墙越院,所以仅靠几个岗哨是起不了什么作用的,除非在日本士兵内部普遍恢复纪律和秩序。

如果贵军士兵的行为不能得到重新控制,那么设立在原何应钦公馆的日本秋山旅团司令部就会对周围居住的人构成极大的威胁。如果贵方的将军们能关心一下这些事情,这个地方也许能变成一个能提供特别保护的地区。

不仅仅是这里,在整个城市,居民们的食品和现金财物都已经被日本士兵洗劫一空了,这些人已经被逼到了绝望的境地。除此以外还有更多的人,他们的衣物和被褥也被日本士兵劫走,这些人因为寒冷也已经患上了疾病。

贵当局到底打算如何来解决这些问题呢?

在城市的每一条街道上都是饱含着眼泪悲痛欲绝的市民,他们抱怨说,只要日本士兵一露面,就没有一个人,没有一栋房子会安全。这种做法想必不会是贵政府的原意吧?南京的居民希望日本人能给予较好的待遇!

贵方如果有机会,我建议,能和我一起去查访一些地区,就是贵方院墙之下发生的一个个恐怖事件给这些地区带来了深重的灾难。

就在写这封信的时候,7个来我们这里检查的日本士兵打断了我,我必须和他们打交道。以为所谓检查,其实就是看看有没有女人能让他们晚上拖出去强奸。

我夜里就睡在这栋楼里,而且我还将继续在此过夜,希望这样能给这里无依无靠的妇女和儿童多少带来一些好处,能给他们提供一些力所能及的微薄的帮助。

我和我的朋友们(欧洲人和美国人)在进行人道主义工作的时候,曾经多次遭到贵军士兵的威胁。如果在此期间我们被酗酒或失去纪律约束的贵军士兵杀害或伤害,那么谁应当对此承担责任,我想是没有任何异议的。

我一再努力想本着友好和谅解的精神来书写这封信,但是却没有办法掩盖字里行间所反映出来的自贵军5天前进城以来我们所经历的绝望和悲痛。

只有贵方迅速采取行动才能整治目前的局面!

您忠实的

签名:M.S.贝茨

金陵大学救济委员会主席

(1937年12月18日)

注释:

① 贝茨,美国人,博士,南京安全区国际委员会成员。

选自[德]埃尔文·维克特:《拉贝日记》,第143~145页,周娅、谭蕾译,新世界出版社,2009年版。

南京一部分难民写给南京国际委员会的信

1937年12月18日

致南京难民区国际委员会

南京

我们这些签署本信的540名南京难民被安置在广州路83号和85号,拥挤不堪。

从本月的13日到17日,我们的房子多次被三五成群的日本士兵搜查和抢劫,今天日本士兵又不断地来抢劫。我们所有的首饰、钱财、手表和各类衣物都已经被抢劫一空。每天夜里都有年轻妇女被抢走,日本人是用卡车把她们拉走,第二天早晨才放她们回来。到目前为止,有30多名妇女和姑娘被强奸。妇女儿童的呼喊声日夜不绝于耳。这里的情况已经到了语言无法形容的地步。请救救我们!

难民
1937年12月18日于南京

选自[德]埃尔文·维克特:《拉贝日记》,第145页,周娅、谭蕾译,新世界出版社,2009年版。

(附)日本士兵在南京安全区的暴行

南京,1937年12月22日

114) 12月19日,下午2时许至天黑前,位于汉口路23号贴有禁止日本士兵入内的日语布告的里格斯住宅,已遭到日本士兵6次抢劫。第二天晚上,也就是12月20日,这座房子已经遭到15次侵袭和抢劫。(里格斯)

115) 12月19日下午,一名日本士兵在美国学校(五台山)试图强奸一名怀有6个半月身孕的19岁的中国女子,当女子反抗时,日本士兵用匕首和刺刀向她袭去。该女子胸部和脸部有19处刀伤,腿上也有数处刀伤,下身有一个很深的刀伤,胎儿的心跳已经听不见,目前她被安置在大学医院。(威尔逊大夫)

116) 12月19日凌晨3时,日本士兵扯下委员会的牌子,从门窗强行进入普陀路7号和9号无人居住的上下两层的房间里,抢走了一些房主的东西。上午10时,又有4名士兵对这几间房子进行了搜查,他们把凡看得上眼的东西全拿走了。(签名:18名被安置在这栋房子里的难民)

117) 12月19日,据金陵大学蚕厂的难民收容所报告,昨天晚上8时到今天凌晨1时,共有8名妇女被强奸,其中一人被刺刀刺伤,而有4名试图保护自己妻子的男子也被刺刀刺伤。妇女被强行拖走,而后则是独自回来的。(吴国京,第六区)

118) 12月19日晚上6时,颐和路6号,7名日本士兵强奸6名妇女,其中2名妇女被

刺刀刺伤。之后,日本士兵又在门房用煤油灯点燃2床被子。(杨冠频)

119)12月20日上午9时,宁海路25号红十字会的3楼,1名寡妇和4名年轻姑娘被日本士兵强奸。(杨冠频)

120)12月20日,我32岁的姐姐,住在阴阳营47号,3个月前她的下身长有一个瘤子,行动起来极为不便。每天都有日本士兵来企图强奸她,到目前为止在她的哀求下都放过了她。由于她的病情在继续恶化,也是害怕日本士兵的暴行,所以我请求菲奇先生用自己的车将我姐姐送到大学医院。具名人:朱绅益(音译)。(菲奇满足了他的请求)

121)12月20日晚上8~10时,日本士兵3次来到设在圣经师资培训学校的难民收容所,每次都会强行拖走3个姑娘。(里格斯)

122)12月21日,早上8时来了7名日本士兵,要求提供45名苦力和姑娘。下午2时,来了4名日本士兵找姑娘。下午3时30分,来了6名日本士兵和1名军官,强迫我们向他们提供10名姑娘,结果他们抢走了4名姑娘。(圣经师资培训学校难民收容所,里格斯)

123)12月22日,原邮局职员施望杰(音译)今天早晨报告,存放在邮局的许多装包裹和信件的袋子被日本士兵抢走了。(斯迈思博士)

124)12月21日晚8时,在圣经师资培训学校的难民收容所,日本士兵强奸7名妇女。(王明德)

125)12月21日下午5时,日本士兵抢劫了外国人放在圣经师资培训学校难民收容所内的许多行李。(王明德)

126)12月21日,晚11时,3名日本士兵携有手枪和刺刀爬过宁海路2号红十字会后院围墙,不仅殴打了日语翻译郭原森,而且还将他的妻子拖到佣人房间强奸了3次。红十字医院的院长孔钦欣(音译)先生腿部受伤。日本士兵把佣人和红十字会的11名孤儿逼到一间侧房不准他们出声。以后又有另外3名日本士兵通过大门进入,问院内有无日本军人。有人告诉他们正有日本士兵在强奸妇女,于是他们便检查所有的房间寻找那3名闯入者,但是没有找到,因为那3人早已越过后院墙逃走了。这3个人刚走,又有3个日本人翻过院墙爬了进来。他们同郭先生交谈了几分钟,捐给红十字会3元钱。郭先生告诉他们,他的妻子被3名日本兵强奸了,他们便要求郭先生带他们去发生强奸的房间。到了那里,这几个士兵也要姑娘。郭先生告诉他们,房间里已经没有女人了。这帮恶棍便端着刺刀搜查所有的房间,最后他们在房间里发现了郭先生的儿媳妇后强奸了她,最后骂骂咧咧地走了。(由红十字会提供)

127)12月22日中午12时30分,在汉口路7号一栋贴有日语布告的金陵大学大楼的底层，菲奇先生、贝茨先生和斯迈思先生遇见了3名日本士兵，并阻止了他们企图拖走抢来的各种物品。

128）12月22日12时45分，菲奇先生、贝茨先生和斯迈思先生在汉口路5号同样贴有日语布告的另外一栋大学的房子里遇见了2名日本士兵。

129）12月22日下午1时，还是这3位先生在汉口路8~10号贴有禁止日本士兵入内的日语布告的小学内也发现了日本士兵。

130）自12月14日以来，北秀村1号、4号、6号和8号的房子天天都会遭遇到日本士兵的侵袭。刚开始他们是要钱，后来就是拿走所有他们看中的衣物和箱子，他们每天来3~9次。12月20日，6号房子有6个姑娘被日本士兵强奸。12月21日，8号房子有1名妇女被日本士兵强奸。（第七区办公室，1937年12月22日）

131）12月21日下午，2名日本士兵洗劫了莫干路6号的房子。（第九区负责人）

132）12月21日下午6时，宁海路40号的房子被日本4名日本士兵抢劫。（第九区负责人）

133）12月21日，一名17岁的姑娘被4名日本士兵轮奸长达2小时之久，然后又将她拖走。（第九区负责人）

134）12月22日上午9时至下午1时，有3~4名日本士兵对普陀路7号的房子进行了3次抢劫。国际委员会的7块牌子被扯掉。（杨冠频）

135）12月22日下午1时，8名日本士兵进入宁海路25号轻松爬过院墙，偷走了各式手表、钱财等价值约40多元，还有2辆自行车。（杨冠频）

136）12月22日下午4时30分，4名日本士兵闯进入宁海路4号的房子，企图强奸一名16岁的姑娘。当日本士兵企图将这个姑娘骗到房间里时，姑娘跑开了。日本士兵便要用刺刀刺她，因为菲奇和克勒格尔先生到场，这个姑娘才能够逃脱。这2位先生到场的时候，外面的一个士兵给他们发出信号，才使得这4个人跑走了。（菲奇，克勒格尔）

签名：刘易斯·S.C.斯迈思
呈递日期
1937年12月22日

选自[德]埃尔文·维克特：《拉贝日记》，第176~179页，周娅、谭蕾译，新世界出版社，2009年版。

聂荣臻将军写给日军长官及士兵的信

1940 年 8 月 22 日

日本军官长士兵诸君：

日阀横暴，侵我中华，战争延绵于兹四年矣。中日两国人民死伤残废者不知凡几，辗转流离者又不知凡几。此种惨痛事件，其责任应完全由日阀负之。

此次我军进击正太线，收复东王舍，带来日本弱女二人。其母不幸死于炮火中，其父于矿井着火时受重伤，经我救治无效，亦不幸殒命。余此伶仃孤苦之幼女，一女仅五六龄，一女尚在襁褓中，彷徨无依，情殊可悯，经我收容抚育后，兹特着人送还，请转交其亲属扶养，幸勿使彼辈无辜孤女沦落异域，葬身沟壑而后已。

中日两国人民本无仇怨，不图日阀专政，逞其凶毒，内则横征暴敛，外则制造战争。致使日本人民起居不安，生活困难，背井离乡，触冒烽火，寡人之妻，孤人之子，独人父母。对于中国和平居民，则更肆行烧杀淫掠，惨无人道，死伤流亡，痛剧创深。此实中日两大民族空前之浩劫，日阀之万恶之罪行也。

但中国人民决不以日本士兵及人民为仇敌，所以坚持抗战，誓死抗日者，迫于日阀侵略而自卫耳。而侵略中国亦非日本士兵及人民之志愿，亦不过为日阀胁从耳。为今之计，中日两国之士兵及人民应携起手来，立即反对与消灭此种罪恶战争，打倒日本军阀、财阀，以争取两大民族真正的解放自由与幸福。否则中国人民固将更增艰苦，而君辈前途将亦不堪设想矣。

我八路军本国际主义之精神，至仁至义，有始有终，必当为中华民族之生存与人类之永久和平而奋斗到底，必当与野蛮横暴之日阀血战到底。深望君等翻（幡）然觉醒，与中国士兵人民齐心合力，共谋解放，则日本幸甚，中国亦幸甚。

专此即颂

安好

聂荣臻

（一九四〇年）八月二十二日

选自林治波等：《中国抗日战争秘闻》，第 175~176 页，京华出版社，2007 年版。

在百团大战中,八路军在井陉煤矿的战火中救出两名日本小女孩。这两名日本小女孩受到良好的照顾,其中的一个女孩因病死在石家庄的医院里,另一个后被护送回日军司令部。图为聂荣臻司令员同小女孩(美穗子)合影。

聂荣臻和警卫员一起在给日本小女孩喂饭。

临别时,聂司令员摸着小女孩的头,让她不要害怕。这位小女孩名叫美穗子,20世纪80年代曾两次来北京探望聂帅,感谢他的救命之恩。

八路军告日本士兵书

1937 年 9 月 25 日

日本的士兵们!

你们大概早就听过红军这个名字吧,我们现在的第八路军就是原来的"红军",也就是日本报纸上所常说的"共产军"。

今天我们在战场上以血刃相见是不幸的!你们都是从日本工农出身,被你们的军阀强迫的(地)穿上戎装,被送到中国的战场上了,离开你们的父母妻子,离开你们的家乡。我们也都是从中国工农出身的,今天开赴前线作战,只是为了抵抗日本军阀的侵略,保卫中国的领土,保卫中国人民的利益,同时也是保卫日本工农的利益!我们并不反对日本的工农,我们时刻在希望与日本工农携手。

日本士兵们!想想吧,你们在中国战场上被牺牲,被打死,有什么好处呢?一点好处也没有。如果日本胜利了,牺牲是日本的士兵,日本的工农,而日本的资家本(本家)、地主军阀则坐享幸福。如果日本胜利了,那么日本的统治者更加可以巩固他们的地位,增强他们对于日本工农的剥削,延长他们对于日本工农的剥削,同时也更增强日本军阀对中国人民的奴役!

如果日本失败了,那么日本的军阀就要倒台,日本的工农就要起来革命,日本的工农就要得到解放,同时你们就可以早日回到日本去,与你们的父母妻子见面,与你们国内工农携手共同斗争。

日本的士兵们!起来吧!倒转你们枪口,向着你们的压迫者剥削者——日本军阀。我们共同携手的(地)奋斗,为日本工农的解放,为中国人民的解放奋斗。

今天我们在火线上,互相打仗,互相厮杀,战死的只是日本的工农士兵和中国的工农士兵。我们相互停战吧,我们在火线进行联欢吧!

日本士兵们!你们的牺牲是一钱不值的,你们的尸首也落在中国没有收殓,你们国内的工农也不愿意你们打中国人民,全世界的工农也都不愿意你们打中国人民!你们就是牺牲了,全世界的工农都在埋怨你们!你们想想吧,觉悟吧!

中国军队与你们作战,是为着中华民族的解放,是为着反对日本法西斯蒂的侵略者,虽然牺牲了,但是光荣的,你们国内的工农也在赞助我们这种行动,全世界的人民都在赞助我们这种行动!

日本士兵们!到我们这边来(吧),我们决不虐待你们,决不乱杀你们。如果你们自愿的(地)到我们这边来,一样是我们自己的弟兄,中国人民的朋友。愿意在中国军队做事,给事你们做,愿意回日本,设法送你们回去。如果在火线上,只要你们不先放枪,我们决不先放枪。如果在战斗中,只要你们允许解除武装,我们决不乱杀一个。愿意来中国军队做事的,我们热烈欢迎,不愿的,只要解除武装后,马上从火线上就放你们回去。我们决不虐杀一个没有武装或解除武装的日本士兵!

日本士兵们!不要为日本军阀而牺牲你们的生命呵!回日本去吧,你们的父母妻子在望你们!回日本去吧,与你们国内的工农一齐起来革命!日本士兵与中国士兵联合起来!停止战争进行联欢!日本士兵帮助中国人民的解放,拒绝打中国人民的战争!

打倒日本帝国主义！

日本工农士兵解放万岁！

第八路军　总指挥　朱　德
　　　　　副总指挥　彭德怀

暨全体指挥员战斗员谨启

（一九三七年）九月二十五日

选自中央档案馆：《中共中央文件选集》，第11册，第355~357页，中共中央党校出版社，1991年版。

中国共产党告日本陆海空军士兵书

1937年9月25日

日本陆海空军士兵弟兄们！

日本资本家、地主、军阀举行对中国的侵略战争，把日本的工人农民，大批的（地）强迫送到中国的战场上来，当炮灰而牺牲了。每天在中国的战场上，成千成万的日本士兵被牺牲了。你们离开你们的家乡，离开你们的父母妻子，你们战死在中国的沙场上，尸首也无人收殓，这是多么悲惨的事情呵！

日本士兵弟兄们！你们都是日本工人农民出身的，试想一想，你们来中国打仗，有什么好处呢？你们在日本时，在工厂里做工，受资本家的剥削和压迫，工人劳动一天所得甚少，连养活你的父母妻子也不够。但是日本的资本家有百万千万的家财，有工厂，有银行，有商店，有美丽的房子，坐汽车，吃大餐，抱娇妾。日本工人一切都没有，而资本家一切都有了。在农村耕地，受地主的剥削和压迫，农民辛苦一年，大部分要当作地租交给地主了。日本的地主有田连阡陌的土地，有大的田庄，有满仓库的谷米，他们也同资本家一样，住的华厦，坐汽车，吃大餐，抱娇妾。农民一切都没有，地主一切都有了。

你们离开家乡后，你们的父母妻子都在啼饥叫寒，时刻都在盼望你们回去。你们在中国战场上打仗，得不到一点好处，只有白白的（地）牺牲你们的生命，而日本的资本家、地主、军阀则坐享幸福。因为继续战争，日本国内又增加了捐税，这些战费都是从日本工农身上榨取来的，你们家庭的负担也更加重了，工人失业了，农民饥饿了，物价高涨，你们的父母妻子也无法生活了。你们生在日本,死在中国,这是多么不幸的事情呵!

日本士兵弟兄们! 我们知道你们是不愿来中国,你们的父母妻子也不愿离开你们的,你们更不愿意打仗的,你们是被军阀强迫来的,你们国内的工农都反对战争的。你们要想回到日本去,只有起来反对日本军阀的侵略战争,同你们国内的工农一道起来革命,推翻日本的资本家、地主、军阀,日本的工农士兵才能求得解放。

在前线上与你们打仗的中国士兵,也是工农出身的。为着保护中国的土地,为着保护自己的家乡,为着反对日本军阀的侵略,中国的军队不得不进行神圣的正义的民族解放战争。但是中国军队决(绝)不是反对日本的工农,他只反对日本的军阀。因此日本士兵应与中国的士兵联合起来反对共同的敌人日本军阀。

日本士兵们! 你们的出路或者是要求回日本去,与你们国内的工农一道起来革命;或者是与中国的弟兄联合起来共同反对日本军阀,这样才能解脱你们的压迫。为日本军阀的利益而牺牲是万不值得的。

日本士兵们! 切莫听信你们的官长的欺骗,中国军队决不虐杀一个日本士兵,只要日本士兵解除武装,马上就给这种日本士兵以优待,如果他愿意回去,就送他回去,如果他愿意在中国军队内做事,就给他事情做。

中国共产党号召日本的士兵与中国的士兵在火线上联合起来,反对日本军阀。

中国共产党所领导的红军,现在改名为第八路军了,也开赴前线与日本士兵见面了。这个军队就是中国人民的军队,欢迎日本工农革命士兵到红军中来!

日本士兵们! 起来吧! 倒转枪来吧,打倒压迫你们的日本军阀,与中国的工农弟兄团结起来!

要求回日本去! 生在日本死在日本!

拒绝与中国军队作战!

日本士兵不打中国人民!

日本士兵不打中国士兵!

日本工农与中国人民联合起来!

打倒日本法西斯蒂(的?)军阀!

日本士兵帮助与参加中国民族解放运动!

回国去参加日本的革命!

日本工农解放万岁!

中华民族解放万岁!

日本士兵与中国士兵弟兄的团结万岁！

中国共产党
（一九三七年）九月二十五日

选自中央档案馆：《中共中央文件选集》，第11册，第341~343页，中共中央党校出版社，1991年版。

中国国民革命军第八路军总司令部命令
——对日俘的政策
1940年7月7日

中国军队系与日本军阀财阀及地主作战，而日本士兵并非我军之真正敌人。日本士兵大部分与我等相同，系日本统治阶级压榨下劳苦人民之子弟。彼等多在日本军阀欺骗与强迫下而与我军接触，因此：

一、日本士兵被俘或自动来者，绝对不准伤害或侮辱。其所携物品，除军事上必要者外，一律不得没收或毁坏。并须以弟兄待遇彼等。我军如有指战员违犯此项命令者处罚之。

二、对负伤或患病之日本士兵，须特别注意给以治疗。

三、愿回国或归队之日本士兵，尽可能予以方便使其安全到达目的地。

四、愿在中国或中国军队工作之日本士兵，应与以适当工作，愿学习者应使其进适当学校。

五、愿与家族或友人通信之日本士兵，应尽可能的(地)予以方便。

六、对战死或病死之日本士兵，应在适当地点埋葬，建立墓标，记其姓名、年龄、原籍、所属部队、等级、死亡状况，埋葬年月日及碑文等等。

总司令　朱　德
副总司令　彭德怀
中华民国二十九年七月七日
一九四〇年（昭和十五年）

选自中央档案馆：《中共中央文件选集》，第12册，第647~648页，中共中央党校出版社，1991年版。

十四、海外侨胞对抗战的贡献

日本帝国主义的野蛮侵略激起了海外侨胞的无比义愤。国内风起云涌的全民族抗日救国斗争牵动着千千万万海外侨胞的心。他们热血沸腾，立即成立起各种抗日救国团体，纷纷以各种形式援助祖国抗战。1936年9月20日，全欧华侨抗日救国联合会在巴黎成立。在美国，华侨成立的救国团体共95个。东南亚是华侨最多的地区，成立的抗日救国团体也最多，仅新加坡一地，成立的大小抗日救国团体就达118个。可以说，抗战时期，哪里有华侨，哪里就有华侨的抗日救国团体，哪里就有华侨的抗日救国活动。

海外侨胞首先在经济上大力支援抗战，他们或献金，或摊派，或劝募，或义演，或月捐，或举行文体活动筹集钱款。据台湾出版的《华侨革命史》一书统计，抗战八年，华侨捐款总数达13亿多元(国币)。抗战时期，国民政府陆续向海内外发行多种救国公债、债券，总额达30多亿元国币。至1942年，华侨就认购了其中的1/3，达11亿元国币。抗战时期，华侨捐献飞机数百架，汽车上千辆，还有大量的衣服、药品。最感人的是，华侨子弟纷纷告别亲人，远涉重洋，回国参加前线的抗日斗争。据国民政府广东侨务委员会1946年统计，抗战期间，归国参战、参军的粤籍侨胞达4万余人。他们有的参加救护队，有的参加前线记者团、演出团、慰问团、运输队，直接在前线与国民政府军、八路军、新四军并肩作战的侨胞也为数众多。1932年"一·二八淞沪抗战"时，爱国华侨组织了一支有200人参加的义勇军，协助第十九路军作战。中国空军驱逐机飞行员中，华侨约占3/4。许多华侨奔赴延安和敌后抗日根据地。据统计，学习、工作和战斗在各抗日根据地，参加八路军、新四军、华南游击队的归侨，总数达2000多人。壮烈牺牲在前线的爪哇归侨女英雄李林是他们中的杰出代表。抗日战争的伟大胜利凝结着海外侨胞的宝贵贡献，他们的赤诚爱国情怀和伟大献身精神永存，祖国人民永远不会忘记他们。

南洋华侨回国慰劳视察团抵达延安时受到延安各界热烈欢迎。

新加坡华侨胡文虎捐赠大批款物支援祖国抗战，并捐款建立了抗战残废军人疗养院和阵亡将士遗孤教养院。图为胡文虎(左)在重庆。

1939年6月，美洲华侨洪门致公堂组织成立了全美洲洪门总干部，倡导抗日救国，司徒美堂为此做出巨大贡献。图为1941年冬周恩来(左4)、董必武(左2)、邓颖超(右1)等人与司徒美堂(左3)在重庆红岩村的合影。

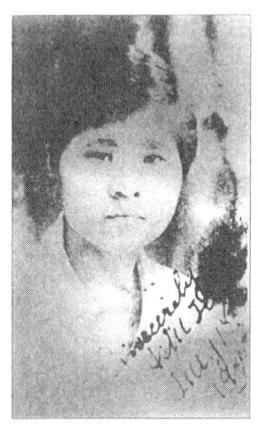

侨居爪哇的女青年李林，回国后积极参加抗日救亡运动，并加入了中国共产党，后参加了八路军，1940年4月，在反"扫荡"中，为掩护领导机关突围，英勇牺牲，年仅24岁。

数以千计的华侨青年回国报考军校,毕业后奔赴抗日前线抗敌报国。图为中央陆军军官学校旅泰侨生毕业照。

美洲洪门总干部监督司徒美堂等致国共两党领导人

1941年1月8日

重庆国民党总裁蒋中正、延安共产党主席毛泽东两公钧鉴:

敌南宁撤退,暂止军事行动,改取和平攻势,加紧政治侵略,对我分化诱降,仍期亡我祖国。美堂等默察阴谋,慎防奸计,于敌造谣离间我国上下,颇形忧虑,只以力行团结,互相勉励,坚决信心,以为对策。最近读朱彭叶项发表致何白佳电,胪列国共磨擦事件,言词痛切,初尚不敢轻信,迨中外电讯播传其事,始悉我军事当局确曾下令新四军移防,以及国军二十万五道封锁陕甘宁边区二十三县。国共分裂形势严重,祖国将有内战□□之虞,各皆言之凿凿,证之佳电信而有征,海外闻之,万分惊骇。思大敌当前,谁甘分裂,自坏长城,自促亡国,况国共两党,经公等领导,相忍为国,团结抗战,数年一日,大著殊勋,不特全国同胞额手称庆,即我海外侨胞,亦无限敬佩,而世界人士,尤啧啧称羡焉,际兹战局转好,国际转利,迩者美国且决定以援华为国策,行见抗战胜利,指日可待,噫,何期我国共两党乃于此时间有兄弟阋墙煮豆燃萁之传闻耶,思之思之,信疑仍未敢肯定也。夫以我全国抗战局面,此时若因国共磨擦,弄成分崩离析,则前方慷慨之英勇将士,不独头颅枉掷,宝血空流,则我全国同胞之庐舍墟邱□家产荡然、琐□流离、□我□后方之海外侨胞之踊跃捐输、牺牲一切,亦属枉费血汗,结果仍沦为无国之民也,言念及此,谁不痛心。伏维公等深明大义,决不忍艰难辛苦抗战四年之结局,如此残酷。然则目前国共两党之纠纷将何以无形消弭之？边区四年之悬案,将何以根本解决之？在公等身为领袖,或胸有成竹。在侨胞远处海外,实谈虎色变。国共两党一日未臻团结,侨胞一日未能放怀也。盖我全中国抗战,我四万万五千万同胞人人须要出财出力,甚至出命,团结一致,以争取整个国族之生存,万不容任何党派各自为战,各自为政,更不容任何党派互相倾轧,贻误抗战以至亡国。今为我整个国族争取生存计,美堂等敢以血诚,向我国共两党呼号,敦请公等,速行负责,解决两党纠纷,放弃前嫌,重修兄弟之好,携手抗战,先使河山光复,领土完整,即使将来之神州禹域,楚弓楚得,无论何党获主中原,我海外侨胞亦皆附从。惟此时此际,因国共两党争夺领导地位,分裂祖国,以致沦人民及子子孙孙于万劫不复之境,则其罪恶,□□□□亦莫之能恕□。公等苟能如廉蔺交好亲自会面。开诚相与,自解纠纷,至为上策。如若不能,则共和国家主权在民,即由蒋公领导,经毛公同意,召集各党各派各界领袖,组织特别委员会,以为国共两党之仲裁,亦未尝不可。苟国共两党获得精诚团结,蒋公之领导抗战前途,必更顺利。如能及时召集真正代表民意之国民大会,制定国家大法,奠定民主基础,巩固抗战大局,则不只内讧可永不发生,即暴敢之政治攻势,更无所施其技也。美堂等对国对共,两无嫌怨,谨秉我洪门三百年"国家至上,民族至上"之老革命团体精神,以代表我全美洲十万洪门侨胞,特向公等作刍荛之献,如蒙采纳,国家幸甚,民族幸甚。

驻美国纽约全美洲洪门总干部监督司徒美堂、阮本万　叩齐
部长　吕超然
（一九四一年一月八日）

选自中央档案馆：《皖南事变（资料选辑）》,第251～253页,中共中央党校出版社,1982年版。

毛泽东复司徒美堂等先生

1941 年 3 月 14 日

美国纽约全美洲洪门总干部监督司徒美堂先生、阮本万先生、部长吕超然三先生勋鉴并转全美洲侨胞公鉴：

奉读一月八日代电，并怀祖国，呼吁团结，敬佩无已。中国今日决不能同时进行既对外又对内之两个战争，必须完全取消国民党当局的反共计划，并驱逐亲日派，团结全力，以与日寇相搏斗，抗战始有胜利可期。乃自蒋介石下令消灭皖南新四军及于一月十七日发表宣布新四军叛变，取消该军番号，及将该军军长叶挺交付军事法庭审判之反革命命令以后，国共合作，已遇严重之危机。国民党中亲日派与反共派之横行，已直接给予全民抗战以来极大之损害。当此民族存亡千钧一发之时，亲日派分子如不被驱逐，反共派分子如不放弃其两个战争的计划，一党专政如不取消，民主政治如不实行，三民主义如不兑现，总理遗嘱如不服从，中华民族之前途，必被葬送于此辈之手。中国共产党始终以民族利益为重，坚持抗日民族统一战线政策迄未稍变，惟对于亲日派及反共派危害抗战之滔天罪行，不得不谋所以制裁之道，业向政府当局提出时局善后办法及临时办法各十二条，尚祈公等一致主张，予以赞助，以期迅速见之实行，团结幸甚，抗战幸甚。

毛泽东
1941 年 3 月 14 日

选自中国人民抗日战争纪念馆、中华全国归国华侨联合会文化交流部：《华侨与抗日战争》，第 110 页，中国华侨出版社，2006 年版。

周恩来致沙志培①

1938 年 10 月 15 日

志培兄：

相别遥久，时切怀念，忽诵来音，欣慰无既！

所云陈君志昆事,不胜钦佩。祖国需要此种人才正切,若到本路军服务,当然欢迎。惟本路年生活艰苦,无所谓报酬,所可获得者即精神之自由畅快与能力之尽量发挥也。如陈君不能适应于漠北高原之生活习惯,弟亦可尽力介绍到政府军事机关或中央军队中服务。

所可值得考虑者,是日寇在华南进攻后之交通问题。只要交通不成问题,陈君当可请其命驾归来也。

我兄身处海外,对于祖国抗战事业尽力宣扬,以博取友邦人士之同情。此工作意义至大,当然无返国之必要,尚希更加勉力,博取更大之成功!专此布复,并祝健康!

弟　恩来
(一九三八年)十·十五　于汉口

颖超附候。

较久之通讯处为:香港跑马地摩利地山道五十六号二楼,廖承志先生转。

注释:

① 沙志培(1902~1978),又名沙主培,天津人。五四时期与周恩来在一起开展学生运动,曾担任天津学生联合会调查科长。1924年赴美留学,1934年至1945年在美国加利福尼亚大学任教。

选自中共中央文献研究室:《周恩来书信选集》,第161~162页,中央文献出版社,1988年版。

陈嘉庚致国民参政会提案

1938年10月26日

参政会　渝

议长秘书公鉴:

东电悉,因事未能赴会甚憾。前有提案三宗,乞代征求参议员足数同意并付决:日寇未退出我国土之前,凡公务员对任何人谈和平条件概以汉奸国贼论;大中学校在抗战期间禁放暑假;长袍马褂限期废除,以掀(振)我民族雄武精神。

陈嘉庚叩首
(1938 年 10 月 26 日)

选自中国人民抗日战争纪念馆、中华全国归国华侨联合会文化交流部:《华侨与抗日战争》,第 104 页,中国华侨出版社,2006 年版。

新加坡敬时行等 18 个侨团致南京的快邮代电
1931 年 9 月 28 日

南京国民政府五院长钧鉴:

　　肃启者,此次倭侵东北其残暴为亘古所未有,甘为祸首不恤破坏东亚和平,致使我神农华胄惨遭屠戮。函电驰来侨胞发指,用持恳请宁粤领袖联合民众以御外侮,拒绝直接谈判,并将其残酷情形布告天下,速电国联主持正证,侨子北望中原,忧心如捣(焚)。悲情之余誓死力争,以为政府后盾。

　　专此肃达,祗叚　鼎安并盼

敬时行
1931 年 9 月 28 日

选自中国人民抗日战争纪念馆、中华全国归国华侨联合会文化交流部:《华侨与抗日战争》,第 21 页,中国华侨出版社,2006 年版。

国民政府侨务委员会介绍两位华侨青年参加滇缅远征军函[①]

(原件年月日不详)

敬启者　兹有越南华侨苏允贺、陈柏年拟参加远征军为国杀敌。查苏陈两君在中央陆军军官学校第十八期毕业,值此抗战时期凡属国民应尽天职。苏陈两君曾受军事训练,为国杀敌实义不容辞,谨特恳求。

贵会赐予介绍参加远征军,是否伏祈迅予赐示以便转达。是为盼祷也。

谨呈

侨务委员会委员长陈

注释:
① 原文件无日期。

选自中国人民抗日战争纪念馆、中华全国归国华侨联合会文化交流部:《华侨与抗日战争》,第161页,中国华侨出版社,2006年版。

北平红十字会呈国民政府侨务委员会①

(关于九一八事变后该会经收的华侨团体捐款数额)

(原件年月日不明)

复南京侨务委员会

迳(径)复者倾接

大函嘱将自九一八以来收到侨胞捐款列表送会等因准此兹将敝会前后收到各侨胞团体捐款数目开列清单函送　查明为荷

此致

侨务委员会

本会自九一八后收到侨胞捐款数目清单

(一) 荷属巴达维亚油米行公会捐助东北义军洋贰万元整

又同上　　　　　　　　　　　　　　　　洋叁仟肆佰元征

(一) 荷属巴达维亚中央区华侨捐助灾民委员会捐助东北义军洋贰仟柒佰陆拾元整

(一) 荷属巴达维亚新报馆捐助东北义军洋壹万壹仟贰佰元整

(一) 荷属三宝城华侨救国后援会捐助本会救护费等金三条肆佰镑整

此款系直接寄交本会办理救护之用

注释：
① 原件无日期。

选自中国人民抗日战争纪念馆、中华全国归国华侨联合会文化交流部：《华侨与抗日战争》，第24页，中国华侨出版社，2006年版。

马来西亚华侨白雪娇回国参加抗战之前写给父母的信

1938年5月18日

亲爱的父母亲：

别了，现在什么都不能阻挠我投笔从戎了。我知道父母亲一向是明情达理的，对于子女儿孙的行动是不会有异议的。我之所以不别而行，这是女儿勇气不够的缘故，因为骨肉之情，总是难免的，我深恐突然提出这意思，母亲一定会激动而流泪的，我虽然是立志报国，为了这天生易感动的弱质，或许会被私情克服的，所以为补救这劣点，只得硬着心肠，瞒住你俩，走了。我知道母亲会因此伤心一场，我相信父亲是不会因而责怪女儿的，相反，一定是引为荣幸的事。走之前，我是难过极了，在每分钟内，我的心起着往复数次的矛盾冲突。家是我所恋的，双亲弟妹是我所爱的，但是破碎的祖国，更是我所怀念和热爱的。所以虽然几次犹疑、踌躇，到底我是怀着悲伤的情绪，含着心酸的眼泪上征途了。

这次去，纯为效劳祖国而去的。虽然我是社会上一个不值得注意的虫，虽然在救国建国的大业中，我的力量简直是够不上"沧海一粟"。可是集天下的水滴而汇成大洋。我希望我能在救亡的汪流中，竭我一滴之微力。

亲爱的双亲，此去虽然千山万水，危安莫卜，是不免凄怆心酸。但是，以有用之躯，以有用之时间，消耗于安逸与颓废中，才更是令人哀惜不置的，因为生活就是斗争，尤其是在祖国危难的时候，正是青年人奋发效力的时候。这时候能亲眼看见祖国决死争斗以及新中国孕育的困难，自己能为祖国做点事，就觉得此是不会辜负的。

现在你俩所克（可）忧虑的不是我，而是弟妹的读书，他们太不懂事了。把上学校当作消遣，这是急需督促教导的。因为"玉不琢，不成器"。

女儿是不孝的,望双亲宽怀自慰,善自珍重。临行匆匆,仅留此作别。

后会有期,

叔父母均此,恕我不另。

最后敬祝健康!

女儿雪娇留书
三十八(一九三八)年五月十八日

选自中国人民抗日战争纪念馆、中华全国归国华侨联合会文化交流部:《华侨与抗日战争》,第147页,中国华侨出版社,2006年版。

菲律宾华侨沈尔七写给母亲的信

1939年5月17日

"惟今如不抗日救国,民众将永远无翻身之日,故儿愿牺牲一切奋斗到底。"

沈尔七① 1939年5月17日

(沈尔七曾两度返回菲律宾募捐并带领华侨青年回国慰劳。他本人参加新四军,"皖南事变"后随新四军转移到华南抗日根据地坚持斗争,在战斗中牺牲。)

菲律宾华侨、抗日英烈沈尔七

注释:

① 沈尔七为中华民族武装自卫委员会菲律宾分会负责人,1938年该会组织28名华侨青年成立菲律宾华侨救国义勇队,回国参加新四军,沈尔七任总领队。

(此信因原件字迹模糊未能全录)

选自中国人民抗日战争纪念馆、中华全国归国华侨联合会文化交流部:《华侨与抗日战争》,第125页,中国华侨出版社,2006年版。

缅甸华侨颜生写给母亲的信

1939 年 10 月

亲爱的妈妈,真对不起您,因为您是那样疼我,但是我竟然离开了您,投入祖国的怀抱,做组织民众,(、)宣传抗日的工作去了。肯望您不要伤心,不要流泪,要高兴,要为你有一个孩子能够回国效力,(、)杀敌救亡而高兴。

颜生①

1939 年 10 月

注释:

① 1939 年 10 月年仅 15 岁的缅甸华侨颜生与家人不辞而别,和同学一起回国,在祖国西南一带宣传抗日。

选自中国人民抗日战争纪念馆、中华全国归国华侨联合会文化交流部:《华侨与抗日战争》,第 142 页,中国华侨出版社,2006 年版。

十五、抗战时期台湾人民的抗日斗争

1895年,中国在中日甲午战争中战败,台湾被迫割让给日本。消息传来举国震惊,台湾民众悲痛欲绝,连续向清廷陈情,决意誓不臣倭。

当《马关条约》换文已成事实,台湾人民开始了英勇悲壮的抗日斗争。从组建"台湾民主国"以重回祖国怀抱,到延绵数年的抗日保台战争;从建立共产党组织开展工农运动,到面对日本殖民当局推行"皇民化运动",坚守中华传统文化的无言抗争……他们经历了虽被抛弃、被殖民却英勇反抗殖民统治、期盼重回祖国的抗日斗争历程。

全面抗战爆发后,尽管一批台湾青年被迫应招为"台籍日本兵",也有部分台籍人士进入东三省谋职就业,但更多的台湾同胞则将改变自身命运的抗争与争取祖国的独立解放相联系,投身于全民族的抗日斗争中。他们或在台湾岛内举行反战暴动,或开展游击战争,打击和牵制日本侵华力量,或回到大陆参加八路军、新四军,直接投身中国共产党领导的各种抗日活动。他们组建台湾革命同盟会、台湾义勇队、台湾少年团等抗日团体,在抗日宣传、情报搜集、反战斗争中发挥着特殊作用。抗日战争后期,他们又投入到国民政府收复台湾的筹划工作之中,就如何摧毁日本殖民统治体系、清除其"内地延长主义"的影响,重建中央政府与台湾社会的关系等问题提出重要意见,并身体力行。

由于篇幅限制,我们仅选取了抗战后期的部分信函,以一闻战后初期台湾重回祖国怀抱、荡涤日本殖民统治影响的破晓之啼。

台湾义勇队的创始人、领导人李友邦。

积极参与台湾共产党的创立、曾担任中华全国总工会党团秘书长的翁泽生,抗战爆发前在上海被捕,被国民党当局引渡到台湾,后因日本殖民者的长期监禁而病逝。其胞妹冯志坚(原名翁阿冬)秉承兄长的遗志,于1938年从台湾经由香港到达延安,翌年加入中国共产党。图为翁泽生(左)和在延安参加大生产运动的冯志坚(右)。

朱家骅致蒋介石(关于筹划台湾等革命运动)

1940年4月26日

(事由)呈复遵办筹划日韩台革命运动情形:案奉陷传秘渝第一一六四号代电饬与立夫芃生二同志,负责约同日韩台在渝革命首领,筹划推动该三地革命运动等因,遵经约集立夫、芃生二同志首次会谈,并以徐恩曾、贺衷寒、康泽、李超英四同志与此案有关,亦约其参加会谈。兹将初步商谈结果呈复如下:

(一)日本内部策动革命工作拟先从联络失意政客引起政潮,推翻现内阁入手,芃生同志对此情形较为熟悉,经推渠先行规划进行。

(二)朝鲜各党统一运动,进行多时,迄未能实现,缘各党在其本国均无若(任)何基础,近来将共党以外之五党代定一统一方案,较有强性,责成其照办,原有光复阵线三党,现在已告统一,民族战线中有二党正接洽中,暂时拟听两党并存(即光复阵线与民族战线)分区工作,再相机促进完全统一。

(三)台湾本我辖地,兹拟迅速成立本党党部,为工作便利计,暂用化名,查有前在政治部供职之刘启光君,系台湾籍,当先约其谈话,俟议有具体办法,再呈请核定经费及负责人员。

理合先将遵办情形签请鉴核,谨呈总裁蒋。

职朱家骅谨呈　（一九四〇年）四月廿六日

选自秦孝仪等:《台湾志士在祖国的复台努力》,第305~306页,中国国民党中央委员会党史委员会出版,近代中国出版社,1990年版。

蒋介石致朱家骅、陈立夫、王芃生请策动台湾等革命运动代电

1940年3月30日

朱部长骝先兄、陈部长立夫同志、王芃生同志钧鉴:查汪逆傀儡登场在即,我方对倭亟宜加大打击,赞助日本台湾朝鲜的各项革命运动,使其鼓动敌国人民群起革命如罢工等等以骚扰敌之势力,减其侵略势力。即希兄等负责约同日韩台在渝之革命首领会商,筹划推动为要。中正寅陷侍秘渝。中华民国廿九年三月三十日。

（1940年3月30日）

朱家骅批办:约陈、王二同志及康兆民、贺君山、徐可均三同志于星期二下午四时来会商。朱。

选自秦孝仪等:《台湾志士在祖国的复台努力》,第305页,中国国民党中央委员会党史委员会出版,近代中国出版社,1990年版。

康泽致朱家骅(转述台湾革命团体联合会有关台湾革命的请示与拟答)

1940年6月4日

骝先先生赐鉴：

顷台湾革命团体联合会,对于台湾革命问题,函询中央之具体政策,以为今后活动之纲领,曾提几种问题,央为商讨,并予见复,谨将该函所请各点,与拟答之意见(带""者是),并录于左,敬祈指示。

一、中央对台湾之根本政策如何？

(一)中央希望台湾完全复归祖国？抑由日本脱离后,保持独立形态,受祖国保护？

"当然复归祖国"。

(二)台湾受日本统治已久,社会形态与祖国略有不同,倘实行复国,中央对台湾政制,拟采如何办法？

"可成一省或一行政区,依照地方自治原则组织各级政府"。

二、中央对台湾革命运动之具体意见如何？

(一)组织问题？

"可暂称为台湾国民党"。

(二)统层问题？

"可暂保持独立性"。

(三)目前之中心工作？

"在敌军中发展组织,提倡反战反正,暗杀日本高级军官等"。

(四)可否帮助台湾革命同志建立武装？

"可"。

三、中央对回国参加抗战之台胞的国籍问题,拟以如何处理？

(一)可否不经法律手续,即可取得中华民国公民权？

"可"。

(二)可否请通令全国,保护台湾革命同志？

"可开列名单,送中央党部或青年团中央团部;惟须确实为革命同志"。

肃此奉阅,祗颂崇安。

晚　康泽　(民国二十九年)六月四日

选自秦孝仪等:《台湾志士在祖国的复台努力》,第307~308页,中国国民党中央委员会党史委员会出版,近代中国出版社,1990年版。

恭读蒋委员长"八一三"文告后告台湾独立革命党与义勇队同志书

李友邦　1940年8月15日

昨恭读蒋委员长八一三纪念日告沦陷区同胞书,友邦惭愧之情之极,至于终日不宁,想我党、队各同志,亦必同具此感,兹特举数事,愿与各同志共勉之。

委员长之言有曰:

"在过去一年之中,敌人奴化毒化我们民族的阴谋,日益加亟,残害我们同胞的伎俩,亦日益加毒。我今来举一例而言,这三年来,随着敌军的侵略,他陆续移到我们沦陷区来的敌国浪人商民,直到现在,总数已在四十万人以上,而做他们爪牙的鲜台浪人,以及移住在我们东北各省的敌国侨民,尤不计在内,尤其是他所谓'国策公司',已设立到三十个以上的单位,这都是敌人吮吸我们膏血的机关。因之我们可以想象得到沦陷区的同胞们,是在三重奴化下过非人的生活,是在做着第三层的奴隶,换一句话说,在沦陷区域内,敌国军人是第一等的人,敌国侨民是第二等的人,为虎作伥的鲜台浪人是第三等的人,而我们神圣的黄帝子孙反在那里沦为这三重压迫下的奴隶,又要受汉奸傀儡之敲诈剥削……"

窃念我台湾五百万民众,自身受祖国同胞目下所经历之痛苦以来,已四十六年于兹,敌人剥削之残酷,压迫之厉害,固已知之甚稔,而血汗且为这干涸矣!夫为人奴隶,一日之难堪,况乃历四十余年之久,其痛苦实非笔墨所能表其万一。数十年以来之数十次反抗,又均一一失败,翘首西望,不胜其眷念之至。乃于此全五百万民众在重压下生活之际,少数不良分子,被敌胁迫,蒙其引诱,竟为虎作伥,忘尽廉耻,在台湾,则俨然大和民族,招摇过市,盛气凌人,视同里为敌人,奉日寇为祖宗;殆其西渡闽粤,又复藉(借)日寇之势,畅所欲为,举凡爱国之祖国同胞,革命之台湾志士,莫不受其欺,蒙其害;抗战而后,又复追踪敌人,受其指使,在沦陷区内与汉奸傀儡,一同助桀为虐。此种丧心病狂,毫无人格丑类,虽人数无几,而害群之马,本不在多,其影响所及,台岛忠良志士,悉被其羞。考其底因,敌人之胁迫引诱,虽为重要因由,而我党队同志工作不力,既未能积极防之于未然,又不克消极灭之于既起,亦实责无旁贷,此友邦惭愧之所以至于终日不宁者也。

三年以来,祖国之于汉奸,口诛笔伐,拳挥剑击,盖已成一广大运动,而我党我队之工作,除以日寇为斗争对象而外,虽亦不无打击为虎作伥者流之事,要未能举之为首要工作,实为一大缺点。而今而后,本党本队各同志,应以打击"台奸"为重要工作,虽赴汤蹈火,亦必从而为之,务使少数丑类,不致遗羞我五百万同胞而有碍于台湾革命之进行。此友邦所欲与各同志共勉者,一也。

其次,凡甘冒大不韪之徒,虽为利所诱,失掉人格,乃其主要原因,而知识之低落,以故不能把握其本身前途,亦为堕落之由,吾人不能不加以注意。夫止沸之计,莫如抽薪,既知"台奸"产生之中在此,则吾人此后,极应加紧宣传教育,务使忠良之士,得知敌我之分。又以本身之革命实践,指示台湾同胞之前途,使其知为虎作伥之不可,而自身解放之有望,则日寇虽欲麻醉,胁迫,利诱,亦无所售其计,则"台奸"自灭而内祸可免,此则非我党我队同志竭力工作不辨,盖此实为艰苦之工作也。此友邦所欲与各同志共勉者,二也。

数年以来,吾台湾独立革命党与义勇队同志之努力,与夫工作之艰苦,固甚可嘉,而当此生活程度高涨之际,每月十余元之生活费用,衣食亦感不足,仍能忍苦耐劳,尤使友邦为之感动,所望能以此种革命者之精神,作(做)感化愚劣之工作,则大功告成有日,虽苦亦乐,有原望焉!

(李友邦 1940年8月15日)

选自秦孝仪等:《台湾志士在祖国的复台努力》,第19~21页,中国国民党中央委员会党史委员会出版,近代中国出版社,1990年版。

林海涛致朱家骅(转请政府宣布废除《马关条约》)
1941年12月10日

窃据台湾革命同盟会苏铁化同志报告:台湾已有革命活动事件产生,最近敌寇发现台湾南部台南有台湾革命同盟会组织后,立即派警宪加以包围,结果该组织之台胞三名被逮捕,四名于突围时曾与敌警宪决斗,并夺枪击毙宪官一名后,抢卡车逃走云云。今敌寇已发动对英美作战，我国业已对日正式宣战，职有鉴于此，为唤起全台胞普遍崛起抗日共谋祖国胜利，早日归回中原，拟恳请我政府正式对外宣布废弃马关条约。并表示中央有收复台湾之决意，以资鼓动台胞抗日行动，俾便引起敌寇后顾之忧，促其迅速崩溃，是否有当敬祈鉴核。实为公便。谨呈部长朱转呈总裁蒋。

台湾直属支部驻渝通讯处林海涛谨呈　中华民国三十年十二月十日

选自秦孝仪等：《台湾志士在祖国的复台努力》，第323~324页，中国国民党中央委员会党史委员会出版，近代中国出版社，1990年版。

台湾革命同盟会呈文（请设立台湾省政府）

1942年4月10日

窃台湾原为中国领土，台人同系黄帝子孙，只因马关条约横被倭寇劫夺，于今四十八载，不独台人受尽荼毒，而中国领土亦陷于破碎支离，迄今未犹完整，凡属中华儿女咸认为奇耻大辱，切齿伤心。往昔祖国因国力未充，条约束缚，对于台湾失地无法收复，台湾革命无力滋培，尚可见谅于天下。今祖国革命在我贤明领袖领导之下，业已完成，国力大充，国威远扬。而中日之一切不平等条约，又于太平洋战事爆发后全部废除，土地完整之目的行见达成。台湾领土收复当无问题，故六百万之台湾同胞莫不欣然相告，额手称颂。惟今日之台湾已成为我国战略政略上之中心，必须于此时准备收复，不但表示我国完整领土之决心，亦可集中台湾革命之意志，整齐反日运动之步伐。本会系台湾革命之领导机关，为时势之需求，事机之迫促，未容缄默，故特沥陈管见，恳请俯念下情，准予成立台湾省政府，以励人心，而副民望，使六百万台胞得以信奉三民主义，五十年失地得以依归祖国，是否可行，理合备文呈请鉴核示遵。谨呈中国国民党总裁蒋。

李友邦

台湾革命同盟会常务委员　宋斐如

谢南光

（中华民国）三十一年四月十日

选自秦孝仪等：《台湾志士在祖国的复台努力》，第126~127页，中国国民党中央委员会党史委员会出版，近代中国出版社，1990年版。

台湾革命同盟会告祖国同胞书

1943年4月17日

亲爱的祖国同胞们：今天是马关条约四十八周年纪念日，回忆四十八年前的今日以前，我们兄弟姊妹还是快乐地过着自由亲爱的家庭生活，可是腐败的满清政府，竟于"一八九五年"悲痛的今天，将我们出卖给凶暴的日本帝国主义者，从这一天起，我们是分开手了，我们是挥着眼泪被恶魔生生地隔开了，在这四十八年中，你们这六百万可怜的台湾同胞，是受尽了倭寇的蹂躏摧残，但他们无时无地不在思念着祖国的同胞和归还到祖国的怀抱。

因为，造成了一部辉煌悲壮的台湾革命史了，这一部血泪写成的台湾革命史，如果整个的（地）献给亲爱的祖国同胞，也许你们会不忍阅读吧！可是我们对于这种悲惨艰难的生活，已历四十八年如一日了！这种非人的生活，是谁给予我们的，固然是腐败的满清政府，我们同生共母的祖国同胞，虽然可以不负直接责任，可是宁忍袖手旁观吗？纵不念其骨肉被割之痛，亦须顾及产业被占之耻。

现在台湾革命，由本会领导进行，一切工作已上轨道，惟近来有人在主张战后台湾由国际共管，这是多么骇人听闻的事呀，如果这个主张实现，不但台湾同胞永无翻身之日，则中国国防亦永无建设之期。

祖国同胞们，你们愿意这样做下去吗？如果不愿意的话，请大家赶快起来共同摧毁其妄想，建设三民主义的新台湾，值此悲痛的马关条约纪念日，本会除命令各地同志加紧工作外，谨特竭诚奉告，敬希垂鉴援助，则东亚和平与世界和平，当在不远了。

（中华民国）三十二年四月十七日

选自秦孝仪等：《台籍志士在祖国的复台努力》，第132~133页，中国国民党中央委员会党史委员会出版，近代中国出版社，1990年版。

台湾革命同盟会致蒋介石(贺开罗会议收回台澎)

1943 年 12 月 3 日

蒋主席钧鉴:顷见报载开罗会议重大成功,台澎等地归还中国,凡我台胞同深感奋,如蒙鞭策,愿效驰驱,特电致敬,伏祈垂察。台湾革命同盟会叩。亥。江。

(中华民国)三十二年十二月三日

选自秦孝仪等:《台湾志士在祖国的复台努力》,第 186~187 页,中国国民党中央委员会党史委员会出版,近代中国出版社,1990 年版。

台湾沦陷五十年——为"六一七"宣言

1945 年 6 月 17 日

今日何日?今日是台湾沦陷五十周年的纪念日——五十年前的今日,倭寇在台湾开府设治。从此日起,日本帝国主义开始统治台湾,台湾开始沉沦为殖民地。

五十年了,我们台湾人做奴隶五十年了。

五十年了,日本侵占中国领土——台湾——五十年了。

五十年来,日本帝国主义无止境的(地)向外发展。五十年来,东亚和平时时受着威胁!五十年来,中日两国不断的(地)纠纷!五十年来,我们台湾人每日在痛苦呻吟与反抗流血。

这种弱肉强食,黑暗可怖的世界,归根到底,其罪恶实导源于殖民地制度。殖民地制度存在一日,则无公理,无民族主义,无和平。五十年的教训是如此的。

兹当胜利在望,正要缔造和平,日本帝国主义必将被打倒,台湾定可归还中国,我们以背负五十年悲惨命运的资格,敢向世界公言:战后必须取消殖民地或变相的殖民地制度。

我们并愿为此种目的,而奋斗到底。

兹当胜利在望,今年今日应为最后一个"六·一七",明年,我们应该解放了,该自由了,受异族蹂躏五十年的台湾人,该在其新生时享受大自由,有民主政治。

我们愿为自由民主的台湾而继续奋斗。

台湾革命同盟会
(中华民国)卅四年六月十七日

选自秦孝仪等：《台湾志士在祖国的复台努力》，第281页，中国国民党中央委员会党史委员会出版，近代中国出版社，1990年版。

台湾革命同盟会常务委员会致中央执委会（关于成立协助收复台湾工作委员会）

1945年8月31日

谨呈者：查敌人于本月十四日，正式向四强无条件投降，本会为适应机宜，对于协助政府，推行收复台湾工作，义不容辞。兹经召集全体临时会员大会，议决：设立台湾革命同盟会协助收复台湾工作委员会，并经召集委员会第一次会议，讨论事项：（一）关于协助收复工作应如何进行案？议决：推派代表携文与各有关机关接洽。（二）本会工作应如何分担案？议决：设立军事、政治、经济、文化等四组分担办理；并推举（1）张邦杰同志为军事组组长，陈幸西、王民宁二同志为组员。（2）李万居同志为政治组组长，谢南光、谢挣强、林鸿鸣三同志为组员。（3）庄希泉同志为经济组组长，王蕴玉、苏铁化二同志为组员。（4）宋斐如同志为文化组组长，林忠、连震东二同志为组员。先后记录在卷，除各组推派代表迳（径）向各有关机关接洽外；理合录案呈请察（查）核备查。谨呈中央党部秘书处秘书长吴。台湾革命同盟会常务委员会。

中华民国卅四年八月卅一日

选自秦孝仪等：《台籍志士在祖国的复台努力》，第295~296页，中国国民党中央委员会党史委员会出版，近代中国出版社，1990年版。

台湾省国庆庆祝大会暨台胞代表林献堂等致蒋主席电

1945年10月10日　自台北发

　　(南京)国民政府主席蒋钧鉴：欣逢国庆，万民腾欢，台省光复，端赖钧座雄途远略，暨政府诸公，国军将士努力奋斗，登我民于衽席，拯台湾于水火，凡我台胞，同心感戴，今晨十时，在本省行政长官公署警备总司令部前进指挥所领导之下，于台北市举行庆祝大会，全场一致通过决议，肃电庆祝，并向钧座致崇高敬意，谨闻。台湾省国庆庆祝大会暨台胞代表林献堂等同叩。

(中华)民国三十四年十月十日

　　选自秦孝仪等：《光复台湾之筹划与受降接收》，第197～198页，中国国民党中央委员会党史委员会出版，近代中国出版社，1990年版。

台湾民众在受降会场外欢呼庆祝的盛况

　　选自中国人民抗日战争纪念馆：《台海民众抗日斗争史实文物图片集》，第122页，台海出版社，2014年版。

十六、支援中国抗战的国际友人

中国的抗日战争是反对日本帝国主义侵略的民族革命战争,是正义战争;中国的抗日战争又是反对全人类公敌世界法西斯势力的战争,是第二次世界大战中反法西斯战争的重要组成部分,是东方的主战场。因此,中国抗日战争从一开始就得到全世界人民的支持和援助。1938年7月,共产国际执委会主席团就曾发表《告全世界无产阶级的宣言》,高度评价中国抗战的重大意义和影响,指出中国人民的解放战争是世界无产阶级和一切先进人类反对野蛮法西斯主义的压迫的总斗争之最重要组成部分,呼吁各国无产阶级从政治上、道义上、经济上积极援助中国抗战,如:在舆论上揭露日军的残酷罪行,组织强大的群众大会,举行游行示威,抵制日货,开展募捐,派遣医疗队来华等等。当时的苏联是最先坚决支持中国抗战的国家,先后与中国签订了《中苏互不侵犯条约》、《中苏通商条约》,在国际上强烈谴责日本的侵略。从"七·七"抗战开始到1942年,苏联向中国提供了1.7亿美元的贷款。1937年11月,就派M·И德拉特文来华,做国民政府的军事总顾问。同年底,苏联志愿飞行人员陆续来华,至1939年2月中旬,在中国上空参加过对日作战的苏联飞行员共达2000余人,其中200余人牺牲在中国的国土上。太平洋战争爆发后,美国成为对中国最大的援助国,英国、法国、加拿大、澳大利亚、比利时、荷兰、瑞士、瑞典、丹麦、捷克、奥地利以及亚洲的许多国家政府或人民也都不同程度地援助了中国抗战。

值得中国人民永远不能忘记的,是许多国家民间的国际友人,他们远涉重洋,风尘仆仆地来到中国,献身中国抗战,他们是:

记者方面:有美国记者A.史沫特莱、AI·斯特朗、E.P.斯诺及夫人,德国记者汉斯·希伯,英国记者G.斯坦因;此外还有爱波斯坦、汉森、福尔曼等外国记者。

医疗队方面:有以白求恩为队长的加拿大、美国医疗队,以阿泰尔为队长、包括柯棣华、巴苏等人的印度医疗队,以弗拉托为队长的波兰国际红十字医疗队(其中有捷克医生德科赫·基希,奥地利医生杜汉,德国医生贝尔克,罗马尼亚医生杨固、古泽娜·克兰兹,保加利亚医生甘杨道等20余人)。此外,还有在八路军总部工作的德国医生汉斯·米勒以及在延安卫生战线工作的马海德医生等。

其他工作方面:英籍教授林迈可,他一直在无线电部队协助八路军工作;新西兰专家路易·艾黎,他发起筹建了中国工业合作促进会,协助中国发展战时工业,他的合作伙伴英国青年何克积劳成疾,病逝在中国;日本作家鹿地亘在对日宣传、教育日俘工作方面成绩卓著,日本的绿川英子在无线电广播、号召日本人民反战方面也做出重要贡献;日本共产党领袖野坂参三和由日俘组成的"在华日人反战同盟"、"日本人民解放同盟"都为中国抗战贡献了宝贵力量。这些国际友人的伟大献身精神可以用白求恩大夫1938年8月21日的一页日记来作为写照:

"今天动手术,我的确累了。一共做了10个,其中5个是重伤……尽管我的确是很累了,但我从来没有像今天这样高兴过。我十分满足,我尽了我的一分力量,我有什么理由不高兴呢?特别是看到自己的生活是如此充实,工作是如此重要,以至于从早上5点半到晚上9点钟,没有一分钟的时间白白度过。这里需要我。

我没有钱,也不需要钱。能和这样一些以共产主义的生活方式的同志们生活在一起,是我毕生最大的幸福。……我已经爱上了他们。我知道,他们也爱我。"①

1939年11月,这位伟大的国际主义战士因一次手术中受感染,在河北唐县不幸病逝。

本专题的这组信函反映了国际友人对中国抗日战争的声援和支持。

注释:

① 参见林治波等:《中国抗日战争秘闻》,第343~344页,京华出版社,2007年版。

1938年,印度援华医疗队来华支援中国抗战。图为他们在延安受到毛泽东的接见(左起:巴苏华、柯棣华、救护会工作人员、木克华、毛泽东、八路军卫生部部长姜齐贤、爱德华、卓克华)。

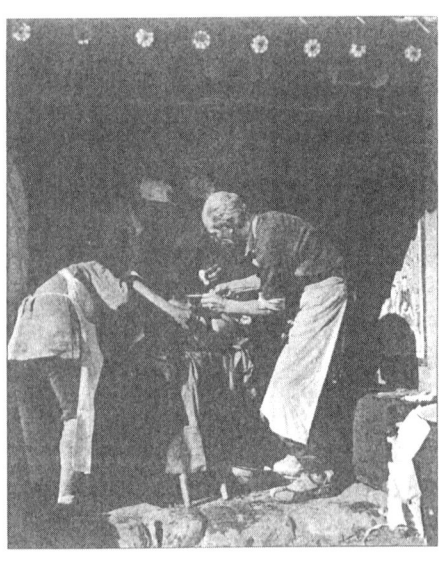

白求恩大夫在为伤员进行手术。

1939年8月,叶剑英(右1)、王炳南(右4)、王安娜(右3)和印度国大党领袖尼赫鲁(右2)在重庆八路军办事处合影。

周恩来与美国作家、记者安娜·路易斯·斯特朗在延安合影。

蒋介石夫妇与苏联顾问团及苏联飞行员合影。

1937年,美国空军退役军官陈纳德来华训练中国空军,后组织"美国志愿航空队",亦称"飞虎队",1942年改为美军第14航空队,对支援中国抗战做出重要贡献。

1942年12月26日,在"驼峰航线"重镇——云南祥云城上空的战斗中,美军飞行员罗伯特·H.莫尼中尉驾驶的P-40战斗机不幸起火,为了不使飞机坠入城中,他顽强控制着飞机飞离祥云,跳机后身负重伤牺牲。

日本女作家绿川英子在中国向日本人民和日本军队广播,进行反侵略战争宣传。

日本共产党员野坂参三(又名冈野进),1937年在延安组织日本人反战同盟,之后又在各根据地成立了反战同盟支部。

在延安创办的反战组织——日本工农学校等3个团体负责人合影。

中共中央致聂荣臻(中国共产党中央委员会悼白求恩大夫)

1939 年 11 月 21 日

聂荣臻同志转白求恩大夫追悼大会：

加拿大共产党员白求恩同志，不远万里来华参战，在晋冀察边区(为)八路军服务两年，其牺牲精神，其工作热忱，其责任心均称模范。因医治伤员中毒，不幸于中华民国二十八年十一月十三(二)日在晋冀察边区逝世。我全党同志，全国同胞，须知白求恩大夫实(是)伟大的英国民族之光荣的代表，英国民族的统治者是帝国主义的资产阶级，但这是少数人。英国民族之光荣的代表者，实是英国无产阶级与加拿大无产阶级及其领袖，英国共产党与加拿大共产党。而白求恩同志，正是加拿大共产党派遣来华参加抗战的第一人。白求恩同志的这种国际主义的精神，值得中国共产党全体党员的学习，值得中华民国全国人民的尊敬。今闻逝世，谨致哀诚。

中国共产党中央委员会
中华民国二十八年十一月二十一日

选自中央档案馆:《中共中央文件选集》，第 12 册，第 199 页，中共中央党校出版社，1991 年版。

毛泽东致埃德加·斯诺①

1937 年 3 月 10 日

斯洛先生：

自你别去后，时时念到你的，你现在谅好？

我同史沫得列②谈话，表示了我们政策的若干新的步骤，今托便人寄上一份，请收阅，并为宣播。我们都感谢你的。

此问

健康!

毛泽东

(一九三七年)三月十日于延安

(根据手稿影印件刊印)

注释:

① 埃德加·斯诺(1905~1972),美国进步新闻记者。1928年来中国。1936年到陕北革命根据地访问。后根据此次采访所得写成《西行漫记》一书。

② 史沫得列,即艾格妮丝·史沫特莱(1892~1950),美国进步作家、新闻记者。1928年以《法兰克福日报》特派记者身份来中国。1937年初访问延安。著有《伟大的道路——朱德的生平和时代》等书。

选自中央文献研究室:《毛泽东书信选集》,第9页,中央文献出版社,2003年版。

毛泽东致任弼时、邓小平

1937年8月19日

弼时、小平同志

斯诺夫人随军赴战地担任向外国通讯的工作,请你们给她以帮助,生活费等事请为解决。

敬礼!

毛泽东

(一九三七年)八月十九日

(致任弼时、邓小平的信(手抄)　选自美国·胡佛图书馆)

选自[日]毛泽东文献资料研究会:《毛泽东集补卷》,第5册,第97页,日本苍苍社,1984年版。

毛泽东致尼赫鲁

1939年8月27日

重庆新华日报转印度国民大会领袖尼赫鲁先生：闻先生到重庆，中印两大民族从此更加亲密团结，为争取两大民族之自由解放而斗争。鄙人谨代表中国共产党与中国人民向先生致欢迎与慰问之忱，并欢迎先生来延安一行，以便亲聆伟论。贵会所派援华抗日之医疗队，现在八路军服务，全军感奋，并致谢忱。

毛泽东　（一九三九年）八月二十七日

选自［日本］毛泽东文献资料研究会：《毛泽东集补卷》，第5册，第97页，日本苍苍社，1984年版。

毛泽东、朱德致印度国民大会

1943年4月5日

印度国民大会诸先生：

中国抗日战争开始后，贵会派遣了一个援华医疗队来华参加中国的抗战，表示对华的极大友谊。这个医（疗）队五人均在八路军工作，四年以来，医疗队诸同志不避艰险，辗转北方战地，他们的艰苦努力和极有价值的工作，使无数中国军民亲睹印度人民的援华热忱。医疗队五人中除已先后返印的三人外，柯棣华大夫因病逝世于晋察冀边区，我国军民失一良友，印度人民失一优秀战士，至堪悼惜。现巴思华大夫返印，特向贵会及印度人民敬致谢意！当此全世界反法西斯战争正在努力争取最后胜利之际，我们希望印华两大民族团结得更加坚固，以便与其他一切反法西斯国家配合作战，借以达到打倒法西斯，解放一切被法西斯压迫的人民，同时即借以解放印华两大民族，获得两大民族的独立。

谨致

热烈的敬礼!

毛泽东

朱　德

一九四三年四月五日

选自中央档案馆:《中共中央文件选集》,第14册,第34~35页,中共中央党校出版社,1991年版。

周恩来致柯棣华① 家属

1943年3月22日

亲爱的朋友:

我谨代表第十八集团军和中国共产党,为柯棣华大夫的逝世,向你们致最深挚的悲悼。柯大夫曾予华北敌后五台区最需帮助的军民以无可比拟的贡献。

柯棣华大夫系于一九三八年受印度国民大会之命,参加其所派遣的印度医疗队,去到延安,于一九三九年进入华北游击区。他在华北曾经过许多地方,最后定居于五台区,成为故白求恩大夫事业的承继者,担任国际和平医院院长,直到逝世。他的中国同志都爱他,尊敬他。为了在抗日游击根据地中之最高贵的任务,为了给伤病战士以兄弟般的友爱,他曾救活了许多抵抗日寇侵入自己祖国的战士的生命,还帮助了许多人免于残废。我们受惠于他的极多,使我们永不能忘。

柯大夫曾是中印两大民族友爱的象征,是印度人民积极参加反对日本黩武主义和世界法西斯主义的共同战斗的模范。他的名字将永存于他所服务终生的两大民族之间。

我们在全体爱自由的人类的共同损失中,分担你们的悲痛。

谨致热烈的敬礼!

周恩来

(一九四三年三月二十二日)

注释：

① 柯棣华(1910~1942)，原名德瓦卡纳思·桑塔拉姆·柯棣，印度人。1938年9月参加印度援华医疗队，来华支援中国人民的抗日战争。1939年2月随印度援华医疗队突破国民党的阻拦到达延安。同年12月赴晋东南抗日前线。1941年1月任白求恩国际和平医院院长。1942年7月7日加入中国共产党。同年12月9日在河北唐县逝世。

选自中共中央文献研究室：《周恩来书信选集》，第226~227页，中央文献出版社，1988年版。

周恩来致毛泽东

1944年7月15日

毛主席：

爱泼斯坦①今日来谈，除答他所提的问题外，还有保卫中国大同盟②的援助，也请你向他提几句，片托他致谢孙夫人及"中保"所有同人。如你能答应写一信给孙夫人托他带去，那就更好。"中保"前昨两年所捐之款及其分配数目附上一单，请参阅。"学疗"③捐款单也附上，但非"中保"所捐，另属于美国"学救"④也。

敬礼！

周恩来

(一九四四年)七·十五

注释：

① 爱泼斯坦，曾是美国记者。1938年6月起在宋庆龄组织的"保卫中国同盟"中担负宣传工作，1944年随中外记者团在延安访问。中华人民共和国成立后，在《中国建设》杂志社工作。1957年加入中国国籍。

② 即保卫中国同盟。它是宋庆龄1938年6月在香港建立的爱国组织。抗日战争期间，保卫中国同盟向国外宣传中国人民英勇抗敌的事迹；为抗日军民和解放区募集捐款、药品、医疗器械及其他必需品；介绍一些国际朋友和国际医疗队到解放区工作。抗日战争胜利后，1945年改名中国福利基金会。1950年改称中国福利会。

③"学疗",是当时中共中央青年工作委员会领导的、由国际友人捐助设立的一个医疗机构,全称是延安学生疗养院。

④"学救",即世界基督教学生救济会。

选自中共中央文献研究室:《周恩来书信选集》,第238~239页,中央文献出版社,1988年版。

宋庆龄为爱泼斯坦签署的介绍信①

1941年(月日不明)

敬启者:爱泼司丹②(Mr. I. Epstein)先生为中国工业合作协会香港促进会执行委员。兹因公须赴重庆,路经粤桂湘黔川各省,拟沿途调查各地合作运动,特介绍前来晋谒,请赐见,并予方便为感。此致

四川省军政长官

宋庆龄

1941年(月日不明)

注释:

① 此介绍信为中文。原件本无时间。1941年为爱泼斯坦生前确定。

② 爱泼斯坦的旧译。

选自顾林敏等:《宋庆龄与爱泼斯坦往事书信选》,第5页,中国福利会出版社,2012年版。

周恩来致董必武① 转外国记者团②

1944年3月9日

董必武同志请转外记者团:

闻你们已被国民政府邀请,组织西北考察团,将来延安参观。我受毛泽东、朱德两同

志及中共中央委托,特电你们表示热烈欢迎,并另通知《新华日报》记者龚澎及十八集团军驻渝办事处交通科长龙飞虎伴送你们来延。何日动身,伫盼电示。

周恩来

(一九四四年)三月九号

注释:

① 董必武(1886~1975),湖北黄安(今红安)人。当时主持中共中央南方局工作,也是国民参政会中共方面的参政员。

② 指当时正在筹组的中外记者西北参观团。其中有美联社、合众社、路透社、塔斯社等外国记者,《大公报》、《中央日报》、《扫荡报》等中国记者以及国民党官员共20余人。该团于1944年6月至10月在延安和晋西北访问。7月下旬中国记者回重庆后,该团又称外国记者团。

选自中共中央文献研究室:《周恩来书信选集》,第232~233页,中央文献出版社,1988年版。

泰戈尔①致日本诗人野口的两封信

第 一 封 信

野口先生:

接读来信,深为惊讶。无论是信的情调抑或内容,同我在阅读你的作品时使我感到敬佩的,以及和你个人接触时使我感到爱慕的那种日本精神都不相协调。想起来令人悲伤的是,那些纠集在一起的军国主义狂热,有时竟会无可挽救地压倒卓有创见的艺术家,而且使真正的理智力量把它的尊严和真诚拿出来奉献给黑暗的战神。

在谴责法西斯意大利宰割阿比西尼亚这件事情上,你似乎是同我的意见一致的。可是你对屠杀几千万中国人一事却作出不同的判断。而判断一件事物一定要根据原则。无论作多少专门的辩解也无法改变这样一个事实,即日本以学自西方的一切最残酷的方法对中国人发动了一场掠夺战争,践踏了作为文明基础的一切道德原则。你声称日本有特殊的情况,却忘记了军事情况总是特殊的,忘记了嗜杀成性的军阀总以为他们的暴行有其独特的正当理由。

人类虽然遭到许多失败,但还是相信一个基本的社会道德结构。因此,当你说到那种"虽然可怕。但为了在亚洲大陆建立一个伟大的新世界而必然要采取的手段"——我想,这意味着把轰炸中国的妇女儿童和毁灭古代的庙宇和学校作为为了亚洲而拯救中国的一种手段——时,你是在为人类开辟一条生活道路,而这条道路甚至在兽类中也不是无法避免的。当然不应该用于东方,尽管东方偶有偏离正道的时候。你是在骷髅的塔顶上建立你的亚洲概念。正如你正确指出的,我是相信亚洲的使命的。但我做梦也没想到可以把这种使命同那种或许可以使帖木尔感到心满意足的行动等同起来。当我在日本演讲反对"西方化"的时候,我曾经把欧洲一些国家培植起来的掠夺

印度著名诗人、作家和社会活动家泰戈尔。

成性的帝国主义,同形成亚洲及其他文明的伟大文化传统和睦邻观念作过对比。"亚洲人的亚洲"这个理论,具有我不愿接受的那种范围较小的欧洲的一切特点。但不具有使我们跨越政治派别的障碍而团结起来的那种广阔的人道精神。

最近我看到东京一位政治家所发表的谈话,他说,日本同意大利和德国的军事联盟是出于"崇高的精神和道义",而"没有物质方面的考虑"。这真是可笑。但是艺术家和思想家们竟能同如此奇怪的感情相呼应,把炫耀武力称为勇敢精神,却并不是可笑的事。即使在战争狂热最高涨的时代,西方也没有缺乏过伟大的人物。他们能够在战争的喧嚣中大声疾呼,用人类的名义公然反抗他们本国的战争贩子。我仍然相信,日本也有这样的人物,虽然我们不能在报上听到他们的呼声。因为这些报纸被迫做着军阀的传声筒,否则便不能存在。

世界大战后一位伟大的法国作家所说的"知识分子的背叛",正是我们时代的一个危险症状。你曾说到日本贫苦人民默默的(地)牺牲和受难,并且得意扬扬地说这种痛苦的牺牲正被利用来出动大炮去侵犯邻人的家园。既然贵国许多知识分子抱有这种看法,贵国政府让他们"自由"表示意见,就不足为奇了。我希望他们能享受自由。在我看来,为了"对未来的生活美景"进行沉思冥想而享受一点乐趣,因而放弃这样的自由而钻进"蜗牛壳"里去,似乎是没有必要的举动。把艺术家的职责和他的道德良知这样分离开来。我是无法苟同的。由于支持一个从事于毁灭生活中一切显著基础的政府而受到特殊宠爱,又同时用一种逃避现实的哲学来推卸任何直接责任,在我看来,这正是现代知识分子背叛人类的另一确实征候。

我知道，贵国人民总有一天会从迷梦中彻底醒悟过来，经过几个世纪的艰苦努力以后，他们将会清除被日本国横行霸道的军阀所毁灭的日本文明的废墟，他们也将认识到，对华侵略战争同日本武士道对内在精神的毁灭相比，后者的严重性是不可比拟的。在模仿来的，带有浓厚西方色彩的日本军国主义面前，中国的立场则显示出一种固有的高尚的道德精神。心胸旷达的日本思想家冈仓，曾经叫我放心，他说中国人是伟大的。今天我比以前任何时候都更深刻地了解到他说这句话的时候为什么那么满怀热情。

你忠实的

罗宾德拉纳特·泰戈尔

1938年9月于孟加拉

圣蒂尼克坦

第 二 封 信

野口先生：

谢谢你不厌其烦地再次来信。你仍然认为值得费心来说服我赞同你的主张，这使我感到荣幸。看来，我们彼此想说服对方都是徒劳的，因为你相信日本有无可否认的权利胁迫其他亚洲国家同意贵国政府的政策，而我却没有你这种信念，我认为那种主张有权把他国人民的权利与幸福作为本国祭坛牺牲品的爱国主义，将危及任何伟大文明的基础。而不会使它得到加强，但我这种信念却受到你的嘲笑。

如果我的话失之尖刻，务请原宥。但请你相信，促使我写这封信的原因，是出于悲伤和羞愧，而不是由于忿(愤)怒。我深深感到痛苦，这并不是因为中国遭受苦难的报道打击了我的心灵，而是因为我再也不能骄傲地指出一个伟大的日本的范例了。诚然，任何其他地方也没有建树起较好的楷模，而西方的所谓文明民族，也已证明是同样野蛮，甚至是更"不堪信赖"。如果你叫我去向这些人请教，我是无话可说的。而我倒愿意能够叫他们来向你请教。

你抱怨说，中国人"不诚实"，所以在散布恶意宣传，而日本人"诚实"，所以沉默寡言。我的朋友，你可知道，善良和崇高的行为是最好的宣传。如果是你们有这样的行为，你就无须惧怕你们的受害者的"诡计"了。假如在贵国人民中没有对穷人的剥削，工人们都感到受到了公正的待遇，你们也就不必恐惧共产主义这个魔怪了。

假如你能使中国人民确信，贵国军队轰炸他们的城市，使他们的妇女儿童成为无家可归的乞丐，只不过是使他们受到一种仁慈的待遇，最后还能"拯救"他们的国家，那你也没有必要再来说服我。让我信服贵国的崇高目的了。你对那些焚烧自己的城市和艺术宝藏（也许还轰炸他们本国公民），以便诽谤贵国士兵的"道德败坏的人"所感到的正当义愤，不禁使我想起当拿破仑进入一片荒凉的莫斯科，看着宫殿在火焰中焚烧时所产生的那种堂堂皇皇的忿怒。你是诗人，至少我可以期望你想象到，一个民族必然是出于非人类所能忍受的绝望，才会甘愿把自己多少年甚至多少世纪创造出来的成就付之一炬。

即使作为一名地道的国家主义者，你能真正相信血淋淋的尸体堆积成山，和炸毁、焚烧了的城市废墟日益扩大，会更易于促成你们两国人民握手提携永久亲善吗？被夺去了打击能力的残废者，就是倒下，但要他忘记如何成为残废的，那我就必须要求他是位天使。

祝愿我所爱的贵国人民不会胜利，但能悔悟。

你忠实的
罗宾德拉纳特·泰戈尔
1938 年 10 月于孟加拉
圣蒂尼克坦

注释：

① 泰戈尔（1861~1941），印度作家、诗人、社会活动家。一生著述丰富，1913 年获诺贝尔文学奖。代表作品有诗集《暮歌》、《晨歌》、《新月集》、《园丁集》、《飞鸟集》，剧作《修道士》、《国王与王后》、《摩吉多塔拉》、《邮局》、《红夹竹桃》，长篇小说《小沙子》、《沉船》、《戈拉》等。他所作歌曲《人民的意志》1950 年被定为印度国歌。

选自林治波等：《中国抗日战争秘闻》，第 339~342 页，京华出版社，2007 年版。

苏联人民声援中国抗日战争的三封信

（年月日不明）

（一）莫斯科"MT"工厂给中国国民革命军第八路军的信

（年月日不明）

亲爱的中国国民革命军第八路军全体战斗员同志们，你们好吗？

你们的人民根据中国共产党的创导而统一起来,予侵入中国领土的日本强盗以英勇抗击。

我们知道中国国民革命军第八路军在组织全中国人民作广泛的游击战争中所起的作用。

毛泽东,(、)朱德的名字闻名我全国。

我们经常可以听到关于你们在前线上英勇战斗的消息的报告和关于最好的斗争经过的报告。根据红色救济会的提议,于一九三八年十二月二十日会作过关于你们前方形势的报告,于报告之后,我们看了《中国抗战》的电影,学生们都很热烈的(地)向你们的战斗员们,你们的骑兵们鼓掌。

亲爱的同志们!

我们希望从这一封信开始,今后经常的(地)和你们通信。

在你们的信中请将你们的生活和斗争写给我们,并请你们的战斗员个别的(地)和我们通信,我们对你们的每一封信都单独的(地)回答你们——我们就这样建立我们的联系——伟大社会主义国家的学生和你们——国民革命军的战斗员们——伟大的新中国的战斗员建立联系,你们将会把日本强盗赶出中国去,把中国变成伟大幸福的国家。

紧紧的(地)握你们在战斗中锻炼出来的手!

敬祝你们斗争的胜利!

你们伟大的人民是不会不胜利的。我们的心永远和你们一起,因为你们的斗争不仅是中国人民的事业,而是所有进步人类的事业。

我们代表全校同学向你们致同志的青年团的敬礼!

(MT)工业学校

(二) 苏联斯大林城红色十月工厂给中国国民革命军第八路军的信

(年月日不明)

亲爱的同志们!

苏联斯大林城红色十月工厂纯钢总账房、工程师们、技师们和职工们,谨向英勇的国民革命军第八路军的战斗员、指挥员和政治工作人员致热烈的敬礼!

战斗员,(、)指挥员和政治工作人员诸位亲爱的朋友们,我们向你们报告下列的消息:

一九三九年三月十七日我们召集了纪念大会,纪念有历史以来的《三一八》——巴黎公社纪念日,纪念六十八年前光荣牺牲了的公社社员们。我们俯首纪念牺牲了的社员们,并且我们也纪念贵军中为自由独立而斗争、牺牲于现代刽子手(日本武士道)手中的英雄们。

亲爱的朋友们,我们相隔遥远,就是说距离一万多公里,但是我们每天都注视着你们的斗争。我们经常从报纸上,得到你们英勇进展的消息,得到关于你们怎样战胜帝国主义狼群——日本武士道的消息。

你们所获得的胜利使我们非常感动,因为这些胜利是接近我们,因为你们为人权,为生存,为民族独立而斗争。

……

战斗员,(、)指挥员和政治工作人民诸位亲爱的朋友们,祝你们在你们的斗争中获得胜利,并希望写回信给我们,叙述你们的生活、学习以及自己的英雄们和自己的胜利吧!

紧紧的(地)握你们的手!

你们的朋友们:1 马克西莫夫　2 隆毛恒　3 坡子得洛夫　4 莫劳金　5 它拉索瓦　6 劳曼宁柯　7 吉森柯　8 聂克拉所夫　9 汝柯夫　10 毛古今纳　11 依吾身　12 巴尼巧夫　13 拉胞特金　14 客塞名夫　15 塞瓦斯仙纳夫　16 雅马索夫　17 苦予聂索夫等(人名之间应加顿号)四十九人签名

(三) 列别景斯克师范学校学生、
教职员给英勇的中国国民革命军第八路军的信

(年月日不明)

在巴黎公社和红色救济会纪念日,我们列别景斯克师范学校全体学生、教职员向你们——亲爱的同志们,致热烈的兄弟的敬礼!

我们和我们社会主义祖国全体劳动者,庆贺你们为自由解放而反对日本武装干涉者之强盗劫掠以及你们在艰苦斗争中所获得的胜利。你们又(有)为祖国的独立而斗争的伟大的爱国主义,日本(武士道)进占你们的领土,企图夺取全中国,伸手侵犯你们的独立,但他们是妄想的。我们相信英勇的人民和英勇的中国军队,一定能保障自己的民族独立,并且予日本武士道以沉重的打击;这种打击的严厉,也正如苏联红军在哈桑湖左近给日本所受到的打击一样。

……

亲爱的同志们,你们进行民族的革命解放斗争,进行从日本侵略者被迫下解放出来的斗争。你们进行反日本法西斯的斗争,进行解放全世界劳动群众的斗争。我们热烈的

(地)希望你们胜利并深信你们是会得到胜利的。

为自己的独立而斗争的英勇的中国人民万岁!

红色救济会万岁!

共产国际万岁!

1 鲍布柯　2 皮林宁考夫　3 聂依凡诺夫　4 高老十喀　5 喀木前诺夫　6 减依秦柯　7 木黑喀等(人名之间应有顿号)三十九人签名

(上述三封信年月日不明)

选自中国人民抗日战争纪念馆:《抗战时期苏联援华史论》,第33~36页,社会科学文献出版社,2013年版。

十七、抗战时期的中苏关系

中国和苏联分别是第二次世界大战亚洲和欧洲的主战场,都为取得这场反法西斯战争的最终胜利付出了巨大牺牲,做出了重大贡献。共同的命运和历史的责任把两国人民紧紧联系在一起,在并肩战斗中用鲜血和生命结下了深厚友谊,奠定了两国人民世代友好的坚实基础。

"卢沟桥事变"发生后,苏联作为世界上第一个社会主义国家,最先公开表态支持中国抗战并为中国军民提供援助。据统计,1937年至1939年,受命来华的苏联顾问有336人①;1937年10月,由254名苏联飞行员和机械师组成的第一批苏联空军志愿援华队来华,到1939年2月,来华参加过对日作战的苏联飞行员共达2000多人②。其中,以轰炸机大队长库里申科和歼击机大队长拉赫曼诺夫为代表的200多名飞行员血洒长空。这一时期,苏联援华工程技术人员达3000多人,此外还有为输送援华物资驾机、开车来华者达数千人次。

在经济和军事物资援助方面,1938年至1939年,苏联向中国提供了三笔年利为3%的贷款,总计2.5亿美元,这是当时国际上最低的贷款利率(英美后来对华贷款利率均在4%以上)。1937年9月至1941年6月,苏联向中国提供飞机924架(其中中型和重型轰炸机318架,驱逐机562架,教练机44架)、坦克82辆、牵引车602辆、汽车1516辆、大炮1140门、轻重机枪9720挺、步枪5万支、子弹约1.8亿发、炸弹31600颗、炮弹200万发以及其他军用物资。③而当时苏联也面临着十分严峻的国际环境,诚如美国学者加沃所评论:"在苏联匆忙准备战争之际,这些出口相当于一种重大的牺牲。"④

本专题收录的四组函电以国家关系为主线,兼顾党际关系,特别是共产国际与中国共产党的关系,试图反映抗日战争时期中苏关系错综复杂的整体形貌。我们从这些往来信函中可以看到:第一,苏联积极支援中国的抗日战争,这是抗战时期中苏关系的主导方面。客观地说,苏联援华抗日一方面是基于国际主义精神,另一方面也缘于维护其国家利益的需要,即避免陷于两线作战的境地。受这一战略制约,在国家关系方面它既要支援中国抗战,又要避免引起日本的过激反应,乃至被卷入对日战争;在党际关系方面,它既要支援八路军和敌后抵抗,又要避免刺激国民党。因此无论是政府间援助,还是党际间支持,都有一定的限度。第二,出于维护其国家利益的考虑,苏联在支援中国抗日的同时,也做过不利于中国抗日,甚至损害中国国家主权的事情。例如,1941年4月13日与日本签订《苏日中立条约》;1945年8月14日根据美英苏三国达成的雅尔塔秘密协定,与中国签订《中苏友好同盟条约》,以国民政府同意外蒙古独立、将旅顺军港租借与苏联、将大连港作为自由港、东北铁路由中苏共管为交换条件,对日宣战。斯大林时期苏联表现出的大党大国主义和民族利己主义,逐渐加深了中苏之间的裂痕,这些历史积怨为日后中苏论战的爆发埋下了隐患。

注释:

① 中国人民抗日战争纪念馆:《抗战时期苏联援华史论》,第99页,社会科学文献出版社,2013年版。

② 中国人民抗日战争纪念馆:《抗战时期苏联援华史论》,第105页,社会科学文献出版社,2013年版。

③ 中国人民抗日战争纪念馆:《抗战时期苏联援华史论》,第61页,社会科学文献出版社,2013年版。

④〔美〕约翰·加沃:《中苏关系1937~1945》,第49页,1988年英文版。转引自王真:《实事求是,尊重历史——怎样以科学的态度研究抗战时期中苏关系的是与非》,载《抗日战争研究》,第94页,2001年第4期。

1941年11月7日,为了庆祝十月革命24周年,重庆外交团体举行各项活动。图为苏联代表团拜会国民政府军事委员会主席蒋介石。抗战爆发后,美英各国采取实用主义外交,不仅不制裁发动侵略战争的日本,反而趁机发战争财,继续输出战略物资到日本。只有苏联,基于防止日本侵略的共同战略目标,军援中国抗战。日本侵华后,苏联派遣"空军志愿队"来华参战,由阿沙诺夫将军率领四队战斗机和两队轰炸机,先后参加了南京、武汉、顺德、广州、南海等战役。

1945年7月,苏联外长莫洛托夫(左2)在机场迎接中国政府行政院院长宋子文(右2)和外交部部长王世杰(右1)访苏。经过双方谈判,缔结了《中苏友好同盟条约》。

1945年8月8日,苏联对日宣战,次日出兵中国东北,向日本关东军发动进攻。图为《新华日报》关于苏联对日宣战的报道。

杨杰、张冲致蒋介石

1937年9月14日

南京。急。委员长蒋钧鉴:密。寒电奉悉。(一)第一批重轰炸机三十一架,于日内起飞,本月二十五日前起完;第二批重轰炸机三十一架,于十月五日前起完;第一批驱逐机一百〇一架,于十月一日起飞,十日飞完;第二批驱逐兼轰炸机六十二架,于十月二十五日前起完,机枪、炸弹及附属品均全。又重轰炸机尚在交涉中。(二)教官、技师等均陆续随机赴兰,招待及教练学员请先派定,王叔铭等已开始学习,亦随机飞回。(三)在俄境内,俄方备油,新境内由我方令盛督办垫款向新苏贸易公司购油,安西以东,由我方备八七号油,请电盛照办。职已派沈德燮、姜畏三两人随先遣机赴迪,与盛协办机场及油件。(四)坦克车八十二辆、防坦克炮四五公厘口径二百门及高射炮一营,已商妥待运,前电请商法方协助海运,乞将结果示知,以便转告苏方起运。(五)苏对我甚佳,并无新变化,已将钧座决心向彼声明。(六)据伦敦广布,德派三机到阿富汗及新疆,寻前失事之欧亚试航机,盛督办曾对职言,有欧亚机在疏勒失事,请阻止德方毋借词派机入新,以免刺探中苏间之军运。(七)以上各物估值已达一万万元,职等今提议进行方针,乞示遵。职杨杰、张冲叩。寒亥。印。

(1937年9月14日)

(录自总统府机要档案)

选自秦孝仪等:《中华民国重要史料初编——对日抗战时期·第三编:战时外交(二)》,第465~466页,中国国民党中央委员会党史委员会出版,1981年版。

蒋介石致蒋廷黻

1937年9月20日

莫斯科。蒋大使。转杨、张①二兄:续定飞机以驱逐机为主,请再订驱逐机一百五十架、重轰炸机三十架为盼。驱逐机第一批能否提前出发应用？甚急也。中正。号。

（1937年9月20日）

（录自总统府机要档案）

注释：

① "杨"为国民政府军事委员会参谋次长杨杰。"张"为中国国民党中央执行委员会委员张冲。

选自秦孝仪等：《中华民国重要史料初编——对日抗战时期·第三编：战时外交（二）》，第467页，中国国民党中央委员会党史委员会出版，1981年版。

杨杰、张冲致蒋介石电（摘要）

（报告洽商驱逐机应急情况）

1937年9月20日

（1）号电奉悉，当即向苏洽商驱逐机应我急需，马日运十六架，其余偕轰炸机陆续运兰。

（2）巨型四发动机超重轰炸机一再交涉，已允拨六架，航力十六小时，可搭载四十武装兵，加聘高级教官、技师六员。

（3）海运物品由苏备轮运往海防，法方如何答复？乞示。莫斯科蒋大使。

（1937年9月20日）

蒋委员长批示：复。莫斯科。蒋大使密转杨、张二君：号、戍电悉。法国尚无确切答复，待其复到即电告。中正。

（录自总统府机要档案）

选自秦孝仪等：《中华民国重要史料初编——对日抗战时期·第三编：战时外交

(二)》,第468页,中国国民党中央委员会党史委员会出版,1981年版。

蒋介石致蒋廷黻

1937年9月29日

莫斯科。蒋大使转杨次长、张委员①:轻机关枪需用甚急,可否购买一万枝,配足子弹,与第一批武器同时起运更好。中正。艳。

(1937年9月29日)

(录自总统府机要档案)

注释:

① "杨次长"为国民政府军事委员会参谋长杨杰;"张委员"为中国国民党中央执行委员会委员长张冲。

选自秦孝仪等:《中华民国重要史料初编——对日抗战时期·第三编:战时外交(二)》,第468页,中国国民党中央委员会党史委员会出版,1981年版。

杨杰、张冲致蒋介石

1937年11月24日

……(一)志愿飞行员及技师现苏方减为二百三十三员,现已起程,又教官等亦已离莫来华。(二)由阿飞兰之机计轰炸机十五架、驱逐机二十架,今晨若气候许可,超重轰炸机六架亦将由阿起飞。双翼机在赶制中,约一个月可全部完工。(三)汽车已出发五百辆,现抵迪化附近,数日内将续发二百五十辆。(四)收买汽车千辆事,苏方允向伏元帅请示后答复,惟现已增拨一百辆,连前三百辆,共四百辆。(五)无线电通讯车,军用电话机,被复线交换机等,已向苏方交涉。(六)海运各物遵谕装两船,已电顾大使,约该船于十一月五日驶抵敖得萨装运。(七)苏方请预支华币五十万元,除已汇迪三十万元外,请再汇二十万元,交盛督办转古赤少校。(八)生锡一节已将南产北运困难情形向苏方婉述,惟彼称,苏联军需工业需锡甚殷,于将来对华续济军火关系尤切,拟恳设法采集,由轮运往南俄,可否?乞示。……二十六、十、二十八发。

此电连同本月灰电一并由阿城刘庚领兄妥寄来莫,原电系张委员起草,经次长杨修正译发后,张委员亲自取去,现再[将]抄件寄来。

(中华民国)二十六(年)、十一月二十四[日]

选自中共中央党史研究室第一研究部:《共产国际、联共(布)与中国革命文献资料选辑(1938~1943)》,第20卷,第90页,中共党史出版社,2012年版。

张冲[①]致蒋介石(转达苏联对中国抗战的态度)
1937年11月18日

即到南京。委员长蒋钧鉴:职返国途中止在阿阻雪,恐迟滞,先将最要点电呈。本月蒸晚,职与伏氏[②]宴别时,嘱转呈:(一)如吾抗战到生死关头时,俄当出兵,决不坐视;(二)飞机、重炮、汽油、坦克等当继续尽量接济维护,为减少运输困难及途中无谓损失计,拟按月车运飞机发动机及战车主要机件,到华就地装配,计月可出飞机百至百五十,其他军火亦多,如此可以长期抗战。可否饬检查南昌、杭州飞机工场及汉阳、巩县兵工场,将机器集中安全地带,俄方当派技师多人来华装造,余俟面陈。雪止后即同王叔铭飞京。职张冲叩。巧。毛邦初。号。转发。印。

(1937年11月18日)

(录自总统府机要档案)

注释:
① 张冲时任中国国民党中央执行委员会委员。
② 伏氏,即伏罗希洛夫元帅。

选自秦孝仪等:《中华民国重要史料初编——对日抗战时期·第三编:战时外交(二)》,第338~339页,中国国民党中央委员会党史委员会出版,1981年版。

斯大林、伏罗希洛夫致蒋介石(关于苏联为何不能马上对日作战等)

1937年12月(日期不明)

转蒋委员长:卅电悉。(一)苏联政府之方针:假使苏联不因日方挑衅,而即刻对日出兵,恐将被认为是侵略行动,是将日本在国际舆论的地位马上改善。现在日本是侵略国,世界舆论因此就反对他,苏联如不因日方挑衅而对日出兵的时候,日本反而要谓自己是侵略国之牺牲者,此将予中国与苏联以不利。(二)只有在九国或其中主要一部,允许共同应付日本侵略时,苏联就可以立即出兵。因为在该时,世界舆论要认苏联行动是保护法律及正义之当然的行动,而日本在该时不能自谓为被侵略之牺牲者,世界同情不归日本。(三)苏联政府之上述态度,只有苏联国最高苏维埃才能将他改为立即出兵的态度,而最高苏维埃会议最迟在月半或二月举行。(四)在此一月半至二月短期中,我们决定用种种途径及方法,极力的(地)增加对中华民族及其国民政府之技术援助。

(一)关于委员长与德国大使陶德曼谈判,我们以为中国政府只好采取下列态度:1.中国向不想而不愿打仗,然而他被攻击,不得已来保护其民族之独立及领土之完整;2.攻击者仅日本而已,虽然如此,日本如撤回其侵华中及华北之军队,并恢复卢沟桥事变以前的状态时,中国为和平利益计,不拒绝与日本实行和平谈判。3.日本如果实行上述先提条件的时候,中国国民政府就允许谈判两国间一切问题。

(二)德国调停行动之估计如下:1.德国愿意救出现在的日本政府,并予他以休息机会;2.现与日本缔结任何停战协定,日本必首先破坏,由此可知日本只要敷衍时间,而德国从旁帮他;3.中国政府之任务,是以伟大民族的政府之资格来讲话,而不屈服于威胁。史大林、伏罗希洛夫。

(1937年12月)(日期不明)

(录自总统府机要档案)

选自秦孝仪等:《中华民国重要史料初编——对日抗战时期·第三编:战时外交(二)》,第339~340页,中国国民党中央委员会党史委员会出版,1981年版。

蒋介石致斯大林、伏罗希洛失(要求苏联对中国抗战以实力援助)

1937年12月6日

莫斯科。蒋大使转杨次长。信密。转史(斯)大林先生、伏元帅钧鉴:尊电诵悉。示以至诚,无任感佩。对德调停之答复,正符鄙意,当不被敌所欺,请勿念。尚望贵国最高苏维埃能予中国以实力援助,早奠东亚和平之基也。蒋中正。鱼。机京。

(1937年12月6日)

选自秦孝仪等:《中华民国重要史料初编——对日抗战时期·第三编:战时外交(二)》,第340页,中国国民党中央委员会党史委员会出版,1981年版。

杨杰、张冲致蒋介石

1937年12月21日

委座钧鉴:兹将最近在苏工作情形摘要胪陈于下:

(一)钧座〇电嘱向苏方商洽二十个师兵器之供给事,职连日与伏罗希洛夫元帅面商,结果如下:

甲、二十个师之兵器,除步枪由我自备外,苏方供给每师十一公分五重炮四门,共计八十门,每门附炮弹一千发,共计八万发;每师七六公厘野炮八门,共计一百六十门,每门附炮弹一千发,共计十六万发;每师三七公厘防战车炮四门,共计八十门,每门附炮弹一千五百发,共计十二万发;每师重机关枪十五挺,共计三百挺;每师轻机关枪三十挺,共计六百挺,共附枪弹一千万发;双翼驱逐机六十二架,并附武器及弹药全副。飞机及轻武器弹药之一部,已下令即日开始陆运,余仍租轮由海道运华,但伏帅以在海防卸货较为安全,请饬向法方交涉准予通过安南。此项货品需载重十六吨货车约一千辆,请早为筹定,以便接运。

上项每师配备之兵器,与职提陈伏帅面商之原案,相差极大(尤以机关枪数相差为多),伏帅以现代师之编制,以富于灵动性及精于运用火力为主,不必过于扩大编制为词,职再四说明敌方装备之优良,请保留请示后再为决定。

乙、上项各武器代价,仍如上次所定。苏方本请我付予全部现金或一部分现金,职再三申述中国在激烈抗战期中,现金筹集既难,消耗复巨,苏联不惟为中国之诚挚友邦,且系我民族抗战之积极声援者,当能理解中国所处之困难环境而仗义相助也,苏方对此深为谅解,但请我尽量供给锡、铅、钨、锑、镍、铜等金属原料,不足之数,以茶、生丝、棉花、羊毛、牛羊皮等补充之。请指定专员,负责办理。

愚见:如能经常供给苏联以上述各项原料,则此后向彼续商接济军火,当较易办到。盖苏联军需工业对上项金属原料甚感缺乏,若能补充其所缺,自可供我所需矣。

丙、双翼机六十二架,已到哈密装配,现又允让六十二架,可编为四大队,已派定人员组织(苏方已派定空军志愿参战员一大队,约百五十人来华),惟到华技师仅三十人,当再增派。又:伏帅对新编二十师之专门人员甚关心,彼曾询问:此二十师是否需要专门人员(如炮兵教练等)。若然,则所需者为何种人员?其数量若干?请示知,以便转告。

丁、订购二百万加仑汽油一节,苏方称:事属商业范围,与军部职掌有别,请与苏联驻华大使馆商务员直接商洽等语。请饬主管机关向苏联商务机关商洽办理,但须提出汽油种类、详数。

(二)前苏方因应我之需要,尽量供给军需各品,彼曾要求对于轻重机关枪一千架、弹一万发、载重汽车陆运费及防毒面具二十万个、通讯材料等以现金购买,至今未闻我方之答复,殊以为虑。究应如何答复,乞示,以便转商。

(三)前次报告苏方代为设计在华创办一飞机制造厂,发动机由苏供给,月出飞机五十架至一、二(一二)百架。刻苏方一面调查中国飞机制造之状况,是否能利用,一面设计,拟在长沙或衡阳设厂,据称半年后可以出品。

(四)炮厂亦为苏方承许在中国旧兵工厂内添设机器,制造各中、小口径之炮,直至能出十五生的重炮为止。如钧座认为可办,苏方当派专家到中国设计制造。

(五)汽油为抗战中不可须臾缺之品,愚见:苏联在新疆已有调查,如钧座以为可以开采,由华自办,利用苏方专家及机器,在短期内亦可采出,以供军用。

(六)由阿拉木图至凤翔间已有公路,如能撤去不用之铁道于凤翔公路向兰州铺设,似于军运有利,在长期抗战中,如欲另辟一欧、亚间之直通交通线,则与苏方商洽合资敷设此段铁道,亦为要图,未悉当否。

（七）总(综)合与苏联当局讨论参战问题,目前苏联不能参战之理由：

1. 中日战争,世界皆认日为侵略者,同情于中国,若苏联加入,则变为日俄战争,英美更为观望。

2. 苏联原欲造成一反法西斯蒂之战线,奈英、美、法皆存观望。彼认为此战线不能造成以前,彼无保障,深恐应付东西两方之战事,危险殊大,尤以英国为可虑。

3. 英不愿华与日及俄胜利,尤其希望日俄战争,日胜或助俄,若俄胜,彼或助日,故苏对于英,颇深疑惧。

4. 职曾提出意见,苏联认为对日作战既有种种顾虑,可否另用一有效方法刺戟日本或联合有利害相同之国家出面干涉,以利中国之抗战。伏帅称:于苏联国会开会时提出讨论(一个月后,苏联国会可以开会)。

总之,欲使苏联参战,职见:必须造成使苏联不能不参战之环境。其制造之法:第一、( )想法使英、美为其后援或使有西欧安全之保障。第二、( )中苏关系益密,日方感觉不利,对苏联挑衅,则苏联不能忍受,彼必起而与之周旋矣。谨呈。恭谨

崇绥

职　杨杰谨肃
中华民国二十六年十二月二十一日于莫斯科

选自中共中央党史研究室第一研究部：《共产国际、联共(布)与中国革命文献资料选辑(1938~1943)》,第20卷,第95~97页,中共党史出版社,2012年版。

蒋介石致斯大林

1938年5月5日

绝密

莫斯科,副总参谋长杨杰转
斯大林先生和伏罗希洛夫元帅

由于你们多次给予了全力支援,中国在对日作战中才能坚持到现在。敌人遭受了重大损失。

对于贵国的互助精神和支持弱小的行动,不仅我个人感激不尽,所有的官兵和人民大众也都无限钦佩和感谢。

现在中国缺少许多武器,特别需要飞机。我本人曾和贵国大使谈及此问题,同时电告杨杰,让他开始关于从贵国获得大宗武器和飞机贷款的谈判。我要求他申明我们愿意缔结正式的贸易信贷协议。我想,对此你们已经知晓。

中国上述的愿望和请求与贵国的精神一致。如果从通常的贸易方法和正常的国际关系的角度来考虑,上述请求不可能满足,因为既然我们不能提供现金,也就不能得到商品。中国对此当然十分理解。对于过去以贷款的形式得到的武器,我们尚未最终付清,也不曾补偿大量运货的开支。对于此种情形,我甚感不安。

然而中国深信,苏联拥护和平和正义。中国和苏联在东亚政治局势方面有着共同的利益。我们认为,中苏之间的关系超出了一般友好关系的范围。中国和苏联是患难与共的朋友,我深信您亦忧我们所忧。故斗胆向您提出上述超出常规的请求。

我很抱歉没能及时付清以前你们预先贷给我们的款项。请您相信中国没有可以送出国的现成黄金。如果略有可能,那我不等您提醒早就全部付清了。贵国热诚相助,中国为保全国与国之间信任着想,岂能稍有耽搁。和平时期不难筹款,而现在战争正激烈进行。前方决定战争胜利的手段是武器和战士,后方在战争进程中要依赖资金周转的稳定。中国特别缺少现成的黄金,如果马上转汇如此巨大的数额,则难以保持中国的国际货币结算汇率,中国的整个经济将会受到打击。那时尽管军队充满决心,却无法战胜敌人。因此,我们当然希望贵国援助武器并深刻理解中国当前的极端困难。我们为保持国家的经济实力而采取的措施更是一言难尽。

在收到要求加快偿还垫付的商品及其运输的 3200 万预支款的电报之前,我本人曾对德拉特温武官说,中国虽然实在不能立刻还清,但需要编制详细的结算,并准备在可能时全数偿还。

现在我愿向您宣布,中国决定并已调拨 3200 万中国元,作为补偿款项以便紧急购买这一数额的商品。这不至于影响中国的国际结算汇率,也能维持经济的正常状态并顺利地继续进行战争。

贵国定会理解中国采取这一措施的难处并予以同意。

真诚请求你们尽快同意签订以贷款形式提供武器和飞机的协议,并开始成批装运,这将提高我们军队的士气和战斗力。特别需要的是飞机,现在中国只剩下约 10 架轻型轰炸机。由此可知对飞机的迫切需要。请求首先以贷款的形式提供轰炸机和发动机,对此我们已经达成一致,并且要赶快运到中国。

对于余下的所有武器也请尽快缔结协议并付诸实现。为使对日作战不致半途失败，为使贵国慷慨给予中国的援助不致因拖延时日而失去意义，这样做是必要的。全中国的军队和人民永远不会忘记贵国在极其艰难的时刻给予的援助。

我深信您出于原则上的考虑将会满足我的请求。请将您的答复亲自交给杨杰并由他发电报转我。

祝您成功并祝健康！

蒋中正（蒋介石）

1938年5月5日于武昌

电文无误，元帅（杨杰）

1938年5月8日

附录

伏罗希洛夫给斯大林的送件便函[①]

1938年5月9日

斯大林同志：

今天杨杰曾来我处，带来他收到的蒋介石给你和我的电报。现附上电报。杨杰口头复述了蒋介石的电报并补充道：前线深感轰炸机不足，请求尽快提供65架这种飞机。此外，他还要求快些对蒋介石关于5亿新贷款条件的电报做出回答。杨杰谈了以下几点：1）贷款将用中国货币支付；2）规定只用于向我们购买武器；3）偿还条件为每年偿还5000万美元，另加付全部债款总额的　％[②]。接着他告知，蒋介石和政府未征询他的意愿就任命他为大使，他请求在这新的、尚不习惯的职务上和其他方面给予帮助。

1938年5月9日

注释：

① 便函附在蒋介石电报的后面，写在国防人民委员会公文用纸上。

② 原文如此。

选自中共中央党史研究室第一研究部：《共产国际、联共（布）与中国革命文献资料选辑(1938~1943)》,第20卷,第191~193页,中共党史出版社,2012年版。

斯大林、伏罗希洛夫致蒋介石电

1938年5月10日　杨杰转

　　杨杰上将请转中国陆海空军总司令蒋介石元帅勋鉴:吾人完全理解中国金融财政之困难情况,并亦已顾虑及之。因之,吾人对武器之偿价,并不要求中国付给现金及外币。然吾人愿得中国之商品,如:茶、羊毛、生皮、锡、锑等等,吾人深知此类商品,中国能供给苏联,而对中国之国民经济与国防无若何妨害。因此,希望中国供给此类商品。

　　关于苏联方面援助一节,丝毫不必疑虑,苏联当(尽)其一切可能,援助在反抗侵略者的英武解放斗争中之伟大的中国人民。

　　阁下所要求之飞机,当即运送。关于给予中国以新信用贷款问题,将付苏联最高机关讨论,吾人希望能底于成。

　　请接受吾人热烈敬礼,恭祝康健,并庆在中国解放斗争战线上之迭获胜利。

史太(斯大)林　伏罗希洛夫
一九三八年五月十日

(中国第二历史档案馆藏)

选自《民国档案》,第47页,1985年第1期。

孙科[①]致蒋介石(报告与苏联对外贸易部长正式签订远东通商条约及其内容要点)(摘要)

1939年6月17日

　　本日兴业与苏联政府全权代表对外贸易部长米科扬正式签订远东通商条约。
　　本约全文及说明并关于发表此项消息之文稿及日期,容当另电详陈。
　　中苏商约全文已请大使馆在廿日以前电达。近年来苏联对于商约,均依对外贸易部主持,不经外交部,此次亦复如是。

商业范围,仅限于通商、航海,凡有关于侨务、设领事项,均须另行商订。商约内容,均系互惠。惟苏方提案,系规定苏联有在中国首都设立商务代表处之权,并可在天津、上海、广州、汉口、兰州设立分处。而关于中国方面,则未提及。科当根据互惠原则,要求中国在苏联亦有此项同样权利。苏方以为对外贸易,为苏联国营事业,与中国情形不同。商务代表处代表苏联政府在中国办理两国一切贸易,除易货外,并代表政府收购其他货物。中国在苏联事实上无设立商务代表处之必要,若因办理易货,在大使馆内设立商务参赞,苏联决不反对。

且苏联与英国一九三〇年所签订之商务协定,已先有规定。苏波通商条约,虽有波兰得在苏联设立保护商务代表机关之规定,但于该约批准时亦已取消。总之,欧美各国无一国在苏联设立商务代表处者。

科意我国抗战,苏联援助独多,缔结商约为表示中苏作进一步提携。且苏联在重庆使馆内已设立商务代表办理中苏易货事宜,并已在兰州设立分处,约中明白规定亦系根据既成事实,于我国当不致有何不便,故即同意照办。

(中华)民国二十八年六月十七日

(录自总统府机要档案)

注释:
① 孙科时任立法院院长。

选自秦孝仪等:《中华民国重要史料初编——对日抗战时期·第三编:战时外交(二)》,第413~414页,中国国民党中央委员会党史委员会出版,1981年版。

蒋介石致斯大林
1939年6月22日

由于您领导下的苏联全体军民的深切同情,给予我们物质上合(和)精神上的支援,使得我们能够进行长期的解放斗争。为此,我们向您深表谢意。

特别是由于不久前签订的协议,中国得到更大的援助,对此永远难以忘怀。

现在解放战争进入了第二阶段。敌人的兵力消耗殆尽,正处于灭亡的边缘。我们在竭尽全力驱逐掠夺者和维护正义的同时,仍一如既往希望苏联作为中国的特殊好友,能够进一步带领在远东有利害关系的国家,对日本进行有效的制裁。

现在,最受尊敬的贵国,正与英国和法国进行缔结反侵略协议的谈判。如果这一协议涉及远东,则由此将完成一件人类历史上的伟大事业。

我们的前领袖孙逸仙临终时给友好的苏联国家留下了一封信,信中表达了他的深切希望,希望进步的革命国家帮助中国完成国民革命,从而使弱小民族获得解放。我深信您无疑会这样做。

(1939年6月22日)

选自中国人民抗日战争纪念馆:《抗战时期苏联援华史论》,第86~89页,社会科学文献出版社,2013年版。

孙科致蒋介石(报告史达(斯大)林委员长已允派党政军顾问来华及苏方供给武器之范围)

1939年7月1日

重庆。委员长蒋钧鉴:卅电奉悉。(1)蔡、张二员卅晚飞抵莫,当即告知苏方,第一批货务赶于月初启运,计程七月杪可望到达仰光。(2)顷承米科杨面告,史(斯)先生对钧座提请派遣党务、政治、军事顾问事,业已慨允,将先更调军事顾问,并考虑党政顾问人选,俟决定续派。(3)昨奉有电所提增订炮兵所需各兵器,米部长允予照办,分批运送。(4)敬之兄艳电悉,第一批货系苏军部审查我方计划后提经政府决定者,与我所求略有出入,因苏方供给武器,均视其国防需要而定,须于彼国防实力无损始割让,以济我急,故向苏订货,不能视与商人订货比,我所需步、机枪除一批已订者外,所差尚巨,仍候苏方续为决定。孙科。东。印。

(中华)民国二十八年七月一日

(录自总统府机要档案)

选自秦孝仪等:《中华民国重要史料初编——对日抗战时期·第三编:战时外交(二)》,第423~424页,中国国民党中央委员会党史委员会出版,1981年版。

杨杰致蒋介石

1939年8月20日

重庆。委员长蒋:寒、铣两电奉悉。密。一、与苏国防、贸易两部办妥之点谨呈于次:(甲)借款动用起息之契约,于本日签订完竣。(乙)俄货运船租金计一九二五镑,本日由苏贸易部垫出交职,当即电汇伦敦,直接交该公司,惟租船签约,苏方仍坚持用中国之贸易公司名义签字,方能保密,职已去电与郭秉文,请其在伦敦与船公司签订,恳即电饬郭遵办,以利事机。(丙)英、法、苏谈判内容,伏帅已告知一部,坚约不用文电,由职返国面阵(陈),余再约期面告。又称苏运华之飞机计E+五三十架、E+六三十架、SB三十六架、远航重轰炸机十二架,余亦陆续起飞等语。二、阿氏提供各货,刻积极打包,并租定五千吨之商轮(Boug aroni)装载,但要求职赴波兰签一信约。查阿氏提供之货,约值百六十万镑左右,包运等费皆系一人垫出,我即无官厅担保,自应前往签字,以重信义,期在必行,已电复廿四日前往面签外,恳祈准予照办。三、职原呈明廿一日由莫起程,现因上述两项要务赶办未完,且均非他人所能代办,势不能不稍延数日,并乞俯鉴愚诚,一并核准,不胜感祷。四、苏外交部本午正式向职提出巴牛士津为驻华大使,嘱转请我政府予以同意,并称巴牛士津系骑兵学校及陆军大学校出身,有师长衔,在中国抗战期间,该员必能以其军人本色,忠实诚密,贡献于中苏两国,该员现已到渝,即苏国务院派赴中国之实行中苏商约问题临时代表等语。职杨杰叩。号。

(1939年8月20日)

(《战时外交》(二)①,第519~520页)

注释:

① 即秦孝仪等:《中华民国重要史料初编——对日抗战时期·第三编:战时外交》(二),第519

~520页,中国国民党中央委员会党史委员会出版,1981年版。

选自秦孝仪等:《中华民国重要史料初编——对日抗战时期·第三编:战时外交》(二),第519~520页,中国国民党中央委员会党史委员会出版,1981年版。

蒋介石致斯大林

1939年8月26日

斯大林先生:

您6月19日的亲笔来信①收到了。为崇高的友谊向您表达无限的谢意。

对于我们在艰苦的条件下进行保卫战争的、处于孤立状态的军队来说,苏联是惟一为解放被压迫民族而斗争的国家,自始至终被寄于真诚而热切的期望的国家,而且是您亲自领导着全世界保卫和平事业的斗争。

在争取民族解放斗争将要取得的胜利中,全中国各民族永远不会忘记贵国的真诚援助和在为伸张正义的斗争中您的卓越领导。

苏中两国的伟大人民对于维护全面和平和正义负有同样责任。

我深信两国之间的合作将日益加强,侵略者最后失败的日子定会到来。

我惟一的愿望就是:与您一道,通力合作,尽快促其实现。

谨以此信作复,并祝健康!

蒋中正亲笔
(1939年)8月26日

注释:

① 在收集的档案中没有该信。

选自《苏联历史档案选编》,第11卷,社会科学文献出版社,2002年版。

沈钧儒等致斯大林函

1941 年 4 月 19 日

苏联大使潘友新先生并请转贵国领袖斯太（大）林先生勋鉴：

我们以中国国民的立场，谨以最恳切的热诚，致书于阁下。贵国援助被压迫民族解放运动的政策，及积极援助我中国抗战的事实，使我全国民众对于贵国具有至高的景仰与无限的希望。今贵国于四月十三日与我们的侵略者日本帝国主义订立中立协定，并发表宣言互相尊重所谓"满洲国"及"蒙古人民共和国"领土之完整与不可侵犯性，显然妨害我中国领土与行政的完整，我们不能不表示莫大的遗憾。故对于我政府宣布其无效的郑重声明，绝对拥护，而深信这是我国四万万五千万同胞的公意。

我们很殷切的（地）希望：阁下对于该项协定，能就下列三点，在相当的时机，用相当的方式，作一补充的说明，以祛除我国民及全世界被压迫民族的疑虑。（一）尊重所谓"满洲国"是否事实上包含承认满洲伪国？（二）所谓"蒙古人民共和国"是否与一九二四年中苏协定内"苏联政府承认外蒙为完全中华民国之一部分及尊重在该领土内中国之主权"的规定发生抵触？（三）对于我国反抗日本帝国主义的战争的积极援助是否有所影响。

中国抗战自始即抱定自力更生的原则，认定日本帝国主义为唯一的敌人，对于友邦的援助固然极端欢迎与感谢，但对于友邦一时的苦衷所造成不利于我的表现，除表示否认外，亦莫不寄以极端忍耐的期待。我们深信，我们的抗战，不仅为中国的独立、自由，抑且有裨益于世界永久的和平，而且深信我们必能全国团结一致，经过长期奋斗，获得最后胜利，恢复我国领土与行政的完整。

我们为主张抗战之人，我们亦为景仰贵国之人，并且自信今后亦为能同情贵国之人。对于中苏两大民族携手向人类解放途上迈进，尤具无限的期望。故谨以致诚略献数语，以供阁下的考虑。此信虽系我们数人签名，但我们相信能代表中国最大多数民众意见。专此，并致革命敬礼。

沈钧儒　刘清扬　王造时　李公朴　张申府　沙千里　章乃器　胡子婴　史良

中华民国三十年四月十九日

选自《民意》周刊，第 179 期，1941 年 5 月。

斯大林致蒋介石（说明苏联为什么不能即刻对日宣战）

1941年12月12日

蒋委员长勋鉴：阁下密电于昨日收到，拜读之际，深感厚意。本人认为太平洋上之反日阵线，一如贵国之抗日战事，两者同为整个反轴心国集团的阵线之一部分，在此整个反轴心集团的阵线之系统中，抗德阵线具有决定之意义，盖现时之德国实为轴心集团之主力也。

苏联现负担抗德战争之主要任务，苏联在抗德战线上之胜利，将即为英、美、中对轴心集团之共同胜利。

本人以为苏联之力量目前似不宜分散于远东，因现在苏联军队已开始打击德军，此种力量之分散足以减轻德军之困境也。敬恳阁下勿坚持苏联即刻对日宣战之主张，苏联当然必须与日本作战，因日本必将无条件的(地)破坏中立条约，吾人应准备应付此种局面，但准备需要时间。因此之故，再恳阁下勿坚持苏联即刻对日宣战之主张为荷。

（1941年12月12日）

（录自总统府机要档案）

选自秦孝仪等：《中华民国重要史料初编——对日抗战时期·第三编：战时外交（二）》，第391~392页，中国国民党中央委员会党史委员会出版，1981年版。

罗斯福、邱（丘）吉尔、斯大林所签订的损害中国主权的《雅尔塔协定》

1945年2月11日

苏、美、英三强领袖业已议定，苏联于德国投降后之二、三(二三)个月及欧洲战争结束时，将协助中国对日宣战，其条件为：（一）外蒙人民共和国之现状应加以保存；㈡苏联应恢复以前俄罗斯帝国之权利，此种权利因一九〇四年日本之诡谲攻击而受破坏者。甲、南库页岛及其毗连各岛应归返苏联;乙、大连商港应辟为国际港,苏联在该港之优越权利应获保障,旅顺仍复为苏联所租用之海军基地。丙、中东铁路以及通往大连之南满铁路,应由中苏双方共组之公司联合经营,苏联之优越权利应获保障,中国对满洲应保持全部主权。(三)千岛群岛应割予苏联。惟上述关于外蒙、旅顺、大连以及中东、南满两铁路诸点,必征得中国蒋主席之同意;罗斯福总统将依据史达(斯大)林元帅之意见采取措施,以获得蒋主席之同意。三强领袖业已议决,苏联所提要求于日本被击败后必予实现,苏联则准备与中国国民政府缔结中苏友好条约,俾以其武装部队协助中国,解放中国所受日本之束缚。

罗斯福
邱(丘)吉尔(签名)
史达(斯大)林

(中华)民国三十四年二月十一日

选自秦孝仪等:《中华民国重要史料初编——对日抗战时期·第三编:战时外交(二)》,中国国民党中央委员会党史委员会出版,1981年版。

蒋介石致宋子文(关于如何对待《雅尔塔协定》)

1945年7月7日

宋院长:鱼各电谅达。此次我国之所以允外蒙战后独立者,实为作最大之牺牲,亦表示对苏作最大之诚意。以外蒙为中苏关系最大之症结所在,如果此一症结既除,而我之要求目的仍不能达到,则不仅牺牲毫无代价,而且今后必增两国之恶果,东方更多纠纷矣。务望注意我之要求之主目的:一、为东三省领土、主权及行政之完整。二、苏联今后不再支持中共与新疆之匪乱,此乃为我方要求之交换条件也。惟苏联对支持中共及新疆匪乱,在普通外交谈判中决不肯自承者,我与之谈判,彼必躲闪谈之,恐不出空洞笼统之故套。如此则我对苏所要求之答复为具体,而苏对我所要求之答复为抽象,乃即我方最大之失败。故对苏不支持中共与新疆匪乱,必须剀切明白,毫无隐饰与之谈判,而得有具体之结果,否则应作断然中止谈判之准备也。谈判中止之时机可以以下两点为标准:一、苏对我之要求不肯为具体之谈判时;二、苏肯具体谈判而不能达到我要求之目的时。又所谓外蒙只能以原疆界我国地图为准,不能以苏联自造之地图作根据,例如阿尔泰山全山脉旧属新疆境域,而今苏联地图则划为外蒙矣,请特加注意。中正。午虞。

(中华)民国三十四年七月七日

选自秦孝仪等:《中华民国重要史料初编——对日抗战时期·第三编:战时外交(二)》,中国国民党中央委员会党史委员会出版,1981年版。

宋子文致蒋介石(汇报与斯大林谈判外蒙、新疆、东三省及中共诸问题)

1945年7月9日

急。渝。密。主席钧鉴:今晚见史太(斯大)林,职首将钧座对外蒙问题指示告史(斯),并说明中国为中苏永久和平与合作,故忍痛牺牲。中国政府在战事结束后,不反对蒙古人民投票表决外蒙独立,其承诺方式,容再洽商。史(斯)甚表满意,并同意于战败日本后,再宣布。对其他问题,史(斯)表示:(一)关于新疆:允禁止私运军火,堵截边境,同意助我解决匪患。职告以中国政府收复陷区,当恩威并施,如和平方法不能解决,则当用武力,史(斯)认为甚然。(二)关于中共:史认为中国政府要求军令、政令统一,极为允当,并表示此后援助中国一切武器及其他物资,均以中央政府为惟一对象,不供给武器于共党。(三)关于东三省:(甲)史(斯)尊重东三省领土、主权及行政之完整,可以书面表示。(乙)对旅顺:坚持军港须由苏联人管理,因防运军港非单独管理,无法建置军事设备,至行政权则属中国管理区域,以旧军港区为范围,包括金州,不包括复州。(丙)大连:史(斯)嘱莫外长明日与职续商,职拟坚持作为纯粹自由港,由中国管理。(丁)中东、南满铁路干线,史(斯)表示所有权,特任中苏各半,与铁路直接有关之附属事业,及苏联以前经营之铁路沿线小煤矿,应包括在内,但日本开发之煤矿,如抚顺煤矿等,不包括在内。路警由中苏人员会同办理,职坚持路警因主权所在,应由中国人办理,史对此似可让步,嘱莫外长与职续商。(戊)以上旅顺、大连及铁路期限,均由四十年减为三十年,俟三十年期满,海参崴以北苏联军港完成,当完全归还中国。(四)关于外蒙区域:职提出应照旧地图,史(斯)询系根据何项地图,职谓因事先未拟讨论外蒙问题,故未带地图,盼由中、苏派员组织勘界委员会,依照旧地图决定疆界,史(斯)表示同意。(五)职最后要求苏联政府,希望苏联刊物停止对中国政府之攻击,史(斯)谓中国报纸,亦有攻击苏联政府者,职谓双方均应停止,史(斯)表示同意。(六)史(斯)定十二晚离莫斯科,盼在十二晚前将各事商妥签约。查本晚与史(斯)会晤,史(斯)对谈话中共问题,表示甚为切实友好。东三省问题,亦较苏方原提条件,让步甚多。至旅顺军港,由苏人管理,及期限三十年,史(斯)似不肯再让。其他各点。职自当遵照钧座指示方式,尽量力争促进。目前大问题业已大致解决,其他如铁路及大连自由港之管理等项,不得已时,似宜酌量迁就,钧意如何?有何其他指示?敬乞迅赐电示,俾于史(斯)离此前签订协定。职子文叩。午佳亥。

(中华)民国三十四年七月九日

选自秦孝仪等:《中华民国重要史料初编——对日抗战时期·第三编:战时外交(二)》,中国国民党中央委员会党史委员会出版,1981年版。

蒋介石致宋子文(指示如何与苏联谈判外蒙、旅顺、大连及中共诸问题)

1945年7月11日

即到。宋院长:密。午青及二一、二二号电均悉。(甲)外蒙古问题可改照来电,于战后以适当方式宣布。(乙)关于旅顺、大连及铁路问题:(1)旅顺军港由中苏两国在同盟期间共同使用,对于纯粹军用部分,委托苏联管理,但行政权则属于中国。又为中苏两国共同使用旅顺军港,在同盟期内,组设一中苏两国军事委员会。(2)大连必须为纯粹自由港,其行政权必须属于中国,至仓库运输等事,可用商业方式酌定办法。(3)中东、南满铁路之所有权,完全属于中国,但允苏联在同盟期间共同经营,惟其铁路警察权应绝对属于中国。(丙)中苏互助同盟期限可定为三十年。(丁)下列三点应特别注意并向苏方说明:(子)一九号电(甲)七项所谓旅大以外之区域,中国所派主要行政人员应得苏联同意一节,中国决不能承认。(丑)同电(乙)一项所称中东、南满路苏联恢复权益:包括一切产业等,此所云产业,应以机车、车辆工业机场建筑物为限,至土地当然应归中国所有,而帝俄时代在铁路沿线所开发之小煤矿及已开发之森林亦不应包括在内。(寅)史达(斯大)林元帅前对兄已面允铁路在平时不用(运)兵,但观十九号(午佳)来电,彼方条件(甲)四项有苏联有权派陆、海、空军驻扎,此点前后有出入,如其再要求时,应重申平时铁路不能运兵之原则。(戊)关于中共问题,苏方所为之承诺,应商请其列入谈话纪(记)录,或其他书面中,并宜明白声明不仅不能供给武器,即在宣传、经济与交通各方面,苏方亦不得与中共以支援。(己)订约以后,苏方应宣言保证尊重我东北领土、主权与行政之完整。以上各点,请兄尽力折冲,并权宜办理,倘非万不得已,希勿轻予变更迁就为要。中。午真。

(中华)民国三十四年七月十一日

选自秦孝仪等:《中华民国重要史料初编——对日抗战时期·第三编:战时外交(二)》,中国国民党中央委员会党史委员会出版,1981年版。

斯大林关于援助中国抗战的指示

1937年12月12日于莫斯科

绝密

(特别文件)

1. 允许苏联红十字会执委会向中国红十字会汇去10万美元为日本军事行动受害者购买药品。

2. 不反对中国大使馆和中国领事馆在中国公民中进行中国《国防公债》的认购工作,不反对在中国公民中募集捐款以援助抗日的中国军队。

抄送:斯托莫尼亚科夫、莫洛托夫同志。

中央委员会书记 斯大林

(1937年12月12日)

选自中共中央党史研究室第一研究部:《共产国际、联共(布)与中国革命文献资料选辑(1938~1943)》,第18卷,第20页,中共党史出版社,2012年版。

季米特洛夫致斯大林①

1938年1月9日于莫斯科

斯大林同志：

我们收到中共中央书记处以下电报：

"1. 目前国民党没有收到共产党人关于参加政府的任何请求。国民党表示希望请共产党人派自己的人参加军事委员会政治部、群众运动和工会，但就这个问题没有提出任何具体措施。

2. 国防全会，包括各党派的代表，在战争时期以有限的形式表达人民的意见。

请速答复，如果我们收到邀请，能否参加这一机构。"

就参加政府的问题以前我们告知［中共］中央不参加②。至于参加国防全会的问题，我们倾向于答复：可以参加。

请您就这个问题谈谈您的意见和指示。

致同志的敬礼！

季米特洛夫
（1938年1月9日）

注释：

① 文件上有批注："已通过波斯克烈勃舍夫同志告知，可以参加国防委员会。1938年1月10日。季米特洛夫。"

② 文件没有找到。

选自中共中央党史研究室第一研究部：《共产国际、联共（布）与中国革命文献资料选辑（1938~1943）》，第18卷，第21页，中共党史出版社，2012年版。

季米特洛夫致伏罗希洛夫

1939年1月8日于莫斯科

秘密

亲启

致伏罗希洛夫同志

根据我们的请求,米高扬同志拨给我们15吨各种军用物资和文化用品以供八路军和中国特区的需要。

请您指示奥尔洛夫同志将这些货物转运给八路军使用。

季米特洛夫

(1939年1月8日)

选自中共中央党史研究室第一研究部：《共产国际、联共(布)与中国革命文献资料选辑(1938～1943)》,第18卷,第122页,中共党史出版社,2012年版。

邓发和斯克沃尔佐夫致季米特洛夫①

1939年3月5日②于乌鲁木齐

绝密

致伊万诺夫③同志

中共中央书记处电报：(1)你们为我们募集的钱都用光了。兑换时没有遇到困难,也没有引起怀疑。(2)目前日本侵略者在加紧进攻华北。日本人占领了多数大城市。国民党仍限于为我们军队募集食品。国民党纸币的汇率跌得很厉害。国民党提供给我们的50万墨西哥元已经不值那么多了。(3)在中国各地开展了大量工作,需要大量开支。特别是用于宣传教育工作的开支增加了。日本人占领的区域扩大了,因此供给我们干部的经费来源就缩小了。(4)上述困难的一部分我们将自己解决。请您提供资金上的帮助。

方林④　斯克沃尔佐夫

(1939年3月5日)

注释：

① 文件上有批注："给我寄一份副本来。(19)39年3月8日。季米特洛夫。"

② 发报日期。共产国际执委会是在1939年3月7日收到文件的。

③ 季米特洛夫。

④ 邓发。

选自中共中央党史研究室第一研究部：《共产国际、联共（布）与中国革命文献资料选辑（1938～1943）》，第18卷，第123页，中共党史出版社，2012年版。

小李致季米特洛夫①

1939年4月7日② 于乌鲁木齐

绝密

伊万诺夫③同志

中共中央书记处电报：

印刷厂的新闻纸快用完了。这对党的宣传和出版工作有很大意义。这里不可能搞到。请寄来5000包新闻纸，并请派徐杰即陈潭秋同志到中共中央来工作。

小李

（1939年4月7日）

注释：

① 文件上有批注："送曼努伊尔斯基、陈林（任弼时）和苏哈列夫同志。季米特洛夫1939年4月10日。"

② 发报日期。共产国际执委会是在1939年4月9日收到文件的。

③ 季米特洛夫。

选自中共中央党史研究室第一研究部：《共产国际、联共（布）与中国革命文献资料选辑（1938～1943）》，第18卷，第131页，中共党史出版社，2012年版。

中共中央书记处致共产国际执行委员会书记处

1939年5月25日①于延安

绝密

季米特洛夫、曼努伊斯基及中共代表陈林②同志

我们的财政状况极其困难，处于危急状态。我们的钱已全部用完。国民党已不止一次地威胁八路军要停止财政援助③。但是，即使按照原来每月从国民党那里得到50万中国元(圆)来说，这一数额也只能满足八路军每月开支的百分之二十。此外，从6月份开始，党的工作、报刊、学校、医院等等都没有任何经费。虽然我们采取了各种措施节约经费，提高产量，但是这些不可能迅速产生效果。此外，在我们地区目前正发生旱灾，我们面临着饥饿的威胁。因此，恳请你们向我们提供紧急的财政援助。

中共中央书记处

（1939年5月25日）

注释：

① 发报日期。共产国际执委会是在1939年5月25日收到文件的。

② 任弼时。

③ 1939年底国民政府停止供给八路军和新四军部队粮食、弹药、药品和军费。

选自中共中央党史研究室第一研究部：《共产国际、联共(布)与中国革命文献资料选辑(1938~1943)》，第18卷，第142页，中共党史出版社，2012年版。

普罗斯库罗夫致季米特洛夫①

1939年7月7日②于莫斯科

绝密

共产国际执委会季米特洛夫同志

从我们在兰州的一位工作人员③那里收到的报告称，康生向他提出了资金援助的请

求,因为国民革命军第八路军司令部的财政困难已经达到了极限,7月份甚至连小米都不能发放。他请求将此事告知您。

普罗斯库罗夫

(1939年7月7日)

注释:

① 文件上有批注:"送曼努伊尔斯基阅。1938年7月9日。"
② 日期是根据文件上的批注注明的。
③ 何人不详。

选自中共中央党史研究室第一研究部:《联共(布)、共产国际与抗日战争时期的中国共产党(1937～1943.5)》,第18卷,第201页,中共党史出版社,2012年版。

周恩来、陈林致季米特洛夫

1939年10月31日

敬爱的季米特洛夫同志:

由于你的帮助一九三七年在迪化用盛督办名义组织了一个为八路军培养军事技术干部的军事学校,在这学校内学习的共计有四百余学生。

为着培养技术干部,该校设有下列各科:炮兵科、航空科、坦克科及汽车夫班和无线电班。

根据方林、徐杰同志的报告,该校学生经两年学习在政治军事上都有相当成绩,惟最近六七个月来,因为缺少军事技术(没有飞机、坦克和汽车等)和教员,使着教务难于进行。

如果我们不能解决技术和教员问题,则事实上他们将无法继续学习,而这些没有学完的学员,也就不能当作军事专门技术人员(飞机师、坦克手)使用。

因此我党中央及我们有以下的建议:

1. 为着使学员能在迪化继续和完成学习计划,则必须由此解决供给他们必要的军事技术和教员问题(供给他们几架各种式样的飞机、几架坦克、五六辆汽车,一个炮兵教官、一个坦克教官）。

2. 如果因某种政治情况不便给他们必需的军事技术与教员,则须选择学习较好的学员送到苏联,在莫和在阿尔马达设立专门军事学校或训练班,以便他们能继续完成学习。学校以准备收容二百学员为标准。

如果你同意第二个方案,则可由我们和干部部派人去选择学员。

估计到替八路军培养技术干部之重要性,及不宜使那些学员半途废学,务请你最后的(地)解决这一问题并具体实现这一问题的决定。

周恩来　陈林

一九三九年十月三十一日

选自中央文献研究室:《任弼时书信选集》,第29～30页,中央文献出版社,2014年版。

季米特洛夫致中共中央

1939年11月15日[①]于莫斯科

绝密

你们要的新闻纸60吨,我们只能小批量地运送到哈密,或最远运送到兰州。

请告之,你们是否能够顺利地将这些纸转运到你们那里。

只有在得到你们的肯定答复之后,我们才会将纸发送到上述地点。

季米特洛夫

(1939年11月15日)

注释:
① 日期是根据文件上的批注注明的。

选自中共中央党史研究室第一研究部:《共产国际、联共(布)与中国革命文献资料选辑(1938～1943)》,第18卷,第293页,中共党史出版社,2012年版。

普罗斯库罗夫致季米特洛夫①

1939年12月21日于莫斯科

绝密

季米特洛夫同志

据我们工作人员②从延安发来的报告,目前国民革命军第八路军在前线约有3.5万名伤病员,无医无药。

普罗斯库罗夫

(1939年12月21日)

注释:
① 文件上有批注:"送苏哈列夫同志阅。1939年12月9日。季米特洛夫。"
② 何人不详。

选自中共中央党史研究室第一研究部:《共产国际、联共(布)与中国革命文献资料选辑(1938~1943)》,第18卷,第301页,中共党史出版社,2012年版。

季米特洛夫致安德烈耶夫

1940年1月13日于莫斯科

绝密

致联共(布)中央书记安德烈耶夫同志

中国国民革命军进行了两年半民族解放战争,对其伤病战士的医疗服务,是由中国红十字会和各种国际红十字①组织(英美等国的红十字组织)保证的,这些组织在中国开办了医院,组建了急救医疗队、考察队等。

考虑到对中国军队伤病战士的医疗服务严重不足,尤其是国民革命军第八路军伤病战士和中共干部的艰难处境,必须通过苏联红十字会和红新月会系统在中国西北省份——陕西、甘肃、新疆建两所约200~400张床位的定点医院和在乌鲁木齐建一所150~200张床位的临床疗养型医院②。后者基本上是为中共及其八路军干部而建的。近一个时期中共和八路军的伤病负责人员被送到了莫斯科,因为不可能在中国为他们组织医疗和休养。在陕甘宁特区(边区)聚集了相当数量需要医疗救助的伤病战士和战争残废人员。

一年组织、设备和管理的总开支约为950万卢布(这里包括使用两架救护飞机的费用)。而且首先需要在乌鲁木齐为中共干部建一所临床疗养型医院,这个项目的开支约为4182043卢布。资金可以通过苏联国际革命战士救济会系统或者通过红十字会和红新月会执委会系统筹集,红新月会从1938年12月3日起就是预算组织③。

干部:20~25名医生和16名护士长可从美国和其他国家招收,主要是从曾在西班牙工作过并表现很好的人士中挑选。在莫斯科有部分这类干部④。领导人员和行政政工人员应从苏联人中挑选。

所有其他人员约400人可以在中国共产党和其他中国爱国组织的帮助下在当地挑选和培训。

这些措施应由红十字会和红新月会执委会具体实施,办法是:

1. 由红十字会和红新月会执委会派代表团去中国。代表团可以由彼得·科拉罗夫同志率领(有关他的材料附上⑤)。

2. 关于在新疆开设疗养院的问题,可由代表团与乌鲁木齐督办盛(世才)协商解决,而开展两所医院工作的问题,代表团应取得蒋介石或其代表的允许。

3. 为医院和疗养院挑选干部的问题由红十字会执委会事先同共产国际执委会干部部协商解决。

在苏维埃机构这个问题形式上将由红十字会执委会来提出。

季米特洛夫

(1940年1月13日)

注释:

① 原文如此。

② 见第115号文件。

③ 下面删掉一段话:少量外汇和部分设备可以通过援助中国国际组织筹集(主要来自美国)。

④ 见第115号文件。

⑤ 材料没有找到。

选自中共中央党史研究室第一研究部：《共产国际、联共（布）与中国革命文献资料选辑（1938~1943）》，第19卷，第5~6页，中共党史出版社，2012年版。

季米特洛夫致斯大林

1940年2月23日于莫斯科

亲爱的斯大林同志：

中共中央委托周恩来同志向我们提出了党和军队的开支预算，说明了党非常困难的经济状况，并请求提供资金援助。

从这笔预算（见附录）中可以看出，党每个月的赤字是：党的系统58280美元，军队系统300000美元。

我们当然已向周恩来同志说明，党应该动员国内现有一切资源来抵补这巨大的赤字，而不要指望外来援助。

但是，考虑到党的处境和保证党的报刊、宣传及培训党和军队干部的现有党校网络的迫切需要，我们认为，为此目的，1940年度向中国共产党提供35万美元的援助是适宜的。

我们请求您，如果您认为在目前条件下可以这样做的话，向相关机构作出指示，给中国共产党拨去某个数额的资金援助。

致同志的敬礼！

（1940年2月23日）

选自中共中央党史研究室第一研究部：《联共（布）、共产国际与抗日战争时期的中国共产党（1937~1943）》，第19卷，第27页，中共党史出版社，2012年版。

中共中央致季米特洛夫[①]

1940年8月10日[②]于延安

绝密

季米特洛夫同志：

1. 在周恩来前往莫斯科之前，收到了你们寄来的50000（500000？）[③]美元，7500英镑，除这两笔数目外还有 10000 美元专门用于联络,5000 美元给李奎④专用。

2. 你们在周恩来动身之前汇出的并且我们于今年 5 月底在西安收到的款项如下:106670(106070?)美元,8200 英镑,此外还有 40000 美元专门用于联络。

3. 在周恩来动身之前已同索尔金同志谈妥,每一英镑合 4 美元,而在中国每一英镑仅合 3 美元 60 美分。因此实际上我们总共只收到 212590(212500?)美元,除了这一款项外,还有 10000 美元用于联络,5000 美元给李奎专用,40000 美元用于代表大会⑤。

4. 根据目前英镑的价格,我们预计,我们应从你们那里得到规定给我党的 300000 美元款项中的 87410 美元。

中共中央

(1940 年 8 月 10 日)

注释:

① 文件上有批注:"送苏哈列夫和索尔金同志,请查明并做出报告。1940 年 8 月 13 日。季米特洛夫。"

② 发报日期。共产国际执委会是在 1940 年 8 月 12 日收到文件的。

③ 此处和下面原文如此。

④ 野坂参三。

⑤ 指中共七大。

选自中共中央党史研究室第一研究部:《联共(布)、共产国际与抗日战争时期的中国共产党(1937~1943)》,第 19 卷,第 80~81 页,中共党史出版社,2012 年版。

中共中央致季米特洛夫①

1941 年 4 月 15 日② 于延安

绝密

季米特洛夫同志

下面转发周恩来同志 4 月 15 日电:

1. 苏日中立条约③一发表,在重庆各界就发生了强烈的震动。当然,它没有达到苏德条约④签订、红军进入波兰和苏芬发生战事⑤时的程度。

2. 4月14日，在国民党最高国防委员会会议上，王宠惠和王世杰建议对签订苏日条约采取中立态度。戴季陶和孔祥熙发表了强烈的反共言论。孙科说，苏联签订这个条约是为了让日本向南推进，也是为了把自己的注意力集中在巴尔干和近东问题上。于右任说，只有我们会继续抗战，苏联必定援助我们，签订这个条约对我们来说是个小问题。冯玉祥说，中国的外交工作没有成效，责任在于我们自己。最后轮到蒋介石，但他没有发言。会上做出以下决定：(1)以国民党名义发表声明；(2)不攻击苏联。

3. 今天所有报纸都在社论中谈到苏日条约。与顽固派相比，亲英美团体采取了较温和的态度。《大公报》谈到条约问题时指出，条约有利于对中国的侵略，违背了苏中协定⑥，还指出，苏联不应在条约中提及蒙古人民共和国和满洲国。

4. 在这个条约发表之前，我们虽然也预见到签订这样条约的可能性，但直至4月13日，孙科和刘为章对此却一无所知。

5. 中国新闻记者试图会见潘友新大使，但是潘大使没有接待他们。然而对塔斯社记者的访问却异常活跃。

中共中央
（1941年4月15日）

注释：
① 文件上有批注："送艾尔科里(陶里亚蒂)、哥特瓦尔德、苏哈列夫、久津、科甘(给李进)同志阅"。"送斯大林、莫洛托夫、日丹诺夫、伏罗希洛夫、季莫申科、贝利亚、洛佐夫斯基同志。1941年4月26日。季米特洛夫"。
② 日期是根据内容注明的。共产国际是在1941年4月26日收到文件的。
③《苏日中立条约》是在1941年4月13日于莫斯科签订的。
④《苏德互不侵犯条约》是在1939年8月23日于莫斯科签订的。
⑤ 指苏联和芬兰之间在1939年11月30日至1940年3月12日期间发生的军事行动。
⑥ 指《苏中互不侵犯条约》。1937年8月27日在南京签订。见《20世纪俄中关系(文献资料汇编)》，第4卷，第88~89页，《苏中关系》第1册(1937~1944)。

选自中共中央党史研究室第一研究部：《联共(布)、共产国际与抗日战争时期的中国共产党(1937~1943)》，第19卷，第182~183页，中共党史出版社，2012年版。

共产国际执行委员会书记处致中共中央

1941年6月22日①于莫斯科

德国背信弃义地进攻苏联,这不仅是对社会主义国家的打击,而且也是对各国人民的自由和独立的打击。保卫苏联同时也是保卫各国正在进行反对奴役者的解放斗争的人民。必须反对中国反动军阀的任何反苏计划。必须在各族人民国际统一斗争战线的旗帜下开展群众运动,保卫中国,保卫受德国法西斯奴役的各国人民,保卫苏联。请注意,在目前阶段,讲的是摆脱法西斯的奴役,而不是社会主义革命。请确认收到此电。

季米特洛夫

（1941年6月22日）

注释：
① 日期是根据文件上的批注注明的。

选自中共中央党史研究室第一研究部：《联共(布)、共产国际与抗日战争时期的中国共产党(1937~1943)》,第19卷,第192页,中共党史出版社,2012年版。

毛泽东、朱德致斯大林

1945年2月22日

斯大林元帅：

红军在你的领导下所获得的伟大胜利,鼓舞了中国的解放战争。欣逢红军二十七周年纪念日,谨致祝贺之忱！

毛泽东

朱德

一九四五年二月二十二日

选自《解放日报》，1945 年 2 月 23 日。

毛泽东、朱德致斯大林
1945 年 8 月 9 日

斯大林元帅：

我们代表中国人民，对苏联政府的对日宣战，表示热烈的欢迎。中国解放区的一万万人民及其军队，将以全力配合红军及其他同盟国军队消灭万恶的日本侵略者。

毛泽东
朱德
一九四五年八月九日

选自《解放日报》，1945 年 8 月 10 日。

十八、抗战时期的中美关系

美国是后起的资本主义国家,随着其经济、军事实力的不断增强,它雄心勃勃地想取代英法等老牌资本主义国家,进而称霸世界,因而美国在国际事务中的地位和作用不容忽视。抗战时期的中美关系不仅是国际关系的重要组成部分,而且成为影响抗战时局的重要因素。

全面抗战爆发后,美国政府的对华政策基于最大限度地维护其国家利益的考量,经历了一个从中立观望,到一方面支持中国抗战,一方面继续对日妥协,及至太平洋战争爆发后才积极支持中国抗战的变化过程。抗战后期,为共同对日作战并在战后加强对中国的影响和控制,美国在经济上和军事上加大了对华援助的力度。

同一时期,中国政府的外交活动重心则是由争取以英美为主导的国际组织支持中国抵抗、制裁日本侵略,到积极推动国际社会反击日本第二次近卫声明中提出的建立"东亚新秩序";从争取英美对华援助,到最终确立将对美外交置于首位。太平洋战争爆发后,战胜日本法西斯成为中美两国的共同目标,中国人民孤军抗日的局面结束,中美两国之间的经济援助、军事合作以及对国际事务的协调不断加强。

值得注意的是,在中国抗日战争暨世界反法西斯战争临近胜利之际,出于削弱英法、遏制日本、抗衡苏联、控制中国的需要,美国的对华政策发生了由扶蒋联共抗日向扶蒋反共的转变,这对战后的中国政局及后来的中美关系都带来了极大的消极影响。

本专题主要通过两类函电——中美两国政府关于对华援助的交涉、中美两国政府就同盟国之间的合作而进行的沟通,反映抗战期间中美两国关系的主导方面。

蒋介石与飞虎将军陈纳德合影

蒋介石致罗斯福

1938年1月30日　重庆

罗斯福总统阁下：

本月二十四日承贵国驻华大使转到本月十一日复函电文，答复中正去年十二月二十四日去函，捧读之余，曷胜欣慰。

阁下对于所要请之答词，热诚恳挚，深为感激。

阁下切望此次战事能得一解决方法，附以合理条件如来函所述者，实与吾人反抗日本侵略及暴行之血战所持之主义，正相符合。吾人不特维护本国之权利及国家之完整，抑且保持各关系国之权益。在尊拟之解决办法中，吾人即对于日本在中国之权利及正当利益，亦将予以相当之维持。兹闻阁下对于增进和平及推进国际合作最有效之各种方法，无时不加注意，至深欣幸。美国于世界各国之和平与秩序，更于远东国际之公平及和睦，向居领导之地位。就往事言，远东如有不稳之情形时，美国无不及时予以有效之援助，至今思之仍感于怀。上世纪末，中国在外交上处最紧急之境遇，而发起各国商务上实业上平等机会之原则，以后始终予以维持者，美国也。本世纪之初，远东发生战争，其居间调停而得结果者，美国总统之努力也。至华府会议时，太平洋问题得予讨论而解决，其发起及成功皆有赖于美国，此则吾人迄今犹不忘怀者也。

贵国为伟大之国，对于远东之和平与融洽，曾有重大之贡献，且对于中国政府及国民亦曾屡次予以显著之援助。美国首先退还一九〇一年美国部分之赔款。美国大学培植无数之中国青年，即使其获得有用之学问，并传授美国高尚之思想，此种青年回国后，于中国之发展有莫大之贡献。美国乐助之国民遇有中国困难急要之时，辄予无量之救济。美国财政上之接济，如棉麦借款，助我整理及建设计划之成功者，殊非浅鲜。美国政府与中国政府订立回复中国关税自主之条约。凡此种种及其他相类事件，足以证明美国与中国传统之友谊。此次远东大难之应付，各国均盼望美国之合作，诚以美国政府对于共谋国际和平与安全，向已公认为各国之前驱。中国鉴于中美间之非常友谊，在此并力奋斗国家存亡一发千钧之时，其希望美国之援助，尤属势所必然。中正用敢重向阁下要请尽力设法务使日本之侵略，能得从速终了，俾贵我两国所确信之主义得以实现。吾人急迫之愿望，则美国即于此时在经济上及物质上予中国以援助，俾得继续抵抗。至其他美国所可采之有效办法，足使阁下意想中之最后解决得以实现，则惟阁下之裁夺。吾人共同主张之国际和平

与公道条约之尊严,乃有秩序之友好邦交,必能操最后之胜券,此则中正始终所深信者也。专此布达,祗颂

勋绥。

蒋中正

一九三八年一月三十日

选自郭荣赵:《蒋委员长与罗斯福总统战时通讯》,第 81~82 页,幼狮文化事业公司,1978 年版。

王正廷致孔祥熙[①]

1938 年 8 月 3 日

孔院长:密。先电敬悉。美总统现在太平洋上,八月中旬始克返京,财长赴欧。今日晤外长,讨论中日问题,彼答维持中国领土及行政完整为先决条件,此点中美观点相同,日本如能同样看法,美政府极愿调停。嗣谈及棉麦借款,彼允予同情考虑,一俟财长回美,弟拟正式提出。后询及日俄冲突,彼谓确实消息不知,外交手续颇难表示意见。一般观察,日俄冲突当能与我有利,但欧洲各国深恐引起纠纷,必设法劝阻。美国痛恨日本,但亦不愿助俄,美当局必严守中立。特闻。乞转陈。廷。讲。

(1938 年 8 月 3 日)

(录自总统府机要档案)

注释:

① 王正廷当时任中国驻美大使。孔祥熙当时任行政院长。

选自秦孝仪等:《中华民国重要史料初编——对日抗战时期·第三编:战时外交(一)》,第 79~80 页,中国国民党中央委员会党史委员会出版,1987 年版。

蒋介石致罗斯福

1938年10月15日　重庆

罗斯福总统阁下：

自前此驰书于阁下迄今已八月有半。此数月中，日本对华之侵略不独未尝稍减，抑且逐步进展，有加无已。日军初则越长城而入侵黄河流域，继则蹂躏扬子江流域，今且向华南开始进攻，凶焰所至，袭击掳掠，城市夷为丘墟。侵略者复目无法纪，绝灭人道，致令本国男女老幼，死于日军之手或成为终身残废（疾）者，不可胜计。人烟稠密之城市，虽远离前线，亦无时不遭日本军投弹轰炸，即民用之交通工具，亦不获免。且日军遇有中国军队坚强抵抗时，最后辄用毒气。当此战事渐趋扩大，日方虽渐知其困难日增，然决使用其所有力量，以期完成征服中国而后已，实属显然之事。

中国人民虽因日方以最新式之武器施行其中世纪之破坏主义，而遭受空前之浩劫，然犹显示足资矜式之毅力，而始终保持旺盛之士气。此固由于中国人民愈益坚信公理终将战胜强权，抑亦阁下及贵国人民对吾人所予之精神上援助有以致之也。阁下公开发表之言论以及私人之保证，咸使吾人深信阁下对于吾人具有重大意义之奋斗，所抱之观感，与吾人自身所抱者完全相同。吾人战胜日本，则国际间之法律与秩序均将恢复，否则太平洋全局之和平与安全将遭整个破坏，而所有美国及其他爱好和平国家，所拥护关于国际关系之原则，亦必摧残无遗矣。因鉴于上述情形，故阁下曾向侵略者一再提出警告，而对被侵略者表示深切之同情，此乃毫无疑义者也。鼓励之言词与物质之协助，如白银之购买，惠然并至，凡此种种，对于中国人民之艰难困苦，慰藉良多，而中国人民深觉在此患难之时，至少美国总统可引为我之挚友。

鄙人兹代表中国无数流血之人民对阁下为吾人致力之一切措施再向阁下表示谢意，同时并代表此流血之人民，愿再声请阁下惠于吾人更大之援助，俾中国抵抗日本侵略，得告成功。吾人因急需抗战之资力，自渴望美国予以此项财政上与经济上之援助，俾能继续奋斗，以达最后之成功。如予以相当巨额之贷款，则吾国人民之信心将愈见壮励，而吾人抵抗日本之攻击，亦必获更大之实力与效果。因此，现在美国进行中之商议，鄙人深愿赖阁下之助而得早告成。举凡阁下之措施，一方足以增加中国之实力，他方足以唤醒日本，俾恍然于其现行之政策之谬误，藉（借）以迅速恢复远东之和平，鄙人自必竭诚感谢，此固无待赘言者也。

蒋介石

（1938年10月15日）

选自郭荣赵：《蒋委员长与罗斯福总统战时通讯》，第82~83页，幼狮文化事业公司，1978年版。

王宠惠致蒋介石

1938年10月27日

急。南岳。委员长蒋：使密。据胡大使报告，敌侵粤事，曾直接间接屡促美政府注意，总统与外、财两长对我国之同情关切甚明，但正忙十一月初之国会改选，恐不能有重要表示。广州陷后，国外感想甚恶，唯美政府态度尚好。经济援助仍积极进行。廿一日部电告知部长与美使谈话内容，并嘱催促美方加紧助我，适于十日前曾进说，所得答复主旨为公道的和平之机会尚未到，日内递国书后当再相机进言。又委员长致罗总统删电已于十九日面交外长，请其转达等语。谨电转陈。王宠惠叩。感。印。

（1938年10月27日）

选自秦孝仪等：《中华民国重要史料初编——对日抗战时期·第三编：战时外交（一）》，第80页，中国国民党中央委员会出版，1981年版。

蒋介石致胡适[①]电

1939年8月29日

华盛顿。胡大使：德俄协定订立后，英俄关系恶化，而对远东前途甚有损失。其实俄对欧与对亚之方针不同，在远东甚望英、美、法能与其一致以对日，且其对日确有作战决心，此中可相信也。但此时英俄之间无法接近，其关键仍在美国，如美能出而领导远东问题,为英苏作仲(中)介,使英、美、法、苏对远东问题能共同一致对日,则远东问题即可迎刃而解,否则迁延因循,可使英日同盟复活,则俄或将先与日妥协,可使德、意、俄、日重立阵线,此皆于民主阵线与远东问题遭受莫大之打击。请以此意面陈美大总统,望其特别注意运用。对于欧、亚二问题之解决,其时间上自当有先后之别,然不可不同时进行,尤应严防英日同盟与东京会议之复活,否则九国公约必完全毁弃,而远东形势将不可挽救矣。务请美政府切告英国,对日必须坚持其东京会议最后之立场,明示日本,东京会议必须与九国公约国共同讨论,使日本早日就范,不敢再有所希冀,则幸矣。照现势观察,及日本阿部内阁成立,英国对日妥协确有可能,务请美国特别严防为盼。中正手启。艳。

注释:
① 胡适时任驻美大使。

(1939年8月28日)

选自秦孝仪等:《中华民国重要史料初编——对日抗战时期·第三编:战时外交(一)》,第86~87页,中国国民党中央委员会党史委员会出版,1981年版。

胡适致蒋介石

1939年9月2日

感、艳两电敬悉。毛财长赴芬兰避暑,系故意派去英、法诸大国,因欧局危急,提早迳回国,不日即可到美。感电三项,适与光甫当共留意,艳电所虑英日同盟之复活,事实上绝对不可能,务请放心。英国此时正依赖美国,若转而亲日或竟缔结同盟,必大失美国朝野同情,此英国所决(绝)不敢为,而坎(加)拿大及澳洲、纽丝伦(新西兰)等三个自治邦,亦决不许帝国政府出此也。公希望美国出而领导远东问题,为英俄作中介,使英、法、美、俄共同一致对日,昨夜外交部电告,公致罗总统词亦侧重此意。惟昨夜欧战爆发,美政府领袖日夜勤劳,急切难请见,遵即托友人密达尊旨。外部对英日同盟,亦认为绝不可能,关于苏联与英、法在远东关系,外部友人谓美国政治限制甚严,决不能负联络三国之责,美国向来皆系独立行动,有时与他国所行偶合,实无联络也。鄙见以为此时国际形势急转直下,显见问题已自然成为整个问题之一部分,此事与我国最为有利,只要我国能站稳脚跟继续苦撑,则两年助我之友邦必不中途负我卖我,必能继续助我,不须疑虑也。

(1939年9月2日)

(录自总统府机要档案)

选自秦孝仪等:《中华民国重要史料初编——对日抗战时期·第三编:战时外交(一)》,第87~88页,中国国民党中央委员会党史委员会出版,1987年版。

蒋介石致宋子文
1940年7月17日

元(十三)寒(十四)电均悉。(一)苏联自上月与日订诺门坎协定①后,对我应交之货,口头尽管说可以就来,但迄无一物运到,想因近东问题未决,而欲与日妥洽一时。故此时欲以美借款购苏械及军械,希望甚少。已订者尚且不来,新订购者更难免借词延宕。观彼不欲得罪日本,纵与之商量,恐亦无确实答复也。目前若真欲加强我抗战力量,断难靠远水以救近火。除非美国直接帮忙,并由美切实运用苏俄,美俄间对远东问题有一确切办法。来电所称美货经海参崴运华一节,自当向苏方交涉,但亦必须美国从中促成之,否则恐亦无□。(二)目前西北交通线虽未被日封锁,然事实上已等于封锁。今可靠者只滇缅路一条。此点关系重要,必使美国明了,并盼其速用一切方法,阻止英国对日本关于滇缅路之妥洽。(三)中国于英国之态度谈话,昨晚发表,想已见及。中正。筱(十七日)。

(1940年7月17日)

注释:
① 指苏联和日本之间为解决两国军队在中国边境诺门坎地区武装冲突而达成的协定。

选自吴景平、郭岱君:《宋子文驻美时期电报选(1940~1943)》,第42页,复旦大学出版社,2008年版。

蒋介石致宋子文

1940 年 8 月 11 日

各电均悉。此时我国抗战最大难关是经济,而武器尚在其次。此时米价比去年已贵至八倍以上,通货澎涨(膨胀),不能再发。若不能在金融上设法处济,则民生饿冻,加之共党必从此捣乱,则抗战必难久持。如美能真正援华,请直告其当局:(一)此时必须以行动上阻止倭寇侵略安南,或当有效。否则不久倭必假道安南占领云南。如云南果为倭占领,则英美虽固守新加坡亦不能援华矣。(二)美国若不在金融上从速救济,则中国内外情势实难久持。务望美当局能于最近期内能将以上二事见之于行动,以助我一臂之力也。中正。真(十一日)。

(1940 年 8 月 11 日)

选自吴景平、郭岱君:《宋子文驻美时期电报选(1940~1943)》,第 42 页,复旦大学出版社,2008 年版。

蒋介石致宋子文

1940 年 9 月 26 日

漾(廿三)电悉。五千万美金①实不能济急,然却之不恭,且不无补益,自当承受。唯此五千万元全数希望其能一次付足,否则对外发表时,书面上亦应称总数五千万元。至于其中半数须过相当时期再商一句,不提更好,如此于对外声势与对内心理上,或更多补益也。据庸兄之意,只要钨砂抵品能按期付足,保持信用,即可承借。请兄全权办理可也。中正。宥(廿六日)。

(1940 年 9 月 26 日)

注释:

① 即中美钨砂借款。当时宋子文向国内报告该项借款数额是 5000 万美元,但后来正式达成时只有 2500 万美元。

选自吴景平、郭岱君:《宋子文驻美时期电报选(1940~1943)》,第 44 页,复旦大学出版社,2008 年版。

蒋介石致宋子文
1940 年 9 月 28 日

德意倭三国同盟①消息刻已证实,则美国对我必有更进一步之协助。请兄特别注意此事,并望美能于最近期内再有一批金融借款贷我也。如美国果有意与我合作,则我所望其接济之武器唯飞机而已,而主要之接济乃在经济与金融,以安我抗战之民心与军心,使能持久抗战为唯一要求。此外无何要求也。又,俄国态度亦请在美特别注意。以现在三国同盟之精神,实由于防共协定②之脱胎而来,无论其同盟条件不关涉俄国,或俄最近态度如何,其最后必为此同盟之制命耳。甚望英美俄能与我联成阵线,共同制裁侵略,则幸矣。然此关键在美国,故我只可相机运用,而非我所能强求。如操之过急,或反被其怀疑。请兄从中运用,使不失时机为要。中正手启。俭(廿八日)。

(1940 年 9 月 28 日)

注释:

① 德国、日本、意大利于 1940 年 9 月 27 日签订《三国同盟条约》,正式组成法西斯轴心国集团。
② 即德、日、意三国于 1937 年 11 月 6 日订立的《反共产国际协定》。

选自吴景平、郭岱君:《宋子文驻美时期电报选(1940~1943)》,第 44~45 页,复旦大学出版社,2008 年版。

蒋介石致宋子文

1940 年 10 月 1 日

宥(廿六)、感(廿七)、沁(廿七)一二各电均悉。借款签字事①,已照兄意电胡大使②照办,余可请兄相机处理。关于购办飞机计划,日内当可奉告。以后如新嘉(加)坡为敌占领,则飞机用汽油亦甚为难。最好能预备大型运输机,由菲列滨③运汽油到重庆或桂林等地接济。如我方至明年二月杪再无新型驱逐机五百架、重轰炸机一百五十架到华接济,则抗日实无法维持。此意不□先示意美国也。中正。东(一日)。

（1940 年 10 月 1 日）

注释:

① 中美 2500 万美元钨砂金属借款协定,于 1940 年 10 月 22 日在华盛顿签署,中方由宋子文代表国民政府、李干代表中央银行、吴志翔代表资源委员会签字。

② 即时任中国驻美国大使的胡适。

③ 菲列滨,即菲律宾。

选自吴景平、郭岱君:《宋子文驻美时期电报选(1940~1943)》,第 45 页,复旦大学出版社,2008 年版。

蒋介石致宋子文

1940 年 10 月 7 日

两电谅达。敌驱逐机近日由宜昌可直飞蓉渝两地,掩护其轰炸机随意所至,肆无忌惮。以俄式驱逐机升高速度至六千公尺须十五分钟以上,而敌机只要六分钟就可升至六千米以上,故对之望尘莫及,只有让其猖獗。此与兄在渝时空战情形完全不同。以后俄国即使供给我飞机,亦为不能望其以新式飞机交我也。以后我若无新式美驱逐机与敌机一打击,则军心民心实难持久。故此时以获得美国新式飞机为唯一急务,特再为兄陈之。中正手启。虞(七日)。

(1940年10月7日)

选自吴景平、郭岱君:《宋子文驻美时期电报选(1940~1943)》,第47~48页,复旦大学出版社,2008年版。

蒋介石致宋子文

1940年10月12日

美空军义勇队来华助战,甚为欢迎。如果美愿与我合作,则将派陈纳德①与我国要员飞美接洽。如其有决心,则进行应快,否则恐交通运输皆发生障碍也。上海陆战队届时与我合作当不成问题。唯平时须先介绍其驻沪陆战队与我方认识,而可不说明其认识之目的也。中正手启。文(十二日)。

(1940年10月12日)

注释:

① 陈纳德,美国退役空军飞行员,抗战爆发后任国民政府航空委员会顾问,曾帮助中国训练飞行员,当时在美游说争取援助,后成为中国空军美国志愿大队指挥官。

选自吴景平、郭岱君:《宋子文驻美时期电报选(1940~1943)》,第48页,复旦大学出版社,2008年版。

蒋介石致宋子文

1940年10月27日

美国飞机务期其售给瑞典飞机全数让我之外,并望其在售给法国或安南之飞机中拨购二百架,尤以新式驱逐机为最急。请将此意转告美当局,总期今年之内能有三百架美机到华，以坚军民抗战心理也。中正。感(廿七)。

(1940年10月27日)

选自吴景平、郭岱君：《宋子文驻美时期电报选(1940～1943)》，第51页，复旦大学出版社，2008年版。

宋子文①致蒋介石
1940年11月30日

密呈委座钧鉴：

顷电计蒙钧察。此次壹万万元借款，由进出口银行及财部两机关担承。(一)进出口银行琼斯本允续借五千万，分作两批，经屡次解说政治关系，始允一次借给，以价值六千万钨、锑与锡为抵押品，条件与上次钨砂借款同。(二)自文来美后，不断与财部要求借款，维持法币，惟财部款项皆有指定用途，只有二十万万平衡基金可以挪用，但财长每谓此项基金由其屡次向议会声明，只用于平衡美国本身币制，不能借予我用，此次国务卿、海长及总统亲信多方向总统陈说，故由其发表。财长一面与文磋商条件，一面报告议会财政组，总统因今日敌已承认汪伪组织，且其定期日内须出巡，故不待条件商妥，即行宣布，并嘱文于宣布前暂勿电告政府。弟子文叩。卅西。

(1940年11月30日)

(录自总统府机要档案)

注释：
① 宋子文此时任驻美国代表。

选自秦孝仪等：《中华民国重要史料初编——对日抗战时期·第三编：战时外交(一)》，第285页，中国国民党中央委员会党史委员会出版，1981年版。

蒋介石致胡适

1940 年 11 月 30 日

华盛顿。胡大使：日本与汪伪组织已正式签订条约，事实上已经承认。此时英、美如无严重表示及大量助华之事实发表，对我国民心理与经济状态，必发生不测变化。如美国不愿与英共同宣言，可否两国以商定共同之原则，而作平行各自之宣言。如能以大量借款同时发表，则助我之效更大也。务请以此意转达罗总统为盼。中正手启。卅。机。

（录自总统府机要档案）

（1940 年 11 月 30 日）

选自秦孝仪等：《中华民国重要史料初编——对日抗战时期·第三编：战时外交（一）》，第 121 页，中国国民党中央委员会党史委员会出版，1981 年版。

胡适致蒋介石

1940 年 12 月 1 日

重庆。委座：Union。密。卅电致敬悉。大借款昨已发表，此为最严重切实之表示。昨美外长又宣言重申本年三月三十日之宣言；三月三十日宣言全文当时曾电达外交部，其结语云十二年前美国政府同各国政府承认中华民国国民政府，今美国政府仍有充分理由相信现迁都重庆之中国政府，在过去与现在均得到中国人民大多数之忠诚拥护，美国政府当然继续承认此政府为中国政府云。适。一日。

（1940 年 12 月 1 日）

选自秦孝仪等：《中华民国重要史料初编——对日抗战时期·第三编：战时外交（一）》，第 121~122 页，中国国民党中央委员会党史委员会出版，1981 年版。

蒋介石致居里①

1941年4月24日

华盛顿。居里先生：密。前月大驾来华，屡获晤谈，厚意热忱，至所感荷。别后时深忆念，遥维贵体康胜。兹有要电，请即转呈罗大总统，其文如下："罗斯福大总统勋鉴：苏日协定发表以后，我抗战军民悲愤激昂，咸认远东局势即有严重之发展。现在苏联有调遣远东军队回欧消息，而欧洲南斯拉夫与希腊战事之失利，不无影响我中国之士气，以致我闽浙沿海之战事不甚顺利，同时敌人最近侵扰我闽浙沿海，已使用其向不轻用之最精锐部队。我中国政府与人民，临此重要局势，惟有盼望美国援华行动能速有积极而决定之表现，然后可以振奋我军民之心理，增加我抗战之力量。贵国军火租借法案包括援华部分，业蒙阁下一再申明。对于中国所请求贷借军器之数目详单，极（亟）盼贵大总统速将决定贷与之整个总数正式发表，则敝国军民对于贵国之高义，益深感激与兴奋，而远东局势亦必有良好之影响。此项表示，盼能愈速愈佳，并祈便即电复。"

(1941年4月24日)

注释：

① 居里时任美国白宫经济主任，于1941年1月底前来中国考察经济、币制情况，以确定1940年11月美国给中国的1亿美元贷款如何支配运用。由于其身份地位特殊，返美后亦被蒋介石视为与罗斯福总统沟通的特殊渠道。

选自秦孝仪等：《中华民国重要史料初编——对日抗战时期·第三编：战时外交（一）》，第620页，中国国民党中央委员会党史委员会出版，1981年版。

宋子文致蒋介石

1941年6月25日

委座钧鉴：

总统①已批准二百六十九架驱逐机，连同以前P40百架，可达原定三百五十架之计划。轰炸机继续催请,亦渐有端倪。前奉震电,拟派空军各种人员来美训练。文等商酌之下,觉人数过少,拟要求美方派来五百名,正进行中。谨陈。有。文。六.廿五

(1941年6月25日)

注释:
① 总统,即罗斯福总统。

选自吴景平、郭岱君:《宋子文驻美时期电报选(1940~1943)》,第92页,复旦大学出版社,2008年版。

宋子文致蒋介石
1941年8月27日

委座钧鉴:

  窃查美政府为援助被侵略各民主国,曾于今春由国会通过"军货贷借案"。自开始迄今,屡有变更。兹将经过概略及款项支配数额,恭呈鉴察。

  甲、今春三月二十七日,美国会通过贷借案,吾国所得之款项,分列如下:

(1) 军械	四七,八七六,一八一元
(2) 飞机	五十,〇〇〇,〇〇〇元
(3) 战车及军用车辆	六七,二八二,五八五元
(4) 运输费用	五,〇〇〇,〇〇〇元
(5) 军用杂项	九,八四一,二三四元
(6) 国防工业	(未得分配)
(7) 农工商品	五十,〇〇〇,〇〇〇元
	(内有一五,〇〇〇,〇〇〇元系铁路材料)

以上七项共计美金二三〇,〇〇〇,〇〇〇元。

  乙、美政府于一九四一年三月以前,购入之军用品及械弹等,经总统批准,可以转让于各民主国,我国分得美金二五,一〇三,一〇〇元。

丙、七月九日得美政府通知，为备总统向国会申请第二批贷借案款项起见，限于二日内，将吾国所需军械器材至明年年底止之总额，列表送核。因事出仓卒（促），权由文与兵工署、航空委员会等机关派来人员，参酌国情，编列各项需要清册，其清册于七月二十一日航邮呈阅。其预算总值，约为美金一，五〇〇，〇〇〇，〇〇〇元。兹将各项分列如下：

（1）军械等项　　　　　　　　　　　　二九六，八六五，〇〇〇元
（2）飞机等项　　　　　　　　　　　　六七六，四五〇，〇〇〇元
（3）军用车辆等项　　　　　　　　　　一六七，二〇〇，〇〇〇元
（4）运输等项　　　　　　　　　　　　五〇，〇〇〇，〇〇〇元
（5）军用杂项　　　　　　　　　　　　八三，八〇〇，〇〇〇元
（6）国防工业等设备　　　　　　　　　二五，一〇〇，〇〇〇元
（7）农工商品　　　　　　　　　　　　一九一，七〇〇，〇〇〇元

（1941年8月27日）

选自吴景平、郭岱君：《宋子文驻美时期电报选（1940～1943）》，第107页，复旦大学出版社，2008年版。

蒋介石致罗斯福

1941年12月8日　重庆

总统阁下：

一、最近与日本会谈，尽管美国之诚意努力，期以和平办法，以解决太平洋地区之各项问题；然日本竟对美英发动突袭进攻。日本此一最近之国际盗匪行为，吾人至感惊异。

二、对于美国、英国、澳洲、纽（新）西兰、加拿大、荷兰、苏俄等国对付日本及轴心伙伴，所采取之任何协同之军事计划，中国政府决尽全力合作，牺牲在所不计。

三、中国政府已决定对日及其伙伴德意等国正式宣战。

四、为使协同之行动充分可能，中国政府认为最迫切者，乃反侵略阵线之每一国家，应将轴心集团内之每一国家，视为共同敌人。因之，吾人提议，美国对德意、苏俄对日本同时宣战。

五、为使战争之进行有效和成功，中国政府认为，中、美、英、苏、澳洲、纽（新）西兰、加

拿大、荷兰,缔结一项军事同盟,由美国领导,对联合行动,有统一之指挥。

六、中国政府提议,上述缔约国家,不单独对敌媾和。

蒋介石
(1941年12月8日)

选自郭荣赵:《蒋委员长与罗斯福总统战时通讯》,第42~43页,幼狮文化事业公司,1978年版。

罗斯福致蒋介石

1941年12月9日　华盛顿

委员长阁下:

日本首先狡猾地发动攻击,随即对美国宣战。国会已宣布美日之间,战争状态已经存在。

中国对一个邻近的侵略者,已英勇抵抗四年有半。中国已唤醒美国对其原则与实际之同情。现在,中国之抵抗侵略已不再孤单,其他被日本威胁,及侵略运动威胁之国家,亦已参加此项抵抗。

此一奋斗,不能轻易或迅速成功地获致结束。所有参予(与)之国家,正如对阁下及阁下英勇之人民一样,都必须摧毁敌人及建立公正和平之共同目标,集中努力,并付以高度之热忱。敝国能与阁下领导伟大之国家联合,本人深感骄傲。本人深信,吾人与其他国家所参予之共同奋斗,将更加更传统友谊之联结;无疑地,阁下之努力,吾人之努力,加上其他个别与集体参予(与)此项奋斗国家之努力,来对付此一目无法纪之势力,必能完全摧毁。

罗斯福
(1941年12月9日)

选自郭荣赵:《蒋委员长与罗斯福总统战时通讯》,第43页,幼狮文化事业公司,1978年版。

宋子文致蒋介石

1942年1月26日

委座钧鉴：

星缅危急，我国际交通有断绝之虞，影响军民心理，尤非浅鲜。为补救计，此际似可速向美方商办三事：（一）大借款从速决定；（二）以大批飞机由加尔加答、米芝那转云南驿，输送物资；（三）中美军事同盟。前两项已在进行；第三项，美国虽向来不与他国订立军事同盟，但一九四零年夏，法国危急，英国且有英法并为一国之提议，况军事同盟，本非新奇之举，美方或在此时有破除成例之可能。三事如能告成，颇足振奋人心，实际上裨益战局，更无论矣。钧意若何，及对于条件磋商应加注意之点，尚乞裁量指示。再，国内舆论，不满英美军事之表示，配合我此间行动，□□无益耳。文。

（1942年1月26日）

选自吴景平、郭岱君：《宋子文驻美时期电报选（1940～1943）》，第146～147页，复旦大学出版社，2008年版。

罗斯福致蒋介石

1942年2月6日

委员长阁下：

本人与美国政府，至感欣慰。因为本人向国会之提案，请求授权，贷款中国美金五亿，作为对中国财政支援，业经参众两院一致批准；现已成为法律。

对此提案，国会采取行动，异常迅速，而且一致；及美国人民热烈之支持，乃是美国政府与人民，敬慕中国之最佳反映。此亦证明对于具体援助为自由而战之伙伴，吾人之切望与决心。中国对残酷侵略者英雄之作战，已使美国人民和其他所有爱好自由人士极高之敬仰。中国军民，处于劣势，而对装备优越之敌人，坚决抵抗几达五年，此对其他联合国之军民，激励至大。中国人民，销毁自己辛苦之成果，以免为日军所用；此种伟大之牺牲，实为高度牺牲精神之典范。此对吾人达到胜利,乃至为必需。美国国会所拨之款,对其使用,本人深信,并期望,将有助于中国军民,减轻其因军事侵略所造成之财经负担。而对于解决生产与购买必需之军品,亦有实际贡献。

谨致问候祝福,并在此遥远地区,为共同福祉,共同目标,以及必然属于吾人之共同胜利,向阁下伸出同志之手。

罗斯福

(1942年2月6日)

选自郭荣赵:《蒋委员长与罗斯福总统战时通讯》,第51~52页,幼狮文化事业公司,1978年版。

罗斯福致蒋介石

1942年2月12日

蒋委员长阁下:

本人此刻已将五万万元对华财政援助拨款法案签字,该案已成法律。佛兰克林·罗斯福。二月十二日。

(1942年2月12日)

选自秦孝仪等:《中华民国重要史料初编——对日抗战时期·第三编:战时外交(一)》,第336页,中国国民党中央委员会党史委员会出版,2008年版。

蒋介石致罗斯福

1942年2月15日　新德里

总统阁下:

甫抵新德里之后,本人即接获阁下最感人之电讯,通告本人,给予中国五亿美金贷款之事。阁下接受本人全部提案，未附任何条件，本人至为感激。兹谨代表中国军民，对此及时之援助，向阁下表达最深之谢忱，并请阁下转达美国国会，和美国人民。

四年半以来，中国人民，已蒙受极大之苦难。阁下最近所给予中国之贷款，不仅可减中国经济恶化情势，亦可提高中国人民士气。过去吾人得自贵国之物资与贷款，使中国之抗战，能以维持至今。阁下采取亲的措施，给予中国及时之援助，在此举世面临史无前例之危机中，所有为自由而奋斗之人士，将受到鼓舞与激励。

贷款之使用，除应付军事需要之外，主要将用作加强中国经济结构，收回法币，控制通货，稳定物价和增加生产。

本人亦同时在此敬致阁下问候与祝福。

蒋介石
（1942年2月12日）

选自郭荣赵：《蒋委员长与罗斯福总统战时通讯》，第52~53页，幼狮文化事业公司，1978年版。

罗斯福致蒋介石

1943年3月8日　华盛顿

委员长阁下：

陈纳德将指挥其所属之空军，此即第十四航空队。如果陈纳德认为，他可以维持，该队将迅速增加至五百架飞机。如设施改善，美国空军队将加强，俾每月能将一万吨物资，运进中国。不过，此极困难，故建立一条通路，至为必要。至于建立中国空军一节，阁下所提每月以五千吨物资支援中国空军，难以办到。但如飞行员与飞机够用，则一次建立一中队为合适。

罗斯福
（1943年3月8日）

选自郭荣赵：《蒋委员长与罗斯福总统战时通讯》，第152页，幼狮文化事业公司，1978

年版。

蒋介石致罗斯福

1943年11月3日　重庆

总统阁下：

　　本人及全中国军民，获悉四国联合宣言签字之后，均极表感激。此一事件在历史上之重要性，堪以昭告全世界反对侵略之正义目标。此一宣言不仅将加强我四国间之合作，以达成吾人之共同信念，同时也亦将给全世界爱好和平人士，一项建立国际和平，及全面安全之保证；因而即行构成对未来世界一项史无前例之贡献。中国以参加会商此项宣言为荣。

　　总统先生，本人谨致之谢意。此一宣言在拟订时，全仗阁下之明智擘划（画），以及国务卿赫尔先生之在会议中之努力，我全国人民均表赞颂，本人谨再致诚挚之感激。

蒋介石

（1943年11月3日）

选自郭荣赵：《蒋委员长与罗斯福总统战时通讯》，第163~164页，幼狮文化事业公司，1978年版。

罗斯福致蒋介石

1943年11月13日　华盛顿

委员长阁下：

　　顷获阁下四国联合宣言签字的来电，至感欣慰。本人亦向阁下在会议时所表示之满意，致感激之意。本人欢迎中国参予（与）建立世界更佳秩序之工作。宣言已给予保证，在战争中之密切合作，将可成为有效持久和平之合作。贵我两国，及在此一方面参加之其他国家，将负起确保及发挥吾人作战所争取之国际间之自由、正义，团结之原则。中国参加此一历史性之宣言，赫尔国务卿与本人，乃至美国人民，均极表感激。当前吾人重要责任,乃击败侵略者。瞻望前程,缔造永久和平之各项重要工作,责任甚重。

虽然,所有此类任务均属如此,吾人深信贵国政府及人民之通力积极合作,必能大步迈进,达成此项任务。

罗斯福
(1943年11月13日)

选自郭荣赵:《蒋委员长与罗斯福总统战时通讯》,第163~164页,幼狮文化事业公司,1978年版。

蒋介石致罗斯福

1944年6月2日　重庆

总统阁下:

关于提议在华盛顿召开会议讨论维持世界和平之国际组织一事,魏(道明)大使与国务卿赫尔之谈话,本国外交部,曾向本人报告。中国一向主张早日建立此一组织;如果可能,甚至在战争结束之前,即能实现。现阁下领导,实现此一理想,吾人至为感奋。本人要特别感谢阁下与赫尔国务卿者,乃阁下等主张中国必须出席此一会议。如无亚洲人民参加,则此一会议对世界半数人民,将毫无意义。

蒋介石
(1944年6月2日)

选自郭荣赵:《蒋委员长与罗斯福总统战时通讯》,第322页,幼狮文化事业公司,1978年版。

周恩来致赫尔利

1945年2月18日　延安

赫尔利将军阁下：

　　本人在渝之时，多承开怀，衷心至感。本人返延安之后，已对本党中央委员会及毛泽东"主席"，作详细之报告，由于目前民主联合政府仍未在中国产生，现存之国民政府乃完全为国民党一党专制之政府，既不能代表解放区内一千万人民，亦不能代表国民党控制区内广大群众之意志；因之，四月二十五日在旧金山召开之联合国会议，仅只国民党政府派出之代表团，不能代表中国。当本人在渝之时，阁下告诉本人，旧金山会议之代表团，应包括国民党、共产党、民主同盟之代表，本党中央委员会与"毛主席"完全同意。吾人进而认为，国民党之代表应只限于代表团总额三分之一，其他三分之二则由共产党与民主同盟代表；只有如此，才能公平代表中国人民之共同意志。否则，该团在会议上将不能代表中国解决任何问题，深盼阁下将此意转达美国总统，谨此致候。

周恩来

（1945年2月18日）

选自郭荣赵：《蒋委员长与罗斯福总统战时通讯》，第323～324页，幼狮文化事业公司，1978年版。

罗斯福致蒋介石

1945年3月15日　华盛顿

委员长阁下：

　　对于中国情形，以及阁下所面临之各种问题，本人已自赫尔利大使，得到详细之报告，欣悉已有进展，至感鼓励。

　　有关四月二十五日，在旧金山召开之联合国安全会议问题，中华民国国民政府为支持国之一。据赫尔利大使报告本人，中共已向他提议，中国与会代表团人选，应由中国国民党、民主同盟、共产党平等组成。本人完全同意赫尔利将军所作之答复。旧金山会议,乃各国政府间之会议,而非政党会议。

同时,本人亦愿奉告阁下,中国政府代表团中,包括中共或其他党派之代表,并无不利。事实上,如采此一作法,甚或有利可见。无疑的,此在会议中将创造一极佳印象。阁下采取此一民主姿态,对阁下统一之工作,可能证明真有所助。

阁下谅知,敝国之重要政党,将派人参与美国代表团中。本人相信,加拿大和其他国家,亦将采取同样办法。

谨此致候,并祝健康。

罗斯福

(1945年3月15日)

选自郭荣赵:《蒋委员长与罗斯福总统战时通讯》,第325页,幼狮文化事业公司,1978年版。

蒋介石致罗斯福

1945年3月27日　重庆

总统阁下:

阁下三月十五日之电报,业经由美国大使馆转到。阁下所提建议,吾人参予旧金山会议之代表团,允宜尽可能具有代表性,至为感激。本国政府已任命一个十人代表团,其中六人属于国民参政会之参政员。除国民党籍人士之外,共产党及另外两个反对党,各一人;不属于任何党派之领袖三人,其中包括大公报之发行人。由于阁下对此事关心,故简报如上。

蒋介石

(1945年3月27日)

选自郭荣赵:《蒋委员长与罗斯福总统战时通讯》,第325页,幼狮文化事业公司,1978年9月出版。

十九、抗战时期的中英、中法关系

英、法均为老牌的资本主义国家,而且有着殖民主义的历史。抗战时期,它们对日本的侵略行径都曾采取"绥靖政策",这助长了日本帝国主义的嚣张气焰,损害了中国主权和民族利益,导致中国与法国断交。太平洋战争爆发后,中英、中法才成为反对德意日法西斯并共同作战的盟友,国民政府则正式对德宣战。

本专题所收录的函电分为二组,分别反映了抗战时期中英、中法错综复杂的关系。由于这二组双边关系各有其特点,现分述如下。

(一) 抗战时期的中英关系

全面抗战爆发之前,中英两国在经济、政治领域关系密切。全面抗战爆发之后,尽管中国政府多次要求英国出面制止日本的侵略行径,但为避免卷入中日矛盾,进而影响英国的国家利益,英国在远东对日本采取了"绥靖政策"。读者从本组信函中将会看到,英国不仅在经济领域与日本达成损害中国权益的海关协定,在中英有关天津白银问题的交涉中压中方让步,而且在1940年7月封闭滇缅公路,切断了当时中国最主要的国际运输线,严重损害了中国的国家利益;同年10月18日英国宣布重新开放滇缅公路则是由于《德意日三国同盟条约》于9月27日出笼,欧洲与远东的局势日渐明朗。

太平洋战争爆发后,中英两国在远东成为对日作战的盟友,但双方围绕废除英国在华特权问题、联合作战方向是"先欧后亚"还是尽早进行反攻缅甸作战以打通国际交通线问题以及中国西藏问题上一直存在分歧。从总体上看,中英两国领导人都意识到维持和改善双边关系的重要性,因而也通过沟通与不同层级人员的互访,推动了两国关系的发展。

(二) 抗战时期的中法关系

本组函电主要反映了中法两国政府围绕是否应制止日本侵略、是否应支持中国的反侵略斗争而进行的外交交涉情况。1943年因维希政府屈从于日本的压力导致中法关系恶化乃至最终断交。

"卢沟桥事变"发生之初,法国政府承认九国公约的相关条款,在对日态度方面与英美保持一致,同时向中国提供了若干军用品,但在中国政府拟假道越南以保证陆路运输军用物资、建议双方展开军事互助等问题上一直持十分慎重的态度。

1939年9月德军入侵波兰,欧洲大陆战争形势严峻,法国政府开始采取对日妥协政策。1940年6月法国被德国占领后,维希政府在内政外交方面均屈从于轴心国的压力;9月20日,日军在越南登陆,同日切断滇越陆路交通线。1941年5月,维希政府与日本签订

《日越经济协定》；同年7月双方签订《日越共同防卫协定》，维希政府允许日军假道越南进攻云南，越南遂成为日军进犯中国的基地。

1943年2月23日，维希政府在日本的压力下宣布放弃在华治外法权，并交还其在华各处租界。同年5月中旬，维希政府陆续与汪伪政权签订协议，将其北平使馆区、上海公共租界、厦门公共租界以及天津、汉口、广州等地的法国租界移交给汪伪政权接管。这期间，维希政府还纵容日军于同年2月17日占领了广州湾。国民政府遂于2月24日照会维希政府，废止中法两国于1899年11月16日签订的关于法国租界广州湾的不平等条约，收回广州湾。同年8月，宣布与法国维希政府断绝外交关系，8月27日正式承认戴高乐在北非领导的抵抗组织"法国民族解放委员会"为法国合法政府。

这里需要提及的是，"法国民族解放委员会"不承认维希政府所为，主张其一经中国政府承认，就考虑与中国政府订立新约以废除法国依不平等条约所取得的在华特权。1945年8月30日，法方正式向中国政府送交《中法关于法国放弃在华治外法权及其有关特权条约》初稿，而后双发就此展开谈判，1946年2月28日中法新约在重庆签字，同年6月8日互换批准书生效，两国关系翻开新的一页。

许阁森[①]致王宠惠

1937年5月23日

敬启者：

仆于明晨动身往北平，未行之先，极愿确知已尽力驱除疑虑，即英、日将在伦敦举行之谈判，或有损害中国利益可能之疑虑是也。

在伦敦及此间所发表之详细言论，似无再说一番之必要。阁下想必深明伊顿先生及贾德干爵士所发出之保证言语，如在众议院所答质问、五月四日欢宴孔博士之演说及其他宣言。想亦闻及温脱登爵士以众院议员私人资格，在五月廿一日中华协会宴会中所发之言论，仆希望此种言论，足以扫除所提及之疑虑。

如再不能将疑虑驱除，仆愿声明下述两点：每一点，仆已解释过，即英日关系范围，比英、日与中国关系更为广泛。吾人在华利益，不过系此事之一部分。第二点，即英国政府已立意，凡谈判发展有涉及他国关系者，将竭力使该关系国预（与）闻，美、法、俄、华同样在此预（与）闻之列。故阁下可以安心，敝政府必将有关贵政府各点奉告。所拟举行之谈话，仆已说过，范围甚广，包括许多只与英日两国政府利益有关之问题，譬如日本在英国殖

民地贸易问题等等,惟此项问题,敝政府当然不必使他国政府预(与)闻也。专此祇候
勋祺!

　　许阁森启。五月廿三日。

(1937年5月23日)

注释:

① 许阁森当时任英国驻华大使。

选自秦孝仪等:《中华民国重要史料初编——对日抗战时期·第三编:战时外交(二)》,第94页,中国国民党中央委员会党史委员会出版,1981年版。

卡尔[①]致蒋介石(请求中国政府勿阻止英日就中国海关问题达成协议,但此协议有损中国主权利益)

1938年5月2日

敬启者:

　　忆在汉时,弟答应由沪奉函解释英政府需与日政府谈论海关问题之理由,及至到沪时,此问题已变成万分急要,盖据日方表示,如到五月三日未能成立协议,即日方拟将占领区域内之海关行政一切完全攫取,但弟意料所提协议约在五月三日成立。

　　中日两方对于海关问题不能洽谈解决,其势头颇为明显。在英方立场,如不自动采取办法,日方必至完全攫取占领区域内之海关行政,改为日本行政机关,以日方利益为前提,是则海关机关为过去将来华方信用之基础必遭破坏。

　　在交涉此项问题时,吾人故意不向贵政府洽商,实有用意。盖日方对于华方所视为最低之条件(如存款银行及内债等项)不肯接收(早已表示显明,事在意料之中),故吾人以不如不通知贵政府为佳,拟俟协议成立之后,视为已成事实(Fait accompli),华方得以否认责任。但弟极希望贵政府关于此项协议,虽是否认对于本身有束缚之效力,同时不致采取任何举动,以使其不能实行,假如协议不能成立,结果必至海关行政完全破坏,而由日方占取以谋便利自己之利益。

　　协议对于华方之益处有三:(一)日方承认拨付关税担保外债之相当部分藉(借)以

维持国际上中国之信用);(二)以中国法币而不以任何新行之伪币付税藉(借)以维持法币对伪币之地位);(三)海关行政以及外国人员贵政府素认为华方利益之最要保障得以保留。

以上各项,英政府因经数月之交涉,方得日政府之保证,明知由贵政府立场观察,虽有不利之处,但敢信该办法乃在可能范围内之最优条件。阁下如细心研究协议失败之结果,必能予以同意,有此协议比较日方任意霸占海关,对于贵政府似为有利。

(协议内容略)

(1938年5月2日)

注释:
① 卡尔当时任英国驻华大使。

选自秦孝仪等:《中华民国重要史料初编——对日抗战时期·第三编:战时外交(二)》,第96~97页,中国国民党中央委员会党史委员会出版,1981年版。

杨杰致蒋介石
1939年2月23日

重庆。委员长蒋:养电奉悉。Rapid 密。(一)养日在英,将钧座删电提商英参部。答复如次:(甲)海南岛被占,影响至钜,尤以新加坡至香港之航行,大受威胁,英颇感形式险恶,但军事行动尚嫌过早。(乙)英重视欧洲问题,对于远东迭用外交方式,阻止日本一切超出轨道之行动,因距本国遥远,不得不尔。(丙)蒋元帅之提议,倘英与日在作战状态中,即考虑接受,现形势不同。惟提议之后部分,以义勇军助华一节,尚有实现之可能,拟建议贵国以外交方式提出于英外交部,再由英外交部与航空部商办,参部不必出面等语。职本日回法,已将英方意见转告法方。(二)职刻与银团详商借款细目,数日内即可将草约编竣呈核,并遵照孔院长删电返莫,请苏担保,同时催军飞机。(三)电本使用已久,请饬编发多种备用为祷。职杨杰叩。漾。复电请电巴黎中国大使馆。

(1939年2月23日)

选自秦孝仪等:《中华民国重要史料初编——对日抗战时期·第三编:战时外交(二)》,第31页,中国国民党中央委员会党史委员会出版,1981年版。

蒋介石致《伦敦新闻纪事报》

1939年7月28日

余对于英日在东京谈判之感想,有如下述。

余于本星期一日,曾发表讲词,其主要之意为:

"外间若干舆论以东京谈判比于'远东慕尼黑',此实拟于不伦。捷克之建国,是由于欧战以后条约的结果而产生,而我们中国为有悠久历史与文明之旧邦,两年以来为独立生存而自力奋斗,至今全国团结,达从来未有之坚强,中国何能与捷克相提并论?吾人依于自力,以谋自救,任何牺牲,在所不辞,深信我人如能健全,能自强,任何友人决不致离弃吾人,辜负吾人,亦深信断无任何国家,被迫于吾人之敌,而改变其向来对华之根本政策也。即使撇开道义的立场,而专就利害立论,吾人亦不能想像(象)英国能真正与日本妥协。因任何对于日本之让步,将必妨害中国,将必违背九国公约之规定。如此无异于帮助日本侵略,亦无异于帮助日本撕毁九国公约,英国何能背信蔑义,甘与侵略国相附而放弃其对华久远之友谊?吾人不仅信任友邦之政府,同时更相信世界各国正义舆论之力量。何况任何协定如不得中国政府之承诺,无论在法律上、在事实均丝毫不能生效。是以抗战之决定因素,在于吾人不屈不挠之勇气,吾人必在任何困难下继续奋斗,要知倚赖心理为革命精神所不容。"

上述之讲演词,虽为余在未读英日协议声明以前所发表,然余此时对于英日在东京进行中之谈判,仍持上文所述同样之意见,毫无二致。

夫英国与日本如何能获取妥协与调和?日本军阀怀挟其所谓"神圣使命"之统治亚洲的狂想,既如此其深切,则英国欲为保护其在中国之利益,即使欲作暂时的让步,亦无异于以血肉喂猛虎。即使英国以百年来在华所有整个之权益,悉数让与日本,日本军阀亦断断不能停止其侵略的行动。除非英国全部放弃其在远东一切之所有,换言之,即放弃印度,放弃澳洲,放弃纽斯伦,乃至放弃其在红海以东一切的势力,或者可以获得十年至二十年的相安。何况照现在所发表如此空泛而不可捉摸的协议,而谓即能真正妥协,其谁信之?此次究为日本欺英国,或英国欺日本,徒使世界人类迷惑如入五里雾中而已。余于此事,惟觉我中国自身奋斗,不能立时战胜日本,致使我友邦之英国,竟采取此种之态度,而对于日本成立如此无价值之协议,此则余所引为唯一深切之疚憾者耳。

余深信英国朝野必不致对于被侵略之国家与侵略国家同等相视,深信英国朝野必能忠于诺言,必能尊重国际法律与条约,决不致助长侵略者而损害我为公理、为自卫而抗战之中国。余更深信英国政府必能迅速履行其对中国所负之义务,勿使我四万万五千万之人民与世界正义人士失望也。最后总括一言,即贵国所应采取之最贤明的举动,厥为立即停止与日本之谈判,此为余质直之意见也。

(1939 年 7 月 28 日)

选自秦孝仪等:《中华民国重要史料初编——对日抗战时期·第三编:战时外交(二)》,第 102~103 页,中国国民党中央委员会党史委员会出版,1981 年版。

郭泰祺致外交部

1940 年 3 月 18 日

重庆。外交部。九九一号。十八日。并转呈总裁钧鉴:昨邱(丘)吉尔邀午餐,据告英方虽极欲避免与日冲突,但决不牺牲中国,不理会所谓汪政权,且以芬兰之 Kusinen 比汪,深加鄙弃,并以未能积极援华为憾,但仍当相机效力。对苏、芬和平,深以芬兰受屈为惜,但谓可减少英俄短期间之敌对之危险,两国关系甚至有改善可能。彼固始终不主对俄作战,对欧战以为最后胜利必属英、法,但须待第三年期内始有解决把握,彼敦嘱代向总裁致敬。祺。

蒋委员长批示:复。遇邱(丘)时,代为道候,表示其关怀感佩之意。中正。

(中华)民国二十九年三月十八日

选自秦孝仪等:《中华民国重要史料初编——对日抗战时期·第三编:战时外交(二)》,第 35~36 页,中国国民党中央委员会党史委员会出版,1981 年版。

邱（丘）吉尔致蒋介石

1940 年 7 月 20 日

蒋委员长勋鉴：

兹余奉令将下开文字以英首相名义转陈阁下，此项文字须视为个人的，并绝对秘密的：余(英首相自称)确信执事(委员长)对于缅运问题之我方困难，极为了解，余永不强请执事接收违反贵国利益或贵国政策之和平。柏美德。重庆。一九四零年七月二十日。

（1940 年 7 月 20 日）

选自秦孝仪等：《中华民国重要史料初编——对日抗战时期·第三编：战时外交（二）》，第 116 页，中国国民党中央委员会党史委员会出版，1981 年版。

蒋介石致邱（丘）吉尔

1940 年 7 月 28 日

接奉尊电，至为欣慰。余深信在阁下总理任内，中国利益决不致被牺牲，因阁下对我人抗战之真谛，较任何人尤为明晰。余非不知贵方之困难，但和缓日本之政策必将危及贵国自身，此余所已屡次声言者也。惟有中国战胜并保持其独立，英国远东利益方能保存。故余切迫的(地)声请阁下，为贵我两方利益计，从速恢复缅甸运输路线。

（1940 年 7 月 28 日）

（录自总统府机要档案）

选自秦孝仪等：《中华民国重要史料初编——对日抗战时期·第三编：战时外交（二）》，第 116 页，中国国民党中央委员会党史委员会出版，1981 年版。

郭泰祺致蒋介石

1940年9月13日

  重庆。委员长蒋：祺今晤政次，促请英方注意及发动有效制止，彼答日本态度益使英感觉改善英日关系之困难，同时亦即促中英之接近合作，惟在目前关键，除继续坚持其立场及与美洽商外，殊难采何具体有效办法，俟渡过目前难关，三四星期后，局势当较明晰，易于应付云。祺谓本月终至迟下月初，拟访首相，请其对重开缅路问题切实答复，现英美合作日进，英俄、美俄关系亦在改善，日本已大有戒心，如英、美坚强对日，一面使其更有所忌惮，一面亦足表示英方之自信力，与苏联尤易接近等语。政次颔首谓：日本近似较慎重，并云已与首相言及祺拟访问事，但此时尚早，下月初当愿接谈云。政次询滇越铁路之桥梁，我方已炸毁，确否？祺言尚未接官电证实。彼又谓英方对法国运兵赴越增援及由西印度运飞机赴越事，均愿协助，但前者易办，后者须与华府洽商云。又据另一方消息，越督颇有意与DEGAULLE（戴高乐）合作，英方因恐越只可因此即成与国，如对日抵抗，英国将被牵入远东战事，故暗中不赞成云，此可见英国目前真态度。再据英报载，美政府已答越督，不能予以物质援助，顷已电询适之兄，如果属实，英国态度当然受其影响。祺意现在进展中之英战，为欧亚时局之最要关键，如德国于此数星期内大举攻英而受挫，则全局松动，缅路当可重开。又海相私谈，五十军舰到手后，盼能在地中海予义海军以重创，克日可分派军队（海军）赴新加坡或远东，果尔，缅路亦可望重开也。祺叩。元。

（1940年9月13日）

（录自总统府机要档案）

  选自秦孝仪等：《中华民国重要史料初编——对日抗战时期·第三编：战时外交（二）》，第117页，中国国民党中央委员会党史委员会出版，1981年版。

蒋介石致邱（丘）吉尔

1940年10月9日

伦敦。郭大使复初兄：密。兹致英首相一电，请译成英文，连同汉文，即为转达。文曰："丘吉尔首相阁下：近两月来，贵国人士在阁下领导之下，英勇作战，使欧战局势转入新阶段，敝国政府与人民，咸深钦佩。顷读阁下在国会演词，指斥三月以来日本对华暴行有增无已，中国民族痛苦日深，因而决定恢复滇缅路之一切运输，中正闻之，欣慰无量，尤其阁下演词中提及日本对华和平已无希望，尤佩卓见。日本军阀政府好言武力，亦惟畏惧武力，和平正义之言，决不能入，一切妥协之策复长其氛，此中正十数年之苦痛经验，固亦阁下所洞察无遗者也。特布感佩之忱，敬希鉴察。蒋中正。酉佳。"等语。中正。

（1940年10月9日）

（录自总统府机要档案）

选自秦孝仪等：《中华民国重要史料初编——对日抗战时期·第三编：战时外交（二）》，第119页，中国国民党中央委员会党史委员会出版，1981年版。

邱（丘）吉尔致蒋介石

1940年10月18日

委员长勋鉴：

接奉中国大使转交十月九日华翰，曷胜欣慰。中英人民均知其在目前进行之战争中，所争取者为何，殆无疑问，中国抗战之力量韬发于阁下领导之下，并由于中国全民愿为彼等自身命运主宰者之决心，余尤深信中国经此数年苦斗后，必将成为一自由统一之国家。至于本国坚强之决心，乃在拯救其自身及欧洲之自由，想亦必为阁下所稔知也。耑此敬复。并颂崇绥。丘吉尔谨启。

（1940年10月18日）

选自秦孝仪等：《中华民国重要史料初编——对日抗战时期·第三编：战时外交（二）》，第119~120页，中国国民党中央委员会党史委员会出版，1981年版。

蒋介石致郭泰祺

1941年4月17日

伦敦。郭大使：Earth 表。俄倭中立友好条约以后，中认倭必南进，中英军事合作必须有一确实协定。从前英国要待倭攻星岛后再实行军事合作，如此中国只单方义务，殊不合情理，所以中坚持星岛与昆明并列，无论敌先攻星岛或先攻昆明，中英双方皆应由此为合作实施之起点。如果敌先攻昆明，而英国空军尚不肯参加协助，则昆明失陷以后，待敌进攻星岛，则中英战线为倭隔绝，无从联系合作，如此亦无合作可谈矣。须知敌攻昆明即为进攻星岛，不使华军向星岛赴援之先着也。请以此意切商英政府，属其无论敌先攻昆明或先攻星岛，中英军事合作皆应即时履行也。如何？请其速鉴。中正手启。洽。机渝。

（1941年4月17日）

（录自总统府机要档案）

选自秦孝仪等：《中华民国重要史料初编——对日抗战时期·第三编：战时外交（二）》，第157~158页，中国国民党中央委员会党史委员会出版，1981年版。

蒋介石致郭泰祺

1940年11月9日

伦敦。郭大使：Earth 加表。前托子文兄转电与英、美合作方案谅达。本日已由中面交英、美各大使，请兄照此方针积极进行，务期于短期内收得效果也。中正。佳。机渝。

（1940年11月9日）

附：中、美、英三国合作方案原文

鉴于中、美、英三国在保持太平洋和平上有共同之利害关系与使命，并为实现三国所共同拥护之原则起见，拥有密切合作之必要，特提出本方案。（甲）原则部分：（一）坚持九国公约门户开放与维护中国主权领土行政完整之原则；（二）反对日本建设"东亚新秩序"或"大东亚新秩序"。（三）认定中国之独立自由为远东和平基础，亦即太平洋整个秩序建立之基础。（乙）步骤：（一）中、美、英三国共同宣言，声明为实践签署九国公约之义务与确保太平洋之和平起见，中、美、英三国认定上列原则三点为共同之立场。（二）由英美两国共同宣言，声明以上列三点原则为共同立场，因此英美两国当尽力援助中国，确立其主权与领土行政之完整，恢复国际（或用太平洋）和平之秩序。（三）中英两国订立同盟，并要求美国共同参加，如美国无意参加，亦须先征得美国对此项同盟之同意与赞助。（丙）事实上相互协助之具体条目：（一）发表宣言后，英美两国即共同或分别借款与中国，以维持中国之外汇与法币信用，此项借款总额为美金二亿至三亿元；（二）由美国每年以信用贷款方式售给中国战斗机五百至一千架，但本年（一九四〇年）内先运二百至三百架，此外并由英美两国供给中国以其他之武器，其数量及种类，另行商定之。（三）英、美派遣军事与经济、交通代表团来华，组织远东合作机关，此项代表团之团员得由中国政府聘请为顾问。（四）英、美与日本或英美两国中任意一国与日本开战时，中国陆军全部参战，中国全国之空军场所，全归联军使用。

（1940年11月9日）

（录自总统府机要档案）

选自秦孝仪等：《中华民国重要史料初编——对日抗战时期·第三编：战时外交（二）》，第51~52页，中国国民党中央委员会党史委员会出版，1981年版。

卡尔致蒋介石
1941年5月15日

委员长钧鉴：

兹谨遵钧嘱，将昨日艾登先生命所面陈者，就其内容，再为钧座述之。昨曾为钧座陈明,敝人将以极严重而直率之态度进言,想钧座当能记忆也。

敝人遵照训令,首欲向钧座申述者,即敝人回渝后,即已察觉一般怀疑敝国之空气。尤堪注意者,即盛传敝政府有意与日本成立一种对于贵国不利之交易。此种谣传,完全无稽。英国对华政策固未曾有任何变更,敝政府亦未曾与日本成立对于贵国不利之协定,将来亦不致有此种协定。贵国为其自由独立而抗战,敝国完全同情。贵国抗战即届四载,在钧座领导之下,始终抵抗敌人配备优良之攻击,其坚苦沈毅之精神,实为敝国所钦仰!敝国深知其理想与贵国之理想完全一致,在彼等能力之内,亦决意予贵国以一切援助。

自另一方面言之,钧座亦不可过责敝国以不能做到之事。缘敝国虽抱援华之真诚,但在目前情况之下,绝不能担负新的义务,例如在英日开战以前,协力防御云南,固彰彰甚明也。盖有若干事实为不可避匿者,此种事实之一,即敝政府必须集中力量以应付大西洋与地中海之战争,此乃目前主要之图。设不幸而挫败,则其结果将不仅影响敝国之命运,亦将影响贵国之命运。反之,彼等如能撑持,贵国亦将由此而获救。在此胜负未分之期间,贵国必须苦战苦熬。如当环境变迁之时,贵我两国卒克在云南及新加坡区域内互助合作,亦未始不可能也。然而此种性质之直接援助,或未必为最有效者。盖彻底言之,贵我两国互助之道,仍不外在欧亚两战场中各尽所能,分别奋斗,则一国之成功,将有助于彼一国矣。

同时敝政府虽受西欧大战之种种牵制,然对于贵国具体援助之程度,则不特不减少,而且增加。敝国已派一高级军官前来重庆,就敝国被迫而对日作战时,贵我两国合作事项,拟定初步之计划,同时赞翊钧座,在其能力之内,随时贡献意见。除财政的援助、货币平准基金及出口信用之外,敝国更同意若干改善中外交通之计划,如关于航线、铁路、公路者,其他计划亦在考虑之中。就滇缅铁路而言,敝国已采取积极之步骤,调查赶工之可能性。敝国飞机虽极缺乏,然亦曾以在美所订之霍克机一百架及其附属武器转售于贵国矣,敝国亦已同意飞机在缅之装配矣,亦已同意在印度境内之飞机制造与装配矣,敝国方寻觅其他途径,以便实行其尽力援华之全盘政策。敝国深知钧座之困难,同时相信钧座亦将认识敝国之困难。如敝国奉告钧座若干办法,如在英日作战以前协助保御云南者,皆不实际,则敝国惟有恳请钧座能充分重视敝国已曾尽力及方从事尽力者。幸而钧座能以敝国信赖钧座者信赖之,则钧座亦将察鉴敝国不致有负钧座之信赖也。

(1941年5月15日)

选自秦孝仪等:《中华民国重要史料初编——对日抗战时期·第三编:战时外交

(二)》,第76~78页,中国国民党中央委员会党史委员会出版,1981年版。

蒋介石致邱(丘)吉尔

1941年12月10日

中国受日本之残暴侵略,已将四年有半,对于日寇所施于英、美之诡诈与攻击,举国更深震愤。诡诈乃所以铸成仇雠,而道德乃足以促成友谊,从此中英两国人民并肩作战,誓必摧除共同之仇敌,而英国与美国以迅速而坚决之支持,尤为欣慰。中国人民切愿对英国传统之友谊有所酬报也。

(1941年12月10日)

(录自总统府机要档案)

选自秦孝仪等:《中华民国重要史料初编——对日抗战时期·第三编:战时外交(二)》,第89页,中国国民党中央委员会党史委员会出版,1981年版。

邱(丘)吉尔致蒋介石

1942年2月27日

委员长阁下:

兹乘薛穆爵士被任为英国驻渝大使之机,托彼奉函阁下。薛穆爵士前来任所,适值盟国对日战争紧急之际,然阁下及鄙人皆曾经历危急于前,坚信未来前途定必光明。试将目前情势与一年前相比较,当时中英两国皆当战争之冲,各在东西抗御轴心,而与装备优越之敌军在极不利之状态下搏战,今则两处战争合而为一,参加吾方者有美国与苏联,而二十六国之协定,亦已签字于华府矣。

日本新冒险之初期成功,确为可观,并已获得诡诈奇袭之利。然彼眩目之成功已置彼于不稳之境地,彼所获得之优势,将随某数种战争主要物资之缺乏而即归消失,彼须遭遇对方不断增产之军火与船只,而势必逐渐降临德国之命运,亦将使彼瞠然恐惧。届时彼已攫得之土地,将变为负担,彼须自行撤退,或分散其兵力以与盟国不断增强之海军相对抗。

中国四年单独之英勇抗战,将被视为击败日本之主力,于世界战争之进行亦具有决定之功效。唯日本之必败,尚有待于发展中之中、英、美、荷四国军队之密切合作也。鄙人对于最后胜利,绝无怀疑,鄙人致此函于阁下,乃深信与确望中国于胜利之后,将能自败覆之敌人获得完全之补偿与满意。

薛穆爵士即此函之传达者,在其外部任职时,负责远东事务,故对远东问题,颇已谙熟,希望阁下给以最大之信任,俾其达成以一切方法增强两国合作之使命,而两国之合作即胜利之所由来也。

(1942年2月27日)

(录自总统府机要档案)

选自秦孝仪等:《中华民国重要史料初编——对日抗战时期·第三编:战时外交(二)》,第89~90页,中国国民党中央委员会党史委员会出版,1981年版。

顾维钧致蒋介石

1937年10月18日

五一三号。十八日。五一二号电计达。钧与法外次交涉一小时,除说明备忘录所开各点外,并告以英政府对于假道香港一层,已允由港督按照我方当地代表之请求,随时放行。美当局前亦曾告我,美商船运货可向安南卸货,如遇某方在上海干涉,美政府必予以保护。法外次答复如下:

(一)法政府自中日冲突以来,对华在国际上或在国联,或在供给材料,屡有友谊之表示,此次并将国营军用品开放,且飞机可准其由越飞华,假道限制实出不得已,请告政府万勿视为法政府无意协助。

(二)条约根据纯属法律问题,实际上越南每遇中国内战,必禁止军用品假道,且此次亦从未实行假道,不能谓失望。钧言抗日侵略,不能与内战并论,嗣后日方加强封锁,故有假道之必要。

(三)香港假道,仅属理论,因粤汉铁路被炸,交通梗阻,英方亦来商量,改由越南运华,英既如此,美不与华毗连,俄虽毗邻,亦无举动,法如单独假道,势必当日之冲。因据各方确息,日本必采取适当办法,破坏假道之举,而法在越南既无有力舰队,又无空军,现英、美、俄与法尚无具体谅解,不得不持之审慎。

（四）如日本实行轰炸滇越铁路,系损害法国资本,中日双方既不能允赔偿,势必为法国股东之损失,且如炸毁桂越边境道路,破坏运输,虽允假道,仍于中国无益。钧言此系防空设备问题,如沪宁路之被敌机轰炸,日有数起,并未遭毁。

（五）日本有侵占琼岛与西沙岛之意,经法使三次向日外相商劝,彼诿言事属海军省,尚未肯复,窥其用意,如越允假道,则必占据该二岛,以相威胁。此二岛地居广东、香港、越南、新加坡之冲要,如被日本侵占,与中、英、法三国之利益均有莫大危险。此外日本且将鼓动暹罗与越为难。钧谓法如因日恐吓,即变更政策,未免有损法在远东之威望,且华南越唇齿关系,他日或有假道华南之需,今日不宜造成恶例。

（六）钧询不允假道一层,曾否与日接洽,以不占据琼岛为条件。法外次否认接洽,并谓始终未曾相提并论,日本仅以供给中国军用品问题询问法之政策,法政府每次仅以内阁决议办法答之,未与讨论。钧谓是视中、日一律待遇,渠谓日本所购远逊中国之数量。

（七）钧询此次承通知之办法已否确定,渠答目前已如此决定,如将来比京会议时,英、美、俄等另拟积极协助办法,必赞成一致加入。钧谓现距会期匪遥,何不待至彼时再定办法,并请将所谈各节报告外长。渠允即报告,并谓由飞机运材料一层,愿加考量,惟请严守秘密云云。特陈。并请告孔部长、宋总裁接洽。

（1937年10月18日）

选自秦孝仪等:《中华民国重要史料初编——对日抗战时期·第三编:战时外交（二）》,第735~736页,中国国民党中央委员会党史委员会出版,1981年版。

顾维钧[①] 致外交部

1938年6月28日

汉口。外交部。六五九号。二十八日。顷晤法外次谈:（一）海南岛事,彼答报载英、法大使为该岛问题警告日政府云云,不确。惟自中日开衅以来,法为该岛劝告日方已达十数次,英亦劝告五六次,谓日如占领该岛有损法之利益,但最近十五日内法使未向日政府接洽。至英外次昨在下议院答复质问各节,并无包括用兵之意,现英方对法所询英政府态度尚未答复。钧谓据柏林密讯,德颇耸动日占该岛,意在牵制英、法,使其于欧洲对德让步。故如英、法对日采取较强态度,日必不敢轻犯该岛,对德亦易措词(辞)。法外次谓须有实力应付之决心,方能阻止,恐非外交空言足以奏效,现正待英答复云。(二)钧问报载法外长给予日大使保证云云,究指何事,是否有关越南通过中国军火问题。彼答一如前此对日所声明者,法政府之正式立场始终禁止中国军火通过越南,一如对西班牙之态度。实际如何另是一事,现无丝毫变更。惟中国方面时有当局宣言谓法允如何协助中国,最近某将官公然谓法国拟派军事顾问赴华以代德籍顾问,又派航空专家,并拟订中法互助协定云云,引起日方对法诘问,使其为难,甚属憾事。钧谓此非正式谈话,不足重视,但可电请政府注意。(三)关于我拟请国联担任修葺黄河堤坝及延长国联防疫技术团驻华时间二事,彼谓原则上同意,可于国联协助赞同,惟索备忘录,以资研究,当允照送。钧。

(1938年6月28日)

注释:
① 顾维钧当时任中国驻法大使。

选自秦孝仪等:《中华民国重要史料初编——对日抗战时期·第三编:战时外交(二)》,第735~736页,中国国民党中央委员会党史委员会出版,1981年版。

孙科致蒋介石

1938年7月1日

汉口。外交部王宠惠博士转委员长钧鉴:极机密。近与军部密洽结果:(一)中、法在远东利害共同,我抗战胜利可以永久保障安南安全,基此立场,中、法须密切合作,相互援助。(二)除人事援助外,军部可于一年内供给我三十至五十师最新器械,轻重炮、唐(坦)克车俱全,延期付价不成问题。(三)拟即依法在巴黎设立商业公司,经理器械事,内容由我方担任资本,彼方须人主办,资额假定一千万法郎,约合国币百万,成立后所有双方交接手续,全由公司居间办理,绝不与他方发生关系,以期慎(缜)密敏捷。(四)关于军事专门问题,专候耿兄到,妥商进行。孙科。

蒋委员长批示：复。巴黎。中国大使馆转孙院长：东电悉。请积极进行为盼。中正。

(1938年7月1日)

选自秦孝仪等：《中华民国重要史料初编——对日抗战时期·第三编：战时外交(二)》，第745页，中国国民党中央委员会党史委员会出版，1981年版。

顾维钧致外交部

1939年9月21日

重庆。外交部。一二一六号。廿日。并转呈。极密。宝道顾问来报，彼昨向法外部与亚洲司长谈，该司长谓法初拟设法劝阻日本在华组织中央政府，现因知日方坚持势在必行，故虑将来成立后，英、法权益大部既均在我沦陷区域，日必以承认要挟，而实际上英、法不得不与该伪组织往来，并谓往年对一切伪组织采取不承认政策，经时既久，于保护该处法国权益诸多不便，实有益日本。渠意法、英于欧战期中，对远东问题无能为力，以我感情甚友好，不愿引起我方误会，故渠意我能自动于此时设法组一足以包括我国全境政权之总机关一致对外，则权能既较大，对日谈判关于收复失土保全主权等条件，所得亦必较优，而英、法在华各项特权即须交还，亦愿交与代表整个中国之政府。故所言为目前过渡良法，俟欧战告终再由英、法等出为领导，对远东问题与日商一整个解决办法云。似仅系一种意思，未必具体化，姑以电闻，藉觇法方态度变化之趋向。再，一〇五八号电所示蒋委员长向美大使表示各点，美方有何答复，可否请撮要电示？顾。

(1939年9月21日)

选自秦孝仪等：《中华民国重要史料初编——对日抗战时期·第三编：战时外交(二)》，第757~758页，中国国民党中央委员会党史委员会出版，1981年版。

蒋介石致顾维钧

1939年9月22日

巴黎。顾大使：一二一六号电悉。宝道所谈法亚洲司长之言，殊为差异。请兄直告其即使中国灭亡，亦决不出此。倭寇自知其组织伪中央无效，而乃借法国之力，转来恫吓，使中央与其伪组织合流，法国不察，受愚至此，其言无异有意侮辱我国家万分也。并告法国，须知今日安定远东之力，实非日本，而不可轻侮蔑视中国至此也。中正。养。

大使外，谨闻。总领馆。

(1939年9月22日)

选自秦孝仪等：《中华民国重要史料初编——对日抗战时期·第三编：战时外交(二)》，第758~759页，中国国民党中央委员会党史委员会出版，1981年版。

蒋介石致顾维钧

1939年9月23日

巴黎。顾大使勋鉴：顷据法总顾问白尔瑞面称，法政府因欧战关系，决召回在华之顾问团。法国此举既出于军事之需要，我方自不便强留。惟除军事之需要外，尚有宜考虑者。顾问团如果全部离华，日本不特认为法国行将放弃其在中国之权益，且将放弃其在安南之地位，为法国计，实非上策。意远东时局如此复杂，欲保持中法两国之合作，并维护安南之安全，顾问团实有暂缓回国之必要。相信彼等回国之后，日本进窥安南之野心更炽。盖中国抗战之基础建立于西南各省，因而安南与我国之共同利害关系，较任何时代均为深切。日本欲驱逐英、法在远东之属地，其蓄意已久。若一旦法国稍露退缩之意，日本必进犯无疑也。万一法政府因战争迫切之需要，势必召回顾问团者，至少盼能允许目前任教各军事学校之顾问继续留任，一则彼等人数不多，二则学业不便中辍。此意请即向达拉第总理恳切说明，并盼速电复为要。中。梗。

(1939年9月23日)

选自秦孝仪等:《中华民国重要史料初编——对日抗战时期·第三编:战时外交(二)》,第759页,中国国民党中央委员会党史委员会出版,1981年版。

宋子文致蒋介石

1942年1月7日

委座钧鉴:

法国驻美大使来见,据称中国政府通告法政府,中国军队拟开入越境驱逐日本驻军,希望谅解云云。中法如因此发生冲突,不免有伤两国和好,即使祇表面上冲突,亦属遗憾。且法政府正种种阻挠德国,并保持海军不交与德国,万一华军入越,既影响欧局,亦无利于苏、美各国等语。并称即往见美国务卿,陈述一切。文答所言当为转达我政府,惟日军屡以越为根据,轰炸中国,举世皆知越之中立早已破坏无遗,中国前已提出抗议矣。若日军由越侵犯中国,法国是否愿保证以武力制止？即使保证,法国军队是否有此力量完成任务？彼谓俟报告政府后再答。复据文观察,英、美对法已有整个计划,我军入越,于欧洲大局绝无不良影响也。弟子文叩。阳(七日)。

(1942年1月7日)

选自秦孝仪等:《中华民国重要史料初编——对日抗战时期·第三编:战时外交(二)》,第774页,中国国民党中央委员会党史委员会出版,1981年版。

二十、联合国的创建与中国国际地位的确立

进入 1943 年,苏、英、美等同盟国军队在欧洲、北非、太平洋战场相继取得斯大林格勒战役、阿莱曼战役、瓜达尔卡纳尔群岛战役的重大胜利,世界反法西斯战争发生根本性转折。同盟国开始考虑成立一个国际组织,以便在战后巩固胜利成果、维护世界的和平与安全。

1943 年 10 月,中、苏、美、英四国外长在莫斯科签订《关于普遍安全的宣言》,这不仅是创建联合国的关键一步,也是继 1942 年 1 月《联合国家宣言》后,中国再次以大国身份参与签署有关国际事务的重要文件。1943 年 11 月下旬,中、美、英三国在埃及首都举行开罗会议,三国首脑就进一步加强合作进行战略协调,并商讨了战后重建及如何处置日本等问题。会上中国代表团除参加军事和政治问题的讨论外,蒋介石还分别与美国总统罗斯福和英国首相丘吉尔进行了多次会谈。同年 12 月 1 日,中、美、英三国共同签署的《开罗宣言》在重庆、华盛顿、伦敦同时公布。这是第二次世界大战期间中国参加的唯一一次同盟国首脑会议,体现了中国大国地位的提升并得到同盟国的认可。此后,中国又参加了 1944 年 8 月至 10 月在华盛顿附近敦巴顿橡树园举行的中、美、英、苏四国代表会议。会后发表了《关于建立普遍性的国际组织的建议案》,一致同意中国在未来的联合国安理会中拥有常任理事国的席位。1945 年 4 月至 6 月,中国与美、英、苏三国共同发起召开了旧金山会议,世界上 50 个国家的代表出席会议。以宋子文为团长,由国民党、共产党、民主党派和无党派人士组成的中国代表团,为会议的顺利召开做出了重要贡献。会议通过的《联合国宪章》于同年 10 月 24 日正式生效。该宪章明确规定,中国不仅是联合国创始会员国,而且是联合国安理会五个常任理事国之一。这是中国人民长期进行民族解放斗争所取得的重大胜利,也是抗日战争时期中国外交史上的重大成果。中国在国际舞台上大国地位的确立,表明中国对世界反法西斯战争的贡献为世界所公认。

本专题所收录的函电反映了中国参与创建联合国这一国际组织的过程以及中国在国际重大事务中发挥的独特作用。

中国政府代表董必武在《联合国宪章》上签字，这是中国共产党的代表第一次出现在国际政治舞台上。

中国正式成为联合国安理会常任理事国。图为中国政府代表顾维钧第一个在《联合国宪章》上签字。

罗斯福、丘吉尔共同发表《大西洋宪章》宣言

1941年8月14日

  美国大总统罗斯福及英帝国政府代表首相邱（丘）吉尔已在海上某地会晤，双方之政府要员及海、陆、空军高级长官均出席参加。当时即将根据租借法案以军火供给英国及其他一切反侵略国家与各国武装部队之全部问题重新提出，予以检讨，英供应首长卑维勃鲁

克亦参加各项讨论。卑氏即将前往华盛顿,与美主管当局继续研究此项问题。美总统与英首相共会谈数次,当时双方均感觉希特勒统治下之德国政府及其他与希特勒政府有关之各国,现时所采取以武力征服世界之政策,对于世界文明危险极大,故对于两国应以何种办法保障其本国之安全,应付此项危险,均互相通告,同时并决定作下列之宣言:

美国大总统罗斯福、英帝国政府代表首相邱(丘)吉尔会晤之结果,咸认为有将两国之国策共同之点加以宣布之必要,因彼等认为根据此项政策,世界之局势有改变之希望也。

一、两国不自行扩张军力或领域或其他。

二、凡未经有关民族自由意志所同意之领土改变,两国不愿其实现。

三、尊重各民族自由,决定其所赖以生存之政府形式之权利,各民族中此项权利有横遭剥夺者,俱欲使其恢复原有主权与自主政府。

四、力使世界各国不论大小,不论胜利或溃败,对于贸易及原料之取得,俱享受平等待遇,两国对各国现有之组织亦当尊重。

五、希望促成世界各国在经济方面之全面合作,以提高劳力标准、经济进步与社会安全。

六、待纳粹之专制宣告最终之毁灭后,希望可以重建和平,使各国俱能在其疆土以内安居乐业,并使全世界所有人类悉有自由生活、无所恐惧、亦不虞缺乏之保证。

七、所有各民族应可在公海及大洋自由来往,不受阻碍。

八、两国相信:全球各国无论为实际原因或精神上之原因,必须放弃使用武力,盖国际间倘仍有国家继续使用陆、海、空军军备,致在边境以外实施侵略威胁,或有此可能,则和平势难保持。两国相信:在广泛永久之普遍安全制度未建立之前,此等国家军备之解除,实属必要。同时,两国当试行一切切实之措置,以减少爱好和平各民族因军备关系所忍受之重大负担。

签署者:佛兰克林·罗斯福、文斯敦·邱(丘)吉尔

(中华)民国三十年八月十四日

选自秦孝仪等:《中华民国重要史料初编——对日抗战时期·第三编:战时外交(三)》,第793~794页,中国国民党中央委员会党史委员会出版,1981年版。

胡适[①]致外交部（报告美政府希望中国加入中、美、英、苏共同宣言签字国）

1941年12月30日

急。外交部：密。今晨国务卿交来美、英、苏、中共同宣言全文，并已用节略通知其他各国，"兹附送共同宣言一件，请转呈贵国政府，本人希望贵国政府表示愿意加入签字国，并授权阁下尽速签字，在宣言及换文全文发表以前自应严守秘密"。

宣言全文如下："本宣言签字国政府，对于一九四〇年八月十四日美国总统及英国国务总理共同宣言，即大西洋宣言中所包含之共同目的与原则，业经予以赞同，并信为护卫生命自由独立与宗教自由，及保全其本国及其他各国之人类权利与正义起见，对于敌国之完全胜利，实有必要。同时相信签字各国正对企图征服世界之野蛮兽力，从事共同奋斗，爰特宣言：（一）每一国政府承允对于之立于战争状态之三国同盟分子国家及其加入国家，使用其全部军事与经济资源。（二）每一国政府承允与本宣言签字国政府合作，并不与敌国缔结单独停战协定或和约。凡正在或将作物质援助与贡献，以期战胜希特勒主义之其他国家，均可加入上开宣言。"

以下系宋部长呈　委员长电文："国务部亟盼于一月一日发表宣言，是否可行？请即电示。子文相信此项宣言与钧长意旨相符。如其他主要国家均表示同意，深望我方亦可予以同意，以免宣言搁置，胡大使与子文所见相同。宋子文叩。"　胡适

（1941年12月30日）

注释：

① 胡适当时任驻美大使。

选自秦孝仪等：《中华民国重要史料初编——对日抗战时期·第三编：战时外交（三）》，第795～796页，中国国民党中央委员会党史委员会出版，1981年版。

蒋介石致胡适

1942年1月2日

最急。华盛顿。胡大使:第一八〇号电悉。共同宣言请即签字可也,并请转子文兄。中正。冬。机渝。

(中华)民国三十一年一月二日

选自秦孝仪等:《中华民国重要史料初编——对日抗战时期·第三编:战时外交(三)》,第795~796页,中国国民党中央委员会党史委员会出版,1981年版。

王宠惠[①]致蒋介石(报告《大西洋宪章》的缺点及所拟补充意见)

1942年7月7日

谨签呈者。前奉钧论研究太平洋宪章问题。查一九四一年八月十四日美国罗斯福总统及英国首相邱(丘)吉尔所发表之联合宣言,因会谈及签订地点在大西洋上,故通称为大西洋宪章,但其对象并不限于大西洋沿岸国家,且在大西洋宪章中,罗、邱(丘)二氏声明其所宣布之政策,与整个世界局势之改善有关。本年一月一日侵略国家复在华盛顿签订二十六国宣言,正式接受大西洋宪章所载之目的及原则,自此大西洋宪章,遂有世界宪章之称。本年二月二十三日,罗斯福总统于纪念华盛顿诞辰之广播演说中,特别声明:"大西洋宪章不仅适用于大西洋沿岸之国家,而系适用于全世界。例如各侵略国武装之解除,各国及各民族之自决……"虽然如此,世人对于大西洋宪章之解释,仍难免时有分歧。即如英首相邱(丘)吉尔去年九月九日在国会之演说中,一则谓大西洋宪章之主要目的,在恢复欧洲被纳粹征服各国之主权,再则谓该宪章并不影响英、美帝国对于印度及缅甸之政策。是轻重之间,已不免有所轩轾,以此之故,大西洋宪章实有补充之必要。

就大西洋宪章之规定而论,其对于太平洋之适用上,显然有两点感觉欠缺。第一、(,)该宪章第二条规定:"凡未经有关民族自由意志所同意之领土改变,两国均不愿见其实现。"此仅为一种消极的民族自决。今日太平洋沿岸殖民地甚多,吾人切望于大战以后，根据民族自决原则，作积极之调整。第二、( )该宪章第六条规定："俟纳粹暴政终究毁灭以后，希望重建和平……"所谓纳粹暴政，系专指德、义而言，当时日本尚未对英、美宣战，英、美自不便以日本为对象。即本年元旦二十六国联合宣言末段，想系因苏联立场关系，亦仅以"战胜希特勒主义"为言，而未提及暴日，此皆美中不足之处。因此，美国总统罗斯福于纪念华盛顿诞辰广播中，特别重申民族自决原则，与解除侵略国武装两点。但此项广播，虽可视为美国对大西洋宪章之解释，并无法律上之拘束力。

今日在太平洋方面，一般舆论所要求者，不外三点：第一、摧毁暴日，第二、民族自决，第三、种族平等。而此三者，或为大西洋宪章所缺少，或为大西洋宪章所不足，均有明白规定之必要。惟提出之时，似可作为大西洋宪章补充条款，盖大西洋宪章既应适用于全世界，而吾人所提各点，又皆系普遍性之原则，故不采取太平洋宪章方式。至于何时为提议之适当时期，似有缜密考虑之必要。兹特拟具"补充大西洋宪章联合宣言"文稿，其中第一条关于解除各侵略国武装，与实行民族自决之规定，与上述罗斯福总统所主张者，完全相同。英、苏态度虽不可知，但美国之赞助，当不成问题。解除各侵略国武装一点，虽未明指日本之领土范围，意在使日本退还甲午以后所有侵占各国（包括苏联在内）之土地。再苏联现时尚与日本保持和平关系，本条既明指日本，苏联或未便同意，兹姑暂予列入，必要时亦可删除。第三条关于种族平等原则，为大西洋宪章所无，能否成功，当视英、美两国之态度为转移。除将所拟宣言恭录呈核外，理合陈明研究经过。是否有当？敬候钧裁。

(1942年7月7日)

附：补充《大西洋宪章》联合宣言文稿

1942年7月7日

本宣言之签字国政府，对于一九四一年八月十四日美利坚合众国总统与大不列颠及北爱尔兰首相联合宣言所载关于目的及原则之共同方案（通称为大西洋宪章），业经表示赞同。兹为解释及补充该宪章起见，特为如左之宣言：

一、大西洋宪章，尤其是关于各侵略国武装解除及各国与各民族自决等原则，一律适用于全世界。

二、日本之领土，应以其一八九四年发动侵略政策以前之范围为准。

三、各民族及各种族一律平等，为世界和平与进化之要素。

凡与本宣言志愿相同之国家，皆得补行签字。

(1942年7月7日)

注释：
① 王宠惠当时为国民政府国防最高委员会秘书长。

选自秦孝仪等：《中华民国重要史料初编——对日抗战时期·第三编：战时外交（三）》，第796~798页，中国国民党中央委员会党史委员会出版，1981年版。

魏道明致蒋介石①（报告罗斯福表示拟召开联合国家会议及关于战后警备问题）

1943年2月19日

渝。密。委员长蒋：昨太平洋会议，总统表示拟召开联合国家会议，藉示团结精神。惟以讨论范围若太广泛，殊不适宜，故拟就粮食问题为中心，尤以麦子为主，或并讨论其他国际经济调整问题，俾期有相当之结果。其意在集中产量、统治分配、稳定麦价，此事讨论甚久，均认有开会必要，但困难亦多。总统谓会议完全系探讨性质，只须（需）求中苏数项原则之决定，专门问题由会交专门委员会研究，并拟以大会一日任各代表自由发表意见，惟会议无决定权耳。会后总统告职，谓在北非曾与邱（丘）首相谈及战后世界之警备问题及考虑，尤以日寇所有岛屿，除其本国外，均应就同盟国警备立场支配之，台湾当然归还中国，将来太平洋警备权自应以中、美为主体，在南太平洋由澳洲及新锡兰辅助。夫人昨安抵华府，总统、罗夫人均亲赴车站迎迓，今午在国会演讲，两院热烈欢迎，为空前盛举。职魏道明叩。

（1943年2月19日）

注释：
① 魏道明，当时为中国驻美大使。

选自秦孝仪等：《中华民国重要史料初编——对日抗战时期·第三编：战时外交（三）》，第214~215页，中国国民党中央委员会党史委员会出版，1981年版。

宋子文致蒋介石(报告联合国组织大致情形)

1943年9月3日

密呈委座钧鉴:霍尔告文,总统所云世界性组织,数日内将以书面交文,希望不久即能成立。以四强先订协约为根据,大致(一)四强合组最高委员会,负有以武力维持世界安全之责;(二)十一国为理事会理事(Council Members);(三)所有联合国均为大会会员(Assembly Members)。此系临时组织,战后再成立永久性机关云。文叩。江午(三日)。

(1943年9月3日)

选自秦孝仪等:《中华民国重要史料初编——对日抗战时期·第三编:战时外交(三)》,第798页,中国国民党中央委员会党史委员会出版,1981年版。

傅秉常[①]致蒋介石
(关于已签字之四国关于普遍安全之宣言)

1943年10月31日

美、英、苏、中政府根据一九四二年元旦之联合国宣言及其后各项宣言,所共同决定各向其现舆作战之轴心国家进行战争,直至此种国家在无条件投降下屈服为止之决心,且鉴于其为本身与为其与国对于侵略之威胁谋得解放所负之责任,并鉴于由战争至和平其演变必须迅速而有秩序,且为建立维护国际和平及安全,俾全世界人类及资源用于武装方面者可达最低限度起见,用特联合宣言:

(一)彼等为进行与其各个敌人作战而约定之共同行动,将使继续,以致力于组织及维护和平与安全。

(二)彼等之中,凡与一共同敌人作战者,对于所有有关该敌人之投降及解除武装之事项,均将采取共同行动。

(三)彼等对于敌人违背投降条件之行为,将采取一切必要之措施。

（四）彼等承认有于最早可能实现之日期成立一普遍国际组织之必要，以各爱好和平国家主权平等之原则为根据，此种国家无论大小均可为会员，以维持国际和平与安全。

（五）在重新恢复法律秩序与成立普遍安全制度之前，为维持国际和平与安全起见，彼等得随时会商，并于必要时与其他联合国国家商议，以代表国际社会采取共同行动。

（六）彼等在战争终止以后，除非为实现此宣言之目的，并经共同会商后，不得在他国土地使用其武力。

（七）彼等将共同并与其他联合国家磋商并合作，俾能对于战后军备之规定，获得一实际可能之普遍协定。

莫洛托夫　赫尔　艾登　傅秉常
一九四三年十月三十日

（1943年10月31日）

注释：
① 傅秉常当时任中国驻苏联大使。

选自秦孝仪等：《中华民国重要史料初编——对日抗战时期·第三编：战时外交（三）》，第810~812页，中国国民党中央委员会党史委员会出版，1981年版。

傅秉常致蒋介石（报告四国宣言签字经过）
1943年10月31日

渝。密（表）。委员长钧鉴；宋部长钧鉴；宋部长钧鉴：四国宣言昨日下午六时签字，并约定莫斯科时间十一月一日晚十二时以前不得发表，该宣言除名称外，内容仍如二十七日英文电所陈，业于昨日两电呈报。职自二十八晚奉到全权电令后，即于二十九日晨持往与赫尔商议。赫尔密告，莫洛托夫对中国态度甚好，对中国加入宣言，自始即表欢迎，所顾虑者此次会议系三国会议，为苏联所召集，今忽一旦加入中国，与此会之召集原定意旨，似稍不符。后经迭次磋商，始获全体同意，故全权电文，彼劝略加修改，以免再生困难，修改之点并非重要，职当即同意。职随即备函三份，分别通知苏、美、英三国外长。三十日下午四时，职偕同刘参事至美大使馆，由美参事陪至会场，先在客室等候，其时三国外长正在开会，候至六时始邀职至会议室，三外长当即起立欢迎，共围坐会议之圆桌，莫外长坐主席位，赫尔坐于其右，艾登坐其左，职坐赫尔之右，伏罗希洛夫及李维纳夫陪坐，共签宣言。俄文一份由苏方留存，英文三份由美、英、中三方分存。签毕互相道贺，各表欣幸，情绪热烈，其时并有电影机师在场摄影。事毕职即退席，三外长仍继续开会。此次幸获成功，除赫尔始终一力促成外，艾登亦极热诚赞助，莫洛托夫对我国态度亦极佳，当职入会场时，伊对职特别表示亲密之意。苏联因战事发生后，以环境关系，对我向避免接近，此次能同意邀职到会，共同签订宣言，殊属难能可贵。我国自加入此次宣言后，已与英、美、苏三强平等，而居于领导世界政治之地位，对于击溃敌人及重建世界和平均有莫大关系，此皆我委座伟大领导及全国将士、人民七年坚苦抗战之成果，曷胜欣贺。委座暨宋部长应否分别致电美、英、苏三国政府领袖及外长道贺之处，敬祈钧裁。职傅秉常。世。

(中华)民国三十二年十月三十一日

选自秦孝仪等：《中华民国重要史料初编——对日抗战时期·第三编：战时外交(三)》，第810~812页，中国国民党中央委员会党史委员会出版，1981年版。

傅秉常致蒋介石（报告四国宣言发表时间提前）

1943年10月31日

四国宣言发表时间事，昨电计达钧鉴。顷据美方通知，现已决定较昨定时间提前四小时发表，即莫斯科时间十一月一日晚八时，重庆时间一日晚十二时发表。

(中华)民国三十二年十月三十一日

选自秦孝仪等：《中华民国重要史料初编——对日抗战时期·第三编：战时外交(三)》，第810~812页，中国国民党中央委员会党史委员会出版，1981年版。

蒋介石致罗斯福

1944年6月2日

总统阁下：关于提议在华盛顿召开会议讨论维持世界和平之国际组织一事，魏（道明）大使与国务卿赫尔之谈话，本国外交部，会向本人报告。中国一向主张早日建立此一组织；如果可能，甚至在战争结束之前，即能实现。现阁下领导，实现此一理想，吾人至为感奋。本人要特别感谢阁下与赫尔国务卿者，乃阁下等主张中国必须出席此一会议。如无亚洲人民参加，则此一会议对世界半数人民，将毫无意义。　蒋介石

（1944年6月2日）

选自郭荣赵：《蒋委员长与罗斯福总统战时通讯》，第322页，幼狮文化事业公司，1978年版。

罗斯福对战后国际和平组织计划声明

1944年6月16日　华盛顿

本日余与国务院官吏讨论战后和平组织计划会议，乃过去多次会议之继续，此等会议使余得以亲身注意国务院所从事战后工作之进展，一切团体与私人之要求与建议，均经研究。余所欲言者，乃此等会商，全无党派性质，一切战后计划，均本合作精神加以讨论。吾人应感谢各界领袖之合作，彼等已深悉为国家之利益计，全国团结诚属必需。此等工作，已获得美国民众绝大多数之赞许，因和平与安全之维持，必为一切爱好和平国家所关切者，以及吾人必须订定计划，成立包括一切爱好和平国家之国际组织，以维持和平与安全；并藉（借）国际合作，建立各国间保持和平友好关系所必需之安定与福利条件。故吾人认为此一组织，应为代表一切国家之机构，具有广大责任以促进国际合作，吾人又认为该组织中，必须设有一委员会，由代表一切国家之机构每年选举一次，其中包括四大国家，以及适当数目之其他国家。此一委员会，将负责解决国际纠纷；吾人并不主张有超国家存在，其具有本身之警卫力量及其他强制力量，但吾人赞成成立有效之协议与办法，俾各国能各

按其能力,维持相当武力。以应防止战争之需要,并于必须时,以此等武力,从事联合行动。一旦吾人当前敌人失败之后,凡此种种,均属可能实现。

(1944年6月16日)

选自郭荣赵:《蒋委员长与罗斯福总统战时通讯》,第323页,幼狮文化事业公司,1978年版。

魏道明致外交部(报告关于讨论战后和平组织事)
1944年7月10日

第六一〇号。十日。急。重庆。外交部宋部长:本日美外长面告,关于战后和平组织事,昨已接苏俄答复,愿与美、英开始讨论,惟因日本关系,坚不欲此时与中国会商。赫尔经再三设法促成四强会议,但苏联态度坚决,故只得分别谈判。英方徇美方之请,愿与中、美会谈,现美、英、苏三国定于八月三日在华府开始谈判,美政府希望中、美、英三国谈判亦能于此时间中分别进行云云。赫尔询我政府意见,乞核示。魏道明。

蒋委员长批示:应可赞成。中正。

(1944年7月10日)

选自秦孝仪等:《中华民国重要史料初编——对日抗战时期·第三编:战时外交(三)》,第829~830页,中国国民党中央委员会党史委员会出版,1981年版。

孔祥熙[①]致蒋介石(报告关于与斯退丁及罗斯福晤谈关于四国商讨国际善后组织事)
1944年7月13日

蒋主席:昨晤外次斯退丁纽斯,谈及四强商谈国际善后组织事,伊告八月初将开会,各方已派代表,我方是否由弟参加主持,并云此会重要,美方极为重视,弟答已请示政府派员矣。午后晤美总统时,亦提出询问,并云将来会谈,因苏俄对日本顾忌,主张中英美、英美苏个别商谈。罗氏已告赫尔,即使两组商谈,亦盼美方联系,使彼此均能得悉实在情形。查此次集会,讨论主题为求世界和平及国际合作,将来我国代表须设立(似有脱漏?)。现在不过仅有原则上之讨论,钧座有何指示,盼示方针。至参加人员原留美国及大使馆并弟此次带来各员,当可勉敷支配。华府八月炎热,货币会议后原拟稍作休养,惟此事重大,必需妥为应付,总统既要弟参加,不便表示异议,究竟如何组织应付,谨电陈报,伏乞裁示。再,所有关于本案一切材料意见,请饬国民政府行政院外交部等有关方面,速即检寄,早日见告为幸。熙叩。元。

(1944 年 7 月 13 日)

注释:

① 孔祥熙当时为行政院副院长。

选自秦孝仪等:《中华民国重要史料初编——对日抗战时期·第三编:战时外交(三)》,第 829~830 页,中国国民党中央委员会党史委员会出版,1981 年版。

蒋介石致孔祥熙(告知已正式令派顾维钧大使为出席世界和平机构会议之我方首席代表)

1944 年 8 月 17 日

急。孔副院长勋鉴:密。删电悉。我方决以顾维钧大使任首席代表,仍请兄就近指导,昨晚电达,谅已察及。此事并已交政府正式令派,并由外交部通知矣。至外交部前次向英、美大使通知之我方代表名单,因胡次长奉国府令派在先,故其顺序为(一)胡次长、(二)顾大使、(三)魏大使、(四)商团长。并附闻。再,国内派遣之浦薛凤、张忠绂两专门委员,昨日已起程赴美。中正。筱。

(1944 年 8 月 17 日)

选自秦孝仪等:《中华民国重要史料初编——对日抗战时期·第三编:战时外交(三)》,第865~866页,中国国民党中央委员会党史委员会出版,1981年版。

吴国桢[①]致蒋介石(译呈美大使馆送来关于美、英、苏代表拟对国际安全机构发表公告之大旨)

1945年2月13日

敬呈者。关于美、英、苏会议拟国际机构问题发表公告一事,今早业已电呈。本日下午二时准美使馆送来公函一件,谨译呈如下:

"部长阁下:今早侵晨本馆参事艾其森参事曾与贵部吴次长电话,谈及正在举行会议之苏、美、英代表即拟对于安全机构发表公告之问题。

苏、英、美代表在会议结束时,即将发表公告,其中对于三国政府所同意在安全理事会中投票之程序问题,将有所阐明。公告中并将声明拟于四月二十五日在美国旧金山召开会议,其目的在成立一联合国组织之宪章,以维持和平与安全。公告中并将提及美国总统曾受其他二国政府之委托,代表三国政府,与法国临时政府及中国商讨此事。

以上即为公告之大旨。

本国总统受委托与中、法两国商讨之点如下:

建议会议之请柬,由美国政府代表其本身、联合王国、中国、苏联及法国临时政府发出。所有在一九四五年二月八日以前已经签署联合国宣言之国家在一九四五年三月一日以前将宣战之协助国家,包括土耳其,均将被邀与会。

请柬措词,已经约定如下:

"美国政府代表其本身,及联合王国、苏维埃社会主义共和国联邦、中华民国之政府,以及法兰西共和国临时政府,邀请某国政府派遣代表,出席于在美国旧金山于四月二十五日或其以后不久之时间召开这联合国会议,准备一普遍国际机构之宪章,以维持国际和平与安全。

上述政府建议会议考虑该项宪章,以去年十月所公布敦巴顿橡树会议结果所提出成立一普遍国际组织之建议为基础,其第六章第三节之规定则补充如下:

'第三节、(,)(一)每一安全理事会会员有一投票权。(二)安全理事会对于各种程序事务之决定以七会员之同意作为通过。(三)所有安全理事会其他之决定须有七会员之同意,包括各常任理事之同意票在内;但如依据第八章第一节及第八章第三节第一段第

二句而作决定时,参加争议之国家应不投票。'

关于会议之其他布置,以后将再通知,如某国政府欲于会前陈述其对于成立国际组织建议案之意见及批评,美国政府愿将其意见及批评转达其他参加国家。"

在会议之前,五召集国家建议互相商讨关于成立一委托制度,代管现在受国际联盟委治之地域,与将在此次战争后由敌人划出之土地,及其他一切自愿交由委托制度管理之土地,以便将其规定列入宪章之内。联合国会议及事前会商之讨论,均不涉及任何指明之土地,只以原则之树立及机构之规定为限。以后当再有一协定,涉及将置于委托制度之下各特殊领土问题。

余奉总统命奉商贵国政府,并切实希望中国政府同意上述各项建议。此事非常紧急,英、苏、美政府已定于十二日晚发布此项公告,并于十三日晨见报,故艾其森参事不得不于今日电话吴次长。

余由艾参事与吴次长谈话中得悉中国政府同意上述各项建议。余已照此电告本国政府。赫尔利。艾其森代署名。二月十三日。"

谨呈委员长蒋。附抄原函一件。吴国桢手呈。

(1945年2月13日)

注释:

① 吴国桢当时任外交部次长。

选自秦孝仪等:《中华民国重要史料初编——对日抗战时期·第三编:战时外交(三)》,第903~905页,中国国民党中央委员会党史委员会出版,1981年版。

周恩来致赫尔利①

1945年2月18日　延安

赫尔利将军阁下:本人在渝之时,多承关怀,衷心至感。本人返延安之后,已对本党中央委员会及毛泽东(主席),作详细之报告,由于目前民主联合政府仍未在中国产生,现存之国民政府乃完全为国民党一党专制之政府,既不能代表解放区内一千万人民,亦不能代表国民党控制区内广大群众之意志;因之,四月二十五日在旧金山召开之联合国会议,仅只国民党政府派出之代表团,不能代表中国。当本人在渝之时,阁下告诉本人,旧金山会议之代表团,应包括国民党、共产党、民主同盟之代表,本党中央委员会与(毛主席)完全同意。吾人进而认为,国民党之代表应只限于代表团总额三分之一,其他三分之二则由共产党与民主同盟代表;只有如此,才能公平代表中国人民之共同意志。否则,该团在会议上将不能代表中国解决任何问题,深盼阁下将此意转达美国总统,谨此致候。　周恩来

（1945年2月18日）

注释:

① 赫尔利当时任美国驻华大使。

选自郭荣赵:《蒋委员长与罗斯福总统战时通讯》,第324页,幼狮文化事业公司,1978年版。

赫尔利致周恩来

1945年2月20日　重庆

周恩来将军阁下:谢谢阁下电报,本人乐于得知阁下消息。关于未来之旧金山会议,本人虽会与阁下讨论,但本人会清楚说明,只有中国国民政府,会被邀请参加该项会议,本人无意要求国民政府如何决定派代表出席此项会议。本人以为应对阁下坦白陈述,中国国民政府之主席与委员长,即国际所知之中华民国,方得被承认在该会代表中国,故代表人选及随行人员,悉由主席决定。旧金山会议乃各国之会议,而非各国内部政党之会议,中国之共产党并非一个国家;据本人所知,并无人承认为一国家,而是中国政党之一,唯一不同之点乃中共有武装部队。本人进而认为,该会议承认国民政府以外之中国武装之政党,将破坏中国统一之可能。本人切盼阁下之主席毛泽东与阁下唯一所考虑者,应为与国民政府统一与合作之办法。本人返回之后,希望与毛主席、阁下及朱(德)将军一晤,俾与阁下充分讨论此一情形。　赫尔利

（1945年2月20日）

选自郭荣赵:《蒋委员长与罗斯福总统战时通讯》,第324页,幼狮文化事业公司,1978年版。

罗斯福致蒋介石

1945年3月15日　华盛顿

委员长阁下:

对于中国情形,以及阁下所面临之各种问题,本人已自赫尔利大使,得到详细之报告,欣悉已有进展,至感鼓励。

有关四月二十五日,在旧金山召开之联合国安全会议问题,中华民国国民政府为支持国之一。据赫尔利大使报告本人,中共已向他提议,中国与会代表团人选,应由中国国民党、民主同盟、共产党平等组成。本人完全同意赫尔利将军所作之答复。旧金山会议,乃各国政府间之会议,而非政党会议。

同时,本人亦愿奉告阁下,中国政府代表团中,包括中共或其他党派之代表,并无不利。事实上,如采此一作法,甚或有利可见。无疑的,此在会议中将创造一极佳印象。阁下采取此一民主姿态,对阁下统一之工作,可能证明真有所助。

阁下谅知,敝国之重要政党,将派人参与美国代表团中。本人相信,加拿大和其他国家,亦将采取同样办法。

谨此致候,并祝健康。

罗斯福

(1945年3月15日)

选自郭荣赵:《蒋委员长与罗斯福总统战时通讯》,第325页,幼狮文化事业公司,1978年版。

蒋介石致罗斯福

1945年3月27日　重庆

总统阁下：

阁下三月十五日之电报，业经由美国大使馆转到。阁下所提建议，吾人参与旧金山会议之代表团，允宜尽可能具有代表性，至为感激。本国政府已任命一个十人代表团，其中六人属于国民参政会之参政员。除国民党籍人士之外，共产党及另外两个反对党各一人；不属于任何党派之领袖三人，其中包括大公报之发行人。由于阁下对此事关心，故简报如上。

蒋介石

（1945年3月27日）

选自郭荣赵：《蒋委员长与罗斯福总统战时通讯》，第325页，幼狮文化事业公司，1978年版。

罗斯福致蒋介石（说明中国出席旧金山会议之代表团若能容纳共产党或其他政党在内将较有利）

1945年3月15日

余由赫尔利将军得悉　阁下当前之各种问题，及贵国普遍情况均有进步，甚为鼓舞。对于上述事项，赫尔利大使已予余一详尽报告。

赫尔利大使告余，中国共产党曾向之建议，在即将召集而中国为一发起国家之旧金山安全会议中，国民党、共产党及民主同盟，应以平等基础参加中国代表团。赫尔利大使答复谓，安全会议为各国政府而非为各政党之会议，余对其答复，完全同意。

同时余愿使阁下知悉，如阁下之代表团容纳共产党或其他政治结合或政党在内，余预料不致有何不利情形，实则此种办法有显著之利益，若能容纳此类代表，在会议中必能产生良好印象，而阁下对于统一中国之努力，势将因阁下此种民治主义之表示，而获得实际援助。

美国两大政党之代表,在美国政府代表团内均有其地位,谅为阁下所知,余并信其他国家,包括加拿大,亦正采取同样措施。敬祝康健,并颂勋绥。 罗斯福。

(1945年3月15日)

选自秦孝仪等:《中华民国重要史料初编——对日抗战时期·第三编:战时外交(三)》,第906页,中国国民党中央委员会党史委员会出版,1981年版。

蒋介石致罗斯福(告知中国出席旧金山会议之代表团已包括各党派及无党派者在内)

1945年3月26日

阁下三月十五日电,建议我出席旧金山会议代表团尽量代表各方面,由贵国大使馆于三月二十二日转到,甚感。中国政府今日已派定代表十人,其中六人为国民参政员,即国民党以外之共产党及其他两反封党各一人,暨无党派者三人,大公报社长亦在其内。承蒙关切,特此奉闻。 蒋中正。

(1945年3月26日)

选自秦孝仪等:《中华民国重要史料初编——对日抗战时期·第三编:战时外交(三)》,第907页,中国国民党中央委员会党史委员会出版,1981年版。

附:中国出席旧金山会议代表团名单

1945年3月26日

代表团团长:宋子文
代表:顾维钧 王宠惠 吴贻芳 李璜 董必武 胡霖
秘书长:胡世泽
顾问:贝祖诒 顾子仁 吴经熊 王家桢 陈绍宽

专门委员:王化成　郭斌佳　徐淑希　朱新民　吴兆洪　朱光沐　李惟果　杜建时　张忠绂

秘书:林维英　翟凤阳　王之珍　伍国相　谢澄平　章汉夫　陈家康

随员:王勇源　黄汉柱　赵天乐　林柏青

(1945年3月26日)

选自秦孝仪等:《中华民国重要史料初编——对日抗战时期·第三编:战时外交(三)》,第908页,中国国民党中央委员会党史委员会出版,1981年版。

顾维钧[①]致外交部转呈蒋介石(报告我方代表已正式签字于国际安全组织宪章、国际法庭规约及临时委员会规章)

1945年6月26日

第二○四号。二十六日。重庆。外交部部、次长并转呈主席钧鉴:本日正午十二时,钧偕王、魏、吴、李、张、董、胡等代表,正式签字于国际安全组织宪章、国际法庭规约及临时委员会规章。谨闻。再此次联合国签字次序,经商定由四邀请国及法国代表先签,再由其他各国代表按照英文字母加签,故我国签字系第一国。并陈。　顾维钧。

(1945年6月26日)

注释:

① 顾维钧当时为中国驻美国大使。

选自秦孝仪等:《中华民国重要史料初编——对日抗战时期·第三编:战时外交(三)》,第911页,中国国民党中央委员会党史委员会出版,1981年版。

二十一、开罗会议与废除不平等条约

本书设计"开罗会议与废除不平等条约"这样一个专题呈现相关信札,是基于以下考虑:第一,它们从一个特定的角度反映出抗日战争时期中国国际地位逐步确立的情况。第二,它们反映了第二次世界大战期间处于变动中的国际政治格局及其对战后的影响。

开罗会议是1943年11月下旬中、美、英三国在埃及首都开罗举行的首脑会议。开罗会议主要讨论了军事问题和政治问题,内容涉及对日共同作战中的军事协调问题、战后的中国问题、处置日本问题、亚洲被压迫民族问题、成立新的国际组织问题等。三国共同签署的《开罗宣言》强调"将坚持进行为获得日本无条件投降所必要之重大的长期作战",表明了将世界反法西斯战争进行到底的决心。《开罗宣言》载明:"三国之宗旨在剥夺日本自1914年第一次世界大战开始以后在太平洋所夺得的或占领之一切岛屿,在使日本所窃取于中国之领土,例如满洲、台湾、澎湖群岛等,归还中华民国。"这就为战后中国收复失地、台湾重回祖国怀抱提供了法理依据。

1840年鸦片战争后,帝国主义列强用武力强迫中国签订了一个又一个不平等条约,这是半殖民地半封建中国的历史印记,是中华民族的莫大耻辱。废除不平等条约,一直是近代以来中国人民的强烈诉求。抗战时期,中国人民在抗击日本法西斯的同时,也为推翻强加在自己身上的各种屈辱的不平等条约、争取民族独立和彻底解放做出了不懈努力。自1941年4月,中国政府向美国政府提出废除旧约、订立新约开始,经过中美、中英、英美之间的多轮双边协商,1943年1月11日《中美关于取消英国在华治外法权及处理有关问题条约》、《中英关于取消美国在华治外法权及处理有关问题条约》分别在华盛顿和重庆签字,同年5月20日这两个条约分别完成批准换文程序后生效。应当说中国政府与英、美两国废除旧约、订立新约并非一帆风顺,但它之所以最终从可能变为现实,固然是由于中国人民艰苦卓绝的抵抗赢得世界人民的尊重,但更为重要的是太平洋战争爆发后,寄望于中国牵制日军主力,按照同盟国共同作战的要求重构双边关系成为英美两国的现实需要所致。此后,《中比为废除在中国治外法权及处理有关事件条约》于1943年10月20日在重庆签字,1944年6月1日生效;《中挪为废除在中国治外法权及处理有关事件条约附换文暨附件及双方同意之会议记录》于1943年11月10日在重庆签字,1944年6月13日生效;《中加为废除在中国治外法权及处理有关事件条约及换文》于1944年4月14日在渥太华签字,1945年4月3日生效;《中瑞(典)关于取消瑞典在华治外法权及处理有关事件条约附换文及双方同意之会议记录》于1945年4月5日在重庆签字,1945年7月20日生效;《中荷关于荷兰放弃在华治外法权及处理有关事件条约附换文及双方同意之会议记录》于1945年5月29日在重庆签字,1945年12月5日生效。中国人民追求国家独立、民族解放的斗争终于获得了重大成果,中华民族自立于世界民族之林的期盼指日可待。

1943年1月11日,中国驻美大使魏道明与美国国务卿赫尔在华盛顿签订《中美新约》。美国交还在华租界和废除一系列在华特权。

1943年1月11日中国政府代表宋子文和英国政府代表薛穆在重庆签订《中英新约》,废除了英国在华治外法权,但英国拒绝交还香港和九龙。此后,其他一些在华享有特权的国家也相继与中国签订了平等新约。图中为中国外交部长宋子文,左为英国驻华大使薛穆,右为印度驻华专员

图片选自林泉:《抗战时期废除不平等条约史料》,正中书局,1983年版。

罗斯福致蒋介石(贺恩转呈)

1943年11月1日

委员长钧鉴:顷接罗斯福总统来电,特谨转呈,钧察:"余尚未接获史太(斯大)林元帅之明确回答,但邱(丘)吉尔与余仍有晤彼于波斯湾附近之一机会,余望阁下能决定于十一月廿六日,约在开罗邻近之处,与邱(丘)吉尔及余相会晤。对于四强提议得获如此惊人之进展,殊为欣慰。吾辈排除艰难,余思阁下与余实已奠其成功之基矣。敬候安好!"贺恩谨上。十一月一日。

(一九四三年)十一月一日

选自秦孝仪等:《中华民国重要史料初编——对日抗战时期·第三编:战时外交(三)》,第495页,中国国民党中央委员会党史委员会出版,1981年版。

蒋介石致罗斯福

1943年11月2日

罗斯福总统:贺恩将军于十月廿八、廿九及十一月一日转来尊电,均诵悉。余当如最后尊电之所约,届时前来与阁下及邱(丘)吉尔相晤,此间一切当严守秘密。此次四国宣言之签订,全由阁下坚持正义团结之精神所感召,实为一伟大之成功。此举对于未来世界之和平与安全,必有莫大之贡献,殊堪庆幸,余兹请阁下接受余热烈之感忱。赫尔在会议中之努力,深所感慰,并请代为致意。祝健康。

(1943年11月2日)

选自秦孝仪等:《中华民国重要史料初编——对日抗战时期·第三编:战时外交(三)》,第495~496页,中国国民党中央委员会党史委员会出版,1981年版。

蒋介石致罗斯福

1943年11月3日　重庆

总统阁下：本人及全中国军民，获悉四国联合宣言签字之后，均极表感激。此一事件在历史上之重要性，堪以昭告全世界反对侵略之正义目标。此一宣言仅将加强我四国间之合作，以达成吾人之共同信念，同时亦将给予全世界爱好和平人士，一项建立国际和平，及全面安全之保证；因而即行构成对未来世界一项史无前例之贡献。中国以参加会商此项宣言为荣。

总统先生，本人谨致衷心之谢意。此一宣言在拟订时，全仗阁下之明智擘划（画），以及国务卿赫尔利先生之在会议中之努力，我全国人民均表赞颂，本人谨再致诚挚之感激。

蒋介石

（1943年11月3日）

选自郭荣赵：《蒋委员长与罗斯福总统战时通讯》，第163页，幼狮文化事业公司，1978年版。

罗斯福致蒋介石

1943年11月9日

蒋委员长勋鉴：接奉尊电，感慰无已。余于二、三（二三）日内，即将前往北非，望于廿一日抵达开罗，邱（丘）吉尔将晤余于此。余与邱（丘）吉尔拟于廿六或廿七日，在波斯与史太（大）林元帅相晤，故余殊愿阁下、邱（丘）吉尔与余得于此先相晤。故盼阁下能于十一月廿二日抵达开罗。至于阁下及随员之驻处及警卫，当于开罗市内或附近妥为布置，并请早日惠复为盼。　罗斯福。

（1943年11月9日）

选自秦孝仪等:《中华民国重要史料初编——对日抗战时期·第三编:战时外交(三)》,第496页,中国国民党中央委员会党史委员会出版,1981年版。

罗斯福致蒋介石(史迪威转呈)

1943年11月12日

委员长钧鉴:顷接罗斯福总统密电,特谨转呈 钧察:"远闻蒋夫人玉体违和,至深系念,甚望吾辈会晤时,得能完全康复也。福与索姆威尔将军详谈后,对于阁下予彼之厚谊,实深铭感。承嘱于福会见史太(大)林前,吾辈先行会晤一节,甚为同意,甚望得与阁下倾谈数次,故切盼与阁下相晤也。"联合参谋长史迪威呈。十一月十二日。

(1943年11月12日)

选自秦孝仪等:《中华民国重要史料初编——对日抗战时期·第三编:战时外交(三)》,第497页,中国国民党中央委员会党史委员会出版,1981年版。

罗斯福致蒋介石

1943年11月13日 华盛顿

委员长阁下:顷获阁下四国联合宣言签字的来电,至感欣慰。本人亦向阁下在会议时所表示只满意,致感激之意。本人欢迎中国参与建立世界更佳秩序之工作。宣言已给予保证,在战争中之密切合作,将可成为有效持久和平之合作。贵我两国,及在此一方面参加之其他国家,将负起保证及发挥吾人作战所争取之国际间之自由、正义、团结之原则。中国参加此一历史性之宣言,赫尔国务卿与本人,乃至美国人民,均极表感激。当前吾人重要责任,乃击败侵略者。瞻望前程,缔造永久和平之各项重要工作,责任甚重。

虽然,所有此类任务均属如此,吾人深信贵国政府及人民之通力积极合作,必能大步迈进,达成此项任务。 罗斯福

(1943年11月13日)

选自郭荣赵:《蒋委员长与罗斯福总统战时通讯》,第363~364页,幼狮文化事业公司,1978年版。

蒋介石致邱(丘)吉尔
1943年11月(日期不明)

尊电告知吾人会议之日期与地点,深为感纫。余将以极愉快之心情,与阁下及罗斯福总统相会晤,从而充分交换联合作战之意见,并策进同盟国间战后有效与衷诚之合作。余信吾人晤叙后,中英两国之关系,必将更臻密切。会议期间,蒙阁下对余之居留预为安排,谨致谢忱。

(1943年11月)(日期不明)

选自秦孝仪等:《中华民国重要史料初编——对日抗战时期·第三编:战时外交(三)》,第498页,中国国民党中央委员会党史委员会出版,1981年版。

邱(丘)吉尔致蒋介石
1943年11月(日期不明)

罗斯福总统已告知阁下,吾人希望 阁下能参加十一月二十二日在开罗举行之会议,余深觉余得附骥阁下共同出席此一会议关系之重要。盖吾人藉(借)此良机,不仅得以相互认识,并得以共同商讨如何早日克服共同之敌人,获得完全之胜利,以及相互保证同盟国间将来各方面之合作,以促进其安全与繁荣也。吾等对于阁下在居留开罗期间,当妥备招待,以尽应尽之谊。

(1943年11月)(日期不明)

选自秦孝仪等:《中华民国重要史料初编——对日抗战时期·第三编:战时外交(三)》,第497页,中国国民党中央委员会党史委员会出版,1981年版。

王宠惠致陈布雷①

1943年11月28日

重庆。外交部。请转陈主任布雷兄:中、美、英三国会议之公报,刻已交驻埃及公使馆电致外交部,并抄送吾兄,想已察收。至此次公报发表日期,俟决定后当再电告,但在未发表前,务请严守秘密。在发表时,关于宣传方面,请照以下三点进行宣传:(一)此项公报由美方提出,并得英方之赞成,罗斯福总统之远东政策向维护各国之独立自由平等,于是得以具体表现,实为其完成世界政策之一重要步骤。(二)于此具见英国对于远东政策为一种高明之变更,亦为英国在远东政策转机之起点,实为邱(丘)吉尔首相之高明举动。(三)参加此次会议之英、美人士皆认为蒋夫人对于此次会议贡献甚多。即请照此方针,指示各报宣传为荷。弟王宠惠。

(1943年11月28日)

注释:

① 王宠惠当时任国防最高委员会秘书长。陈布雷当时任侍从室第二处主任。

选自秦孝仪等:《中华民国重要史料初编——对日抗战时期·第三编:战时外交(三)》,第548页,中国国民党中央委员会党史委员会出版,1981年版。

魏道明致宋子文①

1943年11月30日

重庆。外交部。宋部长:关于主席与美国总统、英国首相在北非会议,顷闻白宫明晚将发表公告,要点如下:三大联合国此次为阻止及惩罚日本侵略而作战,并无谋取自身利益及扩张领土之意志。日本应放弃其于第一次世界战争开始后,在太平洋上所夺取或占领之一切岛屿,其由中国夺取之领土,如东北、台湾、澎湖列岛 Pescadores 等,应归还中国;其由武力夺取之其他一切土地亦应放弃。三大联合国顾及日本奴隶朝鲜人民,决心使其于适当情形下,恢复自由与独立。魏道明。

(1943年11月30日)

注释:
①魏道明当时任驻美大使。宋子文当时任外交部部长。

选自秦孝仪等:《中华民国重要史料初编——对日抗战时期·第三编:战时外交(三)》,第549页,中国国民党中央委员会党史委员会出版,1981年版。

宋美龄致罗斯福

1943年12月5日 重庆

总统阁下:委员长和我于十二月一日抵达重庆。吾人于途中曾在喀拉蚩视察混合空军联队的训练。并曾在蓝姆迦停留了一天,视察军队,参观坦克及大炮的演习,是晚吾人到达查布停留,与指挥雷多占线部队的将领们举行一次会议。蒙巴顿元帅在伦基与吾人会面,并陪同参观蓝姆迦的演习。阁下必乐于知道,蒋委员长对于那些军队的训练很感高兴。蒋委员长并对他们训话,鼓励他们在即将来临的缅甸战役发挥最大的效能。

自吾人启程返国后,开罗会议公报即发表。它对我国民心士气的鼓励提高,作用至大;事实上,全国从来没有过的协调程度,一致赞扬这次会议是把远东导向战后和平的路标。阁下卓越表现的领导才能,和崇高的精神,使阁下为人类的幸福所正在做的一切事,成为中国各阶层人士所谈论的话题。民意的调查的结论是:罗斯福总统是一个伟人,他是本着真正伟大的精神做事。

在吾人会谈中,阁下所提缓和中国迫切经济情势之计划,吾人返回重庆之后,委员长即与孔(祥熙)博士,研究其可行性。孔博士对其可能作用,已予详细研究。彼嘱我奉告阁下。依彼之意见,阁下所提,慷慨而友善。得有贵国摩根索财长之协助,彼认为可想出若干可行途径。阁下所表示之兴趣与关切,不仅以军事物资协助吾人对侵略者作战,并以经济武器协助。对此,彼至表感激。阁下之睿智远见,认为要继续抵抗,必须设法保全中国经济之安定,孔博士对此印象尤深。此一事实,阁下当可记忆,委员长曾经强调,经济之危急,远甚于军事。

委员长现正考虑派孔博士,或另派他人,赋予全权,前往华府,与美国政府讨论细节,未知阁下意见如何。当然,最好由孔博士亲往。不然,他将另派一可信托之人,代彼前往。

阁下允诺将告财部贷予吾人两亿美元金条之事,吾人感激之深,不必细说。

阁下允诺协助稳定法币,委员长嘱我向阁下再次申谢。　蒋宋美龄

（1943年12月5日）

选自郭荣赵:《蒋委员长与罗斯福总统战时通讯》,第177页,幼狮文化事业公司,1978年版。

蒋介石致罗斯福

1943年12月7日　重庆

总统阁下:

本人能与阁下会晤,难以表达衷心愉快。蒋夫人在贵国作了一次永意不忘的访问,不久之后,又与阁下会晤,特别感到愉快。

我们最近在开罗举行的会议,是极重要的,也是历史性的。会后的官方公报,被中国军民一致赞扬,一如在其他地方所受到的赞扬,作为一种确实,完全胜利的前奏,这次会议阐明了我们在远东的战争目的。亦证明了同盟国的通力合作与坚强团结。它不但又给了我们每一军民一种鼓励,并确定了我们共同对残暴敌人日本的命运,事实上,他已立下了轴心国无条件投降后的公正持久的和平的基石。因为你有著崇高的正义理想,这次会议已证明成功。我确信,这次会议的成功,必将对世界的军事情势发生有利的影响。

现在让我对你再处理世界问题的崇高精神和深远的眼光,表示我深切的感谢,并特别感谢你再三给予中国无限援助。

蒋夫人与我共同向你竭诚致候,她并愿罗斯福夫人永远相忆。

蒋介石

（1943年12月7日）

选自郭荣赵:《蒋委员长与罗斯福总统战时通讯》,第180页,幼狮文化事业公司,1978

年版。

宋子文致蒋介石及蒋介石的批复

1942 年 10 月 7 日

密呈。委座钧鉴：关于从速取消不平等条约，原则上美方当无问题。最好俟文回国面陈后再进行。乞示遵。文叩。阳。

复：如美政府能提前讨论取消不平等条约，则我方应即与之开始交涉，不必待兄回国也。中正。

（1942 年 10 月 7 日）

选自林泉：《抗战时期废除不平等条约史料》，第 525 页，正中书局，1983 年版。

美国宣布放弃在华特权声明

1942 年 10 月 9 日

一九四二年十月九日，代理国务卿曾通知中国驻美大使谓："美国政府准备立时与中国政府谈判，缔结一规定美国政府立时放弃在华治外法权及解决有关国际问题之条约。美国政府并望在最近期内以完成上述目的之草约，提交中国政府考虑。过去数周内，美国政府业与英国政府就是项一般问题交换意见，美国政府欣悉英国政府具有同样之意见，并正采取相似之行动。"

（1942 年 10 月 9 日）

选自林泉：《抗战时期废除不平等条约史料》，第 528 页，正中书局，1983 年版。

宋子文致蒋介石电

1942 年 10 月 9 日

密呈。委座钧鉴：立即取消不平等条约，美方无问题，业于阳电略陈。美国务部今日正式通知文及魏大使，愿与中国商谈废除不平等条约办法，文适因公赴纽约，由魏大使先往接洽，业经魏大使急电呈报。副国务卿威尔斯约文星期一详商，容续电陈。文叩。佳。

（1942 年 10 月 9 日）

选自林泉：《抗战时期废除不平等条约史料》，第 526 页，正中书局，1983 年版。

威尔斯致魏道明[①]

1942 年 10 月 9 日　华盛顿

美国政府曾数度表示一俟时机成熟，美国政府将迅速取消其在华治外法权，数月来并一再考虑是否应与中国政府谈判一项条约，俾立刻将美国上项政策，付诸实施。

美国政府以为在缔结一项广泛的友好通商新约之前，为使双方有充裕时间谈判此项新约，宜由美国政府先行成立一简明条约，以便立即废除美国在华治外法权及其有关权利，并解决废除治外法权后与成立新约前之时期内所发生的各种问题，美国政府将在近期内向中国政府提出简明条约草案，以备中国政府考虑。

明日适逢中华民国之国庆，美国政府拟于今晚九时发出简要声明，并希望中国政府亦同样保守秘密。

闻英国政府亦将于今日通知中国驻伦敦代办，对于此点相信英国政府与美国政府意见相同，自亦将发出适当之公布。

美国政府根据第二段之原则，准备与中国政府谈判，且希望于最迅速期间拟一条约草案，送请中国政府考虑。此事请中国大使以密速电报报告中国政府。

（一九四二年十月九日）

注释：

① 威尔斯当时为美国代理国务卿，魏道明当时为中国驻美大使。

选自郭荣赵：《蒋委员长与罗斯福战时通讯》，第140~141页，幼狮文化事业公司，1978年版。

蒋介石致宋子文、魏道明

1942年10月10日

复宋部长、魏大使：佳电悉。美国表示自动取消不平等条约，愿与我订立新约，殊为欣慰，并望为我政府与人民致谢罗总统。又领事裁判权以外，尚有其他同样之特权，如租界及驻兵与内河航行、关税协定等权，应务望同时取消，方得名实相符也。

（1942年10月10日）

选自林泉：《抗战时期废除不平等条约史料》，第527页，正中书局，1983年版。

蒋介石致宋子文电

1942年10月12日

宋部长：关于废除治外法权事，应静待美政府提出其所谓简短之草约后，我方再行表示意见，此时不必作任何交涉，惟我方不妨间接表示：甚望其将过去所有各种不平等条约一律作废，整个撤销，重订平等合作之新约也。中对罗总统谢电，已交此间英、美大使转致，并交各报发表矣。中正。震。

（1942年10月12日）

选自林泉：《抗战时期废除不平等条约史料》，第535页，正中书局，1983年版。

宋子文致蒋介石

1942年10月13日

密呈。

委座钧鉴：真电敬悉。(一)美所拟先订之简约要点，为废除以领事裁判权为中心之各种特权，如租界、驻兵等权。但草约须一星期或十日后始可脱稿，双方再进行磋商。此事文已略有布置，故拟由魏大使先行交涉，如有困难，随时由文在渝就近请示办理。以后订立通商等新约，尤为繁重，必须秉承钧意，并先与我有关机关详细商讨，始臻妥善也。军部已派专机，文日内即拟启程。(二)美方认为中美关税协定并无束缚，与中英协定不同。(三)侨民问题，美方拟暂不提，文明日见国务卿当提及之。余容续陈。文叩。元。

(1942年10月13日)

选自林泉：《抗战时期废除不平等条约史料》，第536页，正中书局，1983年版。

蒋介石致罗斯福

1942年10月12日　重庆

总统阁下：

值兹中华民国建国三十一周年之际，美国自愿放弃在华之治外法权，全国人民，无不至感兴奋。尤其，为纪念中国自由日，独立厅自由钟之敲响，在每一个中国人心灵之中，已引起对美国友谊与善意的回响。此等措施，对于提高我国人民士气、继续抵抗，远非其他任何作为，可能与之比拟。本人自己深为此一美丽与感人之态度所感，故内心之情绪，实难找出适当之言词，加以描述。本人自幼之时，"自由钟"与"独立厅"，即激发本人之想象，而在本人心中，留下极深刻与持久之印象。本人为争取中国之自由，本人一直希望，中国达到完全独立与国家民主之一天。今天此一理想实现。发自内心，本人极诚感谢阁下优越与激励之领导；以及协助中国取得联合国平等地位之道德勇气。本人敢向阁下保证，在吾人共同保障全人类自由之斗争中,中国决不致使阁下失望。

蒋介石

(一九四二年十月十二日)

选自郭荣赵:《蒋委员长与罗斯福战时通讯》,第141~142页,幼狮文化事业公司,1978年版。

罗斯福致蒋介石

1942年10月16日　华盛顿

委员长阁下:

阁下热情感人之电讯,赞扬美国政府采取取销(消)治外法权之措施,本人深致感激。此一步奏,乃美国政府与本人,早已欲实现。特别令人感奋者,此一愿望实现之一天,亦正为贵国庆祝共和建立、发扬自由原则、光辉国庆之一天。中国反抗亚洲侵略者之苦斗,维护自由;吾人钦佩之至。吾人充分相信,贵我两国与其他盟国联合,共同奋进,必能获得完全胜利。

罗斯福

(一九四二年十月十六日)

选自郭荣赵:《蒋委员长与罗斯福战时通讯》,第141~142页,幼狮文化事业公司,1978年版。

蒋介石致罗斯福

1943年1月11日　重庆

总统阁下:

本人仅以兴奋之心情,对今日两国签订新约,向阁下表达中国政府与中国人民诚挚谢忧。此不仅证明联合国为作战目的之团结,亦为吾人团结赢得和平之象征。

蒋介石

(一九四三年一月十一日)

选自郭荣赵:《蒋委员长与罗斯福战时通讯》,第141~142页,幼狮文化事业公司,1978年版。

罗斯福复蒋介石
1943年1月12日

敬启者:顷奉

阁下一月十一日关于签订中美新约来电,无任欣慰。此项设施,久应采取,今得实现,美国人民及政府与中国人民及政府,同感愉快。余觉吾人愿以高尚宗旨处理人类关系之企望,因此得一明证。使余确信,联合国家争取胜利与改善世界之目的,更易达成。佛(富)兰克林·罗斯福。

(1943年1月12日)

选自林泉:《抗战时期废除不平等条约史料》,第735页,正中书局,1983年版。

卡尔致郭泰祺[①]
1941年7月4日

敬启者本人兹奉英国外交部部长命特通知

贵部长,候远东之和平恢复时,英国政府愿与中国政府商讨取消治外法权,交还租界,并根据平等互惠原则修改条约,相应照请查照为荷。

本大使顺向

贵部长重表敬意。

此致

中华民国国民政府外交部部长郭阁下

卡尔

一九四一年七月四日

注释：

① 卡尔当时为英国驻华大使。郭泰祺当时任中国外交部部长。

选自林泉：《抗战时期废除不平等条约史料》，第521~522页，正中书局，1983年版。

郭泰祺复卡尔

1941年7月12日

敬启者准本月四日

贵大使照会略以英国政府拟俟远东和平恢复时与中国政府商讨取销（消）领事裁判权交还租界并根据互惠平等原则修改条约等由业经阅悉中国政府对于英国政府此种友谊表示深为欣感相应复请查照为荷

本部长顺向

贵大使重表敬意

此致

英国驻中华民国特命全权大使卡尔爵士阁下

（中华民国）三十年七月十二日

（原文无标点）

选自林泉：《抗战时期废除不平等条约史料》，第521~522页，正中书局，1983年版。

英国宣布放弃在华特权声明

1942 年 10 月 9 日

帝国政府曾于一九三九年一月十四日、一九四〇年七月十八日及一九四一年六月十一日公开宣布准备于远东军事行动结束后,与中国政府进行谈判,以废除英国人民迄今仍在华享受之治外法权。帝国所与咨询之美国亦曾发表相似之声明。帝国政府兹为强调其对于中国盟友之友谊与联系计,决定就此事作更进一步之表示。外务部大臣特于十月九日向伦敦中国大使馆代办表示,帝国政府愿于最近将来,与中国政府进行谈判,并将以规定立时放弃在华治外法权及解决有关问题之草约,提交中国政府考虑。帝国政府最近曾与美政府就此事交换意见,欣悉美政府亦于同日向中国驻美大使,提交类似之通知,两国政府能对此重要问题采取相似之行动,实使伦敦方面极感满意。

(1942 年 10 月 9 日)

选自林泉:《抗战时期废除不平等条约史料》,第 529 页,正中书局,1983 年版。

蒋介石致邱(丘)吉尔

1942 年 10 月 11 日

中国对于贵国决定废除在华"治外法权"之友善举动,深为感动。此种阐示我中、英友谊基于平等互信之明证,必可于远东以及世界开创一崭新而有意义之时代。英国自动放弃此等陈旧之特权,业已博得一道德上重大之胜利,此实阁下本于大政治家之远见卓识之一永久贡献也。

(1942 年 10 月 11 日)

选自林泉:《抗战时期废除不平等条约史料》,第 534 页,正中书局,1983 年版。

宋子文① 致薛穆

1943年1月11日

中华民国国民政府主席阁下与大不列颠爱尔兰及海外诸自治领君主兼印度皇帝陛下（代表大不列颠及北爱尔兰联合王国及印度）本日所签订之条约，于其谈判时，曾讨论若干问题，双方均已同意。兹将关于各点所获之谅解录于本照会之附件。该项附件作为本日所签订条约内容之一部分，并自该约生效之日起发生效力。如荷阁下以联合王国政府之名义证实此等谅解，本部长至深感幸。

本部长顺向

贵大使重表敬意。

此致

英王陛下钦命驻中华民国全权大使薛穆爵士阁下

中华民国三十二年一月十一日

宋子文（签字）

注释：

① 宋子文当时任中国外交部部长。

选自林泉：《抗战时期废除不平等条约史料》，第637页，正中书局，1983年版。

薛穆致宋子文

1943年1月11日

顷准

贵部长本日照会内开：

"中华民国国民政府主席阁下与大不列颠爱尔兰及海外诸自治领君主兼印度皇帝陛下（代表大不列颠及北爱尔兰联合王国及印度）本日所签订之条约，于其谈判时，曾讨论若干问题,双方均已同意。兹将关于各点所获之谅解记录于本照会之附件,该项附件作为本日所签订条约内容之一部分,并自该约生效之日起发生效力,如荷阁下以联合王国政府之名义证实此等谅解,本部长至深感幸。"等由;本大使兹特代表联合王国政府证实贵我双方成立之谅解,正如贵部长照会之附件所记录者。该项附件为本日所签订条约内容之一部分,并自该约生效之日起发生效力。

  本大使顺向

贵部长重表敬意。

  此致

中华民国外交部(部)长宋阁下

西历一九四三年一月十一日

薛穆(签字)

选自林泉:《抗战时期废除不平等条约史料》,第 641 页,正中书局,1983 年版。

宋子文致黎吉

1943 年 1 月 11 日

  中华民国国民政府主席阁下与大不列颠爱尔兰及海外诸自治领君主兼印度皇帝陛下(代表大不列颠及北爱尔兰联合王国及印度)本日所签订之条约,于其谈判时,曾讨论若干问题,双方均已同意。兹将关于各点所获之谅解记录于本照会之附件,该项附件作为本日所签订条约内容之一部分,并自该约生效之日起发生效力,如荷阁下以印度政府名义证实此等谅解,本部长至深感幸。

  本部长顺向

贵代表表示敬意。

  此致

印度驻中华民国专员公署黎吉生先生

中华民国三十二年一月十一日

宋子文(签字)

选自林泉:《抗战时期废除不平等条约史料》,第642~643页,正中书局,1983年版。

黎吉复宋子文

1943年1月11日

  顷准

贵部长本日照会内开:

  "中华民国国民政府主席阁下与大不列颠爱尔兰及海外诸自治领君主兼印度皇帝陛下(代表大不列颠及北爱尔兰联合王国及印度)本日所签订之条约,于其谈判时,曾讨论若干问题,双方均已同意。兹将关于各点所获之谅解记录于本照会之附件,该项附件作为本日所签订条约内容之一部分,并自该约生效之日起发生效力,如荷阁下以印度政府之名义证实此等谅解,本部长至深感幸。"等由;本代表兹特代表印度政府证实贵我双方成立之谅解,正如贵部长照会之附件所记录者。该项附件作为本日所签订条约内容之一部分。并自该约生效之日起发生效力。

  本代表顺向

贵部长表示敬意。

  此致

中华民国外交部(部)长宋阁下

西历一九四三年一月十一日

黎吉生(签字)

选自林泉:《抗战时期废除不平等条约史料》,第644~645页,正中书局,1983年版。

中英关于取消英国在华治外法权及其有关特权条约与换文

1943年1月11日

双方同意之会议纪录　中华民国三十二年一月十一日于重庆

关于本日签订之条约,中国外交部长致英大使照会中附件第一节甲项彼此了解缔约双方为国防计,有权封闭任何口岸禁止一切海外商运。

关于本日签订之条约中国外交部长致英大使照会中附件第一节庚项,英大使通知中国政府,印度与缅甸与锡兰间之贸易,一向认为沿海贸易。

签字:宋子文
薛　穆(签字)
(1943年1月11日)

选自林泉:《抗战时期废除不平等条约史料》,第645页,正中书局,1983年版。

邱（丘）吉尔复蒋介石

1943年1月12日

重庆蒋委员长勋鉴:中英新约签订之日,辱承惠电,不胜欣感。此一伟大事件,对于二国邦交展开新的一页,实含无穷希望于将来,而令人为之忆念于恒久也。务望深信英国政府与人民对于此日之举动,乃衷心引为盟国间在伟大作战中之一竭诚密切合作也。　邱（丘）吉尔。

(1943年1月12日)

选自林泉:《抗战时期废除不平等条约史料》,第736页,正中书局,1983年版。

二十二、中国战区的建立与同盟国的军事合作

太平洋战争爆发后，中国战场在对日作战中的地位越来越重要。为协商全球范围内的反法西斯战争战略问题，美英两国政府首脑于1941年12月22日至1942年1月14日在华盛顿举行会议。双方认为，德国仍然是主要敌人，决定先集中力量击败德国，而在太平洋战场对日本采取防御战略，即坚持"先欧后亚"的战略。鉴于中国战场不仅能够遏制日本军国主义的侵略扩张，而且能够成为其亚太战略的重要组成部分，英美等国一致同意设立中国战区。

1942年1月3日，美国白宫宣布，中国战区最高统帅由蒋介石担任，1月5日蒋介石就任中国战区总司令之职，统一指挥在中国、越南、泰国、缅甸等同盟国军队对日作战。同时，蒋介石电宋子文，洽请罗斯福遴选高级将领担任中国战区参谋长。1月22日，美国推荐史迪威将军为中国战区联军参谋长。中、美、英三国军队在太平洋战场的战略合作由此展开。

本专题函电通过反映中国战区建立和同盟国之间的军事合作，凸显了中国战场在世界反法西斯战争中不可替代的重要地位和作用。

1945年2月4日至11日，苏、美、英三国在苏联的雅尔塔举行会议，签署了关于同日本作战的秘密协议。图为雅尔塔会议。

蒋介石致苏、英、美等国大使(建议各友邦应成立军事同盟及订立一不单独媾和之条约书面建议)

1941年12月8日

（一）最近日美谈话，美国虽以诚意进行，愿以和平方式解决太平洋各项问题，乃日本竟向英、美进行攻击，此种国际强盗之行动实出吾人意料之外，日本于谈判中突行进击，于此可见日本侵略计划早经预定。

（二）中国现决心不避任何牺牲，竭其全力与美、英、苏联及其他诸友邦共同作战，以促成日本及其同盟轴心国家之完全崩败。

（三）中国政府现决定向日本宣战，并对其同盟国德、意同时宣战。

（四）为联合行动起见，中国政府以为反侵略阵线各个国家必须对于各个轴心国家认为共同公敌，因之中国建议美国对于德意两国与苏联对于日本，皆请同时宣战。

（五）为谋军事进行胜利起见，中国政府建议各友邦（中、英、美、澳、荷、加拿大、纽丝伦），应成立军事同盟，并推美国为领导，指挥共同作战之军队，实为必要。

（六）中国提议中、英、美、苏、澳、荷、加拿大、纽丝伦订立一不单独媾和之条约。

(1941年12月8日)

选自秦孝仪等：《中华民国重要史料初编——对日抗战时期·第三编：战时外交（六）》，第41页，中国国民党中央委员会党史委员会出版，1981年版。

蒋介石致宋子文并转胡适大使(关于中国对日宣战事)

1941年12月8日

宋子文先生并转胡大使：倭寇竟敢向美、英进攻，愤激莫名。我国待美宣战时，亦决与倭正式宣战，竭尽我国应尽之职责。此时应特别注重者，为要求苏俄亦立即宣战，此实为太平洋诸战胜负最大之关键。以现时反侵略各国之空军能袭击日本本土及其军港与牵制日本海军者，惟俄国有此准备，如果此时俄国态度稍一犹豫，则民主阵线即为倭寇各个击破,最为危险。故中以大陆对日作战必须中苏两国同时宣战,方能击破共同敌军之日本。先以此意要求苏联之同意,惟此或可促进苏联决心宣战,故暂待苏联之答复,万一苏联回答不愿对日宣战,则我国亦必随美对日宣战,如罗总统以为我国不必待苏联之态度,应先与日宣战,则可随时照办。然恐中国比苏先行宣战,则以后对苏要求其宣战之成算更无把握也。请以此意转达罗总统待复。尚有正式提议照会美、英、苏者,另详请参照为荷。中正手启。

(1941年12月8日)

选自郭荣赵:《蒋委员长与罗斯福总统战时通讯》,第42~43页,幼狮文化事业公司,1978年版。

宋子文复蒋介石

1941年12月9日

密呈委座钧鉴:齐(八日)电敬悉。总统适因军事会议无暇,文托外次转达钧电意旨,及复初致适之电中所述苏俄武官答钧座之语,俾作(做)参考。总统顷命外次代答,请文转陈:(一)总统已与苏俄大使熟商,并知所以不即日宣战,乃因远东军事准备尚须增强,时期一到,即宣战无疑,惟此消息万勿稍有泄漏。又谓苏俄武官所称,如苏参战,恐美对日将不愿悉力以赴云云,与事实不符。(二)总统谓中国即刻宣战,于大局有利,恳即实行,不必待苏俄答复等语。谨陈。再,适之心疾复发,医嘱静养,钧电已照转矣。弟子文叩。青(九日)。

(1941年12月9日)

选自郭荣赵:《蒋委员长与罗斯福总统战时通讯》,第42~43页,幼狮文化事业公司,1978年版。

罗斯福致蒋介石①

1941年12月9日

委员长阁下：

日本首先狡猾地发动攻击，随即对美国宣战。国会已宣布美日之间，战争状态已经存在。

中国对一个邻近的侵略者，已英勇抵抗四年有半。中国已唤醒美国对其原则与实际之同情。现在，中国之抵抗侵略已不在（再）孤单，其他被日本威胁，及侵略运动威胁之国家，亦已参加此项抵抗。

此一奋斗，不能轻易或迅速成功地获致结束。所有参予（与）之国家，正如对阁下及阁下英勇之人民一样，都必须摧毁敌人及建立公正和平之共同目标，集中努力，并付以高度之热忱。敝国能与阁下领导伟大之国家联合，本人深感骄傲。本人深信，吾人与其他国家所参与之共同奋斗，将更加强传统友谊之联结；无疑地，阁下之努力，吾人之努力，加上其他个别与集体参予（与）此项奋斗国家之努力，来对付此一目无法纪之势力，必能完全摧毁。

罗斯福
（1941年12月9日）

注释：

① 此电由国务卿赫尔电驻华大使高思，原由国务院起草，经罗斯福总统批准发致重庆，转达蒋委员长。

选自郭荣赵：《蒋委员长与罗斯福总统战时通讯》，第42~43页，幼狮文化事业公司，1978年版。

中国政府对日宣战声明

1941年12月9日

日本之国家政策自始即欲控制亚洲，称霸太平洋，四年多来，中国曾经不顾一切艰苦牺牲,坚决抵抗日本之侵略,藉(借)以维护中国自身之独立与自由,并以维护国际之正义,促进世界之和平,人类之幸福。

中国是一个爱好和平之国家,在它以武力从事自卫之时,就希望日本能认清征服计划之必败。战争发生以来,其他各国亦均表示最大的同样容忍,希望日本能有幡然悔悟的一天,并为着眼整个太平洋区域的和平而改弦易辙。

不幸,日本的侵略本性难于梭改,在长期企图征服中国失败之后,不但未曾表示任何悔改迹象,反而变节开始攻击中国的盟友——美国与英国,从而扩大侵略活动的范围,并使日本自身成为正义与世界和平之大敌。日本最近之侵略行动已经暴露它的难以满足的野心,并且已经制造了一种没有一个信仰国际正义与人类尊严的国家所能容忍的情况。

为此,中国政府正式对日宣战,中国政府并进一步宣布有关中日两国之一切条约、协约、协定、盟约,自此一律无效。

国务院于十二月十日清晨收到。

(1941年12月9日)

选自郭荣赵:《蒋委员长与罗斯福总统战时通讯》,第44页,幼狮文化事业公司,1978年版。

蒋介石致宋子文①

1941年12月9日

宋部长:对于日本政府攻击珍珠港,请对陆军和海军部长,转达本人之愤慨,及本人对美国武装部队之损失,真挚之关怀。

在远东之敌对地区,本人已下达命令,立即作战,以解香港之危。吾人亦已决定,进攻在印度支那之日军,只要远东作战计划,明确获得协议。

昨夜本人曾召见英美驻华武官,说明中国尽其最大努力,并与两国共同作战之决定。

目前所迫需者,乃立即创设一联合作战会议,在美国领导之下,迅速策进大计。否则,所有国家,均有被各个击败之危险。　蒋介石

(1941年12月9日)

注释：
① 此电由宋子文于1941年12月11日在华府转致美国陆、海军部长。

选自郭荣赵：《蒋委员长与罗斯福总统战时通讯》，第45页，幼狮文化事业公司，1978年版。

中国政府对德意志与意大利宣战声明
1941年12月9日

自一九四〇年九月德意志、意大利与日本缔结三国同盟以来，此三国家即完全结为一侵略集团，为实行他们征服与控制世界的共同计划而密切合作。为了表示他们的团结，德意志与意大利并曾相继承认日本在华北与南京的伪政权。基于此种原因，中国已经在今年七月与德、意两国断绝外交关系。

现在，轴心国家已经扩展其侵略活动之范围，并且已经在整个太平洋区域制造混乱，致使轴心国家形成国际正义与世界文明之敌人，此种事态，自不再能为中国政府及人民所容忍。

为此，中国政府宣布：自1941年12月9日午夜起，中国与德意志之间，中国与意大利之间，处于战争状况。中国政府并进一步宣布：有关中国与德意志之间及有关中国与意大利之间的一切条约、协约、协定及合约均属无效。

（1941年12月9日）

选自郭荣赵：《蒋委员长与罗斯福总统战时通讯》，第44~45页，幼狮文化事业公司，1978年版。

罗斯福致蒋介石（建议成立中国战区最高统帅部并请委员长负责指挥在中国境内活动之联合国家军队）
1941年12月31日

为立即完成我等共同抗敌（指日本）力量之联系与合作起见，今正在南太平洋战区成立一最高统帅部,指挥全部美、英、荷军队。此项联合国在中国战区之共同活动,亦需有同样统帅部,事属当然。予今征得英、荷政府代表之同意,建议麾下负指挥现在或将来在中国境内活动之联合国军队之责。予等并建议,该战区包括联合国家军队可以到达之安南及泰国国境。予等并信欲使此统帅部发挥效力,应立即由中、美、英三国政府代表组织一联合计划作战参谋部。倘麾下认为可能而苏联表示同意者,苏联代表亦应参加。此参谋部应在麾下指挥下服务。印度军司令及南战区司令当命其与麾下统帅部取得最密切之联系。该三总部间应互派联络员。上项办法足使麾下之意见与势力影响及其所有各战区作战一般战略之策划。特此奉电,企候赐复。 罗斯福。

(1941年12月31日)

选自秦孝仪等:《中华民国重要史料初编——对日抗战时期·第三编:战时外交(六)》,第97~98页,中国国民党中央委员会党史委员会出版,1981年版。

蒋介石复罗斯福(表示接受中国战区最高统帅之职并望美、英即派代表以便组织联合作战计画(划)参谋部)

1942年1月2日

奉来电,承嘱担任联合国现在与将来在中国战区以及安南、泰国境内联合国军队可能到达区域一切军队最高统帅之责,深知此项任务,对有关各国及其人民与我中国本身所负责任之重大,就个人能力与资历言,实不敢贸然应命,念此统帅部成立之后,足使中国战区与联合国间得统一其战略,促进其全盘作战之功效,既经阁下征得英、荷政府之同意,作此建议,自当义不容辞,敬谨接受。盖诸国军队为共同需要而作有效之合作,实为目前超越一切之急务,幸恃阁下之发动与努力,使此目的与方法之统一,已近成功之境,鄙人不敏,自当为诸联合国之共同福利而执鞭追随也。所可喜者,诸联合国今已着手联合其国内资力、交通,以及在各战线之战斗部队矣。此种正在发展中之统一倾向,为全部中国民众所一致拥护者也。今遵尊嘱,竭诚欢迎美、英代表之立即派定,组织联合作战计划参谋部。至苏联代表问题,当俟该参谋部成立开始工作后,再加考量。建议与印度英军司令及南太平洋战区司令交换联系一节,俟中国战区统帅部及其参谋部成立之后,当可立即实行。此后发展每一阶段,皆盼赐示高见并予指针。

(1942年1月2日)

选自秦孝仪等:《中华民国重要史料初编——对日抗战时期·第三编:战时外交(三)》,第98页,中国国民党中央委员会党史委员会出版,1981年版。

宋子文致蒋介石(关于罗斯福总统将派最高级将领来华以期商量中国区域作战计画(划))

1942年1月6日

委座钧鉴:支电敬悉。顷先与陆长商谈,彼极赞成钧座向总统所提议各节,并据密告,总统将派最高级将领带参谋多人赴渝,介绍钧座,以期商量中国区域作战计划,及与各战区联系全盘计划,惟请暂时绝对秘密等语。上次魏佛尔、勃兰特来渝,充敬之兄翻译者,不知是否熟谙英语及明了英、美人心理之人员,译语如不能达意,亦易误会也。弟子文叩。麻(六日)。

(1942年1月6日)

选自秦孝仪等:《中华民国重要史料初编——对日抗战时期·第三编:战时外交(六)》,第100页,中国国民党中央委员会党史委员会出版,1981年版。

宋子文致蒋介石(关于美陆军部长史汀生为促成英与中、美在中国战区切实合作向英方所提秘密说帖之内容)

1942年1月19日

密呈委座钧鉴:今日史汀生约谈,面称鉴及于魏佛尔、勃兰特上次赴渝结果毫无,并又因仰光扣留军械,及钧座请总统介绍中国战区联军参谋长种种情事,故本人尽我心力向英方提出秘密说帖,并请求我方同意,促成英与中、美在中国战区切实合作,译意如下:

(子)原则:(壹)英、美均应深切了解,非与蒋委员长彻底合作,无裨战局;(贰)英、美在军事上、政治上观点,俱应尽力扩充中国武力;(叁)目前最大问题,为中国与英、美运输上之困难,及心理上之隔阂种种。(丑)目的:基于以上原则,应共同做到下列各点:(壹)完成与蒋委员长切实联络之办法及其工具;(贰)保卫滇缅路及缅甸之安全;(叁)改良滇缅路运输管理;(肆)扩展陆、空军据点,充实技术上援助;(伍)增强中国抗战力量;(陆)规定中国战区与魏佛尔所辖战区切实联络方法。(寅)实施计划:为实现以上目的,陆军部拟施行下列计划:(壹)商请蒋委员长允准接受美国高级军官为驻华代表,并同意其具有下列职权:(甲)办理所有在中国之美军贷援华事宜;(乙)在蒋委员长统辖之下,指挥所有在华之美国军队,及委员长自愿交与指挥之某部中国军队,如遇此项军队有在缅甸参加作战之必要时,其作战总计划应受魏佛尔之指示,但实行作战则由美军官指挥;(丙)代表美国参加在华之一切国际军事会议;(丁)维持及管理中国境内滇缅公路运输事。如蒋委员长同意寅项第壹款所列各点,陆军部拟即:(甲)增加华南、缅甸区域之空军力量,先由增加及补充志愿军飞机及人员入手,对于蒋委员长所拨交指挥之中国军队若干师,供给全部军械器材,亦属可能;(乙)在英国同意之下,设立兵站,供应中国在缅甸或英、美方面之陆、空军,并供给专门器材及军队,以维持仰光港口货运与设备,及协助维持滇缅公路;(丙)为便利计划之施行,英国对下开各点之合作及允诺,实有必要,但英国之合作与允诺,以委员长全部接受寅项第壹款所开各点为前提:(一)美国代表在缅甸及缅甸以北地域有所经营时,须与邻区指挥官合作设立及利用印度及缅甸之一切军事据点、路线、站所;(二)美国代表得用全力设法增加滇缅路之运量,由仰光以迄昆明,为达此目的,中国政府将授美代表以滇缅路华段之管理权,滇缅路英段仍由英国军政当局负责,但英国当局应接受所有美代表对改进路务之建议,并接受改进仰光港务及滇缅路务所需之美国专家及器材;(三)美代表与英指挥官接洽之后,得在缅甸利用各航空站及建设新飞机场;(四)接受美代表魏佛尔即蒋委员长间之主要联络员。以上为史汀生说帖译意,据谓确系根据事实苦心研究之结果。文答据以转陈钧座,恭候训示,即请详加考虑,迅予指示机宜。其中有应补充陈明者:(一)所谓高级军官,即以可兼充中国战区联军参谋长,拟推荐 Stilwell 中将,此人公认为美陆军中最优秀之将材(才),现充军团长,曾任 Marshall 参谋长之作战局长,通华语,未发表前,请暂守秘密;(二)星期六文英文电所陈各节意义,现已明了,乃为避免中英隔阂,故拟将入缅华军归此君指挥,不直接受英方统辖;(三)钧座对于魏佛尔及缅军政当局之应付,可使此君负责,至中国军队如进驻越南及泰国,固与派遣缅甸协助作战之军队不同,应由钧座直接统辖指挥;(四)史汀生或因新加坡危急,亟欲中国战区与缅甸方面军事有切实合作办法,故切催转请钧座示复。谨陈。弟子文叩。效亥。

(1942年1月19日)

选自秦孝仪等:《中华民国重要史料初编——对日抗战时期·第三编:战时外交(六)》,第109~111页,中国国民党中央委员会党史委员会出版,1981年版。

宋子文致蒋介石(报告美国态度仍以先击败德国为主亚洲战场视为次)

1942年5月19日

密呈委座钧鉴:昨午后二时见总统告文,据空军参长亚诺意见,原允空中炮垒五十架改运输机拨给中国,因塞地亚情形仍可作起落机站照常运输,两马达机足可应用,无须改拨空中炮叠,如为增加运量,无妨多拨两马达运机。文答中国非为飞机轻重型之争,只须(需)运输无阻,不过敌占缅北,塞地亚难免常被轰炸,参长所言前后不符,似系饰词推托,如敷衍目前,以致误事,实深遗憾。总统云两马达机不能用时,当然改拨空中炮叠。文当时表示极不满意,并谓恐日敌不容许试验时期耳。文今日函亚诺,责其反复,略谓空中炮叠为中国惟一生命,彼所负历史上之责任实属重大等语。窃美国态度始终以先击败德国为主,亚洲战场视为次要,此种错误观念不能打破,一切自难推动,美空军部向来因循敷衍,不负责任,每次要求,均以史梯(迪)威推托,处此情形,为目前计,惟有恳请钧座于相当时期,电文请总统派霍布金赴中国,代表总统当面商决各项问题,一面饬中航公司注意每日由印入华运输量,以凭再向总统要求。昨日又为此事往见霍布金,据谓苏外长一、二(一二)星期内来美再议,又见居里,亦谓自总统以次,大都注重欧战,彼亦无法挽回。弟子文叩。皓午。

(1942年5月19日)

选自秦孝仪等:《中华民国重要史料初编——对日抗战时期·第三编:战时外交(三)》,第148页,中国国民党中央委员会党史委员会出版,1981年版。

蒋介石致宋子文（嘱向美当局坚决表示如英、美不用有力海、空军先收复仰光断绝敌军之后方交通则攻缅计画（划）万难同意）

1943年5月22日

宋部长：马亥电悉。请兄对于攻取缅甸之计画（划），必须如筱亥电所述，在该日会议中所报告与要求之二项者坚持到底。如其英、美不用有力海、空军先收复仰光，断绝敌军之后方交通，则攻缅计画决无成功之望，蒋委员长万难同意。应坚决表示与正式声明。而且英、美对北非宣言与重庆及加埠决议与诺言，当此北非军事解决后更应执行，决（绝）无理由推托违约，否则以军事信约为儿戏，其将何以昭信于世。务望罗总统力持正义，转移危局为要。中正。

(1943年5月22日)

选自秦孝仪等：《中华民国重要史料初编——对日抗战时期·第三编：战时外交（三）》，第238页，中国国民党中央委员会党史委员会出版，1981年版。

蒋介石致罗斯福、邱（丘）吉尔（说明中国战场之艰危及深盼早日实现开罗会议所确定的对日作战方案）

1944年9月15日

罗斯福总统、邱（丘）吉尔首相钧鉴：阁下等在魁北克会商对日作战，我联合国军民均深盼切。中国战场自今年以来，敝国已孤军力竭，想为阁下等所深知，最近日寇更增兵猛扑，局势益形危急。前在开罗会议所商定由仰光方面海陆两栖对日作战，以开通滇缅路之计划，以及此次阁下等会商在太平洋方面对日攻势之作战，深望能提早实施，以解救中国战场现时孤危之情势。如此项危急情势不能获得解救，使日寇得一意继续进攻，则中国战场决难长久支持，而且此种形势在最近一、二（一二）月内将见决定。敌军如果在中国战场上之企图一旦竟获成功，则亚洲整个大陆上今后对日之作战，恐现有计划又不适用，将非重新另定不可矣。故此时必须我盟军速有行动,以解中国战场之危。务祈迅即商筹见复,不胜切盼。蒋中正。

(1944年9月15日)

选自秦孝仪等:《中华民国重要史料初编——对日抗战时期·第三编:战时外交(三)》,第310页,中国国民党中央委员会党史委员会出版,1981年版。

罗斯福、丘吉尔致蒋介石

(关于在魁北克会议中所商讨对付日本之各种计画(划))

1944年9月18日

吾人顷已完毕魁北克会议,在此次会议中,吾人曾商讨尽速击败德国之计划及方法,俾能以吾人之全力对付日本。吾人现急于将吾人之计划奉告阁下,尤其对于东南亚部分为然,以其有关吾人共同之努力也。一、兹已决定以所有力量于可能范围内及早进攻日本本土,并已对此制定计划,包括德国击败后即行调整部署之步骤。二、蒙巴顿将军将继续目前北缅之攻势并扩展之,期使密支那区内空运基地更为巩固,俟雨季终止后,彼将开始一有力之攻击战,以重开中印间之陆路。此种攻击作战,将有赖中国现在萨尔温江以西作战之部队及缅甸北部驻印军之协助,此二部队经年来之健门,业已使其声誉卓著。吾人将以极优势之空军协助此一战事之战斗及供应事宜,同时辅以远程渗透部队之活动与阿拉干海岸之登陆,此均将有助于战事之成功也。吾人相信此项攻势之有力实施,当能于明春获致拓展列多公路及油管于中国境内之成果,而有以支援阁下之英勇部队也。三、兹已命令蒙巴顿将军准备于孟加拉湾发动一规模海、陆攻击战,俟欧洲战况能容许吾人抽调必要设备时,即付实施。四、吾人对于今后加强太平洋上以及打开通往中国海岸之对日作战计划,亦已拟定矣。九月十八日。

(中华)民国三十三年九月十八日

选自秦孝仪等:《中华民国重要史料初编——对日抗战时期·第三编:战时外交(三)》,第311页,中国国民党中央委员会党史委员会出版,1981年版。

蒋介石致赫尔利(请美政府选派可得中国政府与人民完全信任之将官领导美军在中国境内作战)

1945年8月2日

鉴于美国军队即将在中国海岸登陆,领导美国军队在中国境内作战之将官之选择,为一极端重要之问题。选择美国将官,必须顾及其能与中国战区统帅合作之能力,同时并须注意其能与中国军队及其将官合作之能力。此种将官不应为曾经在作战上及中、美其他关系间表示无能力与中国方面合作之人。换言之,美国在华将官之人选,不应有任何曾经显明表示与中国政府及中国国民志趣企求敌对之将官参加其间。中、美现有之良好有效合作,中国之政策亟愿继续维持加强,中国不愿再见其作战努力与对美关系,因不良人选而遭受重大影响及阻滞之最近痛苦经验重新来临,盖亦有由。职是之故,亟盼美国政府对此形势慎重考虑,派充可以得有中国政府及人民完全信任之将官。总之,中国愿有未曾干预中国各种内部争议自存门户之美国将官。至中国方面可以接受之将官,吾人包括魏德迈将军、辛浦森将军、褚斯可将军及其他在欧洲战区已表显其成绩之美国将领在内。

(中华)民国三十四年八月二日

选自秦孝仪等:《中华民国重要史料初编——对日抗战时期·第三编:战时外交(三)》,第325页,中国国民党中央委员会党史委员会出版,1981年版。

杜鲁门致蒋介石(请同意将法属越南北纬十六度以南地区归入东南亚战区作战地境内)

1945年8月2日

主席钧鉴:顷得敝国杜鲁门总统致钧座密函一件,谨陈察阅。

一、在波茨坦会议中,本人与英首相曾与英、美联合参谋团会商东南亚将来之军事行动。

二、由联合参谋团之建议,吾人得一结论,依据作战目标,最好将法属越南北纬十六度以南地区归入东南亚战区作战地境内,如此中国战区仍包括越南一部,以掩护中国作战之侧翼,同时亦可使蒙巴顿将军得以进出越南南部地区。

三、本人深盼以上结论,阁下亦属认为合理,为求对共同敌人作战便利计,亟盼阁下惠予同意。

四、本人得知英国首相亦将以同样文书送达阁下。杜鲁门(签字)。赫尔利敬上。一九四五、八、二。

(1945年8月2日)

选自秦孝仪等:《中华民国重要史料初编——对日抗战时期·第三编:战时外交(三)》,第322~323页,中国国民党中央委员会党史委员会出版,1981年版。

蒋介石致丘吉尔(趁日本宣布投降之际感谢丘吉尔睿智之领导)

1945年8月11日

邱(丘)吉尔先生阁下:当余草拟此函以便由魏亚特将军齐陈阁下之时,亚洲方面之战事实际上已濒结束,仅存之轴心侵略者业已宣称准备接受阁下前在波茨坦会议中协同拟订之投降条件,吾人对横暴与压迫人群之万恶势力即将获得完全之胜利矣。

此光荣时会之来临,实同盟国家为争取自由与民主而付予(与)之重大代价有以致之。余愿趁此良辰对于阁下领导贵国人民获致胜利所表现之魅力与睿智,重表诚挚之赞佩。阁下对于吾人共同斗争所作(做)极可珍贵之贡献,洵将永为中国及其他同盟国家之人民所不能忘也。

魏亚特将军在华,曾予余以极端满意之合作,阁下实不能再得更佳之人选担任其任务。耑此致候。并颂勋绥。蒋中正。中华民国卅四年八月十一日。

(1945年8月11日)

选自秦孝仪等:《中华民国重要史料初编——对日抗战时期·第三编:战时外交(三)》,第326~327页,中国国民党中央委员会党史委员会出版,1981年版。

二十三、中国远征军

中国远征军是抗日战争后期中国政府应英国政府请求而派往缅甸的部队。他们在长达3年的异国远征作战中历尽艰辛,为盟军在缅甸的最后胜利奠定了基础。

太平洋战争爆发后,中英两国于1941年12月23日签署《中英共同防御滇缅公路协议》,中国组建由卫立煌任司令长官的中国远征军第一路军准备入缅作战。1942年2月16日仰光危机,英方邀请中国军队入缅作战。于是由中国远征军第一路军副司令长官杜聿明率第5、第6、第66军共10个师10万将士入缅,转战1500余公里,支援英缅军队作战。中国远征军驰援英缅军队于东吁,歼敌5000余人;援助英缅军队于仁安羌,救出被围英军7000余人,汽车100余辆,战马1000余匹,被俘的英美传教士和新闻记者500余人。这时的日军已切断中国远征军回国的路线,其主力以东吁、曼德勒为轴线,东西两翼相互策应展开进攻,英军则不顾与中国远征军制订的协调作战计划,决意放弃缅甸退守印度,致使浴血奋战的中国远征军陷于险境之中。1942年4月30日至5月下旬,史迪威、罗卓英率长官部辗转进入印度。在5至7月的撤退过程中,孙立人奉史迪威命率部撤至印度英帕尔;杜聿明经请示蒋介石率部经密支那向中国境内的片马、腾冲方向撤退。该部在撤退途中不仅遭遇日军的追击、伏击,而且面临恶劣的自然环境,官兵们饥病交加,伤亡累累。其一部奉命改道,美国空军空投粮药予以支持,终于7月25日抵达印度利多。另一部奉命经猛拱、孟关、葡萄返回滇西。他们弹尽粮绝,药品耗尽,克服常人难以想象的困难,穿行于毒蛇蚊虫遍地的野人山区,翻过天气变化无常的高黎贡山,于8月17日返回祖国。

1942年6月,为打通滇缅公路、准备反攻缅甸,蒋介石同意史迪威的建议,拨用中国所租借物资中的装备,由美国军官在印度训练10万中国军队,在云南装备训练30个师。1943年2月,国民政府军事委员会决定重组中国远征军,以陈诚为司令长官(后由卫立煌接任),负责第二批远征军的筹组与整训。1943年10月至1945年3月,中国驻印军队和中国远征军以伤亡6.7万余人的代价,歼灭日军4.9万余人,收复缅北大小城镇50余座,收复滇西失地8.3万平方公里,取得反攻缅北、滇西作战的胜利。

中国远征军将士为中国抗日战争和世界反法西战争的最终胜利付出了巨大牺牲,他们中的许多人长眠在异国他乡,甚至没有留下姓名。中国远征军第200师师长戴安澜1942年5月18日在缅甸北部与日军作战时身受重伤,26日在茅邦村壮烈殉国,他是中国远征军中牺牲的级别最高的将领。周恩来称他为"黄埔之英,民族之雄"。

本专题的信函记录了中国远征军将士惨烈悲壮、英勇卓绝的战绩,他们的英名将永载史册。

抗日名将、新一军军长孙立人

罗卓英[①]致蒋介石等(报告远征军解救英、缅军事)

1942年4月20日

渝。军委会。(加表)。委员长蒋:孙师原派乔克巴党之一一三团,筱日扫荡平河以北敌人,复进而救援在彦南扬被围之英军,现据孙师长皓未报告称:刘团经两昼夜激战,占彦南扬,救出被围英缅军第一师七千余人,情形狼狈不堪,我军并由敌人手中夺获之英方辎重百余辆,悉数交还。敌向南退郝其,死伤约五百余名,我亦伤亡百余。该团暂在彦南扬占领阵地等语。查孙师刘团作战努力,除奖励外,谨闻。罗卓英。号巳。参印。

(中华)民国三十一年四月二十日

注释：

① 罗卓英当时为中国远征军第一路军司令长官。

选自秦孝仪等：《中华民国重要史料初编——对日抗战时期·第二编：作战经过（五）》，第297页，中国国民党中央委员会党史委员会出版，1981年版。

蒋介石致廖耀湘①

1944年3月18日

新廿二师廖师长：此次克复孟关，吾弟声播中外，名振遐迩，足以聊申国军前年在缅失败之憾。而慰阵亡先烈在天之灵。惟新胜之余，易生虚骄，而为他日挫失之因，务希戒慎警惕，自重自勉，对友军对上官更应谦让敬和。对部属尤宜严督勤训，勿使有稍涉傲慢之气，养成我国古名将见胜勿骄淡泊勿矜之风，是所切盼。并望对立人同志勿分彼此，相亲相爱，精诚团结，共成大业也。李梁二副师长暨参谋长及全体官兵希代慰勉。中正手启。寅巧。机渝。

（1944年3月18日）

注释：

① 廖耀湘当时任中国驻印军新编第22师师长。

选自秦孝仪等：《中华民国重要史料初编——对日抗战时期·第二编：作战经过（五）》，第439页，中国国民党中央委员会党史委员会出版，1981年版。

郑洞国①致蒋介石

1944年3月20日

即到、重庆。委员长蒋、总长何：挡密（表）。1. 猛拱以北NW6752第一道天然屏障之Jambu山隘，被廖师于皓午突被，正扫荡追击中。孙师一一三团正向沙杜查挺进，截断敌后。2. 六五团会攻大树班后,即向伦亭急进,于巧申进抵班内卡(Pumnwfga)(NW8519)。谨闻。职郑洞国,哿午。钧兴列印。

(1944年3月20日)

注释:

① 郑洞国当时任中国驻印军新编第一军军长。

选自秦孝仪等:《中华民国重要史料初编——对日抗战时期·第二编:作战经过(五)》,第439页,中国国民党中央委员会党史委员会出版,1981年版。

蒋介石致魏道明①(关于远征军作战等转告罗斯福)

1944年5月13日

华盛顿。魏大使:请将下电译成英文转罗斯福总统:闻近日尊体康复,无任欣慰。中国远征军已于昨日强渡萨尔温江完毕,现在向敌军猛烈进攻中,中国甚愿竭尽绵薄,能策应盟军在印缅之作战有所补益,以副阁下之殷望。惟中国本为贫弱之国,加以今日七年之长期抗战,其艰难困苦,甚于其他之盟邦,必为阁下所深悉。而且中国战场,一方面在其战场中心河南平原作战,正在大规模发展之时,而一方面又欲在萨尔温江作战同时进行,以中国疲弱之身,而当此两面作战之重任,其危艰之状,更倍于往昔,尚望阁下体谅此苦情是荷。蒋中正。元。机渝。

(1944年5月13日)

注释:

① 魏道明当时任中国驻美国大使。

选自秦孝仪等:《中华民国重要史料初编——对日抗战时期·第二编:作战经过(五)》,中国国民党中央委员会党史委员会出版,1981年版。

孙立人① 致蒋介石(报告攻克孟拱后战况)

1944 年 7 月 12 日

特急。重庆。委员长蒋:车密(加表)。职师于已有攻克孟拱后,冒大雨之泛滥,我官兵均秉钧座不成不克不死不已之名训,尽最后之努力,仍沿卡盟、孟拱公路,由南向北及由北向南分途夹击据守之敌,并将 Seton 以南孟拱以西公路地区之敌,包围于那汉(Nahaning)曼泥特(Manywet)间聚歼,于午灰十八时沿长皮茂里之卡盟公路推进,是役计毙敌四百五十名,并俘敌兵四名,获汽车廿余,七五山炮二门,重迫炮三门,高射机枪二挺,轻重机枪六挺,步枪七二支及弹药极多,后即沿孟拱、密支那铁路向南地(Namti)进袭,激战两昼夜,于六月俭日将南地完全攻克,毙敌九五名,夺获轻重机枪各五挺,步枪五四支,车厢二五辆,弹药甚多,我乘胜派队沿铁路搜索敌迹,敌经望风坡分向伊落瓦底江左岸溃窜,经于午真十六时,已将孟拱至密支那间铁路线打通,与我卅师在密支那会合,孟密铁路长(约)五十余里,为缅北铁路之最终段,我占领卡盟、孟拱密支那之公路铁路线后,中印公路之缅北段已完全通行,仅电奉闻。新卅一师兼师长孙立人,午文。参一印。

(1944 年 7 月 12 日)

注释:

① 孙立人当时任中国驻印军新编第三十八师师长。

选自秦孝仪等:《中华民国重要史料初编——对日抗战时期·第二编:作战经过(五)》,第 455 页,中国国民党中央委员会党史委员会出版,1981 年版。

蒋介石致史迪威①(贺攻克密支那)

1944 年 8 月 5 日

史迪威将军勋鉴:欣悉密支那城完全克复,敌军虽顽强抵抗,终于全部就歼,不胜欣慰。我盟军获此重大之成就,皆由麾下指挥有方,谋略悉当,我美英中盟军将士协同一致,忠勇效命,用能克服气候与地理之困难,歼灭敌人,造成此次光荣之战绩,中正对我部队能达成任务,同所嘉慰,特电驰贺阁下之成功与盟军之胜利,并请转郑洞国、孙立人、廖耀湘各将领暨各师师长副师长参谋长及全体官兵代达余嘉勉之意为盼。蒋中正。八月五日。

(1944年8月5日)

注释:
① 史迪威当时任驻印军总指挥。

选自秦孝仪等:《中华民国重要史料初编——对日抗战时期·第二编:作战经过(五)》,第456页,中国国民党中央委员会党史委员会出版,1981年版。

二十四、抗战时期的宋美龄

宋美龄(1897~2003),广东文昌人,1897年3月5日出生于上海。1907年与二姐宋庆龄赴美求学,先后在新泽西州萨米特镇以及佐治亚州梅肯市的皮德蒙特学校、威斯里安女子学院就读。1912年进入马萨诸塞州的威尔斯利女子学院学习。1917年大学毕业后回国定居上海。1927年12月,宋美龄与蒋介石结婚。

跨越三个世纪的宋美龄,有着传奇般的人生,但她在抗战时期做出的贡献却鲜为人知。宋美龄以第一夫人的身份,从1934年起亲自担任新组建的国民政府航空委员会秘书长,积极推动中国空军的建设。"西安事变"发生后,她不顾个人安危飞赴西安,为推动"西安事变"的和平解决做了大量工作。

她担任中国妇女慰劳自卫抗战将士总会会长、中国妇女慰劳自卫抗战将士总会战时儿童保育会会长、战时新生活运动妇女指导委员会指导长,在保护救助难童、组织动员全国妇女宣传抗战、慰问前线将士等方面开展了卓有成效的工作。在争取国际支援,特别是争取美国援助方面,宋美龄发挥了独特作用。1942年11月,她赴美治病,同时作为蒋介石的特使向美国公众介绍中国抗战的目的与意义,介绍中国军民抗战之艰苦、牺牲之重大,呼吁美国政府和人民积极支援中国人民的抗日战争。她的演说产生了轰动效应,由此引发了美国民间的援华热潮,并且促成了有"飞虎队"之称的美国空军志愿队来华作战。1943年11月,她陪同蒋介石出席开罗会议,以其出色的外交能力为中国参与重大国际事务做出了重要贡献。

本专题选编的一组函电着重展示了宋美龄作为一位杰出的女性政治和社会活动家,对中国和世界事务所进行的观察与思考,为中国抗日战争倾注的心力和付出的辛劳。

在白宫草坪前，罗斯福夫人与宋美龄成为美国媒体的焦点。

1943年11月25日中午时分，出席开罗会议的中、美、英首脑及高级幕僚合影后，宋美龄加入合影。宋美龄与丘吉尔在会场内外频频斗智。蒋介石本人对于此次会议所取得的成果自难掩其得意之色。他说："此次在开罗逗留七日，其间以政治收获为第一，军事次之，经济又次之，然皆获得相当成就。本月大部精力，皆用于会议之准备与提案之计划，慎重酌之，未尝掉以轻心，故会议时各种交涉之进行，其结果仍能出于预期。此固为革命事业中之一项重要成就，而内子为余传译与布置，其协助之力，亦甚伟也。"宋美龄在这次会上的表现几乎使本次开罗会议蒙上了一层中国情结，丘吉尔对此大为恼火，甚不以为然。

上海市各界抗敌后援会敬慰蒋夫人电

1937年10月31日

京。蒋宋夫人钧鉴：闻夫人来沪慰劳将士，途中覆车受伤，全沪人士同深系念。嗣悉伤势无碍，又莫不欣慰万分，敬祝早占勿药，领导国人，为艰巨之抗战工作继续努力。肃电奉慰，敬候健康。上海市各界抗敌后援会叩。世印。

(中华)民国二十六年十月三十一日

选自秦孝仪等：《中华民国重要史料初编——对日抗战时期·第二编：作战经过(二)》，第207~208页，中国国民党中央委员会党史委员会出版，1981年版。

宋美龄致美国魏斯里母校书

1938年5月27日　自牛古岭发

"一九一七"与"一九三八"亲爱的级友们：

我向你们表示热烈的敬意，并且谢谢你们一切救援我国苦难同胞的计划与工作。我很抱歉，我不能前来参与你们的校友会与毕业典礼。然而我的精神是向往着你们的。我因为职务繁忙，不能分身到美国来。最近在经常的工作之外，并且还安排好了救济难童的组织，在庐山召开的全国妇女领袖谈话会也刚刚结束。我们拟定了动员全国妇女推进战时工作的计划。

此次战事是持久的斗争。日本军阀发动时非常轻率，以为只要几个月就可征服中国。到你们接得此信的时候，日本军阀实行她(他们)所谓击我们至屈膝的工作，进行已历十一个月了。他们拥有大量的重兵器，空中的控制，和一切精劲的配备，我们防御工事虽属巩固，但要士兵们的血肉之躯永远屹然不动是困难的。敌人往往先用飞机重炮把我们的阵线尽力轰炸，等到工事全毁之后，再用坦克与机关枪冲过来。我们的士兵如何在猛烈轰炸之下支持，如何再从残破的壕堑里跳出来抵抗敌人，我简直不能想像(象)。

我们的策略是尽可能地固守着重要阵地，必要时相机撤退，以避免敌人击溃我们主力的企图。我们时常在十分危殆的境地。可是我们常常在机警地避免,俾延长时间,以拉平双方实力的不均衡。

这次战争,使我一个想望已久的心愿,无法实现了。那就是到美国来参与母校的毕业典礼,问候师长,向老朋友们一倾积愫,再缔结些新的朋友。我并且还渴想着再度领略一下魏斯里的环境呢。不幸今年夏天是没法实现了。我不仅工作太多,并且我所做的一切已超过了我力量所许可的工作。

我们刚刚结束的妇女讨论会,出席者都是妇女界的领袖,共有五十余人,来自十三个不同的省份。有的是从很远很远的地方赶来的,大家讨论着妇女的战时工作。我们决心准备我们自己,负起应负的责任来,尽我们的力量,从侵略者手里救援我们的祖国。

讨论会决定的方案,在新生活运动总会的指导之下循序推行,这方案不仅限于战时,并且把战后的建国工作也规定了。

我们希望,到日本军阀觉悟了无法征服中国,撤退军队之后,我们跟着就着手复兴国家的工作,不仅要重建我们的城乡镇市,铁道工厂,公路庐舍等等,并且要根本地建设一个新的国家,我们目下所受的横暴与摧残,其酷烈简直不能相信。但不管这种已受的毁灭,并且还有更甚的危难,等待着我们,我们仍要作复兴的准备。

当我想到我们住在一个真是十分混乱的世界里,我立刻思念到本届许多年青的女学士,离开了母校的弦歌之地,散布到这纷扰的世界来。真需要你们的全部学识,你们整个的哲学,你们所有的勇气,以及对上帝的忠信,才能用正眼来瞧瞧这世界。

我在一九一七年离开魏斯里的时候,世界正在大战。我们躲在学校里的若干岁月中间,战争所给予我们的,还只是一层微薄的阴影。接着我们就被摈于真正的幸福生活——学校生活之外。如今,更进一层,侵略已降临到了中国,我便是身受目击的一人。然而你们,魏斯里一九三八级的同学们,还没有切身感受到这种苦难。我由衷地愿望,战争的祸患,永远不波及美国,而你们,也永远受不到与侵略俱来的、由现代发明所残酷化了的野蛮灾难。

我们亲爱的母校,供给了我们学识,训练了我们人格,以及树立了我们对上帝、对社会、对人类的忠信。送我们到这世界的洪炉里,是要试验我们究竟有没有建造地上乐园的能耐。我们到底能有多少贡献,还有待于将来事实的证明,但我可断定,魏斯里的女儿们,在任何环境之下,总会竭尽她们的全力的。

你们在魏斯里,此刻还雍雍肃穆,我的四周却响着大炮的巨声,而且这声音一天一天往我迫近而来。我的精神辽远地飞越了太平洋重重的碧浪,到你们身边。略申微意。我还赠送你们一些物质的纪念品,一些中国特产的杯盏。好让你们在千里外与我共进一觞。

祝福你们。

（宋美龄）

（1938年5月27日）

选自陈鹏仁等：《蒋夫人美龄女士言论选集》，第421~422页，近代中国出版社，1998年版。

宋美龄致蒋介石

1942年11月28日

大姊译转介兄：

妹感（廿七日）由机场径入 HARKNESS PAVILION 医院，当在机场迎迓有（由）罗总统代表 Harry Hopkins（霍浦金斯）①陪至医院。彼即告，罗夫人②拟妹下榻后来访，并谓罗氏派伊招待，如有任何效劳之处，直接告知彼，当为办理一切。除表示申谢外，及告因航途辛劳，约罗夫人翌晨十时来谈。

今晨罗夫人准时到院。妹表示此次来美尽以私人看病，对美国政府并无任何要求。彼即谓：美国朝野人民异口同声对妹极为仰慕，均认妹为全世界女界中第一人物，即彼与罗总统亦素钦羡，此次能有机会相晤，窃心庆幸。魏刚③对远东问题完全欠有认识，但对兄、妹二人则颂扬满载。彼续谓：罗氏正苦无法与兄讨论各种战后问题，故今钧座如此机会，对诸关系方案均可透彻作谈，尽量交换意见。况现正其时，若妹在战后来美，明日黄花，尤嫌太晚。

彼又询我对英态度，妹不作表示，反询彼对英印象。据告：此次赴英观察，英国人民之努力实可赞美，若无英国之一阶段抗战，美情况或较现在必差。彼对丘吉尔则认为徒可为英战时领袖，战后恐不足在领导地位。妹随即问：丘吉尔曾谓彼决不做帝国镕解最强首相，则当作何解。罗夫人则谓，彼对英守旧派之不能随世界趋势进化已作定见。Bevin（倍文）曾告彼，战后英仍不放弃帝国政府。但罗夫人则认为战后民族思想定布全球，任何一民族亦决不甘受他人来制（支）配。

彼继即询印度问题，并告彼曾有意去印做就地考察，但罗斯福提出要求，不期误会，乃就作罢。继即询印度问题，并谓印度之困难尤为宗教及阶级。妹告此固为其最大问题，但英在中作祟,尤增其严重性也。又告在甘地及尼赫鲁未入狱前数日,我驻印交涉使来电报告,印已准备接受克利浦斯条件,惟只要求兄与罗氏作担保,但因甘禁④事寝,兄亦则未电罗氏。

罗夫人遂谓,应如何改变美人态度,而使美人感激我抗战对美之贡献。妹即谓,中国之抗战,乃为全人类而牺牲,今罗夫人既与余不谋而合,真亦称忠。彼闻后极感动,即自动来亲妹颊,并谓希能做妹私人朋友。最后又告罗总统拟派现在共和党之主席Edward Flynn(爱德华·富林)为美驻华大使。彼与罗已有二十五年之历史,且罗对彼甚是信任,虽Flynn(富林)氏对远东问题完全不谙,但此人尚属可教。例如彼以前对妇女工作之重要毫无关及,今已能体会其重要。

临行,又允下星期再来访,并拟带Flynn(富林)来见,请彼酌定。惟妹因医生不准见客,故纽约最重要之诈欺家(似有错误)欲来访问,恐均不能见。今日共谈一小时半左右,所谈极洽。特闻。

妹龄。俭(廿八日)。
(1942年11月28日)

注释:
① 罗斯福总统特别助理。
② 罗斯福总统夫人。
③ 罗斯福总统夫人名。
④ 甘地被囚禁。

选自曾景忠:《蒋介石家书日记文墨选录》,第26~27页,团结出版社,2010年版。

宋美龄致蒋介石
1942年12月4日

大姊译转介兄:

今晨罗夫人又来晤谈,其谈话约分四点:

(一)在此次战事结束之后,妇女界对世界建设工作定占有更重地位,因妇女负有领导教育青年之责任。并告美国已往之教育诚太广泛,对诸问题大概取怀疑态度,结果大多数者均无最高中心信仰,故极愿与妹协作战后世界妇女工作,并盼妹对彼能有完全信任。谈话中,屡谓如何对妹钦佩,真令妹忸怩异常。妹当答以在未来美之前,虽未亲聆,但对彼之纯洁人格已有认识,故定能予以(似有脱漏)。

(二)彼又告罗总统忽忆及似有一熊姓中国军人①在美,托其夫人一询有无接谈之必要。妹因熊式辉为兄特别遴选来美者,并闻熊式辉对美国政府置之不理,极感痛苦,故告罗夫人:熊式辉为日本军校毕业生,对日本问题颇有研究,虽不谙英文,但文字障碍可由翻译解决。

(三)据罗又告,丘吉尔对俄极为防范,但据彼观察,英人民并无畏苏之心理,即罗本人亦觉苏联已无赤化全世界之野心。

(四)罗夫人告,罗总统日前与其通话,为沙罗门岛②战争极为焦急,今日予彼之电话兴致似已恢复矣。

妹龄。支(四日)。
(1942年12月4日)

注释:

① 熊式辉,时任中国驻美国军事代表团团长。

② 所罗门群岛。

选自曾景忠:《蒋介石家书日记文墨选录》,第27页,团结出版社,2010年版。

宋美龄致蒋介石

1942年12月24日

大姊转介兄:

昨日贺(霍)浦金斯特由华盛顿飞纽约来见妹。当询以美国内政作谈话要旨,其可注意者如下:

(一)妹询以美在非洲出征军械弹契约,彼云:非洲联军人数约二十五万,其武器不较德军为劣,且罗总统对非战事极抱乐观。据美参谋本部预计,定能在一月中将德军在非者完全驱逐或歼灭。妹又询欧洲第二战场何时开辟。贺(霍)浦金斯云:罗总统曾与史(斯)太(大)林①多次电讯检讨,斯大林表示,只要美在欧开辟第二战场,则不拘任何地点。美参谋本部认为侵欧战略有二:一由意大利进攻;另一取道在土耳其。罗总统以为土国团结一致,可以金钱取得,故在战略上比较直接攻意大利为上策也。

(二)妹询俄国对于战后有期望否。答:俄国拟割据立陶宛、拉特维亚、爱沙尼亚,而对巴尔干半岛、波兰、南斯拉夫等国,则要求经济优先权,即对非洲及远东,斯太(大)林亦表示要求善后问题。贺(霍)浦金斯谓:战后即俄进占其邻邦领土,罗总统亦决不因之而与俄开战也。但罗总统颇有自信,认为对斯太(大)林定有方法约束与应付之道,深信战后俄国内部必有种种问题,即使抱有野心亦当无力赤化全球。惟斯太(大)林认为战后之德国,必定变为趋向苏俄之国家社会主义。妹认为以上谈话之关键,尽系于此一点,故询以美不愿因他国领土完整而与俄一战,斯太(大)林是否知之。贺(霍)浦金斯告斯太(大)林为现实主义者,必定取此。并告:日、苏双方均不愿起衅,故彼此均极敷衍,近日订立商约,西伯利亚俄运输量每月吨位变本加厉,故美极怕俄将美供给之租借军火输送日本也。

(三)贺(霍)浦金斯再告德近来拉拢日本甚力,其原动力在德。妹乘机探询德国普鲁士之军官可否利用,以图结束战事,使其他各国暂时忍痛。据称,罗总统绝不愿为此期有任何谈判。贺(霍)浦金斯既以此言告妹,亦不与续谈。妹称,英、美以前责达尔郎为卖国殃民之罪人,今非洲事件亦已此转变论调,将来未始不可同样利用普鲁士军官也。

(四)妹询,罗总统与参谋本部认为战事何时可结束。据称,一九四四年战事当可结束,若运用得法,一九四三年亦有可能。在罗总统判断中,最困难之时期当为胜利后之六个月,并谓最可怕者并非英,而反为美国本身,届时美国内部意见分歧,不听中枢领导。而在贺(霍)浦金斯之估计中,现能领导者唯罗氏一人。贺(霍)浦金斯既说至此,妹即谓,如此则将来做何准备。据称,罗总统对四十四年竞选尚未考虑及之。妹继询英国对诸问题取如何态度。贺(霍)浦金斯告,丘吉尔对此种种问题完全不谈。妹询其果完全未曾谈及乎。贺(霍)浦金斯称,丘吉尔屡次对罗总统表示,彼全副精神完全对于战事种种问题,至战后则彼拟退休著书,故毫不闻问。

妹综合贺(霍)浦金斯谈话之印象,妹恐战后英、美、俄又将忙于己身利益,将置我国于不顾。妹意如善为准备,仍可在和议席上争得重要地位也。哀我国家民族徒赤手空拳,亦为兄所怅叹者,唯凭应付得当,或有所成。

罗总统周围多智囊,显有准备,妹则单枪匹马,毫无后援,故务须请大姊来助,望兄促其早日成行。

再，罗夫人于十七日第三次来谈甚洽。并闻。

妹龄。回（廿四日）。
（1942年12月24日）

注释：
① 史太林、斯太林，均为斯大林的不同译法，原译稿如此，本文照录。

选自曾景忠:《蒋介石家书日记文墨选录》,第27~29页,团结出版社,2010年版。

宋美龄致蒋介石

1943年1月（原件日期不明）

大姊转介兄：

　　罗斯福已抵非洲,斯太(大)林亦被邀发言,我方有无重要代表,不得实知。如以上会议并无预先知照我国,则未免太显露将来趋势矣。妹近又电曾告兄,贺(霍)浦金斯曾提及斯太(大)林表示对非洲问题坚持参与,今由美国政府热诚请俄参加,亦可知俄不可太欺。

　　妹自抵美之后,即抱我国虽穷亦决不作低头求人态度。盖我国民族之抗敌,乃为全世界人民之幸福而作此极大牺牲,非仅为中国谋久长之康乐。至今为止,妹撮要之,少数言论家均谓中国此种精神既可钦佩,且与向来作风相同。在妹则认为此亦无他,唯为我等经历年戮力同心工作所造成之信誉耳。他人不便说者,我不但透彻声(申)述,反令人敬仰我等宗旨之高尚纯粹也。

　　此次非洲会议则可作我前车可鉴之一点者,乃因美国如居里辈乘机诋毁者,正不乏人,若在和议席上欲争取合法权利,亦非有力量方能有资格说话。换言之,赶快积极发展轻、重工业,在可能范围内千计百方,总需设法切实提倡创办。须知欧美各国初始亦仅赤手空拳也。若再沉于幻想,俟他国战后开始供给所需,或纸上空谈,或竟沉潜于以往头痛医头、脚痛医脚敷衍办法,则一切均将太晚矣。

　　再,妹觉对方国内共产党分歧问题拟提及,以免外人认为我不团结,更可欺凌。此次非洲会议,中、苏均被摒于主观外,我若在可能范围内与俄得一具体谅解,俾于国际上取一致态度,即操得团结力量,于我国似为巨得计。兄意如何？盼速电复。

妹。

（1943年1月）（原件日期不明）

选自曾景忠:《蒋介石家书日记文墨选辑》,第30页,团结出版社,2010年版。

宋美龄致蒋介石
1943年2月5日

大姊转介兄:

闻罗斯福在太平洋会议报告,关于缅甸方面,拟一面供给中国大量飞机,一面由陆军沿伊雷和底河①充任打出一条路线。妹意:缅甸战事不应限于沿河区域打击敌人为满足,须日军全部驱出缅甸境外,以免敌人不断侧击,切断交通之患。届时美军应参加中、英军队作战,以免我又吃英人之亏。至美国拟供给我方飞机数量究竟若干,罗之报告未免含糊。安诺德与兄谈话有否提及？妹与罗谈判预备照以上原则告罗,如何？盼复。

再,闻美供毒瓦斯、军火百分之五十被德击沉,但英、美仍拟继续供给,俄因军事胜利,态度甚为强硬。并闻。

妹。微(五日)。

(1943年2月5日)

注释:
① 伊洛瓦底江。

选自曾景忠:《蒋介石家书日记文墨选辑》,第31页,团结出版社,2010年版。

宋美龄致宋蔼龄
1943年2月9日

大姊:

妹决定于本月十七日赴白宫。十八日向美国国会演讲后赴美国Arlington美国无名士兵纪念碑献花,当晚由我大使馆招待。三月一日返纽约,由纽约市长至站迎迓,即赴市政府接受纽约市赠予荣誉公民。二日由我纽约总领事馆公宴,是晚十时半在麦狄生花园向美国民众演讲,美东部八省省主席①均准备莅席。四日在加乃奇厅向华侨演讲,六至八日赴威尔斯来演讲,十二日到芝加哥演讲。十八日赴旧金山,由市长赴站迎迓,并赴市政府接受该市金锁匙后,检阅海、陆、空军及民众游行及宴会等。二十一日向我华侨演讲,偕往洛杉矶赴宴。拟于三月底或四月初,或赴加拿大,以增国光。妹演讲、宴会之程序当极辛劳,当经为国家加强邦交而增光荣计,当尽为之,唯默祷上苍予我精神及体力耳。请姊转告介兄。

妹龄。二月(九日)。
(1943年2月9日)

注释:

① 应译州长。

选自曾景忠:《蒋介石家书日记文墨选辑》,第31~32页,团结出版社,2010年版。

宋美龄致蒋介石

1943年5月7日

请即转介兄:

  关于空军总攻计划,兄嘱文兄在华府会议提出各项,文兄无法与罗斯福见面,请妹再赴白宫与罗谈判。事前文兄曾将兄意见告贺(霍)浦金斯,托其转罗。据复,我方要三个月以内空运吨位完全运输空军所需汽油及机件一节,美陆军部不通过,罗不愿反对陆军部意见,故感为难等语。

  妹于三日早抵白宫,罗夫人亲至门外迎迓,罗夫人对妹身体至为关怀。当晚开始谈判,妹当将兄意转告。据罗复:我兄筹划反攻缅甸主张,无法进行,美国军队时向物质往往参加(似有错漏)。盖美军赴缅甸须经英政府应允始可。查在欧美军队均不能进入缅甸,故请妹转请兄负责宣布放弃攻缅甸计划,尽力维持吉大港、利都、阿萨密空军根据地,其他不成问题。妹窥其用意在骗中国上当,但其口气甚为坚决,故当时不与争辩,以免弄成僵局。

  四日继续谈话,妹当谓如照彼之意见电兄,兄决不能赞同。盖缅甸为中国之生命线,我兄对缅甸之重视，不在领土，而在运输及经济。况英、美以前屡次公开宣称，决以中国为反攻日本之根据地。北非会议，英、美发表宣言，主张反攻缅甸，若不重开滇缅公路，安能大量军械以接济我军？倘若变更约诺，兄将何以答复中国人民、军队及舆论？故吾说以利弊，其谈判结果如下：

一、既往每月空运吨位分配陈纳德三千吨、史迪威四千吨，希望上述总吨数增至一万吨。

二、妹要求供给空军二大队，罗已允照办。据告陈纳德只要四个中队。

三、罗允在利都至两部尖纳路线造成时，美方当助我设法打到腊戍、曼德勒，使此路线不再为敌切断。此次谈判之一大收获，即英、美本拟将反攻缅甸计划完全放弃，经妹交涉，现美已允助我维持新路线。虽将来作战并不包括仰光为作战，目下惟为宋罗之诺言，须有人在此善为运用。至详细交涉情形，俟妹返国后当再面告，方能有效也。据告美运卡车一千五百辆，现在赴阿富汗途中。

四、兄要美派三师赴缅，继谓须俟联合参谋会议席上允诺。妹意：因须使美对华发生更多切身关系，故再三竭力交涉，并谓无论英人答应与否，我可允美军赴陪。罗始答应派一师海军陆战队协助抗敌，并允竭力与陆军部洽商其余二师等语。妹乃指出该师所需食料，不能由每月一万吨中拿吨位，罗亦答应。再，妹由麦歇尔据悉，英人拟退出反攻缅甸计划，故可断定，罗未奉政府训令，不拟反攻缅甸之说法，尽是英人在中作祟。

五、文兄计划要求由美国空运总处拨给运输机数架，供给国内之用。妹认为此种进行方式在心理上不妥。盖罗以前有令所有运输机全部集中美国空运总处，现如请其划拨，岂非使其前后自相矛盾？故妹主张，国内所需运输机，可另由美国供给五架，罗亦允照办。总观文兄以前计划，略嫌太过散漫。

又据罗称，曾吹嘘（？）哈立法克斯，彼不希望妹至欧，盖恐使妹身体更坏，且德人闻妹在英必派机轰炸，亦属问题也。彼告妹赴英之议，现赴似非时候也，妹已定取消赴英之意矣。罗并请妹于离美国之前再赴华盛顿，俾得继续谈话也。特闻。

（1943年5月7日）

选自曾景忠：《蒋介石家书日记文墨选辑》，第37~38页，团结出版社，2010年版。

宋美龄致蒋介石

1943年5月11日

大姊转介兄：

佳（九日）电、二十九日来电中，西伯利亚电码误为西沙群岛电报，往返查询，致有稽延。

（一）妹意既非如果袭击西伯利亚即减轻对我之压力，实属有利，即使妹询罗斯福，彼恐未必有明显表示。盖此事关系俄国培植（似有脱漏），最多不过转知史太（大）林而已。仍当转告探其态度如何，容再电告。

二、魏菲尔已由罗电其来美，并非无因，惟仍无行期确息。

三、罗斯福已再三派员邀史太（大）林晤谈。

四、顷据文兄电告，兄力主全面反攻缅甸，直达仰光。此举当为英军部与我彻底合作，如能办到，自属上策。但妹与罗谈话当时，文兄既不在场，焉能体会罗之言谈含意。妹与罗检讨此项问题时，罗原来主张完全放弃反攻缅甸计划，经妹再三阐释，始取消原意，允助我攻至腊戍，共同保护新路线。如罗无意助我全面反攻缅甸，则即使此时得其诺言，将来仍无实效，即使彼允助我攻至仰光，而仍无积极援助，则裨益极鲜。故妹以为反攻缅甸问题可分两步骤，此时无妨暂以五月四日妹与罗协定作为局部反攻缅甸中美合作根据，俟腊戍收复后，再竭力进行，全面反攻问题届时胜利在握，于心理上构成较有成功希望也。兄意如何？盼径复。

（1943年5月11日）

选自曾景忠：《蒋介石家书日记文墨选辑》，第39页，团结出版社，2010年版。

宋美龄致蒋介石

1943年5月24日

大姊转介兄：

日前丘吉尔向全世界广播演说，建议战后由英、美、俄总揽一切，完全将中国屏弃门外。妹认为实有加答复之必要,以免丘吉尔以为我之可欺,而加紧其排挤我国之工作,且因心理、时间关系,乃即于二十二日晚芝加哥演词中加以巧妙之反驳。事前电请罗斯福于无线电中收听,事后据称妹所发表意见有同一感想。据赫尔①称,罗斯福现在设法请行政方面负责人在星期五演说对付英国。

又,美国上下议院外交委员会主席及各位委员经派人接洽,亦均允在两院分别发表言论,注重战后中国务须列入四强之一、亚洲和平尤须倚重中国等语。美国纽约、芝加哥各地报纸对妹演说全文均加登载,并发表评论,对妹所发表主张以后全世界各国不得专顾一国本身利益,而应以全人类利益为制,努力益使防止战争之再发,维持永久之和平,一致加以赞美及拥护。

顷据毛邦初报告,美方决定贷我 A24 机一百五十架,由四月份起在美交货;P40N1 机一百五十架,由五月份起交货。以上两项均定于十二月底交完,除 P40N1、P40 型之最新式者颇合我用外,A24 为一单发动机俯冲轰炸机,全航程仅四百五十英里,将来能否由定疆飞到云南驿,尚成问题。在先华活动作战亦因航程关系而被限制,故向美方提议,将一百五十架 A24 轰炸机改为 A24 者五十架、B24 者一百架等语。以上均为具体结果。特闻。

(一九四三年五月)回(廿四日)。

注释:

① 美国国务卿。

选自曾景忠:《蒋介石家书日记文墨选辑》,第 41~42 页,团结出版社,2010 年版。

宋美龄致宋蔼龄

1943 年 5 月 27 日

大姊:

若问美国是否同意丘吉尔之演词,则大部分人士将保证如下:美国决定击败德、日,不分轻重,东西轴心国家必须完全铲灭。国会民主党领袖麦克卡麦克发表演说,攻击丘吉尔,并提起中国在战后问题中之地位,彼称:"我们不能存有击败日本为次要之观念,中国必须出席和平会议,应有他合理之地位,并非为一被救之儿童。中国为四强之一,应决定将来之和平会议。"以上美国之反响,皆因妹立即在芝加哥对答丘吉尔之演词所致之,今晚所听到艾登之演词已完全改变论调矣。

接英文寝(廿六日)电,美国国会议员意对丘吉尔演词表示赞同,经妹晓以真义,设法授意国会下议院民主党领袖麦克卡麦克、乔治、白朗等,乃演说指斥丘吉尔,使美国舆论焕然一改。以前我国对外人总抱请求、客气态度,以致外人认为老实可欺。丘吉尔经妹驳斥后,艾登在美本不打算演说,其所以突然改变方针者,实因妹芝加哥演词使然。丘吉尔前屡言英、美同种血统关系,现艾登则谓自由乃各人之护照;丘吉尔完全不提中国,艾登则谓中国必为四强之一,实已改变论调。凡此种种均系妹在美工作结果,并闻。

(一九四三年五月)(廿七日)。

选自曾景忠:《蒋介石家书日记文墨选辑》,第42页,团结出版社,2010年版。

宋美龄致蒋介石

1943年6月12日

蒋委员长:

密。齐电悉。妹身体未复元,最近草拟演稿,稍觉疲倦,皮肤即发风疹块。而日夜忧思国事,晚间每多不能睡眠。

反攻缅甸,妹再四思维,知阻挠甚多,即使英、美全部接受兄之意见,如届时不能履行约诺,仍属空言,无济于事。但知兄对此事至为关怀,故竭力推动,俾求逐步进行。妹认为美国人心理,倘我方有相当成绩表现,则届时美方必定乐于协同进行全部反攻计划也。

(一九四三年六月)十二日。

选自曾景忠:《蒋介石家书日记文墨选辑》,第43~44页,团结出版社,2010年版。

蒋介石致罗斯福

1942(3?)年11月16日 重庆

敬爱的总统先生阁下：

阁下提供协助，使本人之妻赴美就医，并得有机会，会晤阁下与夫人，本人特申谢忱。本人感到，经由她之接触，实同本人访问阁下。

蒋夫人非只本人妻子，在过去十五年中，彼实为一同志与伙伴，甘苦共当，安危与共。她对本人之想法与心境，了解至为透彻。因之，阁下与彼会谈，望无拘束。正如与本人对谈一样。本人极具信心，经由彼之访问，吾人私人间之友谊，将更为加深；而两大民族间之关系，亦将更为加强。

谨对阁下及夫人致候。

蒋介石

一九四二(三?)年十一月十六日

选自郭荣赵：《蒋委员长与罗斯福总统战时通讯》，第131页，幼狮文化事业公司，1978年版。

宋美龄致罗斯福

1943年12月5日

总统阁下：

委员长和我于十二月一日抵达重庆。吾人于途中曾在喀拉蚩视察混合空军联队的训练。并曾在蓝姆迦停留了一天，视察军队，参观坦克及大炮的演习，是晚吾人到达查布停留，与指挥雷多占线部队的将领们举行一次会议。蒙巴顿元帅在伦基与吾人会面，并陪同参观蓝姆迦的演习。阁下必乐于知道，蒋委员长对于那些军队的训练很感高兴。蒋委员长并对他们训话，鼓励他们在即将来临的缅甸战役发挥最大的效能。

自吾人启程返国后，开罗会议公报即发表。它对我国民心士气的鼓励提高，作用至大;事实上,全国从来没有过的协调程度,一致赞扬这次会议是把远东导向战后和平的路标。阁下卓越表现的领导才能,和崇高的精神,使阁下为人类的幸福所正在做的一切事,成为中国各阶层人士所谈论的话题。民意的调查的结论是:罗斯福总统是一个伟人,他是本着真正伟大的精神做事。

在吾人会谈中,阁下所提缓和中国迫切经济情势之计划,吾人返回重庆之后,委员长即与孔(祥熙)博士,研究其可行性。孔博士对其可能作用,已予详细研究。彼嘱我奉告阁下。依彼之意见,阁下所提,慷慨而友善。得有贵国摩根索财长之协助,彼认为可想出若干可行途径。阁下所表示之兴趣与关切,不仅以军事物资协助吾人对侵略者作战,并以经济武器协助。对此,彼至表感激。阁下之睿智远见,认为要继续抵抗,必须设法保全中国经济之安定,孔博士对此印象尤深。此一事实,阁下当可记忆,委员长曾经强调,经济之危急,远甚于军事。

委员长现正考虑派孔博士,或另派他人,赋予全权,前往华府,与美国政府讨论细节,未知阁下意见如何。当然,最好由孔博士亲往。不然,他将另派一可信托之人,代彼前往。

阁下允诺将告财部贷予吾人两亿美元金条之事,吾人感激之深,不必细说。

阁下允诺协助稳定法币,委员长嘱我向阁下再次申谢。

蒋宋美龄
一九四三年十二月五日

选自郭荣赵:《蒋委员长与罗斯福总统战时通讯》,第177页,幼狮文化事业公司,1978年版。

二十五、争夺抗战胜利果实的斗争

1943年至1944年,世界反法西斯战争的形势发生了根本性的变化。

在欧洲战场,苏联军队在1943年2月结束的斯大林格勒战役中,取得德军损失150万人的伟大胜利。这个战役成为苏德战争的转折点,此后苏联军队持续不断地向德军发动反攻,对德军进行10次毁灭性打击,又歼敌200万。

1943年7月,英美联军占领了意大利南部。9月,意大利向英美投降,德意日法西斯联盟由此瓦解。

在太平洋战场,美军于1942年6月至8月相继取得中途岛战役和瓜达尔纳尔岛战役胜利,转入战略进攻。

1943年10月,中、美、英军队在缅甸开始反攻,先后取得一连串胜利,完成反攻缅北,打通了中印公路。中国远征军在滇西作战中,先后攻克腾冲、松山等日军据点。1943年11月22日,中、美、英三国政府首脑举行开罗会议,商讨联合对日作战问题和日本战败后的处理问题。

在中国战场,1944年4月至11月,国民政府军虽然在豫湘桂战役中大溃败,损失了20万平方公里土地和146座城市,但在中国共产党领导的敌后战场却是形势一片大好。1943年,八路军在华北与日军作战2.48万次,毙伤日、伪军13.6万余人,俘日、伪军5万余人,攻克据点740处。同年,新四军在华中与日、伪军作战4500余次,毙、伤、俘日伪军3.6万余人,攻克据点200余处。进入1944年,共产党领导的八路军、新四军、华南游击队对日、伪军普遍发起局部反攻,共作战2万多次,歼灭日伪军近20万人,攻克县城20多座,收复了大片失地,解放人口1700多万。进入1945年,八路军、新四军、华南游击队陆续进行对日攻势作战,至这年春,全国已有18个解放区,总面积95万平方公里,人口9550余万,八路军和其他人民军队发展到91万人,民兵220万人。

总的形势是,世界法西斯势力必败,日本必败。在这种形势下,国共两党争夺胜利果实的斗争提上了历史进程,新的国共谈判开始了。谈判的内容虽然不少,但焦点仍然是军队和政权问题。

谈判在1942年秋就已开始,蒋介石曾邀请毛泽东亲赴重庆谈判,毛泽东以"适感微恙"未去,而是派林彪前往。林彪于9月17日抵西安,10月7日由西安飞抵重庆。10月13日与周恩来一起在张治中陪同下会见蒋介石。16日与张治中开始实质性谈判,林彪提出"三停、三发、两编"问题,即要求国民党停止全国军事进攻,停止全国政治压迫,停止对

《新华日报》的压迫,释放新四军被俘人员,发饷、发弹和允许中共军队编为两个集团军。12月16日,林彪在张治中陪同下再次会见蒋介石,蒋说了许多客套话,声称:"我对团结统一是有诚意的","国内政治问题,我希望整体解决,而且越快越好","中共是爱国的",等等。①但对中共提出的具体问题均不作回答,不置可否。以后林彪与张治中继续谈判,林彪在军队问题上让步到只要求编4军12师,但直到1943年6月仍无结果。国民党借共产国际解散,发起第三次反共高潮,谈判终止。

1944年春,国共两党再次进行谈判。1944年5月2日,中共谈判代表林伯渠抵西安,5月4日至8日与国民党谈判代表张治中、王世杰进行初步谈判。17日,林、张、王一起飞抵重庆,19日会见了蒋介石,22日起继续谈判。林伯渠在军队问题上提出:中共正规军共477000人,本应编成47个师,现在只要求先给6军18师的番号;以后又让步到要求编5个军16个师。但是,国民党始终只准第十八集团军编为4个军10个师,并服从国民党军事委员会的命令,限期集中使用,未集中前,在各战区内的中共军队,应归所在战区司令长官整训指挥。关于陕甘宁边区,国民党提出,改为陕北行政区,其行政机构称为陕北行政公署,直隶行政院,实行中央法令。关于中共的地位,国民党承诺,待战后召开国民大会,制定宪法,中共将依法享受同等待遇。谈判迄至11月,中共提案几经往返,无果而终。

1945年4月21日至6月11日,中国共产党在延安召开第七次全国代表大会,在国内政治方面,大会提出的最响亮口号与斗争目标是,建立民主联合政府,废除国民党的一党专政;与此同时,国民党于5月5日至21日在重庆召开第六次全国代表大会,在国内政治方面,大会提出,要召开一党包办的国民大会,选举出一党独裁的国民政府,实施"宪政"。蒋介石在小会上宣称:"今天的中心工作,在于消灭共产党。日本是我们国外的敌人,中共是我们国内的敌人。只有消灭中共,才能完成我们的任务。"②1944年至1945年,美国政府非常关注中国国内局势,企图调解国共矛盾,先是派美军观察团访华,1944年9月6日,罗斯福的私人代表赫尔利将军抵重庆,接着美国副总统华莱士也奉命访华。在蒋介石的影响下,美国的立场逐步向右转,由开始的调解国共矛盾,转变为积极地扶蒋反共。国共争夺胜利果实的斗争,进一步在更为复杂的形势下展开了。

1945年8月日本投降之际,国民党政府竟不准中国共产党武装接受日军缴械投降,遭到朱德总司令的坚决拒绝。

日本投降后,蒋介石三次电请毛泽东赴渝谈判,毛泽东8月22日抵达重庆,谈判共43天,这是争夺抗战胜利果实的继续。

注释：

① 李新、陈铁健等：《中国新民主主义革命通史》，第9卷，第452页，上海人民出版社，2001年版。
② 李新、陈铁健等：《中国新民主主义革命通史》，第9卷，第599页，上海人民出版社，2001年版。

蒋介石致朱德、彭德怀

1942年1月20日

第十八集团军朱总司令玉阶、彭副总司令德怀。太平洋战事展开以后，我抗战军事更见重要，欲达到反侵略国家同舟共济之胜利，必须我全国军民咸抒赤诚，今后我全国各部队，更宜严守纪律，统一组织，服从命令，竭尽革命军人之天职，则歼灭顽寇，可立而待。至于饷弹接济，自无问题，惟在经理人事，必须统一于中央，则精诚团结，号令严明，而最后胜利乃可操左券，此全在我全体袍泽共同奋勉，急起直追以图之。尚望勖励（勉）部属，积极奋斗，中必当综持全局，以无负自身职责与我全体袍泽之望也。中正手启。子哿机渝。

(中华)民国三十一年一月二十日

选自秦孝仪等：《中华民国重要史料初编——对日抗战时期·第五编：中共活动真相（四）》，第319页，中国国民党中央委员会党史委员会出版，1981年版。

毛泽东致蒋介石

1942年12月1日

介公委员长政席：

前承宠召，适感微恙，故派林彪同志进谒。嗣后如有垂询，敬乞随时示知，自当趋辕聆教。郑委员延卓来延，宣布中央德意，惠及灾黎，军民同感。

此间近情，已具告郑兄，托其转陈，以备采择，郑兄返渝之便，特肃寸楮，借致悃忱。

毛泽东
（1942年12月1日）

选自李新、陈铁健等：《中国新民主主义革命通史》，第9卷，第452页，上海人民出版社，2001年版。

蒋介石致毛泽东

1943年6月10日

润之先生：

去腊郑延卓委员回南，接奉手示，以无便友来延，故稽延未复，兹乘周、林二同志回延之机，特奉数行，以伸悃忱，如能驾渝惠晤，尤为欣慰，未尽之意，已属（嘱）周、林二同志面达，恕不赘述。顺颂时祉。蒋中正手启。六月十日。

(中华)民国三十二年六月十日

选自秦孝仪等：《中华民国重要史料初编——对日抗战时期·第五编：中共活动真相（一）》，中国国民党中央委员会党史委员会出版，1981年版。

毛泽东致林伯渠

1944年5月15日

重庆十八集团军办事处林主席伯渠同志：

灰、文两电悉。请以下列文件提交王世杰、张治中，并和他们谈判。全文如下：

"为克服目前困难局面，击退日寇进攻，并认真准备反攻，中共方面认为唯有实行民主与增强团结一途。为此目的，中共希望政府方面解决若干急切的问题。这些问题，有关于全国政治方面者，有关于两党悬案方面者，兹率直胪陈如下：

（甲）关于全国政治者：

（一）请政府实行民主政治与言论、出版、集会、结社及人身之自由；

（二）请政府开放党禁，承认中共及各爱国党派的合法地位，释放爱国政治犯；

（三）请政府允许实行名付其实的人民地方自治。

（乙）关于两党悬案者：

（一）根据抗战需要抗战成绩及现有军队实数，应请政府将中共军队编为十六个军，四十七个师，每师一万人；为委曲求全计，目前至少给予五个军十六个师的番号；

（二）请政府承认陕甘宁边区及华北、华中、华南敌后各抗日根据地民选抗日政府为合法的地方政府，并承认其为抗日所需要的各项设施；

（三）中共军队防地，抗战期间维持现状，抗日结束后另行商定；

（四）请政府在物质上充分援助十八集团军及新四军：自一九四〇年以来，政府即无颗弹、片药、文钱、粒米之接济，此种状况请予改变；

（五）同盟国援助中国之武器、弹药、药品、金钱，应请政府公平分配于中国各军，十八集团军及新四军应获得其应得之一份；

（六）请政府撤消（销）对于陕甘宁边区及各抗自根据地的军事封锁与经济封锁；

（七）请政府停止对于华中新四军及广东游击队的军事攻击；

（八）请政府通令取消'奸党'、'奸军'、'奸区'等诬蔑与侮辱共产党、十八集团军、新四军及抗日民主地区的称号。此等诬蔑与侮辱的称号过去还是暗中流行，近更公开见诸报纸；

（九）请政府停止特务人员对于共产党、十八集团军、新四军及抗日民主地区的破坏活动。此种活动，变本加厉，中共获有充分证据，如不停止，妨碍团结实重且大；

（十）请政府释放各地被捕人员，例如一九四一年皖南事变时被俘的新四军官兵叶挺等，广东的廖承志、张文彬等，新疆的徐杰、徐梦秋、毛泽民、杨之华、潘同等，四川的罗世文、车耀先等，湖北的何彬等，浙江的刘英等，西安的宣侠父、石作祥、李玉海、陈元英、赵祥等。此等人员，均属爱国志士，久羁缧绁，惨受非刑；请予省释，以利抗日；

（十一）请政府禁止在报纸、刊物上发表对中共造谣诬蔑的言论。例如西安特务人员谓：延安枪毙王实味等数十人，竟伪装王实味等亲友于三月二十九日在西安大开追悼会，在报纸上登载追悼广告与追悼新闻，实则王实味等绝无所谓枪毙情事。似此完全造谣有意诬蔑，应请饬令更正，并制止再有类似此等事情发生；

（十二）又据确息：西安一带特务机关，准备于外国记者团到西北时，沿途伪装各种人物与伪造各种证件向外国人告状，借达破坏中共信誉之目的，闻彼辈所捏造之中共罪状共达十余项之多，似此不但妨碍团结，而且有辱国体，请政府予以制止。彼等伪装伪造，发踪指示，奔走布置，中共获有充分证据，如不制止，难免引起不快之后果；

（十三）请政府允许中共在全国各地办党办报，中共亦允许国民党在陕甘宁边区及敌后各抗日民主地区办党办报；

（十四）请政府停止对重庆中共《新华日报》之无理检查（例如禁登十八集团军及新

四军的作战消息,禁登中共文件等。),破坏发行,威胁订户,扣压邮寄等事情;

(十五)请政府发还在三原被政府军队扣留之英美援助十八集团军的药品一百〇一箱;

(十六)请政府允许恢复重庆、西安两处电台,以利通讯;

(十七)请政府允许中共代表及十八集团军办事处人员有往来予渝延间及西延间之自由,及允许西渝两办事处人员有在该两地居住与购买生活物品之自由。"

以上各条由你用中共中央代表名义签名,并书明年月日,以书面正式交给王、张。

毛泽东
一九四四年五月十五日

选自中央统战部、中央档案馆:《中共中央抗日民族统一战线文件选编》(下),第693～696页,档案出版社,1986年版。

林祖涵致张治中、王世杰(转交中共中央提出的十二条意见书等)

1944年6月4日

文白、雪艇先生勋鉴:

敬启者:敝党中央关于解决目前急切问题之意见二十条,自上月二十二日面交两先生未被接受后,弟即向延安方面报告。兹奉敝党中央复电,为了尊重两先生意见,以利谈判,以示我方希望解决问题之诚意,将二十条改为十二条,而把那些小的问题,改为备忘录,兹特抄上一份,请转呈贵党总裁暨贵党中央商复为荷!专此,敬颂

勋祺!

林祖涵① 谨启
(中华民国)三十三年六月四日

中国共产党中央委员会向中国国民党中央执行委员会提出关于解决目前若干急切问题的意见。

国共两党合作抗战,已历七年,中共谋国之忠诚,抗敌之英勇,执行三民主义,实践四项诺言,拥护国民政府及蒋介石先生抗战建国之始终如一,均为有目所共见。惟目前抗战形势,极为严重,日寇继续进攻,而国内政治情况,与国共两党关系,尚未走上适合抗战需要之轨道。为克服目前困难,击退日寇进攻,并认真准备反攻起见,中共方面认为惟有实行民主与增强团结一途。为此目的,中共希望政府方面解决若干急切的问题,这些问题,有关于全国政治方面者,有关于两党悬案方面者,兹率直胪陈如下:

甲、关于全国政治者:

一、请政府实行民主政治与保障言论、出版、集会、结社及人身之自由。

二、请政府开放党禁,承认中共及各抗日党派的合法地位,释放爱国政治犯。

三、请政府允许实行名符其实的人民地方自治。

乙、关于两党悬案者:

一、根据抗日需要,抗战成绩,及现有军队实数,应请政府对中共军队编十六个军,四十七个师,每师一万人。为委曲求全计,目前至少给予五个军十六个师的番号。

二、请政府承认陕甘宁边区及华北、华中、华南敌后各抗日根据地民选抗日政府为合法的地方政府,并承认其为抗日所需要的各项设施。

三、中共军队防地,抗战期间维持现状;抗战结束后另行商定。

四、请政府在物质上充分接济十八集团军及新四军。自一九四〇年以来,政府即无颗弹、片药、文钱、粒米之接济,此种状况,请予改变。

五、同盟国援助中国之武器、弹药、药品、金钱,应请政府公平分配于中国各军,十八集团军及新四军应获得其应得之一份。

六、请政府饬令军政机关撤销对于陕甘宁边区及各抗日根据地的军事封锁与经济封锁。

七、请政府饬令军事机关停止对于华中新四军及广东游击队的军事攻击。

八、请政府饬令党政机关释放各地被捕人员,例如皖南事变时被俘的新四军官兵叶挺等,广东的廖承志、张文彬等,新疆的徐杰、徐梦秋、毛泽民、杨之华、潘同等,四川的罗世文、车耀先、李桩、张少明等,湖北的何彬等,浙江的刘英等,西安宣侠父、石作祥、李玉海、陈元英、赵祥等,此等人员均系爱国志士,请予恢复自由,以利抗日。

九、请政府允许中共在全国各地办党办报,中共亦允许国民党在陕甘宁边区及敌后各抗日民主地区办党办报。

以上各条,仅举其大且要者,中共方面诚恳希望我国民政府予以合理与尽可能迅速之解决。诚以西方反希特勒斗争,今年可望获胜,东方反攻日寇,明年必可开展,而目前则日寇正在大举进攻威胁抗日阵线,若我国共两党不但继续合作,而且能将国内政治予以刷新,党派关系予以改进,则不特于目前时局大有裨益,且于明年配合同盟国举行大规模之反攻,放下坚固之基础,愿我政府实利图之。

中共中央代表　林祖涵

(中华)民国三十三年六月四日

附口头要求八条

一、请政府停止对于华中新四军及广东游击队的军事攻击。

二、请政府通令取消"奸党"、"奸军"、"奸区"等诬蔑与侮辱共产党、十八集团军、新四军及抗日民主地区的称号,此等诬蔑与侮辱的称号,过去都是暗中流行,近更公开见诸报纸。

三、请政府停止特务人员对于共产党、十八集团军、新四军及抗日民主地区的破坏活动,此种活动变本加厉,中共获有充分证据,如不停止,妨害团结,实甚且大。

四、请政府禁止在报纸刊物上发表对中共造谣诬蔑的言论,例如西安特务人员谓延安枪毙王实味等数十人,竟伪造王实味等亲友于三月二十九日在西安大开追悼会,在报纸上登载追悼会广告与追悼会经过,但王实味等确无所谓枪毙情事。似此完全造谣,有意诬蔑,应请饬令更正,并制止再有类似此等情事发表各报。

五、据确息西安一带特务机关,准备于外国记者到西北时,沿途伪装各种人物与伪造各种证件,向外国人告状,借达破坏中共信誉之目的。闻特务所捏造之中共罪状,共达十余项之多,似此不但阻碍团结,而且有辱国体,请政府制止彼等伪装伪造。彼等如何布置,中共获有充分证据,如不制止,难免引起不快之后果。

六、请政府停止对重庆中共《新华日报》之无理检查(例如禁登十八集团军及新四军的作战消息,禁登中共文件等),破坏该报发行,实行威胁定(订)户,扣压邮寄等事情。

七、请政府放还在三原被政府军队扣留,前英美援助十八集团军的药品一百零一箱。

八、请政府允许恢复重庆、西安两处电台,以利通讯。

(1944年6月4日)

注释:

① 林祖涵即林伯渠,当时为中共中央谈判代表。

选自中央统战部、中央档案馆:《中共中央抗日民族统一战线文件选编》(下),第702~705页,档案出版社,1986年版。

王世杰、张治中致林祖涵

1944年8月10日

自五月三日弟等与先生晤见于西安,往复商谈,至今已达三月。自六月五日弟等以中央政府提示案面交先生,为时已两月有余,迄今尚未得到中共方面之切实答复,此等情形超出弟等意料之外。政府在提出提示案以前,特命弟等赶赴西安与先生晤谈至两周之久,借以充分洞悉中共方面之意见,用意已见慎重。政府提示案之内容,不但对于去岁中共代表林彪师长所请求,基本范围已全部容纳,即对先生最近在西安所表示意见,亦已大部容纳。这是事实,只需将有关文件略予比较、分析,即可知。然立意政治解决既为中共所表示赞同,团结与统一又为中共所宣言拥护,弟等今兹实不能不敢请先生向中共主持诸公,剀切敷陈,促其接受政府提示案,并速予答复。至六月五日先生交来中共方面十二条意见,弟等于六月十五日业就政府指示及弟等观感,以书面送达左右,兹因先生一再敦促弟等为更详尽之答复,因将政府意见再为先生详谈之:

(一)十二条意见中之第一、第二、第三条,涉及实行民主政治,保证自由,承认中共合法地位与地方自治诸事。对于此类问题,政府提案中业已剀切申示两点,即在抗战期内励行中共暨一切党派所已接受之抗战建国纲领,在抗战结束后一年内实行宪政,予各党派以同等地位。但此种申示意义较为明确,亦较为具体。倘中共欲于此种申示之外,更标举若干毫无边际之抽象文句,如"实行民主政治"、"保证自由"等等,于事实究竟有何裨益,复为异日增加纠纷而已。盖"民主政治"云云,其他云云,中共过去或今日之所信,恐未必与国民党员乃至一般民主主义者之所信为一事也。兹愿与先生告者计有两点:

(1)中央政府之既定政策,曾在依抗战之进展、胜利之接近,与夫社会之安定,而逐渐扩大人民自治之范围,促进地方自治。

(2)政府希望中共于接受提示案后,随时提出关于励行抗战建国纲领之意见,并积极参加参政会及宪政实施协进会之工作,诚能如是,彼此之观点当不难渐趋一致,国家之真正统一与团结庶几可以实现,政治解决云者,其根本意义亦即在此。

(二)十二条意见中,涉及军队编制数额,军队驻地,医饷军械者条。十八集团军过去规定编制,原为四万五千人,政府提示案允许编为四军十师,确属从宽核定。带兵官自行扩编军队，其事原不可为训，且政府正励行精兵政策，一般军队，均在裁减单位，于此时期独允许十八集团军扩编为四军十师，自属委曲求全之至。关于军队驻地，政府亦正考虑至再，提示案一面指示集中使用之原则，一面规定在未集中使用前，受所在地战区司令长官之整训指挥，原则与事件实情兼顾。倘如中共所提意见，抗战期间内军队防地，概为现状，试问中央何以计划反攻或指挥作战。至于军饷，提示案中业已允许第十八集团军享受与一般国军相同之待遇。军械之供给，政府当随时视反攻之需要与各军所负之任务公平合理分配。

（三）十二条意见中，列有一条要求政府承认"陕甘宁边区"及"华北根据地民选抗日政府"。陕北边区问题，政府愿予考虑，并已于提示案中，提出十分宽大之办法，借以容纳中共之意见；至其他任何地区之行政机构，自当依照提示案之指示，由各该地省政府接管，以免分歧而杜流弊。

（四）十二条意见中，尚有若干要求，或则与事实不符（如要求中央停止攻击中共某某军队），或则与事理不合（如对中央在陕北办报等事设定某某条例），弟等已向先生口头声明，兹不赘述。至于十二条意见中所提解除陕边之"军事封锁"与"经济封锁"及释放若干人犯两项要求，弟等已向先生口头声明，俟此次商谈获有切实结果后，当予考虑。总之政府对于中共方面之意见，实已尽可能范围予以容纳。至于政府之根本意愿，则在军令政令之贯彻与统一。中共提出十二条意见书时，既未将服从中央军令与政令化做条款之内，即书面之引言亦未将中共对于此一问题之今后态度为剀切鲜明之表示，弟当时不敢转电者大意在此。嗣因先生口头声明谓：中共方面对于服从军令政令决（绝）无问题，弟等乃敢以先生之口头声明与十二条书面意见一并转陈政府，此又弟等亦愿附带郑重声明者也。

剀此布达，诸希惠察。

王世杰、张治中
一九四四年八月十日

选自中央统战部、中央档案馆：《中共中央抗日民族统一战线文件选编》（下），第896~898页，档案出版社，1986年版。

林祖涵致王世杰、张治中

1944年8月30日

雪艇、文伯先生勋鉴：

八月十日来函，对敝党十二条意见所作之答复，于收到之后，即转电延安。以往返电码多有错误，校正费去一些时间。兹将敝党中央命弟奉复的意见，转告如后，敬请再转达蒋主席及贵党中央。

来函说：政府提示案已交给中共两月余，"尚未得中共方面之切实答复"，殊出先生等"意料之外"。并说：这个提示案，已能"大部容纳"中共之意见，内含有责备我方无理拖延之态度。应该声明，这是完全不合事实与错误的见解。因为弟已在屡次会谈中表示：政府提示案与我党已经提出的书面十二条及口头八条，在原则上相距太远，无法接受。比如在政府提示案中：

（一）关于我方所恳切要求解决的实行民主政治，承认各党合法，释放爱国政治犯，释放叶挺等被捕人员等项，一字未提。

（二）编军数目，只承认四个军十个师；且不顾抗战需要及敌后游击战争环境，要将十个师以外数十万正在抗战的军队"限期取消"；并要将十个师"集中使用"。

（三）对边区政府，只要求实行国民党中央政府之法令，不提实行三民主义，不承认为抗日所需要并且已经实行大见成效的现行各项民主设施与民主法令。

（四）对抗日根据地人民选举的各民主政府，要求取消。

由于两党意见距离如此之远，但敝党中央仍不愿谈判停顿与破裂，曾命弟邀请两先生去延安商谈，或要弟回延报告谈判经过，以求获得继续商谈之途径，使问题终能"有利抗战团结，有利促进民主"的原则，而得到合理解决。两先生对于延安之行，已称在请示中。弟之回延，亦希望能于旬日内实现。

国共两党关于全国政治问题及两党关系之谈判，并非自这次弟与两先生谈判开始。远自西安事变和平解决以来，六年之间，敝党曾不断向国民党建议，只有立即实行民主，实行孙中山先生在国民党第一次全国代表大会所提出的革命的三民主义，才能增强团结抗战的力量；只有从民主的途径，才能公平合理的（地）解决国共关系与解决国内其他的政治问题。我们拥护统一，是拥护建立在民主基础上的统一。我们拥护蒋委员长与国民政府，是要求他坚决抗战与实行三民主义。这不仅是共产党一党的要求，而且是全国百分之九十九的广大人民的要求。为了求得国民党中央政府能够接受敝党的建议,接受全国广大人民的要求,敝党于民国二十六年(一九三七)九月二十二日的宣言,曾提出了保证实行四项诺言。八年来,这四项诺言我们早已完全实践了,而且至今还在实行;这是有充分事实可以证明的。今年三月十二日,我党周恩来同志在延安孙中山先生逝世十九周年纪念大会的演说中,已经详细的(地)说明到了这点,可以参考。八年来,敝党中央又不断派弟与周恩来、董必武、林彪诸同志,耐心的(地)向国民党中央政府请求解决全国政治问题与国共关系问题。周、董两同志驻渝已有数年,始终未能得到结果。究竟根本解决问题的障碍在哪里呢?不能不指出:由于国民党中央政府诸公的观点,和我们及全国广大人民的观点,有着很大的距离。政府负责诸公,始终不愿意实行孙中山先生的三民主义及足以团结全国各党派各阶层抗日力量的民主政治,这就是现时双方谈判所以相距甚远的真正原因。

我们希望国民党中央政府在解决全国政治问题与国共关系问题上,应把整个国家民族的利益放在第一,而不把一党一派一己的私利放在第一,应从有利全国团结抗战,有利促进民主的观点出发,而不应从维持一党统治的方针出发,才能使双方的谈判易于接近,才能使一切问题可以得到公平合理的解决。但是政府提示案及两先生八月十日来信,可惜均不能符合这些期望。比如:

(一)关于全国政治制度问题。我们所提出的三项要求:一、请政府实行民主政治与保障人民的言论、出版、集会、结社及人身之自由;二、承认中共及各爱国党派的合法地位,释放爱国政治犯;三、实行名符其实的地方自治,正是反映今天全国人民最迫切的要求,正是今天为着团结全国力量,认真准备反攻,必须立即实行的措施。如能这样做,不仅对整个国家民族有利,而且对国民党也是有利的。然而两先生来信,仍坚持"中央之决定政策"是要在抗战以后才能实行宪政,实行民主。批评我们所提民主要求为"毫无边际之抽象文句",认为于实行无其益,"徒为异日增加纠纷"。但照我们的经验,在敌后那样的艰苦的环境中,人民尚能进行普遍讨论国事,选举抗日政府,实行地方自治,那有大后方反不能实行民主政治的道理?因此,一切问题,都看国民党有无准备实行民主政治的决心和诚意。如果有,就应该在抗战期中立即实行宪政,而不推在抗战之后。

(二)关于中共所领导的四十七万七千正规军队之编制、防地与饷械问题,如果从这个军队过去抗战的成绩与今天准备反攻的需要来说,他们在八年来的敌后艰苦作战的环境中,坚持与发展了敌后三大战场(华北、华中、华南),建立起许多强国的敌后抗日根据地,解放了八千八百余万的人民,组织了二百二十余万的民兵,抗击了侵华绝大部分的敌军与伪军,并成为将来总反攻的先锋部队。为了准备反攻的需要,政府应当奖励他,装备他,增强他,首先就应当全部承认他,才为合理。我们在建议书中请求政府"编为十六个军,四十七个师,目前至少给予五个军十六个师的番号",是为着谈判更容易接近。关于防地在抗战期间维持现状,及盟国援华物资请求公平合理分配等,这是配合抗战需要与无可非难的。而政府提示案的"限制集中使用"的办法,是未能顾到抗战需要与敌后游击战争的环境。两先生八月十日来信中强调反对带兵官"自己扩编军队"与反对军队防地维持现状,责备我们不守军令的统一。但两先生恰恰忽视了一件平常人都懂得的真理,这就是今天我们中国是在抗战中,我们所扩编的军队,是在沦陷区,发动一切不愿当亡国奴的人民组织起来的人民抗日武装,我们的防地都是在敌后,从敌人手里解放出来与坚持敌后抗战的根据地。如果我们反对在沦陷区发展人民抗日武装,或企图削弱消灭这个抗日武装,以及想使敌后解放区的人民抗日武装从该地离开,这一切,都会在客观上成为有利于敌的。

(三)今天陕甘宁边区政府及华北、华中、华南敌后各抗日根据地民选抗日政府,其所实行的一切,完完全全是革命的三民主义。坚持敌后抗战,就是实行民族主义。抗日政权,完全是民权主义性质的。我们各抗日根据地,除汉奸外,一切人民和抗日团体均有一切自由和权利,并行使直接民权,组织三三制的地方政府。我们又实行劳动互助,生产节约,救灾开荒,减租减息,精兵简政,普及教育,拥政爱民,拥军优抗,减轻人民负担,改善人民生活等政策,更无一不合乎民生主义的原则。由于我们在边区及敌后各抗日根据地彻底实行了三民主义,所以能团结全体人民,克服一切困难,长期坚持抗战,并可以有力量组织反攻。象(像)这样的抗日民主政府,就应当承认他成为合法的地方政府,就应当给他们以地方自治的权利。象(像)这样政府已经实行大见成效的各项民主设施与民主法令,就应加以奖励、提倡,推行于全国。这才是真正奉行孙中山先生的革命的三民主义的国民党中央政府所应采取的态度。但政府提示案及两先生八月十日来信,对边区政府,只要求实行国民党中央政府之法令,对各抗日根据地人民选举的各民主政府与各种有利抗战的民主设施,则要求取消,也是不利于今天敌后抗战的需要的。

总之,促进目前形势,要最后战胜日本强盗,国共两党必须团结,国共之间所存在的问题必须迅速解决。而这种解决,只有国民党诸公立即实行民主政治,并从民主途径中公平合理的(地)解决国共关系,才能增强全国团结抗战力量,才能使一切走上轨道,才能停止目前敌人进攻,实行将来的全面反攻,也才能建立战后的国内和平合作与国际和平合作的关系。我们共产党人是以十分热烈的心情来希望国民党当局在民主与团结的基础上迅速改变其旧有的政策,才能打开目前政治上的僵局与完成盟国共同期望的神圣事业。我们这里绝没有乘国民党形势不利而提出什么过高的要求,更没有利用国民党处境困难而拖延不愿解决（有些无知的人正在如此散布谣言），所有一切，都是为了争取全民族抗战胜利必需实行的东西。

我们在爱护、帮助国民党进步，而不是在冷眼坐视国民党的困难，耿耿忠言，定为国民党贤达所鉴察。希望两先生将上述意见，再向蒋主席及贵党中央转述。时乎不待，望早决策。我们共产党人始终忠实执行四项诺言，忠实实行三民主义，坚持民主团结，与政治解决的方针，以期待国民党中央政府的回答。敝党中央所提邀请两先生赴延安继续谈判一事，不仅表示敝党不愿使谈判破裂之诚心，而且想使国民党中央政府的重要负责人员亲到边区看看，我们是怎样忠实实行四项诺言与彻底实行三民主义，我们在边区及敌后各抗日根据地的各种建设，是很可以为全国实行民主参考的，想因此使双方谈判更易得到解决。未识两先生对此已商得政府及贵党中央同意否？盼能早复。敬颂勋祺。

林祖涵

一九四四年八月三十日

选自中央统战部、中央档案馆：《中共中央抗日民族统一战线文件选编》（下），第732~737页，档案出版社，1986年版。

中央中央给林伯渠、董必武、王若飞的指示信

（关于成立联合政府）

1944年9月4日

林、董、王：

目前我党向国民党及国内外提出改组政府主张时机已经成熟，其方案为要求国民政府立即召集各党、各派、各军、各地方政府、各民众团体代表，开国事会议，改组中央政府，废除一党统治。然后，由新政府召开国民大会，实施宪政，贯彻抗战国策，实行反攻。估计此项主张，国民党目前绝难接受。但各小党派、地方实力派、国内外进步人士，甚至盟邦政府中开明人士，会加赞成。因此，这一主张，应成为今后中国人民中的政治斗争目标，以反对国民党一党统治及其所欲包办的伪国民大会与伪宪。其进行办法为：

一、望你们在起草回答张、王的信中加上此项主张，以说明这是我们对于实施民主政治的具体步骤和主张。

二、在这次参政会中，如取到小党派及进步人士同意可将是项主张作（做）成提案，即使不得通过或改变性质地通过，我仍可向国内外宣传，你们估计此次参政会能否提出此项提案，望即告。

三、龙与华商定的五条，可用依其提议可由五方面代表商谈。我党此项主张如同意，可从各方面进行推动，以代替攻守同盟之请，因为这在目前是不可能的。

四、下届参政会如扩大名额，我们提议重新加入救国会（如沈、陶、张、史等），并增加文化人（如郭沫若、茅盾等），如愿增加中共名额，望先商定数目再商人选。

五、延安及敌后待你们致张、王信稿到后，再定发表办法。

中央

一九四四年九月四日

选自中央统战部、中央档案馆：《中共中央抗日民族统一战线文件选编》（下），第738~739页，档案出版社，1986年版。

毛泽东致周恩来（关于召开党派会议、国事会议和国民大会等）

1945年1月28日

周：

敬、感两电悉。甚为欣慰。

（一）王世杰说五条中无党派会议、国事会议，可反问他：国共两党能包办国事吗？如果你们同意五条，请问不召集党派会议、国事会议如何产生联合政府？没有写进五条中的东西还很多，例如各党加入联合政府的比例，取消特务，撤退包围，承认解放区民选政府等等，难道都不成问题了吗？

（二）如果谈到国民大会问题时应表示：我们不赞成在国土未完全恢复前召集任何国民大会，因为旧的国大代表是贿选的、过时的，重新选举则在大半个中国内不可能。即在联合政府成立后也是如此，何况没有联合政府？并望以此征小党派同意，共同抵制蒋的国大把戏。

（三）你拒绝了赫尔利的两个补充办法是很对的。这是将中国军队，尤其将我党军队隶属于外国,变为殖民地军队的恶毒政策,我们绝对不能同意。

毛
一九四五年一月二十八日

选自中央统战部、中央档案馆:《中共中央抗日民族统一战线文件选编》(下),第789页,档案出版社,1986年版。

周恩来致王世杰(关于出席旧金山会议代表等)
1945年3月7日

雪艇先生大鉴:

敬启者,兹有两事奉告阁下如下:

(一)归延即向我党中央报告在渝谈判经过,佥认蒋主席当日谈话,其内容显与先生所云大有出入。同时,先生所提之政治咨询会议草案,亦与敝党意见相距太远。但尚准备将敝党之主张作(做)成复案,送达贵方,以供研讨。忽得蒋主席三月一日之公开演说,一切希望,均已断绝。盖蒋主席不仅已向国内外公开声明不能结束党治,不能召集党派会议,不能同意于各党各派和无党无派人士合组的联合政府之主张,而且更进一步宣布国民党将于今年十一月十二日召集那个在全国人民尚无自由,各党各派尚无合法地位,大部国土尚未收复,大多数人民不能参与等条件下由国民党一党政府所一手包办的完全儿戏的分裂性质的所谓国民大会,此实表示政府方面一意孤行,使国内团结问题之商谈再无转圜余地,言之,实深遗憾。在此情况下,先生向所谓政治咨询会议只是名称问题,敝党所提党派会议内容均可提出商决云云,亦已不攻自破,敝党方面自无再具复案之必要矣。

(二)关于四月间之旧金山会议,敝党中央坚决认为,如欲使中国代表团真能代表全国人民的公意,则代表团的人选必须包括中国国民党、中国共产党、中国民主同盟三方面的代表,绝不应单独由国民党政府人员代表出席,美英两国均已宣布其代表团将包括各重要政党代表,而罗斯福总统更声明美国代表中,共和、民主两党人员将各占半数。中国现状既如此不统一,贵党方面如欲一手垄断此代表团职务,不但不公平,不合理,而且表示了分裂的立场。因此,建议政府,此项代表团,除贵党党员外,中共与民主同盟应有必要之人员参加。敝党方面之人员,党中央决定派遣自己的中央委员周恩来、董必武、秦邦宪三人参加。此项要求如不能得国民政府之采纳,敝党方面将坚决反对此项分裂之举措,并对贵党所一手包办之代表团在国际会议上所作之一切言论和行为保留自己的发言权。

以上两事,敬请先生迅为转达国民政府为祷。

专此,即颂

公祺!

周恩来谨启

于延安

一九四五年三月七日

选自中央统战部、中央档案馆:《中共中央抗日民族统一战线文件选编》(下),第798～799页,档案出版社,1986年版。

中共中央给王若飞的指示信(关于对付美、蒋发动内战的方针)

1945年6月17日

若飞:

甲,五、卅来电,一般估计和方针是对的,但有下列两点,须加修正:一点是美政府目前政策,确是扶蒋抗日反共,其错误在认蒋可以打败日本、统一中国,但结果会与其希望相反,日、蒋如决战,蒋必再败,日如撤退,蒋必内战,统一无望。美只有扶助中国民主力量,才能战胜日寇,制止内战,取得战后和平。要使美国改变现行错误政策,必须中国人民及民主党派一致起来批评美国错误政策的必然结果,反对美国专门援蒋助长内战的危险,促使美国觉悟,而不是预言美国不会助蒋内战与必会联合中共。须知美国现行政策,是确定了的,不到山穷水尽,不会改变。一点是我们反对内战,同时却又要表示我们不怕内战,以压蒋之气焰,坚同盟者对我之信心。

乙,蒋的内战方针是确定了的,除非我有力量胜过他,才能制止之,此外敌人打败他,国际干涉他,都不归我管。因此,我们除扩大武装,扩大解放区,并派兵建立华南战略根据地外,在大后方,应着重农村武装斗争之积极准备及国民党军队中的工作。

第一项可依各地情况,以散布在群众中的武装工作队方式行之。第二项,对进攻我的顽军,以破坏为目的,对友军,以统战交友为目的。中央在"七大"后,拟为大后方准备这两项工作的干部,训练后陆续派出,你在布置工作时,希望着眼此点,多作准备,但须十分机密,勿与办事处及报馆公开工作发生任何联系。

中央
一九四五年六月十七日

选自中央统战部、中央档案馆:《中共中央抗日民族统一战线文件选编》(下),第807~808页,档案出版社,1986年版。

第十八集团军总司令、副总司令给蒋介石的两个电报
1945年8月13日、16日

(一)朱彭总副司令通电坚决拒绝蒋介石错误命令
1945年8月13日

重庆蒋委员长勋鉴:我们从重庆广播电台收到中央社两个消息,一个是你给我们的命令,一个是你给各战区将士的命令。在你给我们的命令上说:"所有该集团军所属部队,应就地驻防待命。"此外还有不许向敌人收缴枪械一类的话。你给各战区将士的命令,据中央社重庆十一日电是这样说的:"最高统帅部今日电各战区将士加紧作战努力,一切依照既定计划与命令积极推进,勿稍松懈。"我们认为这两个命令是互相矛盾的。照前一个命令,"驻防待命",不进攻了,不打仗了。现在日本侵略者尚未实行投降,而且每时每刻都在杀中国人,都在同中国军队作战,都在同苏联、美国、英国的军队作战,苏美英的军队也在每时每刻同日本侵略者作战,为什么你叫我们不要打了呢?照后一个命令,我们认为是很好的,"加紧作战,积极推进,勿稍松懈",这才像个样子。可惜你把这个命令发给你的嫡系军队,不叫发给我们,而发给我们的另是一套。朱德在八月十日下了一个命令给中国各解放区的一切抗日军队,正是"加紧作战"的意思。再有一点,叫他们在"加紧作战"时,必须命令日本侵略者投降过来,将敌、伪军的武装等件收缴过来,难道这样不是很好的吗?无疑这是很好的,无疑这是符合于中华民族的利益的。可是"驻防待命"一说,确与民族利益不符合。我们认为这个命令你是下错了,并且错的(得)很厉害,使我们不得不

向你表示：坚决的(地)拒绝这个命令。因为你给我们的这个命令，不但不公道，而且违背中华民族的民族利益，仅仅有利于日本侵略者及背叛祖国的汉奸们。

第十八集团军总司令朱德　副总司令彭德怀

(一九四五年)八月十三日

选自《解放日报》，1945年8月14日。

（二）朱总司令发出通电要求蒋介石制止内战

1945年8月16日

重庆蒋委员长勋鉴：

在我们共同敌人——日本政府已接受波茨顿宣言条款宣布投降，但尚未实行投降之际，我代表中国解放区、中国沦陷区一切抗日武装力量及二万万六千万人民，特向你提出下列的声明和要求：

在抗日战争将要胜利结束的时候，我提起你注意目前中国战场上的这样的事实，即在敌伪侵占而为你所放弃的广大沦陷地区中，违背你的意志，经过我们八年的苦战，夺回了近百万(平)方(公)里的土地，解放了过一万万的人民，组织了过一百万的正规部队和二百二十多万的民兵，在辽宁、热河、察哈尔、绥远、河北、山西、陕西、甘肃、宁夏、河南、山东、江苏、安徽、湖北、湖南、江西、浙江、福建、广东十九个省区内建立了十九个大块的解放区，除少数地区外，大部包围了自1937年七七事变以来敌伪所侵占的中国城镇、交通要道和沿海海岸。此外我们还在中国沦陷区(在这里，有一万万六千万人口)中组织了广大的地下军，打击敌伪。在作战中，我们自今犹抗击和包围着侵华(东北不在内)日军的百分之六十九和伪军的百分之九十五。而你的政府和军队，却一向采取袖手旁观、坐待胜利、保存实力、准备内战的方针，对于我们解放区及其军队，不仅不予承认，不予接济，且更以九十四万大军包围和进攻它们。中国解放区全体军民虽受尽了敌伪及你的军队两方面夹击之苦，但丝毫未减弱他们坚持抗战、团结和民主的意志。中国解放区人民及中国共产党曾经多次向你及你的政府提议召开各党派会议，成立民主的举国一致的联合政府，以便停止内部纷争，动员和统一全中国人民的抗日力量，领导抗日战争的胜利，保证战后的和平，但均为你及你的政府所拒绝。凡此一切，我们是非常之不满意的。

现在敌国投降将要签字了，而你及你的政府仍然漠视我们的意见。并且于八月十一日下了一个非常无理的命令给我，又命令你的军队以收缴敌人枪械为借口大举向解放区压迫，内战危险空前严重。凡此种种，使得我们不得不向你及你的政府提出下列的要求：

一、你及你的政府与其统帅部在接受日伪投降与缔结受降后的一切协定和条约时，我要求你事先和我们商量，取得一致意见。因为你及你的政府为人民所不满，不能代表中国解放区及中国沦陷区的广大人民及一切真正抗日的人民武装力量。如果协定和条约中，有涉及中国解放区、中国沦陷区一切真正抗日的人民武装力量之处，而未事先取得我们的同意时，我们将保留自己的发言权。

二、中国解放区、中国沦陷区及其一切抗日的人民武装力量，有权根据波茨顿（坦）宣言条款及同盟国规定之受降办法，接受我们所包围之日伪军队的投降，收缴其武器资财，并负责实施同盟国在受降后之一切规定。我在八月十日下了一道命令给中国解放区军队，叫他们努力进击敌军，并准备接受敌人投降。八月十五日，我已下令给敌军统帅冈村宁次，叫他率部投降，但这只限于解放区军队作战的范围内，并不干涉其他区域。我的这些命令，我认为是非常合理与非常符合中国及同盟国的共同利益的。

三、中国解放区、中国沦陷区的广大人民及一切抗日武装力量应有权派遣自己的代表参加同盟国接受敌人的投降和处理敌国投降后的工作。

四、中国解放区及一切抗日武装力量，应有权选出自己的代表团，参加将来关于处理日本的和平会议及联合国会议。

五、请求你制止内战。其办法，就是凡被解放区军队所包围的敌伪军由解放区军队接受其投降，你的军队则接受被你的军队所包围的敌伪军的投降。这不但为一切战争的通例，尤其是为了避免内战，必须如此。如果你不这样做，势将引起不良后果。关于这一点，我现在向你提出严重的警告，请你不要等闲视之。

六、请求你立即废止一党专政，召开各党派会议，成立民主的联合政府，罢免贪官污吏及一切反动分子，惩办汉奸，废止特务机关，承认各党派的合法地位（中国共产党及一切民主党派至今被你及你的政府认为是非法的）；取消一切镇压人民自由的反动法令，承认中国解放区的民选政府及抗日军队，撤退包围解放区的军队，释放政治犯，实行经济改革及其他各项民主改革。

此外，我在八月十三日发了一个电报给你，回答你在八月十一日给我的命令，谅你已经收到了。我这里重复声言，你那个命令是完全错误的。你在八月十一日叫我的军队"就地驻防待命"，不打敌人了。但是不但在八月十一日，就是在今天（八月十七日）日本政府还只在口头上宣布投降，并没有在事实上投降，投降协定尚未签字，投降事实尚未发生，我的这个意见，和英美苏各同盟国的意见是完全一致的。就在你下命令给我的那一天（八月十一日），缅甸前线英军当局宣布："对日战争仍在进行中。"美军统帅尼米兹宣布：

"不仅战争仍是存在的,而且具有一切毁灭结果的战争,必须继续进行。"苏联远东红军宣布:"敌人必须粉碎,不要留情。"八月十五日,红军总参谋长安托诺夫上将还作了下列声明:"八月十四日日皇所发表的日本投降声明,仅仅是无条件投降的一般宣言,给武装部队停止敌对行动的命令尚未发布,而且日本军队还在继续进行抵抗。因此,日本实际投降尚未发生。我们只有在日皇下令其军队停止敌对行为及放下武器,而且这个命令被实际执行时,才承认日本军队投降了。鉴于上述各点,远东苏军将继续进行攻势作战。"由此看来,一切同盟国的统帅中,只有你一个人下了一个绝对错误的命令。我认为你的这个错误,是由于你的私心而产生的,带着非常严重的性质,这就是说,你的命令有利于敌人。因此,我站在中国及同盟国的共同利益上,坚决地彻底地反对你的命令,直至你公开承认错误,并公开收回这个错误命令之时为止。我现在继续命令我所统帅的军队,配合英国、美国、苏联的军队,坚决向敌人进攻,直至敌人在实际上停止敌对行为,缴出武器,一切祖国的国土完全收复之时为止。我向你声明:我是一个爱国军人,我不能不这样做。

以上各项,我请求你早日回答。

朱德
一九四五年八月十六日

选自《解放日报》,1945 年 8 月 17 日。

日本投降后蒋介石邀请毛泽东赴渝谈判的来往电报

1945 年 8 月 14~24 日

蒋介石八月十四日电报:

"万急。延安毛泽东先生勋鉴:倭寇投降,世界永久和平局面,可期实现。举凡国际国内各种重要问题,亟待解决,特请先生克日惠临陪都,共同商讨。事关国家大计,幸勿吝驾。"

毛泽东八月十六日复电:

"重庆 蒋主席勋鉴:未寒电悉。朱德总怀念本日午有一电给你,陈述敝方意见;待你表示意见后,我将考虑和你会见的问题。"

蒋介石八月二十日电报：

"延安毛泽东先生勋鉴：来电诵悉。期待正殷，而行旌迟迟未发，不无歉然。朱总司令电称一节，似于现在受降程序未尽明了。查此次受降办法，系由盟军总部所规定，分行各战区，均予依照办理，中国战区亦然，自未便以朱总司令之一电，破坏我对盟军共同之信守。朱总司令对于执行命令，往往未能贯彻，然事关对内妨碍犹小，今于盟军所已规定者亦倡异议，则对我国家与军人之人格将置于何地？朱总司令果为一爱国爱民之将领，只有严守纪律、恪遵军令，完成我抗战建国之使命。抗战八年，全国同胞日在水深火热之中，一旦解放，必须有以安辑鼓舞之，未可蹉跎延误。大战方告终结，内争不容再有，深望足下体念国家之艰危，悯怀人民之疾苦，共同戮力，从事建设。如何以建国之功收抗战之果，甚有赖于先生之惠然一行，共定大计。特再电奉邀，务请惠诺。"

毛泽东八月二十二日复电：

"重庆　蒋主席勋鉴：从中央社二十日新闻电中，得读先生覆（复）电，兹为团结大计，特先派周恩来同志前来晋谒，到后希予接洽为恳。"

蒋介石八月二十三日电报：

"延安毛泽东先生勋鉴：二十二日电诵悉。承派周恩来先生来渝洽商，至为欣慰！惟目前各种重要问题，均待与先生面商，时机迫切，仍盼先生能与周恩来先生惠然偕临，则重要问题方能迅速解决。兹以准备飞机迎迓，特再驰电速驾！"

毛泽东八月二十四日复电：
特急，重庆
蒋介石先生勋鉴：

梗电诵悉。甚感盛意。鄙人亟愿与先生会见，共商和平建国之大计，俟飞机到，恩来同志立即赴渝进谒，弟亦准备随即赴渝。晤教有期，特此奉复。

毛泽东敬

上述六封来往电报参见1945年8月24日重庆《新华日报》、1945年8月26日《重庆大公报》以及《产经新闻》（日本）连载、《中央日报》译印的《蒋总统秘录》（第1册，第78～80页）。

二十六、中国抗日战争的伟大胜利

1945年7月17日至8月2日，苏、美、英三国首脑在柏林近郊的波茨坦举行会谈。7月26日，三国决定发表《中美英三国促成日本投降之波茨坦公告》。7月28日，日本政府表示拒绝，声称将"坚决战斗下去直至取得这场战争的胜利"。8月6日，日本广岛遭到美国第一颗原子弹的攻击。8月8日，苏联对日宣战。8月10日，八路军总司令朱德向所有解放区武装部队发出第一号大反攻命令。同日，日本外务省通过中立国瑞士、瑞典政府将日本接受波茨坦公告的照会转交中、美、英、苏四国政府。8月14日，日本政府正式照会中、美、英、苏四国政府，表示接受《波茨坦公告》。8月15日，日本天皇裕仁广播"终战昭书"，宣布无条件投降。8月21日，中国陆军总司令何应钦在湖南芷江接受了日军代表的投降。9月2日，在东京湾美国"密苏里"号巡洋舰上，日本外相重光葵和日军参谋总长梅津美治郎代表日本天皇、日本政府和日本帝国大本营，在投降书上签字。9月9日，中国战区日军投降签字仪式在南京举行。不可一世的日本法西斯侵略军进行的不义之战终于以可耻的彻底失败而载入史册。

抗日战争的胜利是中国人民近百年来反侵略战争中取得的第一次完全的胜利。中国人民为此付出了巨大的民族牺牲，可歌可泣。抗日战争的胜利极大地推进了中国革命和社会的历史进程，为中国新民主主义革命的彻底胜利奠定了坚实基础。

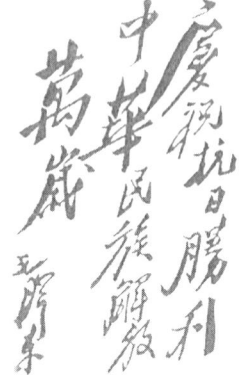

毛泽东题词：庆祝抗日胜利，中华民族解放万岁。

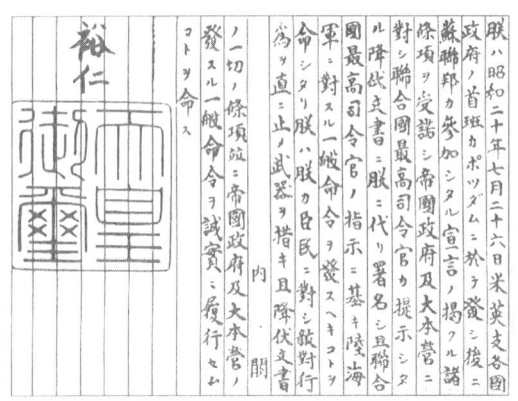

1945年8月14日，日本天皇裕仁宣布接受《波茨坦公告》，向盟国无条件投降。图为投降诏书。

波茨坦公告(中美英三国政府领袖公告)

1945年7月26日

一、余等,美国总统、中国国民政府主席、英帝国首相,代表余等亿万国民,业经会商,并同意对日本应予以一机会,以结束此次战事。

二、美国英帝国及中国之庞大陆海空部队,业已增强多倍,其由西方调来之军队及空军,即将予日本以最后之打击,彼等之武力受所有联合国之决心之支持及鼓励,对日作战,不至其停止抵抗不止。

三、德国无效果及无意识抵抗全世界激起之自由人之力量,所得之结果,彰彰在前,可为日本人民之殷鉴。此种力量当其对付抵抗之纳粹时,不得不将德国人民全体之土地、工业及其生活方式摧残殆尽。但现在集中对付日本之力量则较之更为庞大,不可衡量。吾等之军力,加以吾人之坚决意志为后盾,若予以全部实施,必将使日本军队完全毁灭,无可逃避,而日本之本土亦必终归全部摧毁。

四、现时业已到来,日本必须决定一途,其将继续受其一意孤行计算错误,使日本帝国已陷于完全毁灭之境之军人之统制?抑或走向理智之路?

五、以下为吾人之条件,吾人决不更改,亦无其他另一方式。犹豫迁延,更为吾人所不容许。

六、欺骗及错误领导日本人民使其妄欲征服世界之威权及势力,必须永久剔除。盖吾人坚持非将负责之穷兵黩武主义驱出世界,则和平安全及正义之新秩序势不可能。

七、直至如此之新秩序成立时及直至日本制造战争之力量业已毁灭有确实可信之证据时,日本领土经盟国之指定必须占领,俾吾人在此陈述之基本目的得以完成。

八、开罗宣言之条件必将实施,而日本之主权必将限于本州、北海道、九州、四国及吾人所决定其他小岛之内。

九、日本军队在完全解除武装以后,将被允许返其家乡得有和平及生产生活之机会。

十、吾人无意奴役日本民族或消灭其国家,但对于战罪人犯,包括虐待吾人俘虏者在内,将处以法律之裁判。日本政府必须将阻止日本人民民主趋势之复兴及增强之所有障碍予以消除,言论、宗教及思想自由,以及对于基本人权之重视必须成立。

十一、日本将被许维持其经济所必需及可以偿付货物赔款之工业,但可以使其重新武装作战之工业不在内。为此目的,可准其获得原料,以别于统制原料。日本最后参加国际贸易关系当被准许。

十二、上述目的达到及依据日本人民自由表示之意志,成立一倾向和平及负责之政府后,同盟国占领军队当即撤退。

十三、吾人通告日本政府立即宣布所有日本武装部队无条件投降,并对此种行动有意实行,予以适当之各项保证。除此一途,日本即将迅速完全毁灭。

(1945年7月26日)

选自《中央日报》,1945年7月28日。

日皇敕书

1945 年 8 月 15 日

我忠良之臣民乎!吾人于深切考虑世界一般情势以及今日之我帝国之实际情况之下,已决定以非常措施解决当前情势,吾人已命令我政府向中美英苏四国政府敕送照会,谓我帝国接受彼等联合宣言之条款,为一切国家之共同繁荣与快乐以及我国臣民之安全与福利而奋斗,乃我帝国列祖列宗所流传之神圣义务,亦为吾人所衷心关切者。吾人对美英宣战,确系诚心希望保证日本之自卫以及东亚之安定,吾人并未思及妨害其他国家之主权或扩展领土。然目前战争已将及四载,虽则吾人已尽最大努力——陆海军之英勇作战,我国家公仆之辛勤黾勉以及我一亿民众之尽心竭力,战局之发展,却未必于日本有利,世界之一般情势更均与日本之利益相违,况'敌'人已开始使用一种最残酷之新炸弹,其造成损害之威力,的确难以估计,使我无辜生灵横遭浩劫。如吾人继续作战,则其结果不仅为日本全国之最后崩溃与消灭,人类文明亦将完全灭绝,在此种情况之下,吾人将何以挽救亿万臣民,在我帝国列祖列宗之灵前更何以自赎,此即吾人所以下令接受四国联合宣言条款之理由也。吾人在东亚之各盟国,曾不断与帝国合作解散东亚,吾人对于彼等惟有表示最深切之遗憾,吾人每一念及在疆场殉身之将士及其他人员在岗位上殉职,以及死于非命者,以及彼等之孤儿寡妇,诚不禁五内如焚,伤者及饱受战争涂毒者,以及丧失其家庭与生计之福利者,乃吾人深切悬念之问题。此后我国行将遭遇之国难与痛苦,必极重大,吾人深知汝等臣民之内心情绪,然由于时间与命运之逼迫,吾人已决定忍受所有不能忍受者,为后代子孙之全盘和平开辟途径,吾人既然保全帝国之机构,即可与我忠良之臣民永远共处,倚赖汝等之真诚,汝等应抑制任何感情之勃发,盖此举可能产生不必要之纠纷,亦应防止任何阋墙之争,以免造成混乱,令汝等误入歧途,失去举世之信心。愿我全国世世代代继续为一家,坚定其对于神圣土地不可毁灭之信心,牢记其责任之重负,以及未来之漫长途程,团结汝等之全部力量,致力于未来之建设,开辟真正之途径,养成高贵之精神,以决心从事工作,俾能增进帝国固有之光荣,并与世界之进步并驾齐驱。

(1945年8月15日)

选自《中央日报》,1945年8月16日。

铃木文告

1945年8月16日

天皇陛下之敕书,已于本日颁布,日本帝国从事东亚战争几及四年,然终至吾人除遵从天皇陛下圣意,以非常措施结束此一事态之外,别无他途可循。吾人以天皇陛下臣民之地位,实难觅得适当字句以表达吾人之惶恐。自开战以来,无数将士捐躯异域,国内所受之损害,以及无辜民众所受之牺牲,已达极点,吾人之悲戚与怨愤,实无涯岸。目前已无法实现吾人之战争目的。战争之进展未必于吾人有利,新炸弹之使用,已令作战方法发生变化,项种炸弹之破坏力,在科学史上诚属空前无匹,且苏联已于八月九日对日本宣战,日本已遭遇空前困难之情势,天皇陛下为世界和平与其臣民之福利计,已颁赐敕书,吾人臣民必须循之途径,已属显然。未来日本自将遭遇更多之困难,人民必暗更事忍耐,然日本必须以忍耐发展其未来之命运。内须总理大臣为此沉痛要求我民众,断然应付此种困难,目前吾国人必须遵循之途径,乃保持吾人之国体,人民应勿追究过去,互相猜忌,内部发生争执,使他人坐收渔人之利,亦勿以卤莽(鲁莽)或盲目之行动,或感情冲动,在全世界眼光中丧失信心与正义。同时所有人民,必须努力护救死者及伤残军人之孤寡家庭,政府将与人民协同一致,遵从敕书中之圣训,与天皇陛下同具一心,以恢复国家威望,以不负我列祖列宗之期望。余趁此机会,特别提及帝国官吏之责任,应为应付此种困难情势,天皇陛下云:渠深知其臣民之内心情绪,全国官吏应忠心执行天皇陛下之圣意,努力担负前驱,发扬一种恢复之强烈精神。

总理大臣铃木贯太郎(签字)

(1945年8月16日)

选自《中央日报》，1945年8月17日。

日本降书全文（降伏文书）
1945年9月2日

一、余等兹对合众国、中华民国及大英帝国各国政府首脑于一千九百四十五年七月二十六日于波茨坦宣布,尔后由苏维埃社会主义共和国联邦参加之宣言之条款,根据日本帝国政府及日本帝国大本营之命令,代表受诺之。右开（以下）四国以后称之为联合国。

二、余等兹布告,无论日本帝国大本营及如何地位所有之日本国军队及日本国支配下地带之一切,对于联合国无条件降伏。

三、余等兹命令,无论如何地位之一切日本帝国军队及日本国臣民,即刻停止敌对行为,保存所有船舶及军用财产,且防止损毁,并服从联合国最高司令官及其指示,对日本国政府各机关须课之一切要求以应诺。

四、余等兹命令日本帝国大本营,对于无论如何地位之一切日本国军队,及由日本国支配下之一切军队之指挥官,速即发布其本身或其支配下之一切军队无条件降伏之命令。

五、余等兹对所有官厅、陆军及海军之职员,命令其遵守且施行联合国最高司令官为实施此降伏文件,认为适当而由其自己发出或根据其委任发出之一切布告命令及指示,且命令右开（以下）职员,除由联合国最高司令官或根据其事务委任解除其任务以外,均须留于各自原有地位,且仍行继续各自之非战斗任务。

六、余等为天皇日本国政府及其后继者承约著实履行波茨坦宣言之条款,发布为实施该宣言之联合国最高司令官及其他特官联合国代表要求之一切命令,且实施一切措置。

七、尔等兹对日本帝国政府及日本帝国大本营命令,即速解放现由日本国支配之所有联合国俘虏及被拘留者,且采取对彼等之保护津贴给养及对指定地点之即速运输等措置。

八、天皇及日本国政府统治国家之权限,置于为实施降伏条款采用认为适当措置之联合国最高司令官之限制下。

一千九百四十五年九月二日午前九时四分于东京湾米（密）苏里号舰上签字之,并根据大日本帝国天皇陛下及日本国政府之命令,且以其名义,重光葵;根据日本帝国大本营之命令,且以其名义,梅津美治郎,一千九百四十五年九月二日午前九时四分于东京湾,为合众国、中华民国、联合王国及苏维埃社会主义共和国联邦及为与日本国存在战争状态之其他联合国之利益受诺之。联合国最高司令官、合众国代表者、中华民国代表者、联合王国代表者、苏维埃社会主义共和国联邦代表者、澳洲联邦代表者、法兰西代表者、荷兰代表者、纽（新）西兰代表者。

(1945年9月2日)

选自《中央日报》，1945年9月3日。

日本无条件投降书（原文）
1945年9月2日

我们谨奉日皇、日本政府与其帝国大本营的命令，并代表日皇、日本政府与其帝国大本营，接受美中英三国政府元首7月26日在波茨坦宣布的，及以后由苏联附署的公告各条款。以下称四大强国为同盟国。

我们兹宣布日本帝国大本营及在日本控制下驻扎各地的日本武装部队，向同盟国无条件投降。

我们兹命令驻扎各地的一切日本武装部队及日本人民，即刻停止战事，保存一切舰艇、飞机、资源、军事及非军事的财产，免受损失，并服从同盟国最高统帅，或在他指导下日本政府各机关所要求的一切需要。

我们兹命令日本帝国大本营即刻下令日本的一切武装部队及不论驻在何地的日本控制下的武装部队的指挥官，他们自己及他们所率的武装部队，无条件投降。

我们兹命令一切民政的、军事的与海军的官员，服从与实行盟国最高统帅认为实践这一投降所适当的一切宣言、命令与指令，以及盟国最高统帅及在他授权下所颁布的一切宣言、命令与指令，并训令上述一切官员留在他们现有职位，除非由盟国最高统帅或在他授权下特别解除职务外，继续执行非战斗的职责。

我们兹担承日皇、日本政府及其继承者忠实实行波茨坦公告的各项条文，并颁布盟国最高统帅所需要的任何命令及采取盟国最高统帅所需要的任何行动，或者实行盟国代表为实行波茨坦公告的任何其他指令。

我们兹命令日本帝国政府及日本帝国大本营，即刻解放在日本控制下的一切盟国军事俘虏与被拘禁的公民，并给予他们保卫、照料，维持并供给运抵指定地点的运输工具。

日皇与日本政府统治国家的权力,将服从盟国最高统帅,盟国最高统帅将采取他们认为实行这些投降条款所需要的一切步骤。

(1945年9月2日)

选自林治波等:《中国抗日战争秘闻》,第388~389页,京华出版社,2007年版。

朱德总司令致冈村宁次(命令冈村宁次①投降②)

1945年8月15日

南京冈村宁次将军:

一、日本政府已正式接受波茨顿宣言条款宣布投降。

二、你应下令你所指挥的一切部队,停止一切军事行动,听候中国解放区八路军、新四军及华南抗日纵队的命令,向我方投降,除被国民党政府的军队所包围的部分外。

三、关于投降事宜:在华北的日军,应由你命令下村定将军派出代表至八路军阜平地区,接受聂荣臻将军的命令;在华东的日军,应由你直派代表至新四军军部所在地天长地区接受陈毅将军的命令;在鄂豫两省的日军,应由你命令在武汉的代表至新四军第五师大悟山地区,接受李先念将军的命令;在广东的日军,应由你指定在广州的代表至华南抗日纵队东莞地区,接受曾生将军的命令。

四、所有在华北、华东、华中及华南之日军(被国民党军队包围的日军在(除)外),应暂时保存一切武器、资材,静候我军受降,不得接受八路军、新四军及华南抗日纵队以外之命令。

五、所有华北、华东之飞机、舰船,应即停留原地,但沿黄海、渤海之中国海岸的舰船,应分别集中于连云港、青岛、威海卫、天津。

六、一切物资设备,不得破坏。

七、你及你所指挥的在华北、华东、华中及华南的日军指挥官,对执行上述命令应负绝对责任。

中国解放区抗日军总司令　朱德
一九四五年八月十五日

注释:

① 冈村宁茨当时为驻华日军最高指挥官,大将。

② 这个命令在1945年8月16日延安《解放日报》发表。

选自《解放日报》,1945年8月16日。

蒋介石致何应钦①(命全权处理受降事宜并通令全国各行营各行辕主任各战区司令长官听候何总司令指示等)

1945年8月16日

限即到。柳州何总司令、昆明龙主任、汉中李主任、西安胡长官、兴集阎长官、草店刘长官、恩施孙长官、兰州朱长官、陕坝传长官(无线)、东南行辕顾主任、七战区余长官、九战区薛长官、十战区李长官:〇密。查日本政府已于本月寒日接受同盟国所提促降条件,兹特派何总司令全权处理受降事宜,未接何总司令整个措置与指示以前,不得局部各别收缴日军武器,以免分歧冲突。但各战区为确保安全,仍须有应战准备,并得视状况采取必要之自卫行动,除已电令南京日军最高指挥官冈村宁次通饬所属日军停止军事行动,并派代表至玉山接受何总司令命令外,仰即遵照,并通饬所属一体遵照为要。中正。

(中华)民国三十四年八月十六日

(录自总统府机要档案)

注释:

① 何应钦当时任中国陆军总司令。

选自秦孝仪等:《中华民国重要史料初编——对日抗战时期·第二编:作战经过(三)》,第613~614页,中国国民党中央委员会党史委员会出版,1981年版。

蒋介石致冈村宁次^① 指示六项投降原则

1945 年 8 月 15 日

急。南京,日军驻华最高指挥官冈村宁次将军鉴:一、日本政府已正式宣布无条件投降。二、该指挥官应即通令所属日军停止一切军事行动,并派代表至玉山接受中国陆军总司令何应钦之命令。三、军事行动停止后,日军可暂保有其武装及装备,保持现有态度,并维持所在地之秩序及交通,听候中国陆军总司令何应钦之命令。四、所有飞机及船舰应停留现在地,但长江内之舰船应集中宜昌、沙市。五、不得破坏任何设备及物资。六、以上各项命令之执行,该指挥及所属官员,均应负个人之责任,并迅速答复为要。

(中华)民国三十四年八月十五日

注释:
① 冈村宁次当时为驻华日军最高指挥官,大将。

选自秦孝仪等:《中华民国重要史料初编——对日抗战时期·第二编:作战经过(三)》,第613页,中国国民党中央委员会党史委员会出版,1981年版。

冈村宁次致蒋介石决遵投降指示

1945 年 8 月 17 日

限即到。中国战区最高统帅蒋中正阁下:中华民国三十四年八月十五日赐电敬悉。今派今井总参谋副长、桥岛参谋二人、率同随员三人,准于本月十八日乘飞机至杭州等候遵命,再起飞至玉山,敝处使用双引擎发动机一架,并无特殊标识,并请咨照玉山飞机场派员接见,仰赖照料为感。驻华日军最高指挥官冈村宁次。印。

按:蒋委员长接获冈村宁次大将上述复电因玉山机场天雨后,跑道损坏不能使用,决定改在湖南芷江机场,当即致电冈村如左之电文:

限即到。南京。驻华日军最高指挥官冈村宁次将军:八月十七日电悉。玉山机场目前不能使用,改为芷江机场。何时起飞另行通知。中国战区最高统帅蒋中正。未筱亥。

(中华)民国三十四年八月十七日

选自秦孝仪等:《中华民国重要史料初编——对日抗战时期·第三编:战时外交(三)》,第613、615页,中国国民党中央委员会党史委员会出版,1981年版。

徐永昌① 致蒋介石(报告已访麦克阿瑟元帅面递蒋委员长手书及麦帅对中国战区日军投降意见)

1945年8月18日

渝。二三一六(密)表。委员长蒋:职等于巧丑到马尼剌,下午五时半拜访麦克阿瑟元帅,面递钧座手书,据云:一、英方代表筱日抵此,苏方代表因交通关系,马日方可到达,日本代表明十九日可到,预计约需一周之磋商,并拟邀各国代表飞冲绳,预定于东京湾内美军舰上正式签字,其总部同时亦即移驻东京。二、对中国战区日军投降事,以为钧座为中国战区统帅,所有中国战区日军应向钧座投降,不得向任何方面接洽,且云华盛顿方面亦同此意。三、关于苏军在热、察之军事行动,亦曾谈及,彼谓已尽力请其停止,惟苏联向好单独行动,又因通信不便,须由莫斯科转递,或因此稽延时日,但渠相信苏方当于短期内停止前进,关于该方面情况,请随时电示,以便转告。职徐永昌。巧戌。

(中华)民国三十四年八月十八日

注释:
① 徐永昌当时任国民政府军令部部长。

选自秦孝仪等:《中华民国重要史料初编——对日抗战时期·第二编:作战经过(三)》,第625页,中国国民党中央委员会党史委员会出版,1981年版。

蒋介石规定中国陆军总司令何应钦之任务电

1945 年 8 月 18 日

（联衔略），删辰令一元电计达。

甲、兹规定中国军何总司令之任务如下：

一、承本委员长之命，处理在中国战区内之全部敌军投降事宜。

二、指导各战区各方面军分区分期办理一切接受敌军投降之实施事宜。

三、秉承本委员长之意旨，对中国战区内之敌军最高指挥官发布一切命令。

四、秉承本委员长之指示，与中国战区美军人员密切合作办理美军占领区，盟军联合占领区，交防接防敌军投降后之处置。

五、收复区内难民救济交通通信运输之恢复诸事宜。

六、指导各战区各方面军分区分期，办理接受伪军投诚编遣及剿办不听命令之伪军事宜。

七、负责迅速处置南京伪组织政府，恢复南京及其附近之秩序，敬待国民政府还都。

八、在办理接受敌军投降期间，秉承本委员长之指示，调动部队，占领中国战区内各军事政治经济交通要点及要港，构成处理敌军及恢复全般秩序之有利态势。

九、对于非经政府指定之受降部队，如有擅自接受敌军投降，企图扰乱我受降计划者，得呈请本委员长下令惩罚之。

十、敌军应对本委员长所指定之部队投降，如对非指定之部队而擅自向其投降或让防，或于投降期间不遵我军命令实施者，得由陆军总司令下令以武力制裁之，并对不遵命令之敌部队长或敌军最高指挥官，直接予以处置。

十一、指导监督并得全权处理收复区内一切党政各事务。

十二、指挥各战区所有向收复区挺进及原在收复区各部队，但各战区在后方留防部队，仍归各战区秉承本会之指示指挥之。

乙、陆军总部对各战区下达之重要命令，及各战区遵办情形，除报陆军总部外，均应分别呈报本军事委员会备查，本会对陆军总部各战区下达之命令，亦视必要同时分令之。

以上各项。仰即遵照为要，中正。未啸亥。令一亨。

（中华）民国三十四年八月十八日

选自秦孝仪等:《中华民国重要史料初编——对日抗战时期·第三编:战时外交(三)》,第615~617页,中国国民党中央委员会党史委员会出版,1981年版。

宋子文致顾维钧[①](关于战争赔偿问题)

1946年1月4日

中国赔偿事主张如下:外交部即将派遣专家,前来协助。

一、中国抗战损失,实庞大无比,中国政府在中国本部所接收之日本政府及私人资产,依最高额估计,亦仅抵中国全部战争损失之沧海一粟。中国既属主要战场,因日本侵略所受损害既亦最为深巨,中国得要求损失之优越分配额,殆无疑义。

二、工业设备之划归中国者,应经中国政府指定,运往中国最后目的地,所需费用,归日本政府负担。此项工业设备,在一定限度期间内,应由熟练之日本技术人员安置及管理运用之。此等人员食宿,虽得由中国政府供给,但应由日本政府给偿,所有其他有关运输及安置工业设备之费用,亦应由日本政府拨付。

三、工业设备及其他资产拨给中国者,须自最后赔偿协定缔结日起,至少五年内,归日本保管,准备随时交付。

四、如属可行,若干划归中国之工厂,得在日本境内利用日本人力,但由中国经管,用中国原料动力用煤,及流动资本,其期限以不超过最后赔偿会议之日起,五年为度;五年后,是项设备,仍须由日本政府出资,运往中国,在日本使用各工厂之出品,由中国出资运往中国分销。

五、现金赔偿,用以抵补工业赔偿计划以外,及不敷之中国方面应得数额。此项现金赔偿,应包括对可供分配各要求国家之现金资产取得协议之百分比,中国理应获得主要比额。

六、日本在占领中国领土期间,所搜集之有关自然资源、工业计划等之技术上及经济上资料,应包括在赔偿计划之内。

(中华)民国三十五年一月四日

注释:
① 顾维钧当时任中国驻美国大使。

选自秦孝仪等:《中华民国重要史料初编——对日抗战时期·第三编:作战经过(四)》,第53页,中国国民党中央委员会党史委员会出版,1981年版。

蒋介石致何应钦[①](关于运回华北劳工及运送日人回国问题)

1945年10月19日

何总司令:七九○八密。顷接美军部备忘录,略以日轮北鲜丸将于十月中旬开到青岛,运回华北劳工一千名,兼拟用原船载回日人一千名,请示可否等语,除复照办,并电李市长遵照,暨分电行政院军令军政部外,希知照。中正。

(中华)民国三十四年十月十九日

注释:
① 何应钦当时任中国陆军总司令。

选自秦孝仪等:《中华民国重要史料初编——对日抗战时期·第二编:作战经过(三)》,第720页,中国国民党中央委员会党史委员会出版,1981年版。

何应钦致蒋介石(关于日俘、日侨集结地点及人数问题)

1945年10月19日

特急。重庆。委员蒋:西文令电奉悉。七九○八密。谨先将日俘、日侨预定集结地点与人数列报如下:(一)天津日俘侨四三○、○○○,朝鲜人二八、三一○,台人一、三八○。(二)青岛日俘侨一三○、二六二,朝鲜人四、五一○,台人一六○、○○○。(三)连云(港)日俘侨九七、一五○,朝鲜人五、三七○,台人二○。(四)上海(含汉口)日俘侨八○七、四七八,朝鲜人一六、三六○,台人七、一三○。(五)广东日俘侨一一一、○八五,朝鲜人四五五、○○○,台人四、五一○。(六)雷州日俘侨二、○○○。(七)海口日俘侨四二、一〇九,朝鲜人六一五、台人五、七〇〇。(八)汕头日俘侨三〇、一五二,朝鲜人三〇,台人一、五八五。(九)厦门日俘侨五、〇一六。(十)海南日俘侨四一、九〇二。(十一)基隆九、九〇〇。(十二)高雄一二六、六五九。以上共计二九七一、一四八名。将来实际情形,另行呈报。谨复。

(中华)民国三十四年十月十九日

选自秦孝仪等:《中华民国重要史料初编——对日抗战时期·第二编:作战经过(三)》,第720页,中国国民党中央委员会党史委员会出版,1981年版。

命运判决(东条等七人绞刑 荒木等十六人无期徒刑 重光、东乡有期徒刑)

(1948年11月12日)

〔合众社东京十二日电〕 远东十一国国际军事法庭,十二日晨结束一般判决以后,即行退庭。下午一时三十分重行开审,宣读对东条英机及其他二十四名被告之个别责任之判决及科刑,其中东条及其他六人被处死刑(绞刑),十六人无期徒刑,重光葵及东乡茂德二人则判有期徒刑。

被判绞刑之七人为:㈠ 东条英机,六十四岁,发动太平洋战争之前内阁总理。㈡ 土肥原贤二,六十五岁,侵华"事件"之制造者。㈢ 广田弘毅,七十岁,一九三六年至一九三七年之前内阁总理,天皇之顾问。㈣ 板垣征四郎,六十三岁,侵华战争之前满洲及华北日军统帅,前任陆军大臣。㈤ 木村兵太郎,六十九岁,东条内阁之陆军副大臣,后出任缅甸日军总司令。㈥ 松井石根,七十岁,前华中日军总司令,"南京大屠杀"之主凶。㈦ 武藤章,五十六岁,日军退出马尼拉之大屠杀事件时之菲列(律)宾日军统帅。

被判无期徒刑之十六人为:㈠ 荒木贞夫,七十一岁,前陆军大臣。㈡ 桥本欣五郎,五十八岁,日陆军上校,白色种族之憎恨者。㈢ 烟俊六,六十九岁,前华中日军总司令。㈣ 平沼骐一郎,八十岁,日本参加轴心国时之内阁总理。㈤ 星野直树,五十六岁,东条内阁秘书长。㈥ 木户幸一,五十九岁,掌玺官及天皇之机密顾问。㈦ 小矶国昭,六十九岁,一九四四年七月继东条任内阁总理。㈧ 南次郎,七十四岁,一九三一年东北事变时之陆军大臣。㈨ 冈敬纯,五十八岁,前海军事务局长官及海军副大臣。㈩ 大岛浩,六十二岁,退职之日陆军中将,前驻德大使。㈡佐藤贤了,五十三岁,前陆军事务局长官。㈢岛田繁太郎,六十五岁,珍珠港事件时之海军大臣。㈢铃木贞一,六十岁,东条内阁之设计局主席。㉔贺屋兴宣,五十九岁,珍珠港事件事之内藏大臣(因病未出席)。㈤白鸟敏夫,六十一岁,前驻意大利大使(因病未出席)。㈥梅津美沼郎,六十六岁,前日本陆军参谋总长,曾代表陆军在密苏里战舰签署投降书(因病未出席)。

被判有期徒刑之二人为:㈠重光葵,六十一岁,前外交大臣及驻苏大使,曾代表日本政府在密苏里战舰签署投降书,判有期徒刑七年。㈡东乡茂德,六十六岁,前外交大臣及驻苏大使,判有期徒刑二十年。重光葵及东乡茂德之刑期,将自二年半前彼等被羁押传讯之日计算。

选自《申报》,1948 年 11 月 13 日。

南京大屠杀主犯谷寿夫被判处死刑判决书

(宣读后当庭送达)

1947 年 3 月 10 日

〔本报南京十日电〕 南京大屠杀案主犯谷寿夫,十日下午三时在京励志社临时公开法庭被宣判死刑。

(1947 年 3 月 10 日)

选自《申报》,1947 年 3 月 11 日。

谷寿夫判决书要点

1947 年 3 月 10 日

事实:谷寿夫系日本军阀中傈悍著称之将领。民国廿六年中日战起,充任第六师团长,是年末率部来华,参与侵略战争,先转战于河北永定河及保定石家庄等处,同年十一月杪,我京沪沿线战事频告失利,移转阵地,扼守南京,日本军阀以我首都为抗战中心,遂纠集其精锐,而凶残之第六师团谷寿夫部队,第十六师团中岛部队,第十八师团牛岛部队,第一一四师团末松部队等,在松井石根大将指挥之下,合力会攻,并以遭遇我军坚强抵抗忿恨之余,乃于陷城后,作有计划之屠杀,以示报复。由谷寿夫所率之第六师团任前锋,于廿六年十二月十二日(即农历十一月十日)傍晚,攻陷中华门,先头部队用绳梯爬垣而入,即开始屠杀,翌晨复率大军进城,与中岛牛岛末松等部队,分取京市各区,展开大规模屠杀,处以焚烧掳掠。

杀　　戮

屠杀最惨厉之时期,既为廿六年十二月十二日至同月廿一日。亦即在谷寿夫部队驻京之期间内,计于中华门外花神庙、宝塔桥、石观桥、下关、草鞋峡等处,我被俘军民被日军用机枪集体射杀,并焚尸灭迹者,有单耀人等十九万余人,此外零星屠杀,其尸体经慈善机关(构)收埋者十五万余具,被害总数达三十万人以上,尸横遍地(野),惨绝人寰,其残酷之情状,尤非笔墨所能形容。如十二月十五日下午一时,我军警二千余名,为日军俘获后,解赴汉中门外,用机枪密集扫射,饮弹齐殒,其负伤未死者,悉遭活焚。同月十六日下午六时,麇集华侨招待所之难民五千余人,被日兵押往中山码头浦中,尚能挣扎者均遭乱刀戮毙,并将全部尸骸浇以煤油焚化。又如十二月十二日,乡妇王徐氏,在中华门外下码头,遭日军枭首焚尸。同月十三日,乡民魏小山,因谷寿夫部队在中华门堆草巷纵火,前往灭救,竟被砍死。同日僧隆敬、隆慧及尼真行、灯高、灯元等,亦于中华门外庙庵内悉遭屠戮。十四日市民姚加隆携眷避难于中华门斩龙桥,又遭日军将其妻奸杀,八岁幼儿三岁幼女因在旁哀泣,被用枪尖挑入火中,活焚而毙,同月十三日至十七日,时值严寒,驻中华门外日军勒令乡民卅余人,入水捞鱼,从则冻毙,违则遭戮,并将一老叟绑悬树梢,以枪瞄准,作射靶练习,于至绳断跌毙。又日军官二人,以杀人为竞赛,其一杀达百零五人,一则以杀百零六人获胜。同月十九日,乡妇谢善真,年逾六旬,被日军在中华门外东岳庙用刀划杀,并以竹竿插入阴户,均属惨无人道。计自十二月十二日至同月十七日,我首都无辜军民,被日军残杀而有案可稽者,达八百八十六起。其在中华门一带被害者,除以上列举外,尚有王福和、柯大才、徐翁氏等三百七十八案。

奸　　淫

日军陷城后,更四出强奸,一逞淫欲,据外侨所组国际委员会统计,在廿六年十二月十六日十七日两日,我妇女遭日军蹂躏者,已达千人,且方式之离奇惨虐,实史述前所未闻。如十二月十三日,民妇陶汤氏,在中华门东红厚里五号被日军轮奸后,剖腹焚尸,怀胎九月之孕妇萧余氏,十六岁少女黄桂英、陈二姑娘,及六十三岁之乡妇,亦同在中华门地区惨遭奸污,乡女丁小姑娘,在中华门堆草巷,经日军十三人轮奸后,因不胜狂虐,厉声呼救,当被刀刺小腹致死。同月十三日至十七日间，日军在中华门外，于强奸妇女后，复迫令过路僧侣续与行奸，僧拒不从，竟被处宫刑致死。又在中华门外土城头南少女三人，因遭日军强奸，羞情投江自尽。凡我留京妇女，莫不岌岌自危，乃相率奔避于国际委员会所划定之安全区，讵日军罔顾国际正义，竟亦逞其兽欲，每乘黑夜越垣入内，不择老幼，摸索强奸，虽经外侨以国际团体名义，迭向日军当局严重抗议，而日将谷寿夫等，均置若罔闻，任使部属肆虐如故。

焚　　烧

再日军锋镝所至，焚烧与屠杀，常同时并施，我首都为其实行恐怖政策之对象，故焚烧之惨烈，亦无伦比。陷城之初，沿中华门迄下关江边，遍处大火，烈焰烛天，半城几成灰烬，我公私财产之损失殆不可数计。中华门循相里房屋数十幢，均遭烧毁，居民何广森、夏鸿贵、毕张氏等数百人，庐舍成墟，栖息无所，中华门、钓鱼巷、湖北路、长乐路、双闸镇各处，居民曹有年、常许氏、冯兆英等房屋数百幢，亦俱焚烧，荡然无存。至十二月廿日，复从事全城有计划之纵火暴行，市中心区之太平路，火焰遍布，至夜未熄，且所有消防设备，悉遭劫掠，市民有敢营救者，尽杀无赦。

劫　　掠

日军更贪婪成性，举凡粮食、牲畜、器皿、古玩，莫不劫取，如在石塌街五十号，抢掠国银石签轩名贵书籍四大箱，字画古玩二千余件，木器四百件，衣服三十余箱。又在集庆路、任管巷等处，掠劫民间牲畜、粮食、钱财，不可胜计。则国际红十字会病院内护士财物，病人被褥，难民食粮，亦遭洗劫一空。美大使馆职员陶格拉斯晋钦、美籍女教士格蕾丝苞尔、德人乌拉比巴赤德波、濮罗蒸姆生等住宅，并经先后搜劫，损失蓄量。种种暴行，更属难数。日本投降后，谷寿夫在东京被捕，经我驻日代表团解送来京，由本庭检察官侦查起诉。（理由从略）（完）

（1947年3月10日）

选自《申报》，1947年3月13日。

二十七、抗战家书和抗战英烈遗书

伟大的中华民族有着光荣的斗争传统,在异族、外敌的侵略面前,从来富贵不能淫、威武不能屈。从古代的文天祥、岳飞到近代的林则徐、邓世昌……数不清的英烈们的英勇斗争事迹激励着我们后人。14 年的抗日战争中,更是英烈辈出。在"九·一八事变"后的东北抗战中,抗日联军的杨靖宇将军坚持战斗到最后一个人;赵一曼宁死不屈和八女投江不做俘虏的事迹可歌可泣。"七·七事变后"的南口战役中,罗珪芳团以千余之军拒万余之敌,寸土不让,全团几乎全部牺牲。淞沪会战中,战斗在宝山路的姚子青营,全营官兵壮烈牺牲。坚守上海四行仓库的"八百壮士",在谢晋元将军指挥下,孤军奋战,决不退让;一位 14 岁的女青年杨惠敏,只身游过苏州河,送去一面国旗升在仓库上空,全国人民无不敬仰、赞叹。至于佟麟阁、赵登禹、郝梦龄、饶国华、王铭章、张自忠等将军的壮烈殉国事迹,飞行员高志航的殉国事迹……无不光照神州、激动人心。在中国共产党领导的敌后战场,左权将军光荣牺牲的事迹,狼牙山五战士跳崖的事迹,王二小等根据地乡亲们为保护被围困的八路军战士,宁肯牺牲自己、牺牲亲人,也不向日军供认八路军的事迹,为全国人民所歌颂。在 14 年的抗日战争中,中国人民共伤亡 3500 万人以上,直接经济损失 1000 多亿美元,间接经济损失 5000 多亿美元。难民、流亡大后方的老百姓有几千万之多,他们终日颠沛流浪、缺衣少食、贫病交加,无数的难民、流亡者客死他乡。英烈们写下了众多的家书、遗书、遗电;流浪在异乡的逃亡者写下了众多的惦念故乡、牵挂亲人的信函。这些从一个侧面记录了抗日战争的日日夜夜,记录了抗日战争的壮烈、苦难、艰辛。让我们记住他们的声音吧! 毋忘国耻,毋忘仇恨! 这是我们民族的精神财富,是我们民族的宝贵遗产。

朱德的四封家书

1937 年至 1943 年

致陈玉珍

玉珍①:

别久念甚。我以革命工作累及家属,本属常事。但不知你们究受到何等程度,望你接信后将十年情况告我是荷。理书、尚书、宝书等在何处? 我两母亲是否在人间? 你的母亲②及家属如何? 统望告。近来,国已亡三分之一,全国抗战已打了月余,我们的队伍已到前线,我已动身在途中。对日战争,我们有信心并有把握打胜日本。如理书等可到前线来看我,也可以送他们读书。我从没有过一文钱,来时需带一些钱来我用。自别后了你,我的行动谅是你们知道的,不再说。此问近好。

刘钟③
(1937年)9月5日

注释:

① 玉珍,即陈玉珍,朱德的前妻。陈玉珍毕业于四川南溪县简易师范学校,参加过辛亥革命。1917年6月与朱德结婚。1927年八一南昌起义前夕,鉴于形势,朱德安排陈玉珍母子回到四川家乡,这一别就是十年。

② 两母亲,指朱德的生母钟氏和养母刘氏。理书是朱德二哥的儿子,尚书是朱德的养子,宝书是朱德的儿子朱琦。他们遭国民党迫害,常年流落在外。

③ 刘钟,为朱德以生母养母的姓化名。

致陈玉珍

玉珍:

9月12日的信于(9月)27日在前线作战区收到,知道你十年的苦况,如同一日,家中支持多赖你奋斗。我对革命尽责,对家庭感情较薄亦是常情,望你谅之。我的母亲仍在南溪或回川北去老家了?川北的母亲现在还在否?川北家中情况如何?望调查告知。庄弟①及理书、尚书、宝书、许明扬②等现在还生存否?做什么事?在何处?统望调查告知,以好设法培养他们上革命战线,决不要误此光阴。至于那些望升官发财之人决不宜来我处,如欲爱国牺牲一切、能吃劳苦之人无妨多来。我们的军队是一律平等待遇,我与战士同甘苦已十几年,愉快非常,因此无论什么事都可办好。24、25两日,我们的八路军参加上打了几个小胜仗,夺得大炮一门,弹两千多发,战车七十四辆,打死敌人千多个,俘二百多,得军用品很多,全线士气为之一壮。如各军都同我们一样,那就不难打退敌人和消灭敌人。……以后不宜花去无用之钱来看我,除了能作战报国的人外均不宜来。我为了保持革命军队的良规,从来也没有要过一文钱,任何闲散人来,公家及我均难招待。革命办法非此不可。家庭累事均由你处置,我从不过问。手此致复,并问亲友均好。

朱德
(1937年)9月27号

注释：
① 庄弟，即朱德的胞弟朱代庄。
② 许明杨，是朱德姐姐秋香之子。

致陈玉珍

玉珍：

由南溪来信数封均收到，悉一切情形，又家中朱理书来信亦悉。许扬明近与我处，见面亦谈及家中情况，十年来的家中破产、凋零、死亡、流亡、旱灾、兵灾，实不成样子。我早已看到封建社会之破产，这是当然的结果。尚书死去，云生转姓，后事已完，我再不念及，惟两老母均八十，尚在饿饭中，实不忍闻。望你将南溪书籍全卖及产业卖去一部分，接济两母千元以内，至少四百元以上的款，以终余年。望你千万办到。至于你的生活，切不要依赖我，我担负革命工作昼夜奔忙，十年来艰苦生活，无一文薪水，与士卒同甘苦，决非虚语。现时虽编为(国民)革命军，仍是无薪水，一切工作照旧，也只有这样才能将革命做得成功。近来转战华北，常处在敌人后方，一月之内二十九日行军作战，即将来亦无宁日。我这种生活非你们可能处也，我决不能再顾家庭，家庭亦不能再累我革命。我虽老已五十二岁，身体尚健，为国为民族求生存，决心抛弃一切，一心杀敌。万望你们勿以护国军时代看我，亦不应以大革命时代看我。望你独立自主，决不宜来前方，亦不应依赖我，专此布复，并望独立。

朱德
(年份不明)11月6日　山西昔阳县

上述三封信选自《广东党史》，2009年第4期。

致朱敏

朱敏女儿：

我们身体都好。朱琦已在做事。高洁还在科学院。兹送来今年上半年的像(相)片两张。你在战争中应当一面服务，一面读书，脑力同体力都要同时并练为好。中日战争要比苏德战争更迟些结束。望你好好学习，将来回来作(做)些建国事业为是。

朱德
康克清
1943，28/10日于延安

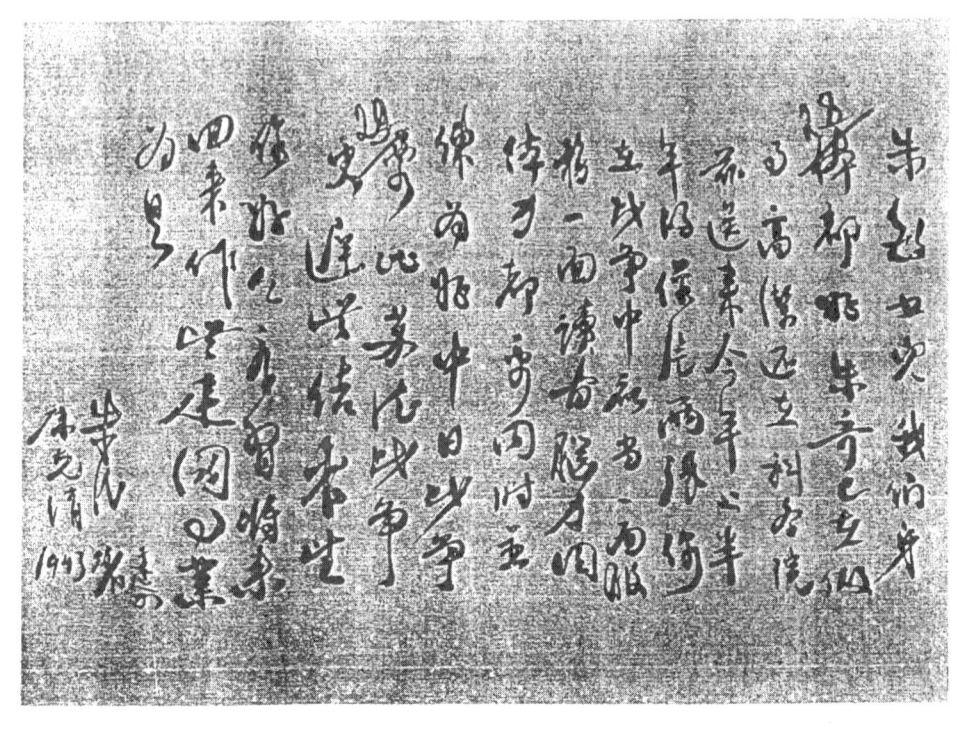

朱德、康克清给朱敏的信(1943年10月28日)

选自唐洲雁、李扬：《中共元勋家书品读》，第142页，中国人民大学出版社，2013年版。

周恩来致邓颖超

1938年11月13日

超：

不及一月，已两退都市。上月二十五晨有计划地离开武汉，秩序颇好，我亦安然到达沙市，转来长沙。惟克农、梓年、京五等船行，损失颇大。办事处死伤九人，可爱的张海清及另一译电员在内。新华损失更大，极有希望的李密林及潘美牺牲，死伤共二十六人。全部移渝资料损失，同时广州分社的资料亦因船运而遭轰炸。

昨夜长沙火起，全城一炬，我及剑英、文禧与两个特务员仓猝(促)出火城，衣被尽失，步行二十余里，始遇卡车转来湘潭。现两老均在衡阳道上，后日可往桂林，何时往贵阳，须待车通。我目前大概在衡阳宝庆桂林之间随委座行动。

二十日来甚忙,常不得好睡,但精神甚健。因见客并不多,尚有余时写信,你可想见。你何时离渝,大约飞行居多。博兄索小汽车,因无法补充汽油,恐一时不易去也。留渝老友甚多,均请一一代候,尤望代候前次带书人也。

你好!

翔
(一九三八年)十一·一三

选自中共中央文献研究室:《周恩来邓颖超通信选集》,第8~9页,中央文献出版社,1998年版。

陈毅给父亲陈家余的信

1939年5月7日

父亲大人膝下:

　　阴正廿七日县中严谕领悉。孟熙、季让前后信均收,只修和年余未得只字,怀念之至。儿一切如恒,开春以来体质转健。目前江南战局更大进展,儿部日益壮大,军民关系尤为良好,生平快慰之事无过此者。三五年头敌定片甲不回也。儿已再四请假返里省亲,均以代理无人而遭婉拒,但已允于本年内设法。西望故里,不尽孺慕赡佑为叹惋耳!现寄呈近照两张,神情逼真,以远慰亲怀于万一。

　　顺叩

春安金福!

二儿俊禀
(一九三九年)五月七日抗日纪念节

选自唐洲雁、李扬:《中共元勋家书品读》,第63页,中国人民大学出版社,2013年版。

左权家书

左权(1905~1942),原名左记传,号叔仁,湖南醴陵人。1924年3月入孙中山的建国陆海军大元帅府军政部陆军讲武学校,同年11月转入黄埔军校第一期学习。1925年加入中国共产党,后在黄埔军校教导团任排长、连长,参加东征。同年12月赴苏联,先后在莫斯科中山大学、伏龙芝军事学院学习。1930年回国后到中央苏区,先后任工农红军学校第一分校教育长、新十二军军长、红十五军军长兼政治委员、军委作战局参谋、红一军团参谋长,参加了中央苏区反"围剿"和长征。到达陕北后,1936年5月任红一军团代理军团长。抗日战争爆发后,历任八路军副参谋长、八路军前方总指挥部参谋长、八路军第二纵队司令员等职。1942年5月25日,在山西辽县的一次反扫荡战中壮烈牺牲。

1942年5月,八路军副参谋长左权在反"扫荡"中亲临前线指挥作战,在山西辽县麻田战斗中不幸壮烈牺牲。

左权给母亲的信

1937年12月3日

母亲:

亡国奴的确不好当,在被日寇占领的区域内,日本人大肆屠杀,奸淫掳抢,烧房子……等等,实在痛心。有些地方全村男女老幼全部杀光,所谓集体屠杀,有些捉来活埋活烧。有些地方的青年妇女,全部捉去,供其兽行。要增加苛捐杂税。一切企业矿产,统要没收。日寇不仅要亡我之国,并要灭我之种,亡国灭种惨祸,已临到每一个中国人民的头上。

现全国抗日战争,已进到一个严重的关头,华北、淞沪抗战,均遭挫败,但我们共产党主张救国良策,仍不能实现。眼见得抗战失败,不是中国军队打不得,不是我们的武器不好,不是我们的军队少,而是战略战术上指挥的错误,是政府政策上的错误,不肯开放民众运动,不肯开放民主,怕武装民众,怕改善民众的生活,军官的蠢拙,军队纪律的坏,扰害民众,脱离民众……等(等)。我们曾一再向政府建议,并提出改善良策,他们却不能接受。

这确是中国抗战的危机,如不能改善上述缺点和错误,抗战的前途,是黑暗的、悲惨的。

我们不敢(管)怎样,我们是要坚持到底,我们不断督促政府逐渐改变其政策,接受我们的办法,改善军队,改善指挥,改善作战方法。现在政府迁都①了,湖南成了军事政治的重地,我很希望湖南的民众大大觉醒,兴奋起来,组织武装起来,成为民族解放自由战争中一支强有力的力量。因为湖南的民众,素来是很顽强的,在革命的事业上,是有光荣历史的。

我军在西北战场上,不仅取得光荣的战绩,山西的民众,整个华北的民众,对我军极表好感。他们都唤着"八路军是我们的救星"。我们也决心与华北人民共甘苦、共生死,不敢[管]敌人怎样进攻,我们准备不回到黄河南岸来。我们改编为国民革命军后,当局对我们仍然是苛刻,但我军将士,都有一个决心,为了民族国家的利益,过去没有一个铜板,现在仍然是没有一个铜板,过去吃过草,准备还吃草。

母亲!你好吗,家里的人都好吗?我时刻纪(记)念着!

敬祝

福安!

男　自林②
(1937年)12月3日于洪洞

注释:

① 1937年11月20日,中国国民政府宣布迁都重庆。11月26日,林森一行抵达重庆,开始办公。国民政府虽迁到了重庆,但自南京陷落后,其政治、军事、经济中心实际却在武汉。武汉失守后,其军政重心一度迁移至长沙、衡山。1938年底,蒋介石及国民党最高军事机关始抵重庆。1940年9月6日,国民政府明令定重庆为陪都。

② 即左权,自林是他的奶名。

选自左太北等:《左权家书》,第57～59页,解放军出版社,2002年版。

左权给叔父左铭三的信

1937年9月18日

叔父:

你6月1日的手谕及匡家美君①与燕如信均于近日收到,因我近几月来在外东跑东

（西）跑，值近日始归。

从你的信中已敬悉一切，短短十余年变化确大。不幸林哥②作古，家失柱石，使我悲痛万分。我以己任不能不在外奔走，家中所持者全系林哥，而今林哥又与世长辞，实使我不安，使我心痛。

叔父！我虽一时不能回家，我牺牲了我的一切幸福为我的事业来奋斗，请你相信这一道路是光明的、伟大的，愿以我的成功的事业报你与我母亲对我的恩爱，报我林哥对我的培养。

卢沟桥事件后迄今已两个多月了，日本已动员全国力量来灭亡中国。中国政府为自卫应战亦已摆开了阵势，全面的战争已打成了。这一战争必然要持久下去，也只有持久才能取得抗战的胜利。红军已改名为国民革命军，并改编为第八路军，现又改编为第十八集团军。我们的先头部队早已进到抗日的前线，并与日寇接触。后续部队正在继续运送，我今日即在上前线途中。我们将以游击运动战的姿势，出动于敌人之前后左右各个方面，配合友军粉碎日敌的进攻。我军已准备着以最大艰苦斗争来与日军周旋。因为在抗战中，中国的财政经济日益穷困，生产日益低落，在持久的战争中必须能够吃苦。没有坚持的持久艰苦斗争的精神，抗日胜利是无保障[的]。拟到达目的地后，再告通讯处。

专此敬请

福安！

侄字林③

（一九三七年）九月十八日晚

于山西稷山县

两位婶母及堂哥二嫂均此问安。

注释：

① 即匡金美，是左权的同村人，儿时的伙伴。

② 即左权的大哥育林，1933年因患肺病去世。

③ 即左权，奶名自林、字林。

选自左太北等：《左权将军家书》，第60~61页，解放军出版社，2002年版。

左权给夫人刘志兰的信①

1940年11月12日

志兰：

接何廷英同志②上月二十六日电，知道你们已平安的（地）到达延安。带着太北小鬼长途跋涉真是辛苦你了。当你们离开时，首先是担心着你们通过封锁线的困难，更怕意外的遭遇。你们到达洛阳、西安后，当时反共潮流恰趋严重，又担心着由西安到延安途中的反共分子的留难与可能的危险。今竟安然的（地）到达了老家——延安。我对你及太北在征途中的一切悬念当然也就冰释了。现在念着的就是不知道你在征途中及"长征"结束后，身体怎样？太北身体好吗？没有病吗？长大些了没有？更活泼些了没有？有便时请一一告我。

你们走后，确感寂寞。幸不久即开始了北局高干会议③，开会人员极多，热闹了十多天，寂寞的生活也就少感觉了。现在一切都好，身体也好，希勿担心。

你们走时正是百团大战④第一阶段胜利开展之时，不久结束第一阶段又开始了第二阶段，也获得了预定之战果，连克了数十个据点，尤以辽县⑤以西直至榆社一带据点全部克服，缴获极多。缴获的食品吃了很久的时候，可惜你不在没尝到了。在晋察冀方面收复了涞源、灵丘周围不少据点，战果也是很美满的。其它（他）各线也有不少战绩，恕不详摆，想在延安方面也能知道。但是大战发展到第三阶段就有些老火了。敌寇为加强的诱降阴谋，以其军事行动配合其政治阴谋，向我各根据地开始了大规模的连续扫荡，因此扫荡与反扫荡便构成了"百团大战"第三阶段的全部。这次扫荡首先是以晋东南及平西为目标的。经上月六日开始向晋东南进攻，连续来了三次扫荡，每次均以七八天为期，每次扫荡均打到砖壁⑥周围，我们也连续的（地）跑了三次，直至今日大体已经结束，我们也离开砖壁。敌人这几次的连续扫荡，虽一般的在意料之中，但还没有估计得这样严重，一次与另一次的期间这样短促。在反扫荡中虽是分别给了敌人一些打击，尤其是关家垴⑦（石门附近）歼灭敌人一个大队的打击，但我根据地遭受敌寇之摧残是空前的。敌人的政策是企图变我根据地为一片焦土，见人便杀，见屋便烧，见粮食便毁，见牲畜便打，虽僻野山沟都遭受了损失，整个太北除冀西一角较好外，统均烧毁，其状极惨。但砖壁尚依然如故，其它（他）如上河、东田、韩壁等烧得片瓦无存，烟口⑧石门均遭烧毁过。在几次的反扫荡中，敌人打到砖壁附近时我们才离开，因直属机关之笨重，行动实在麻烦，虽没有吃亏，但有些单位有些个人吃苦确不少。尤以最后一次移动时下大雨翻大山，彻夜摸黑，天气骤冷，不少的人变成了泥鬼，真是有点老火。小宋小吴，汪明唐苏，抱着小孩跑反颇称狼狈与可怜,假使你还没走的话,不免又要多辛苦一场呢!

此间反扫荡刚结束,敌寇对晋察冀之大扫荡又开始了,估计敌寇对该区的扫荡更残苦(酷)。总之(在)国内投降妥协危机更加严重发展,日寇对华北我军的进攻必更加严重,以遂其反共阴谋,今后华北之严重局势也就大大地加重了。过去虽云艰苦,但一般的还不太严重,生活一般的还是安静的,今后恐怕就不然了,跑反逃难的事将愈来愈多,这将是无疑的了。生活愈来愈困难,没饭吃,没钱用,也是不可免的。当然,这也只是战争发展一定时期内之必然过程,渡过了这个时期就会好的。不管这种形势在一定时期内如何严重的(地)发展,对我个人说来是没有什么的,你总可放心。

志兰:你到达延安后,应即把太北送到托儿所去,你能很快的(地)进学校,这是我的愿望,想你也同感。太北到托儿所后不一定有亲自养育的(得)好,但想来也不会坏的,你应放手些。你是爱求进步也能进步的人,应趁此难得的机会进学校学习一期。

志林⑨对现有工作不甚愿意,曾向我要求调换工作或到延安学习,我已安慰了他,也就没有什么了。他的一切我当关心,我不时叫他到我这边玩,他与一般同志也搞得很好,身体也不坏,你可放心。

志兰:有不少的同志很惊奇我俩真能够分别,你真的去延安了。本来分别是感痛苦的,但为了工作,为了进步,为了于党有益,分别也就没有什么了。回想我俩相处一年多以来,是很好的,感情是深厚的,分别后不免同相怀念着。聪敏活泼的太北小家伙很远的(地)离开,长久的(地)不能看到她,当然更增加我的悬(思)念。我只希望你一方面照顾着太北,同时又能很好安心的(地)学习,有便时多写几封信给我。志兰亲爱的,最近的期间内恐难见面的,相互努力工作与学习吧! 不写了。

志兰亲爱的,祝你安心学习。希望太北健康!

叔仁⑩
(一九四〇年)十一月十二晚

注解:

① 此信写于1940年11月12日。同年8月30日刘志兰母女离开晋东南八路军前方总指挥部赴延安。

② 即何延一,1916年生,福建长汀人。当时任八路军前方总指挥部作战科参谋,后任副科长。

③ 北局高干会议,指1940年9月25日中共中央北方局在晋东南召开的高级干部会议。

④ 百团大战,是抗日战争时期八路军在华北敌后发动的一次大规模的战役。1940年8月20日

至12月5日,八路军出动了100多个团40万兵力,在广大民兵和群众的配合下,向华北敌后主要的交通线发动攻击,并配合各根据地军民进行反"扫荡"作战。整个战役分为三个阶段:第一阶段,从8月20日至9月10日,中心任务是开展交通总破击战,重点摧毁正太铁路;第二阶段,从9月22日至10月上旬,中心任务是扩大战果,继续破击交通线,重点攻占交通线两侧和深入抗日根据地内的日军据点;第三阶段,从10月6日至12月5日,中心任务是反"扫荡"。

⑤ 今左权县。1942年9月18日,山西省辽县党政军民各界代表5000多人在县城集会,宣布:经晋冀鲁豫边区政府批准,为了永久纪念在辽县清漳河畔殉国的八路军副参谋长左权同志,自即日起,辽县易名为左权县。

⑥ 指山西武乡砖壁村,当时是八路军前方总指挥部驻地。

⑦ 指山西武乡以东之关家垴高地。

⑧ 此处系原件无法辨认的字。以口代之,下同。

⑨ 即刘志麟,是刘志兰胞弟,当时在八路军前方总指挥部工作。

⑩ 即左权,原名左纪权,号叔仁。

选自左太北等:《左权将军家书》,第7~11页,解放军出版社,2002年版。

左权给夫人刘志兰的信

1941年9月26日

志兰:

前天(二十四日)写给你的信,封在包裹里以后,今日又接到八月十六日给我的信,乘去延安同志未走之便,再写几句给你,同时今天又得了一点稿费,再一并寄给你。

很感激你经常有信给我,告诉你的生活情形,北北的情形。知道北北天天的(地)长大起来,更懂事更活泼,我很高兴喜欢。但知道你的身体瘦弱和不舒适的生活,我又很难过。经你的来信中我知道你的一切。养大一个孩子确是一件不简单的事情。好的是北北已长大了,完全同意你到适当时候你当然的脱离他(她),进学校去。我决意不阻挠你的学习,遵守分别时的诺言。我想我俩的感情是深厚的,在长期的离别期间,彼此感情将更是与日俱增着,想你亦同感。

托张慕尧同志带给你一包东西,内面有一封信,给北北买的夏衣,作(做)的秋冬的衣服、小袜子及给你的几件日用品和一包糖果、一瓶药、廿元法币,希查收并告我。

随同这信再交张慕尧同志法币廿元(共四十元),甜油一瓶,凡士林一瓶,亦希查收并告我。

据今日消息干[赣]北广州敌均在蠢动,湘北敌进攻长沙已抵长沙近郊,一路已越浏阳南下,长沙可能失守。敌之目的何在尚难判明。我的老家——醴陵也有陷入沦陷区之危险了。

敌扫荡晋察冀边区后有充分可能转移兵力扫荡晋东南,此间正在从各方面准备反扫荡中。

我的一切你不必担心,身体也好。与21号及友清①(他现任此间秘书长)白天及王政柱、志林等同住一个院子甚热闹。工作之余可以看看花,晚饭后打打球,打排球有进步,网球很久没打了。

今年来晋东南的戏剧运动有大进步,《雷雨》《巡警》《日出》均出演了。布景与扮演艺术有很大提高,博得一般观众,不只土包子并且是洋包子的好评。抗大文艺工作团的《青天白日》《亡宋鉴》,朝鲜义勇队的《皇军梦》《朝鲜女儿》,在表演艺术上都是杰作。此次一二九师的运动大会亦是晋东南空前的壮举,所获成绩亦很大。

担心着你的瘦弱的身体及太北病后的身体,希注意保养,恢复健康。

不多写了,不要忘记教育小太北学会喊爸爸,慢慢的(地)给她懂得她的爸爸在遥远的华北与敌寇战斗着。

祝你

快活与健康。

叔仁
(一九四一年九月)二十六(日)晚

注解:

① 即张友清(1904~1942),陕西神木人。当时任中共中央北方局统战部部长。1942年春任北方局秘书长兼八路军前方总指挥部秘书长。同年5月在反"扫荡"中被俘,7月7日牺牲于太原集中营。

选自左太北等:《左权将军家书》,第30~32页,解放军出版社,2002年版。

左权给夫人刘志兰的信①

1942年5月22日

志兰:

就江明同志②回延安之便,再带给你几个字。

乔迁同志那批过路的人,在几天前已安全通过敌人之封锁线了,很快可以到达延安,想不久你可看到我的信。

希特勒"春季攻势"作战已爆发,这将影响日寇行动及我国国内局势。国内局势将如何变迁,不久或可明朗化了。

我担心着你及北北,你入学后望能好好的(地)恢复身体。有暇时多去看看太北,小孩子极须(需)人照顾的。

此间一切正常,惟生活则较前艰难多了。部队如不生产,则简直不能维持。我也种了四五十棵洋疆(姜),还有廿棵西红柿,长得还不坏。今年没有种花,也很少打球。每日除照常工作外,休息时玩玩扑克与斗牛。志林很爱玩排[牌],晚饭后经常找我去打扑克。他的身体很好,工作也不坏。

想来太北长得更高了,懂得很多事了。她在保育院情形如何,你是否能经常去看她,来信时希多报导(道)太北的一切。在闲游与独坐中,有时总仿佛有你及北北与我在一块玩着、谈着。特别是北北非常调皮,一时在地下,一时爬到妈妈怀里,又由妈妈怀里转到爸爸怀里来,闹个不休,真是快乐。可惜三个人分在三起,假如在一块的话,真痛快极了。

重复说,我虽如此爱太北,但如时局有变,你可大胆的(地)按情处理太北的问题,不必顾及我,一切以不再多给你受累、不再多妨碍你的学习及妨碍必要时之行动为原则。

志兰!亲爱的,别时容易见时难。分离廿一个月了,何日相聚,念念、念念。愿在党的整顿三风③下各自努力求进步吧!以进步来安慰自己,以进步来酬报别后衷情。

不多谈了,祝你

好!

叔仁

(一九四二年)五月廿二日晚

有便多写信给我。

敌人又自本区开始扫荡,明日准备搬家了。拟托孙仪之同志带之信未交出,一同付你。

注释:

① 此信写于1942年5月22日,即左权牺牲的前三天。

② 江明,1913年生,当时是中共中央北方局工作人员,后任北方局青年运动委员会书记。

③ 指整风运动。中国共产党自1942年起在全党范围内开展的一次马克思列宁主义思想教育运动,主要内容是:反对主观主义以整顿学风,反对宗派主义以整顿党风,反对党八股以整顿文风。

选自左太北等：《左权将军家书》，第52~54页，解放军出版社，2002年版。

张自忠将军遗书、遗电

抗日名将张自忠

张自忠（1891~1940）字荩忱，山东省临清人，历任排长、连长、营长、团长、旅长、师长、军长、察哈尔省主席、第三十三集团军总司令、第五战区右翼兵团总司令。参加过长城抗战。"七·七事变"后，与日寇一战肥水、再战临沂、三战徐州、四战随枣。1940年5月16日，在枣宜会战与日寇激战中壮烈牺牲。7月国民政府追赠其为陆军上将，举行国葬。1982年4月16日，中华人民共和国追认张自忠为革命烈士。

致第5战区司令长官[①]

1940年5月16日

职率74师及骑9师一部和特务营，与南窜之敌连日激战，今晨敌增飞机30余架，炮20余门助战，现在方家集以南之南瓜店正在激战中。又38师铣（16）日将敌击溃，占领新街，敌数人因我到处堵截，企图沿襄河东岸南窜，已饬属努力追击中。

张自忠

1940年5月16日

注释：

① 这是张自忠将军牺牲前所做的最后一次战地报告。

选自王晓华、戚厚杰等：《抗日战争正面战场档案全纪录》，第185页，团结出版社，2011年版。

致 蒋 介 石

1940年5月15日

即到。渝委员长蒋

影密。报告：

一、职昨率74师、骑9师及总部特务营，亲与南窜之敌约5000余名血战竟日，创敌甚重。晚间敌我相互夜袭，复激战终夜。今晨敌因败羞愤，并因我追击，不得南窜，遂调集飞机30余架，炮20余门，向我几番轰击，以图泄愤，并夺路南窜。我各部经继续六七次之血战，牺牲均亟（极）重大，但士气仍颇旺盛，现仍在方家集附近激战中。

二、我38师、179师昨已将新街敌数百名击溃，当将新街克复，现仍继续向南追击中。

三、据报，奸（残）敌一部（约）千余人，因被我各处截击，现企图沿襄河东岸南窜，已饬38师、179师努力截击中。谨闻。职张自忠叩。删（15日）申。

张自忠

1940年5月15日下午4时

选自王晓华、戚厚杰等：《抗日战争正面战场档案全纪录》，第179～180页，团结出版社，2011年版。

致 蒋 介 石

1940年5月10日

重庆委员长蒋：

报告：

（一）职率38师、74师追击北窜之敌，于今晨追抵峪山、黄龙档一带，即向双沟、吕堰镇之敌攻击前进。

（二）新街、白庙、方家集一带共有敌约千余名，经职沿途扫荡连日激战多次，毙敌军甚重。我38师亦伤亡团副邓文光等官兵约300余人,我74师伤亡(约)百余人。

（三）我180师前由梁家集、熊家集一带向西北追击北窜之敌,沿途与敌激战,曾数度为敌包围伤亡较重,现仍继续追击中。我179师、骑9师现今在马家集、田家集一带切实断敌交通。

（四）我29师(属第55军)、37师(属第77军)渡河部队,现已将京、钟路及洋梓南北交通完全切断,并袭击敌之各据点颇多斩获,生俘伪军5名。

谨闻

职　张自忠

蒸(10日)辰。
(1940年5月10日)

选自王晓华、戚厚杰等:《抗日战争正面战场档案全纪录》,第177页,团结出版社,2011年版。

致第59军指挥员

1940年5月6日

今日之事,我与弟等共有两条路可走:第一条是敷衍,一切敷衍,我对弟等敷衍,弟对部下也敷衍;敌人未来,我们对敌是敷衍的(地)布置,敌人即来,我们也是敷敷衍衍地抵抗,敷衍一下就走。这样的做法,看起来似乎聪明,其实最笨;似乎容易,其实更难;似乎近(讨)便宜,其实更吃亏。因为今天不打,明天还是要打;在这里不打,退到任何地方还是要打。平定是一样的平定,牺牲是一样的牺牲。所以这条路的结果。一定是身败名裂,不但国家因此败坏于我们之手,扰连我们自己的生命,也要为我们所断送。这就等于自杀,所以这条路是死路,沉沦灭亡之路。我与弟等同生死、共患难十余年,感情逾于骨肉,义气重于同胞,我是不忍令弟等走这条灭亡的死路。弟等夙识大体,明大义,谅必也绝不肯走这条路。无疑地我们只有走另一条路,就是拼。我们既然奉命守这条线,我们就决心在这条线上拼,与其退到后面还是要拼,我们就不如在这条线上拼到底,拼完算完,不奉命令绝不后退。我与弟等受国家豢养数十年,无论如何艰难,我们还拼不得吗？幸而我们的拼,能挡住了敌人,则不仅少数的几个人,就连我们全军也必然在中华民国享着无上的光荣,我们官兵也永远保持着光荣的地位,万一不幸而拼完了,我与弟等也对得起国家,对得起四万万同胞父老,我们没有亏负了他们的豢养,我们亦不愧做一世的军人。所以,这一条路是光明的,是我们唯一无二应该走的路。我与弟等参加抗战以来,已经受了千辛万苦,现在到,最后一个时期,为山九仞,何忍亏于一篑?故惟有盼望弟等打起精神,咬定牙根,拼这一仗。我们在中国以后算人抑算鬼,将于这一仗见之。

张自忠
1940年5月6日

选自王晓华、戚厚杰等:《抗日战争正面战场档案全纪录》,第173~174页,团结出版社,2011年版。

致第33集团军副总司令马仰之

1940年5月6日

仰之我弟如晤:

因为战区全面战事之关系及本身之责任,均须过河与敌一拼。现已决定于今晚往襄河东岸进发,到河东后,如能与38师、179师取得联络,即率该两部与马师不顾一切向北进之敌死拼;设若与179师、38师取不上联络,即带74师之3个团,奔着我们最终之目标(死)往北迈进。无论作好作坏,一定求良心得到安慰。以后公私,均得请我弟负责。由现在起,以后或暂别或永离,不得而知。专此布达。

张自忠
1940年5月6日晚出发前

选自王晓华、戚厚杰等:《抗日战争正面战场档案全纪录》,第172页,京华出版社,2007年版。

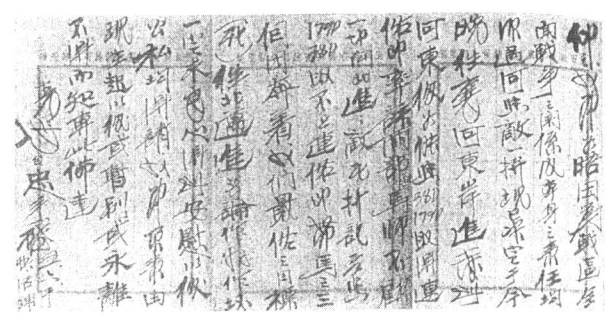

张自忠致冯治安的诀别信

致第33集团军副总司令兼77军军长冯治安

1940年5月1日

佟(麟阁)、赵(登禹)死于南苑,宋(哲元)又死于四川,只余你我与刘(汝明)数人矣。我等不知几时也要永别,我等应即下一决心,趁未死之先,决为国家、民族尽最大之努力,不死不已!如此就是死后遇于冥途,亦必欢欣鼓舞,毫无愧作。

张自忠
1940年5月1日

选自王晓华、戚厚杰等:《抗日战争正面战场档案全纪录》(中),第173页,团结出版社,2011年版。

致第33集团军各师、团主官

1940年5月1日

看最近之情况,敌人或要再来碰一下钉子。只要敌来犯,兄即来河东与弟等共同去牺牲,国家到了如此地步,除我等为其死,毫无其它(他)办法。更相信,只要我等能本此决心,我们的国家及我五千年历史之民族,决不致亡于区区三岛倭奴之手。为国家民族死之决心,海不清,石不烂,决不半点改变!愿与诸弟共勉之。

张自忠
1940年5月1日

选自林治波等:《中国抗日战争秘闻》,第172页,京华出版社,2007年版。

郝梦龄

抗日名将郝梦龄

郝梦龄(1898~1937)，字锡九，河北藁城人，保定陆军军官学校第六期毕业，国民革命军第9军军长。"七·七事变"爆发后，主动请缨抗战。1937年10月率部参加忻口会战，担任中央集团军中央兵团长，指挥第9、第19、第35、第61军等部在忻口以北主阵地阻击日军。16日，亲临前线，指挥部队反击日军，不幸中弹牺牲。12月，被国民政府追赠陆军上将。1938年3月，在延安举行的纪念孙中山逝世13周年及追悼抗战阵亡将士大会上，毛泽东高度评价了郝梦龄抗日殉国的精神。1983年被中华人民共和国民政府追认为革命烈士。

郝梦龄遗书

（年月日不明）

余自汉出发时，留有遗嘱与诸子女等。此次抗战，乃民族国家生存之最后关头，抱定牺牲决心，不能成功即成仁。为争取最后胜利，使中华民族永存世上，故成功不必在我，我先牺牲，我即牺牲后，只要国家存在，诸子女之教育当然不成问题。别无所念，所念者，此中华民国及我们的最高领袖蒋委员长。倘余牺牲后，望汝孝顺吾老母，及教育子女，对于兄弟姊妹等，亦要照拂，致余虽牺牲，亦有荣焉，为军人者，对国际（即）战亡死,可谓得其所矣。

(年月日不明)

选自秦孝仪等:《中华民国重要史料初编——对日抗战时期·第二编:作战经过(二)》,第155~156页,中国国民党中央委员会党史委员会出版,1981年版。

彭雪枫家书

彭雪枫(1907~1944),原名彭修道,河南镇平县人。1925年加入共产主义青年团,次年转为中国共产党党员。1930年初到上海中共中央军委工作,之后先后在鄂东南和中央苏区历任红军教导队指导员、纵队政委、师政委、江西军区政治委员、红三军团第五师师长等职。参加长征。抗战爆发后,先后任八路军总部参谋处处长、新四军第六支队司令员兼政委、八路军第四纵队司令员、新四军第四师师长兼政委、淮北军区司令员等职。1944年9月11日,在河南夏邑八里庄指挥作战时,不幸为榴弹击中牺牲,时年37岁。

彭雪枫、林颖合影

彭雪枫家书一

1941年（月日不明）

裕群①：

托谢胜坤②同志寄你的两封信,不是说我要到前方去指挥作战吗? 昨天——23日,亦即"我们的日子"的前一天,我"凯旋"了! 胜利会使你为党为四师为你的伴侣而欢呼的! 也许你已经听说了,就是王光夏被我们全部消灭了! 淮泗游击司令李守宽(前八十九军军长李守维的堂弟)被我们生擒了,泗阳县长王乃汉活捉之后一同带来了。

信寄出的下午,以情况紧急,我出发了,先到泗县的界头,第二天——17日北进老陈圩,18日东渡运河,到达部队围攻着的陈道口,王光夏全部保安第五第六两个团并泗阳县府同守陈道口,这是顽五集全部兵民之力费了五十天的时间构筑了极为坚固的寨围,四道铁丝网,一丈五尺深和宽的外壕,老百姓们都说这是连鬼子都打不开的陈道口,可是我们以三师二师四师各一部的兵力,于围困了五天之后,20号之晚第一次总攻,占领了一个西围子,21号之晚第二次总攻全部拿下了,人喊马嘶火光触天杀气腾空中全部收拾了王光夏,计俘虏七八百人,缴获步枪七百余枝,重机枪两挺,轻机枪十挺,炮两门,无线电台两架,王光夏仅率残部二百余人窜逃了。老百姓欢欣若狂,到处传诵着新四军的"神话",以特别不同的眼光钉(盯)着我们,在两个群众大会上,我给他们讲了话,大家爱着新四军,恨着韩德勤!

在指挥阵地上,看着战士们那种勇往直前奋不顾身的雄姿,使我深为感动,为了执行命令而毫不吝惜自己的鲜血,我从内心的(地)热爱着他们! 也许他们也在爱着我吧,因为我离他们并不远,连望远镜都不需要,就是没有陪他们一同冲锋而已。你该为我担心吧,当我们看突击道路侦察地形的时候,仅仅距离敌人六十米远,一颗子弹打中了我们所藉(借)以隐蔽的碉楼的枪眼的旁边,又一次一颗子弹在我们面前三十米处落下,不要紧的啊,枪林弹雨是军人们的家常便饭,习以为常,就以为在火线上是好玩的了。三年以来,唯有这一次陈道口战役较为壮烈,从红军时起经常打大仗,的的确确已经上了瘾,此次算是过了一次瘾,打游击战是不大有兴趣的,打运动战才会使人感到够味。古人说身经百战好像就了不起了,谁能数得过这些老的红军干部打了几百次仗了呢?

在去陈道口的路上——17号那天,干了一场冒险的事,半途碰上了王光夏的第一支队长孙玉波的支队部和他的部队,硬着头皮送张片子要会他,因为他与王有矛盾事先曾经给我们写过信,可是谁知道他的心呢? 终于会面了,他是八十九军的参谋主任,勇敢善战并精于射击,寒暄之后晓以合作抗日大义,并慰劳他的部下一千元,孙大为感动,当下说要里应外合协助我们去消灭王光夏的第二支队陈儒及李守宽,答应了他,立即命令二十六团派两个营于次日会同他,19日在洋河之南三里将陈儒、李守宽消灭了,李守宽及其副官长以下百余人被俘,李本人今天伴着王乃汉同在半城,打算要利用他们,还有王光夏的秘书之类。

两大胜利使淮北苏皖边形势整个为之改观,首先暂时的(地)停止了反共军的东进,幻灭了韩德勤的援王计划,而且援兵三团之众,又被我二十九团及骑兵团在盐河击溃了,同时使我二师三师四师更为密切联络,使皖东区、淮海区、苏皖边区打成一片,控制了运河(我们搭了浮桥)争取了主动,发动了群众,扩大了党的威信,这些都是此次胜利的伟大意义。

两个胜利,恰恰都是我们的"蜜月"之内,是我俩结婚后的第一次胜利,是我俩结婚的最优美的纪念!

你14、19两信都收到了,是在我回来以后的十分钟内,收发同志面带笑容,我猜中是你的信,客人多不好意思马上看,入夜才拜读了你的信,一切都好,只有你的病——尤其是那个由于衣食不小心的咳嗽病!我常常嘱咐你,要是你总依仗着你的"健康"!这几天好了些吗?见了面我一定要抱怨你的!

原本于回来之后到天井湖一带五旅驻地去侦察地形的,因为家里许多电报未看事情未办,加上情况又不十分紧张,所以由张参谋长去了,我在准备着到淮宝去,应该去了,部队都看过了,只剩下了十一旅,还有等待着的"少女的心"!倘若没有意外的变化,本月底或者会和你见面吧!请你等待着。

你能接到家信,这是你的幸福,杜甫有两句诗说"烽火连三月,家书抵五金"。何况你我,已经处在抗日的烽火中一连三年了呢?请代"那个人"问妈妈的好吧,祝福她们老人家,为了安慰老人家的心,请你常常写信报平安吧。共产党员的家还是要的。

总想读点书,老是不会腾功夫,不知道你的时间如何?报章杂志尚堆满了一桌子,更谈不上理论书了,长此下去,将何以堪!?请你督励我。

你的字最近更走样了,有些草得很难认,比如小字你写"4",岔字你写"忽",而且有些字又拉长了腿,我请求你今后更"正规"些!你怪我不客气吗?不会的!我们是同志啊!假若有机会,练习写字——行书字,也可以陶冶人的性情的,使人更不粗枝大叶。要求你详细研究中央的关于调查研究的指示。

泊生同志为你买的笔,上面有你的签字,已由徐同志带回来了,他又送你一套轻毛绒衣,过湖东去时,给你带来。

要我送哲学选集给××,还没有办到,因为哲学选集只有一部是中央送我的,而主要还是我的一贯的不大惯于与女同志来往,无缘无故送东西去,未免有点那个,可是有机会我会设法办到的。

秋风多厉,务祈珍重,珍重!

(1941年)枫写于"我们的日子"之夜1时50分

注释:

① 裕群,即林颖,彭雪枫的夫人,他们于1941年9月24日结婚。
② 谢胜坤,时任新四军第四师供给部部长。

选自林颖:《彭雪枫家书》,第19~21页,文物出版社,1985年版。

彭雪枫家书二
1942年12月3日

群:

  我们于上月28日夜由山郭家经浮山镇啵河到泗南来,为的是更便于指挥部队。敌人于扫荡泗南之后,即集结于青阳、马公店之线,继续向泗宿及泗灵睢扫荡,归仁集、金锁镇、刘圩子、新关、老韩圩子都成为敌人的临时据点,如不组织几个较大的战役,敌人是不会很快地撤走的。首先组织了十一旅的部队,猛袭马公店,一日之夜以一个营兵力袭入马公店,全部鬼子两个中队密集于一个院子里,我英勇战士猛掷手榴弹一百余枚,并以机枪交叉扫射,杀死鬼子六十余名,实在痛快!冲出来的鬼子,首先是那个机关枪手,被我们一把抱住,先夺过了新的三八式轻机枪,再摘下了钢盔,意图生擒,他坚决不走,终于结果了他。这一仗给敌人打击最大,老百姓轰(哄)传得也越发厉害,都说新四军的计策高妙,打仗能干。老百姓总喜欢夸张事实,无论是敌情也好,胜利也好。军区特务营廿六日攻入泗阳屠圆围伪绥靖军两个团的司令部,毙敌一百余名,俘虏十余,缴获步枪九支,黄大衣多件,这对伪军是个更大的威胁。我骑兵团已令其进攻泗城,即在敌伪据点之中到处冲击,敌人甚至他们的骑兵,对付我们的骑兵是无可奈何的,因为他们的马没有我们的快,人也没有我们的勇敢。就是这样在不断的(地)战斗中,部队的信心提高了,敌人的士气低落了,而且定为一个月的扫荡期,也将到了。据两日来的情报判断,敌似有西撤模样。又说本日青阳方向大火,大概要滚蛋了吧!不过对敌今后之不断地给我们以苦痛的事实,无论如何是不应忽视的。

此次扫荡,主力部队能机动的首先跳出合击圈,继而能各线打击敌人,总算是深可庆幸的事! 但表现最严重的弱点的是政府机关人员的不沉着,地方武装的无能。这都是往昔长期太平环境所赐的恶果,在实际战斗和苦痛中,应当会给以警惕的吧? 这一次血淋的事实,比过去任何一篇文章和报告都要来得切实! 高尔基小说《母亲》中主角伯德尔说:"人们是不信任赤裸裸的说话的,非吃苦头不可,非用血来洗炼(练)说话不可!"此次的苏皖边区总算用血来洗炼(练)过了!

昨天夜间,我们由峰山镇东之大王套,走了三十五里移来双沟东南之后店子,背溧河面淮水,风景清丽。枫树的红叶,绕着村子的周围,又夹着一座柏林,虽在寒风中,也不减我们的游兴。房子也是出发以来的第一次舒服的,写字台钢丝床,纱厨(橱)之类应有尽有。倘若敌情许可,打算在这里多享受几天哩!

孩子应该生下来了? 这是我所最关怀的事! 假如生产了,不论男孩或女孩,我提议起名叫"流离"吧! 这倒名符其实,一个很妙的纪念! 不知道你赞成不? 或者你会起一个更好的名字。

前天又收到南阳忆先的一封双挂号,我同样小心地拆开,然而除去廖廖数语之外,在夹层中一无所有! 而且里层的白粉纸少了半边,大概被检查官揩油了! 不知当真寄钱了没有? 如寄钱又不知究有多少? 这种办法真是可一而不可再! 大概坏就坏在这廖廖(寥寥)数语上,几句不关紧要的闲话,为什么又要双挂号呢? 能不启人疑猜吗?

《苏联红军战史研究》、《译丛补》读完了,现在是正读着高尔基的《母亲》,已二分之一了。说来惭愧,堂堂文豪高尔基,除了读了他的短诗《海燕》外,《母亲》还是开宗第一部,实在太寡陋了! 我又准备向人借读托尔斯泰的《战争与和平》,那是一部举世闻名的大著,两千多页,超过了《静静的顿河》。名家作品是不应该不读的。如今又是读书的最良时机。告诉你,我还读了古词《西厢记》,又正读着《燕子笺》。我恨不得将最著名作品于最短时间一齐装进头脑里去。越读书越感到自己的贫乏! 我希望我的最亲爱的人同样有此抱负!

苏联红军于11月中旬大举反攻,一周之间消灭德军近二十万人。现正猛烈前进中。英美军在北非以破竹之势继续向德意军推进,除去突尼斯、比塞大两港外,几全部入于英美军手中。正是因为如此,国民党对我党态度已好转了。11月25日国民党十中全会特明白宣布,对共产党实行一贯的"宽大政策",只要共党不违背法令,不扰乱社会秩序,不组织军队,不破坏统一,是可以一视同仁的。这个决定当然有些"阿Q精神",但不能说不是时局好转。

明天派人到湖东去,连同上次未发的信,大概可以减少你的一些苦寂吧?好好地保重身体!不要多所忧虑!万千万千!

我仍健朗如常。今天照镜子,较昔略为消瘦些,许是战斗中精神时紧时驰的缘故。

附来告民众书一份(是我拟的稿),关于敌情、战术胜利、办法,均略有述及,可供参考。

如精神许可,希望有长的回信,藉(借)以洞悉你最近的生活和心情。

祝福你!

寒霜丹叶

1942 年 12 月 3 日 20 时半

于淮河北岸之后店子

选自林颖:《彭雪枫家书》,第 73~75 页,文物出版社,1985 年版。

彭雪枫家书三

1942 年 11 月 26 日

裕群:

15 日一别,算来才仅十二天,然而已经觉得如隔经年般的遥远!在异常紧张的时日中,无时无刻不在惦记着——以至焦愁着你以及那尚未出世的或者业已出世的孩子!这是我们结合以来遭遇到的第一个灾难,这灾难是党所预料而早已指出了的,然而在灾难中又加上我们自己的而主要还是你的额外负担,惊忧(扰)之中怀着孩子,尤其是将生而未生以及生下而又未满月之时,我日夜为你分心,不胜焦灼!但愿你身心安全,不再有不如意事,我甚至为你祷告了!

十几天以来,我们过的是昼伏夜出生活,恢复了路西时代的游击了,白天隐蔽封锁消息,夜晚行动,爬(跋)山涉水,淮河已经来往渡了三次,目前我们围绕着盱凤嘉的小山地,童山濯濯,没树林,然而较之平地,总算较胜一筹了。我现在是在这个荒山之中的一个荒村里,在给你写信,心里不知道是一种什么滋味,到处都是敌寇的烽烟,东望淮宝云天漫漫,高良涧岔河已被敌人占领了!你到底是在淮宝或淮南呢?我不知道,简直无法知道,我默默的(地)为你祝福!

我们既须照顾这个直属队——搜集敌情,分析敌情,判断敌情,定下决心,而同时又要指挥各旅团,电台由于彼不行动此即行动,往往联络不到,万万火急的电报经常发不出收不到,真是急人!敌伪以其强大兵力——四千到五千人,八架飞机,六辆坦克,数十门大炮,数十辆汽车,五百匹骑兵,在我根据地横冲直撞,实行烧杀抢三光政策,到处是逃难的男女,可谓风声鹤唳,草木皆兵,整个边区都在动荡之中!

我们主观力量不能与敌人对比,不能不采取游击战术,首先是避实击虚,主力跳到敌之合击圈以外,从外线来打击敌人,而留小部队及地方武装在现地与之纠缠,然而苏皖地区从来没有受过敌人大举扫荡的经验,不仅民兵不能及时执行袭扰惑敌的任务,甚至老百姓连跑反的经验都不如路西,一跑就是十几里,大家拥挤一处,哭哭啼啼,十分凄惨!这一次在战略上是胜利的,打破了敌人包围合击聚歼的计划,主力部队都到边区去了,没有受到损失,而且在敌后尽力扰袭,使敌人顾前而又顾后,疲于奔命!骑兵三大队在泗城附近将敌之宪兵队附伪军约数十名击溃,缴获洋马二匹,皮鞋三双,三八式步枪六支,俘虏三名。游支将仁桥车站电线破坏了,将沱河集敌之堡垒烧毁破坏二十余座,九旅十一旅已令其派有力部队攻打泗县灵璧,二十六团昨晚攻打归仁集,均尚未得到电报来,结果如何尚不明。

我们这个指挥部,人员减少了,行动较前方便,我们的任务是避免与敌遭遇,以求顺利指挥各部队,然而又不能不经常移动,不要敌人发现目标,敌人在华北山东是专找指挥部和后方机关作战的。我们碰了几次危险,都安全的(地)度过了。17日我们到鲍集附近,那是在一个夜行军之后的上午,忽得情报盱眙之敌百余人在老渡口登陆向管镇前进,我们当派一个连附地方的两个连去消灭它,谁料敌人是将近四百之多,而且附有大炮二门,于占领管镇之后一直向鲍集而来,我们的连抵敌不住,在浓密的炮火下后撤了,敌人继续追击,距我们仅四里,我不能不拿出望远镜来了(瞭)望了,我们的部队只得向双沟方向撤退,当夜没有休息,渡河南来盱凤嘉,次日敌即占领双沟。23日得悉半城青阳之敌撤回泗县了,我们又重回双沟。次日即24日,泗县之敌约三千,坦克汽车各两辆,骑兵四百,分三路进占上塘陈冲郑集,距我们二十里,夜里我们又不得不回盱凤嘉,果然25日(即昨日)敌即经双沟到鲍集管镇,与我们是一河之隔,昨晚又返回双沟,今晨各处情报敌有南渡进犯盱凤嘉模样,大家又紧张了一个上午,盱凤嘉太狭小了,怎么能经得起三千敌人的纵横驰驱呢?下午情报,敌人由双沟北去了,大家才放下了心,我们决定仍回泗南,与敌周旋,绕大圈子去。

敌人的战术显然是分区扫荡与反复扫荡,大概需要一个月以上时间罢?我们已将党政军各级机关重新调整,与敌长期坚持。精兵简政过去只是说而不行,此次敌帮助我们解决了这个大问题,不能不感谢它!

这些日子,我没有放弃读书,而且正是学习的好机会,我每天能够争取四个钟头的时间读书,已经读完了《柏林回忆录》《法兰西通史》《尼赫鲁自传》《葵心》《章衣萍选集》。将要读的是《红军内战史研究》和鲁迅的《译丛补》。假如时间还充足的话,继续二十二个文件,并精读《战争论》。战争情况下读书,别有风趣,亦颇有一心得。

告诉你一件不闷人的事吧,我们出发的第二天,在周台子收到了寄给你的两封信,一封是高锦云的,她关心着你的健康,不久,即在双沟,兵荒马乱的那一晚,见到了她,人太多没有说什么,只嘱咐她衣着要通俗些,以便于敌人认识不出。另一封是南阳的忆先寄来的,他用了上次的同一方法,附了一百元的钞票,我记得珍妹的信中曾经提到过,所以这次我也聪明了,小心的(地)拆开。信款现都放在我的袋里。

依了你的嘱咐,虽在奔波之中,每天不间断地吃三个鸡蛋,加以日日行动,痛吸新鲜空气,身体较健康了,头从来没疼过。

这封信是写好了,不知道什么时候,用什么方法才能寄到你的手里?我为你担心!!祝福你!!!

白霜红叶
(1942年)11月26日午后4时
于盱凤嘉之山郭家一荒村中

选自林颖:《彭雪枫家书》,第70~73页,文物出版社,1985年版。

彭雪枫家书四

1941年10月3日

颖①:

28日晚在岔河写的信,由十一旅的侦察参谋带来,才从张塘回来看到了!我十分欣慰!知道你已平安到达,而且就要开始工作了。前托雷明同志带上一信,内附像(相)片九张谅已收到,本晨又托腾②孔③带一便条,主要是催你速给丁写信的,大概总会先此信而入目吧?总在惦念着你!

区党委的县书活动分子会,我去作了政治报告之后,围拢一群女同志,争说要"请客",简直使人无法应付,她们今天不害怕我了,人真是奇怪!我猜想你一定也同样的(地)被拉扯着吧?这是一种什么心理呢?任谁见了,总是首先看看脸色,接着就是一笑,这两天我已采取攻势了。

离中秋节只有三天了,"平湖夜色"良辰美景,能不使人感慨?邓政委向众人说,接林颖回来过中秋吧!"无言"是我的答复,其实,谁个不愿意呢?你又该说我"没有意见"了吧?唉,人情之常啊!你想得到我们下次见面是在湖东还是在湖西呢?或者是在湖上吧?我祈望着!

亲爱的颖,党的同志!请你加强"信心"吧!我绝对不会主动的(地)调你到师部来,爱护我俩的朋友们,同样不主张你来师部,但有人说,离得太远了不大好,最好是到张塘,告诉你,我都"没有意见",听天命尽人事吧。我在这个问题上,无论如何总要尊重你的意见,不过只有一种希望,每月见一次面而已。这样会使我们更了解,话会谈得更多些呀。你的学习计划以及你的愿望,我十二分赞同,并愿尽一切力量协助你!"坚强而忠实的布尔什维克伴侣"!永远的亲密的伴侣!祝你胜利,祝你健康,祝你我幸福!一切为着党的事业!

最近国际形势无大变化,惟基辅失守,使德苏战争更入于严重阶段,但英美苏三国会议刻正在莫斯科举行,中心内容是如何援苏?美国实际上等于参战了。湘北战事很激烈,南京广播长沙失守说,重庆尚否认,蒋为使各战区协同计,已定在平汉陇海淮南津浦诸路发动游击攻势,当然一有便他会东进的,所以我们应即加紧战争准备,但敌对津浦封锁较严,路东不比路西了,不管在那一方面。

剪了几页伪报,可供参考,特附封寄上,便中入览。

梦中也还念道(叨)着你的长信飞来!

好好的(地)应付环境,珍重身体!

枫

(1941年)10月3日晨2时25分夜深时

注释:

① 颖,即林颖,彭雪枫的夫人。
② 滕,指滕海清,任新四军第四师第十一旅旅长。
③ 孔,指孔石家,任新四军第十一旅政治委员。

选自林颖:《彭雪枫家书》,第11～12页,文物出版社,1985年版。

彭雪枫家书五

1941年10月4日

群:

托十一旅侦察参谋带上一函,附剪报数张,谅已入览,惟三日来未见消息,不胜念念!

日军于占领长沙被击退后,复在豫东发动攻势,藉(借)以挽回"面子",三日之间即渡过新黄河,于本日拂晓占领郑州矣!中央军之第四集团军,第三(孙桐萱)第十五(刘茂恩)集团军均被击溃。估计敌有打通平汉线,威胁洛阳之可能,刻战事正在开展中。反共军东进声浪正高时,遭此巨变,当可回思今春敌大扫荡中原时之滋味。又据我游击支队电:宿县之敌本日分蕲县、胡沟、南平、临焕四路南下扫荡涡河沿岸之李马辆(两)部,各该部则固守涡河不敢出云。宿南敌之进军当为协同郑州之敌以牵制李汤等部之增援者,战局发展,未可逆料,惟给反共军以打击则为事实,中央曾云:民族矛盾仍超于阶级矛盾,故敌顽矛盾仍为中心,此不待强调而后知,反共军之东进,终必不待我打而先碰钉子也!

据报淮宝反动派近日颇为活跃,反动标语不时发现,阴谋行为层出不穷,三星期前我某女工作员曾在朱坝之南八里处被暗杀!此事你知悉否?除已函十一旅锄奸股及淮宝保安处努力侦缉外,对你之行动甚不放心!根据一般之所谓"习惯"论,你已不同于9月24日之前,众目注视,当为意中事,故每于下乡工作之际,应十分谨慎,注意警戒,以不远离军政机关为妙,藉防不测,至嘱至嘱!是盼是盼!

读书计划进行否?日记照常否?文章写作否?中央关于调查研究之指示,希详为阅读,该指示为拯救"不切实"之良剂,对你亦有益处,万不可等闲视之。

如能将生活状况详为函告则佳甚!

明日即为中秋节,不见裕群,如良夜何!

此祝

努力!

红叶

(1941年)10月4日,亦即古历8月14日夜1时3刻

写于半城之月窗下

选自林颖:《彭雪枫家书》,第12～13页,文物出版社,1985年版。

彭雪枫家书六

1941年(中秋节之夜)

颖:

今晚中秋节,月色分外皎洁,赏月归来,内心里总好象(像)少了一件什么东西似的,虽然各单位都在锣鼓暄(喧)天,热闹非凡,然而我都没有参加,自己想想中秋节就是这样轻易的(地)放过去了吗?结果还不是这样轻易的(地)放过去了!

现在是深夜1时40分了,正当我写了迎击反共军东进的训令之后,觉得必须给你写

封信,我何尝不知道你的信或者就在途中,可是因为没有见(别后至今才只接到你一封信!)到你的信,总使我念道(叨)着你的"爽约"了,难道你比我还要忙吗?马上又体谅到你,因为你是在乡下,会知道谁恰好过湖西来呢?而且离岔河和朱坝文那么远,又没有适当的送信人!不管怎么说,我是在盼望着的!算一算,别后给你的信,这已经是第四封了!

一个同志——那是我们的诗人,为你我写了一首诗,第一节已经送到拂晓诗刊上去了,被我事后发觉留下了,他不甘心特为缮写寄给你,第二节还须"待续",你看看,他写的(得)好不好?至于"枫林"倒双关得十分美丽,事先我还不曾想得出,你也想过吗?下面一首词是秦少游(?)什么人做的,是咏(七夕)的,我特别爱那两句:"两情若是久长时,又岂在朝朝暮暮!?"完全对的呀,两情若是久长时,又岂在朝朝暮暮!?

我打算7号到泗北一带侦察地形去,多则一周少则五天即便返部,倘若届时无甚情况,拟赴淮宝一行,但也说不定,五旅在天井湖,已经答应他们要去看看了!而且10月12号,又是本军四周年及四师东征三周年的日子,四个剧团公演,当有一番盛况吧,可惜你不在场!

在反动分子活动的地区,注意你的行动!不要一两个人走路,经常靠近部队,时做有警准备。更要注意你的身体,千万不可大意!

读书有成绩否?计划定出来否?

谁知道什么时候才接到你的信呢!?

祝你

晚安!

雪枫
(1941年)中秋节之夜2时05分

一本苏联小说《新时代的曙光》,不日寄给你,以后写信编上号码,以免遗失,当更好,你意如何?

选自林颖:《彭雪枫家书》,第13~14页,文物出版社,1985年版。

彭雪枫家书七
1942年12月24日

裕群:

敌情得有大变化,盼你于接信后,速将小孩交奶妈,或送人家看养,你即星夜偕同赵运成返回湖西,以能于本月29日前赶到为最好!千万!千万!不必迟疑!

我另已给高良涧郭副部长函,嘱其送给奶娘家应需之费用。希即令赵运成接函到郭处领取。

宗毓结婚倩影酷似你,谅已睹照片之后,必另有一番感想也。

余俟面谈。

红叶
(1942年)12月24日夜于大王庄

胡医生今日晤面,云你前曾寄我一长信,但迄今未收到。

选自林颖:《彭雪枫家书》,第81~82页,文物出版社,1985年版。

彭雪枫家书八

1944年7月29日

群:

我们的会约可于日内结束,北返之期总在8月3、4两日,是否绕赴抗大,尚未决定,须看当时情况。

今年之热为数年来所未有,我们正在会中,殊为难熬,但近日来较好。暑中你身体如何?念念!

会中抽暇,读完《清史演义》、《西汉演义》、《戊戌政变记》、《官场现形记》诸书,甚以为快,前送你之《儿女英雄传》未知读完否?

在报上看到尔的两篇文章,一般说来还好。希望你今后努力。

半月之久,未接你信,不知何故?

祝

暑中珍重!

红叶
(1944年)7月29日于淮南

选自林颖:《彭雪枫家书》,第118页,文物出版社,1985年版。

共产党员吉鸿昌烈士的三封遗书

抗日名将吉鸿昌

　　吉鸿昌(1895~1934),河南省扶沟县人,1913年在冯玉祥部历任营长、团长、旅长、师长、军长,并曾任宁夏省政府主席。1930年5月,任冯军第三路总指挥,参加了冯玉祥发动的"北京政变"、五原誓师。他反对蒋介石对苏区的"围剿",秘密组织起义,参加红军,被蒋介石解除兵权,强迫"出国考察"。1932年回到上海。1934年1月加入中国共产党;根据党的指示,5月在张家口成立察哈尔抗日同盟军,任第二军军长、察省警备司令、公安局长;6月率部出征,收复沽源、康保、宝昌、多伦四城,将日军赶出察境。蒋介石反诬同盟军破坏国策,协同日军夹击同盟军。1934年11月9日,他在天津法租界被军统特务暗杀受伤,并被捕;24日被杀害于北平陆军监狱。临刑前,他用树枝在地上写下一首气壮山河的就义诗:"恨不抗日死,留作今日羞;国破尚如此,我何惜此头!"他拒绝刽子手从背后开枪,坐在椅子上正对敌人说:"我为抗日死,死得光明正大,不能在背后挨枪。你在我眼前开枪,我要亲眼看到敌人的子弹是怎样打死我的。"然后凛然高呼:"抗日万岁!""中国共产党万岁!"壮烈牺牲,时年39岁。

　　下面是吉鸿昌的三封遗书。

给 妻 子
1934年12月24日

红霞吾妻鉴：

夫今死矣！是为时代而牺牲。人终有死，我死您也不必过伤悲，因还有儿女得你照应。家中余产不可分给别人，留作教养子女等用。我笔嘱矣，小儿还是在天津托俞先生照料上学，以成有用之才也。家中继母已托二、三、四弟照应、孝敬，你不必回家可也。

鸿昌手启
1934年12月24日11时

给三位弟弟
（年月日不明）

国昌、永昌、加昌诸弟鉴：

兄已死矣，家中事俱已分清，唯兄所恨者，先父去世，嘱托奉养继母之责，吾弟宜竭力孝敬，不负父兄之托也。

（年月日不明）

给同乡好友
（年月日不明）

欣农、仰心、遐福、慈情诸先生鉴：

吾先父所办学校校款，欣农、遐福均悉，并先父在日已交地方正绅办理。所虑者，吾死后恐吾弟等不明白之处，还要强行分产，诸君证明已有其父遗嘱，属吕潭地方学校，为教育地方贫穷子弟而设，款项皆由先父捐助，非先父之私产也，学校款，诸弟不必过问。

（年月日不明）

上述三信选自中国人民抗日战争纪念馆、抢救民间家书项目组委会：《抗战家书》，第8～9页，中国画报出版社，2007年版。

赵一曼遗书

赵一曼与她的儿子

赵一曼(1905~1936),原名李坤泰,学名李淑宁,又名李一超。四川省宜宾人。1923年加入中国社会主义青年团。1926年加入中国共产党,同年11月到武汉中央军事政治学校学习。1927年9月去苏联莫斯科中山大学学习。1928年回国后,在上海、江西等地做党的工作。"九·一八"事变后,被派到东北地区领导抗日斗争。1935年秋任东北抗日联军第三军第二团政委;11月15日与日军的一次战斗中被俘,在日寇的多次审讯中受尽酷刑,宁死不屈。1936年8月2日被敌人杀害。

赵一曼临刑前留给儿子的遗书

1936 年 8 月 2 日

宁儿:

母亲对于你没有能尽到教育的责任,实在是遗憾的事情。

母亲因为坚决地做了反满抗日的斗争,今天已经到了牺牲的前夕了。

母亲和你在生前是永久没有再见的机会了。希望你,宁儿啊!赶快成人,来安慰你地下的母亲！我最亲爱的孩子阿！母亲不用千言万语来教育你，就用实行来教育你。

在你长大成人之后，希望不要忘记你的母亲是为国而牺牲的！

你的母亲赵一曼于车中
一九三六年八月二日

选自王宏德、彭训厚等：《中国抗日战争60位著名人物》，第365页，国防大学出版社，2005年版。

戴安澜烈士家书

抗日名将戴安澜

戴安澜（1904~1942），原名衍功，又名戴炳阳，号海鸥，安徽无为县人。1926年毕业于黄埔军校三期，历任排长、连长、营长、团长、旅长等职。抗战开始后，参加了古北口抗战、徐州会战、武汉保卫战、长沙和桂南会战。1939年任第五军第200师师长。1942年2月参加远征军，出师缅甸，支援盟军作战，在坚守东吁战斗中沉重打击日寇；5

月26日在撤退途中殉国;10月被国民政府追晋为陆军中将。中华人民共和国成立后,被追认为革命烈士。

致 夫 人
1942年3月22日

荷馨爱妻如见:

余此次奉命固守东瓜(东瓜即同古城),因上面大计未定,其后方联络过远,敌人行动又快,现在孤军奋斗,决以全部牺牲,以报国家养育!为国战死,事极光荣,所念者,老母外出,未能侍奉。端公①仙逝,未及送葬。你们母子今后生活,当更痛苦。但东、靖、篱、澄四儿,俱极聪俊,将来必有大成。你只苦得几年,即可有福,自有出头之日矣。望勿以我为念,我要部署杀敌,时间太忙,望你自重,并爱护诸儿,侍奉老母!老父在皖,可不必呈闻。生活费用,可与志川、子模、尔奎三人洽取,因为他们经手,我亦不知,想他们必能本诸良心,以不负我也。

手此即颂心安

安澜手启
(中华民国)卅一年三月二十二日

注释:

① 端公即为戴安澜叔祖父戴瑞甫,知名爱国人士。戴安澜人生道路引路人。2月28日,戴瑞甫病逝于广西全州,戴安澜因奉命远征,未能亲临送葬。

选自戴安澜:《安澜遗集》(影印本),第23页,文海出版社,1973年版。

致 子 庄
1942年3月9日

庄弟:

我此番出国,抱着满腹热望,行至边境,接获端公仙逝电报,真令我万念俱灰!但远征为国家大事,为余责任之所在,义不容辞。以悲痛之心情,出征万里,从此以后,军事面有外交,日与英人会晤,强颜作笑,噫,余苦矣!

安澜手启
(1942年3月9日)

选自戴安澜:《戴安澜遗集》(影印本),第22页,文海出版社,1973年出版。

戴安澜一封没有寄出的"家书"
(年月日不明)

本师长立遗嘱在先:如果师长战死,以副师长代之;副师长战死,参谋长代之;团长战死,营长代之;以此类推,各级皆然。

(年月日不明)

中央电视台2015年4月4日播出。

彭士量烈士家书

抗日名将、暂5师师长彭士量

彭士量,号秋湖,湖南浏阳人,生于1904年8月5日。黄埔四期生,抗战时参加过淞沪、忻口、台儿庄、武汉、长沙诸战役,1942年调为第73军暂5师师长。于1943年11月12日常德会战中壮烈牺牲。

致全师官兵

1943年11月12日

余献身革命廿年兹,早具牺牲决心以报党同。兹奉命守备石门,任务艰巨,当与我全体官兵同胞与阵地共存亡之决心,歼灭倭寇以保国土,倘于此战役中得以成仁则无遗憾。唯望我全体官兵服从副师长指挥,继续杀敌,达成任务。

彭士量
(1943年11月12日)

致 妻 子

1943年11月12日

余廉洁白守,不事产业,望妻刻苦自持,节俭生活,善待翁姑,抚育儿女,俾余子女得以教养成材,以继余志。此嘱!

秋湖
(中华民国一九四三年)十一月十二日

上述两信选自王晓华、戚原杰等:《抗日战争正面战场档案全纪录》(下),第96页,团结出版社,2011年版。

薛岳"遗书"

抗日名将薛岳

薛岳(1896~1998),原名薛仰岳,字伯陵,广东乐昌人,早年毕业于广大陆军小学堂、武昌陆军第二预备学校。1911年加入同盟会。1918年保定陆军军官学校肄业后,任援闽粤军参谋、连长。1921年任广州革命政府警卫团营长。1922~1925年任粤军团长、师参谋长、副师长。1926年任国民革命军第1军第1师副师长、师长,参加北伐战争。

抗日战争期间,历任第19集团军总司令,第九战区第一兵团总司令,第九战区副司令长官、司令长官,参加了淞沪会战,指挥了武汉会战、徐州会战、长沙会战等著名战役,被认为是"抗战中歼灭日军最多的中国将领"。1944年2月晋升为陆军二级上将。

薛岳"遗书"[①]

(年月日不明)

此次作战,对国家之存亡与国际政局的关系,至关重要。

薛岳以必死、必胜的信念,为了把握战机,歼灭敌人,特严令以下三项决定,希全军执行之。

一、各集团军总司令、军、师长要严格掌握部队,亲临前线,力图捕捉战机,歼灭敌人。

二、我薛岳如果战死,应立即由罗卓英副司令长官代行职务,按预定计划歼灭敌人。集团军总司令、军、师、团、营、连长等,如有战死者,即由副主官或经历较深的主任代行其职务。

三、各集团军总司令、军、师、团、营、连长等，如有作战不力，或贻误战机者，立即按照革命军人连坐法议处，严惩不贷。②

(年月日不明)

注释：
① 在第三次长沙会战中，蒋介石于1942年1月4日给第9战区司令长官薛岳下达电令："此次会战，举世瞩目。各部务必不惜任何牺牲，发扬高度攻击精神，施行坚决勇敢之包围，聚歼残敌，以求获得空前胜利与光荣战绩。"薛岳为贯彻蒋之命令，立此遗书。此次会战，我军胜利，薛岳也未牺牲。
② 薛岳立下"遗书"，以必死的信念，要与日军决战。全军得令犹如严冬里的一把火，士气大振。

选自王晓华、戚原杰等：《抗日战争正面战场档案全纪录》(下)，第40~41页，团结出版社，2011年版。

胡琏"遗书"

抗日名将胡琏

胡琏(1907~1977),原名从禄,又名俊儒,字伯玉,陕西华县人。黄埔军校第四期毕业,在陈诚的土木系部队中历任连长、营长、团长。抗战前期历任旅长、副师长、师长,1944年8月升任18军副军长、军长,后任军事委员会侍从室高级参谋、第12集团军副司令。参加过淞沪会战、第一次长沙会战、枣宜会战、鄂西会战和湘西会战等重要战役。在1943年的鄂西会战中他率部死守石牌要塞,荣获青天白日勋章。

致 父 函①

（年月日不明）

父亲大人：

儿今奉命担任石碑要塞防守,孤军奋斗(战),前途莫测。然成功成仁之外,当无他途,而成仁之公算较多。有子能死国,大人情亦足慰。惟儿于役国事,已十九年,菽水之欢,久亏此职,今兹殊戚戚也。恳大人依时加衣强饭,即所以超拔顽儿灵魂也。

敬叩金安。

（年月日不明）

寄 妻 函②

（年月日不明）

我今奉命担任石牌要塞守备,军人以死报国,原属本分,故我毫无牵挂。仅亲老家贫,妻少子幼,乡关万里,孤寡无依,稍感戚戚,然亦无可奈何,只好付之命运。诸子长大成人,仍以当军人为父报仇,为国效忠为宜。战争胜利后,留赣抑回陕可自择之。家中能节俭,当可温饱,穷而乐古有明训,你当能体念及之……十余年戎马生涯,负你之处良多,今当诀别,感念至深。兹留金表一只,自来水笔一支,日记本一册,聊作纪念。接读此信,毋悲亦毋痛,人生百年,终有一死,死得其所,正宜欢乐。匆匆谨祝珍重。

（年月日不明）

注释：

①② 1943年2月至6月进行鄂西会战,第11师师长胡琏坚守石碑。战前他以必死决心写下两封遗书。但此次会战以我军胜利结束,胡琏没有牺牲,并被陈诚电呈提升为第18军副军长。

以上两封信选自王晓华、戚原杰等:《抗日战争正面战场档案全纪录》(下),第82页,团结出版社,2011年版。

方先觉家书及电函

抗日名将方先觉

方先觉(1903~1983),字子珊,江苏萧县(今安徽宿州)人。黄埔军校步兵科第三期、高教班第二期学员。抗战时期历任预备第10师师长、第10军军长。参加了台儿庄会战、长沙会战、衡阳保卫战。在1941年底至1942年初的第三次长沙会战中,他抱定誓与长沙共存亡的决心,给夫人留下遗书。但此次会战以日军失败告终,方先觉胜利回师。1944年5月至8月,方先觉又参加长衡会战,在衡阳保卫战危急时,又口授致蒋介石的电报,"决心以死报党国"。电报发出后,该军第3师师长以弹尽粮绝、保存实力为由,向日军投降,方先觉随即被俘。11月下旬,方先觉趁机逃脱回营。

致 夫 人
1941年12月31日

蕴华吾妻：

我军此次奉命固守长沙，任务重大。长沙的存亡，关系抗战全局的成败，我决心以死殉国，设若战死，你和五子的生活，政府自有照顾。务令五子皆能大学毕业，好好做人，继我遗志，报效党国，则我含笑九泉矣！希吾妻勿悲。

夫子珊

（1941年12月31日）

选自王晓华、戚厚杰等：《抗日战争正面战场档案全纪录》（下），第34页，团结出版社，2011年版。

致蒋介石
1944年8月8日

委座钧鉴：我军现已弹尽粮绝，齐（八）日晨，敌自北门突入，我已无可堵之兵。学生等决心以死报党国，不负钧座培育之至意。此电恐为最后一电，来生再见。学生方先觉、周庆祥、孙鸣玉、容有略、葛先才、饶少伟等敬叩。

（1944年8月8日）

选自王晓华、戚厚杰等：《抗日战争正面战场档案全纪录》（下），第196页，团结出版社，2011年版。

余子武①烈士最后一封家书

(年份不明)6月27日

璧②：

  我十七晚上回到师部处理一切，下午十二时到车站乘车。十八日上午三时卅开车，下午六时到达衡阳。在衡阳驻了数日，现开到西南方-祁阳城。

  长沙已失守，我军到湖南后仍未遇敌。湖南已沦陷七八县，老百姓扶老携幼逃难者不计其数，真是可怜！

  周排长回来称你们于十八早搬东西落船，中午开船。想你们已到仁化并受许多苦楚矣！

  曲江如未沦陷，可暂在仁化住定。如曲江沦敌，你等可搬到长江。在仁化住定后，可时着培根等时步行至曲江取物，三日可以来回矣。每月在军部后方领米未知能领足五百市斤否？念念。现在此逃难中，最要紧是食饭。其他要尽量省钱。亚彩不可留用，少个则减少个人食饭。

  我身体平安请勿念。

  耑(专)此顺颂

闱好。

波字顿首
(年份不明)六月廿七日

  信纸背面还写着"我行止未定，故未将通信地址告你。波又及"。

  信封贴有孙中山头像邮票，信封正面用流利的蓝色钢笔行书写着"广东仁化县城广东省银行办事处　朱主任伯舆兄收转交　程俊璧先生玉展湖南祁阳　余文波③缄"。

注释：

① 余子武，即余文波，国民革命军第151师副师长，在衡阳保卫战中牺牲。

② 璧是余子武妻子程君璧。

③ 文波即余子武的字。

选自沈强等:《中国人民抗日战争纪念馆馆藏精品文物图录》,第 39 页。

国民革命军团长唐仁玙烈士的四封家书

唐仁玙烈士

唐仁玙(1907~1940),湖南永州市东安县人,黄埔军校第 6 期学员。抗战爆发后,他参加桂系部队,转战上海、南京、台儿庄,由连长、营长升至旅参谋长、团长。后在湖北黄安(今红安)扎营。1938 年秋,任湖北黄安(今红安)县县长。1940 年 4 月 10 日,在参加桂系第 171 师的一次军政会议时,突遭敌机轰炸遇难,时年 33 岁。唐的两个弟弟唐仁琮、唐仁瑞也先后参军,并先后牺牲在抗日前线。

第 一 封

(年份不明)1 月 5 日

亲爱的玉妹①:

　　我现在又由安徽蚌埠开到定远来了,这个地方交通不大方便,多山地,气候较暖和。我们为防范敌空袭,行军多在夜间。为应付情况之变迁,时行时止,而无一定驻地。每到一地,见有由前方来之灾民,男女老幼,相携步行,形同赤他,惨状不堪名言,足见日本遗(贻)害我同胞,良非浅鲜。所谓"匈奴不灭,何以为家",现在可说"日本不灭,何以为家"。今后我尽力为国杀敌,一切自知谨慎,请放心。

　　前寄你之相片及信件,你收到没有? 我俩自分别以来,从未接你回信,甚念! 现年关在即,家用吃紧,而交通不便,有钱莫能寄,奈何! 不过我遇到有地方可以汇兑,马上寄归在未寄你钱时,当然要忍苦勿躁,所谓皇天不负苦心人,苦尽甘来,天理循环,请要特别为我争气。

文武两儿,务必要细心带他、教他,使他聪敏、活泼、强健为要!父母大人务必要悦颜侍奉,使他老人家喜喜欢欢过日子。你自己要保重,不要生病。对于你的母亲,也要善为安慰,不使老人生忧生虑。但自己凡事宜谨慎,莫随便,因乡间人爱说别人闲言。到明年想金兰领到家用费,当按月寄归你用。我的身体如常,希勿远念,随时望来函告我家况为盼。

余容续叙,手此并询近好!

并叩

祖母大人、父母大人、令堂大人福安!

兄仁玛手启
(年份不明)元月五日

注释:

① 玉妹,即唐春玉,唐仁玛的妻子。

第 二 封

(年份不明)8月31日

春玉爱妹:

来信收到,领悉种切。我兵工区,已改为团。师长已调别处任事。新委来之团长,姓农。现在新旧交接及编配,公务非常麻烦,万难请假;况当此国难临头,大战已经开始,我乃带兵职务,无论如何,不能离开,并非是我不肯应妹之请而不归。我团编配就绪后,日内或开柳州训练,倘到柳州能有较长时间驻,即函相迎来柳同住,或能请假归来亦可。

金钱方面,我自当设法寄回与妹。欠人之款,将今年年底如数还清,决不使妹为难。妹现在务必调养病体为最重要。什么吃素修神这些无意识的话,不要说了。将来我能有办法,我想妹也有快乐的日子。你来这信是谁与你代笔,形容你的苦处未免过甚,我对你又未怎样。以后关于家里的困难以及你的委曲着实告诉我,不要说起抽象的话,我又未丢弃你。前次回去,是你自己再三要求,头次琮弟接你,又是你自己不肯来。

你现在有什么困难?如果要钱,待我慢慢设法,用不着心急。如果要我回来长久住,而家庭无恒产。且现国难当前,人人都要出力才对,我们还能偷闲吗?事实上不可能。请你好好抚育两个小儿,千忍万忍,请你为我忍,切记不要生气伤神,更不要多忧。我现在很好,或者不久花枝回里,所有一切容后再托她,从详面达。

此复并询

近安

兄蹯垣手复
(年份不明)八月三十一日于灯下

和妹原韵一首:

别来瞬眼又中秋,两地相思两地愁。劝卿有泪暂莫洒,留得重逢相对流。

第 三 封

(年份不明)7月1日

玉妹:

我每到一处,凡有投信的地方,都是寄了信给你,我想你是封封收到了。数月来可是没有接到你的信,固然是我军队行止无常,流动不定的关系,或许是你寄信把我很少,也不无有原因。数百千里远征在他乡的我,对于你们在家里的人,生活怎样,我却很挂念。关于家里吃饭这问题,也是很关心!

我从前在洛河派六吉和副官到寿州共寄你大洋陆百元,内琮弟有一百元外,余五百元统归你收用。于今有几个月了,还未见你来信。此笔款子有处化(花)没有?我很为念!

最近金兰来信说,家用费可按月领取,过去不久她寄了一些款了,回来给你用,你收到了吗?我并且要她按月陆续不断的(地)寄来把你,她来信说是遵照我的话去做,可是我没有接到你的信,究竟她照话去做没有呢?我也是不明白。

你在家里身体健强吗?父母大人和祖母大人与令堂大人她(他)们老人家都很康健吗?白弟在家做何工作?他的婚姻又怎样?满妹许人否?文武两儿在家读书勤学吗?其近况如何?我为了这些事,因久没有接到家信,一点都不明白,心内时时在念着不安!

你在何日才临盆产儿呢?我也为念!请你自己好自保养,将来生出来,是男的命名为善韬,是女的命名为曼丽。我与琮弟均好,请转告花枝弟媳放心,好好带[待]人是了。

此后我军行止,仍是无常,请你多多寄信来给我,使我对家里放心,但注意来信时,不要用有官衔的,可用普通信封,以免中途扣留而遗失,外面仍可写我们的队号,要写"探交"字样,才可收得到。现我部于昨(廿九)日开到安徽太湖县设防,闻说近日情况又变化,或许日内又转移他方。总之现在军队行止无常,移动地点在事前谁也不能知道的,不过通常以敌情为标准。关于作战方面,我政府早具决心,抗战到底,不问境遇如何,决不作城下之盟。在我们当此国难,身为军人,只好本政府之策略,继续不断努力杀敌,来尽匹夫之责。一切我当谨慎,请放心吗?余容后叙,末了祝你健康!

并叩

祖母大人、父母大人、岳母大人万福!

你的兄仁玙手书
(年份不明)七月一日于安徽太湖

第 四 封

(年份不明)12月23日

亲爱的玉妹:

我先后共寄给你的家信,有七八封了,你收到没有?大约因我军队行止无常,你寄来的信或被邮局遗失了吗?总未收到你的信,我非常挂心你们,你现在和文武儿辈及令堂大人大家都好吗?

玉妹,现在我们的国家真真危险极了,南京、上海、苏州等这些地方都被日本占去了,要快到汉口来了。不过他恃其武力,野蛮横占,我们大家都觉悟,抗战到底,不要为他武力而屈服,总会得到最后胜利的。请你耐烦抚带文武两儿,尤其要严管文儿读书。对于寄钱的办法,已经在双亲大人信上和前寄你那封上说得很明白。我今天不多写了,请速回我信。

此祝

安好!

另有三页送双亲问安。

你的远征要你担心的兄仁玙手启
(年份不明)十二月二十三日

以上四封信选自中国人民抗日战争纪念馆、抢救民间家书项目组委会:《抗战家书》,第42~55页,中国画报出版社,2007年版。四封信写于1938~1940年间,每封信的年份不明。

谢晋元遗书

抗日名将谢晋元

　　谢晋元,字中民,广东蕉岭人,黄埔军校第四期毕业。在1937年淞沪抗战中,谢晋元是四行仓库保卫战的指挥者,时任国民革命军第88师524团的中校副团长。1937年10月31日,根据国民政府命令撤出四行仓库至英租界,仍率部每日升旗训练。1941年4月24日晨被叛兵刺死。5月8日,国民政府追赠为陆军少将。中华人民共和国成立后,被追认为革命烈士。

致 父 母 亲

(年月日不明)

双亲大人尊鉴:

　　上海情势日益险恶,租界地位能否保持长久,现成疑问。敌人劫夺男之企图,据最近消息,势在必得。敌曾向租界当局要求引渡未果,但野心仍未死,且有不惜任何代价,必将谢团长劫到虹口(敌军根据地)。只要谢团长答允合作,任何位置均可给予云云。似此劫夺,为欲迫男屈节事仇,为敌作(做)牛马耳。大丈夫光明而生,亦必光明磊落而死,男对死生之义,求仁得仁,泰山鸿毛乙旨,熟虑之矣。今月(日)纵死,而男之英灵必流芳千古。故此日险恶之环境,男从未顾及,如敌劫持之日,即男成仁之时。人生必有一死,此时此境,而死实人生之快事也。唯今日对家庭不能无一言,万一不讳,大人切勿悲伤,且应闻此讯以自慰。大人年高,家庭原非富有,所将产业变卖,以养余年。男二子女渐长,必使其入学,平时应严格教养,使成良好习惯。幼民姊弟均富天资,除教育费得请政府补助外,大人以下应宜刻苦自励,不轻受人分毫。男尸如觅获,应归葬抗战阵亡将士公墓。此函俟男殉国后,即可发表。亦即男预立之遗嘱也。男晋元谨上。二十八年九一八于上海孤军营。

现租界战(当)局,对男住地戒备非常严密,劫夺依目前状态论,恐不可能,但国际风云变幻莫测,租界地位能否保持,倘占据,必落敌手无疑,总之不论如何,男心神泰然毫不为虑,为生必为英杰,死不成厉砥,任非所计也。幼民姊弟讨论在就学,平时同以管教严格为尚,亦须使其活泼自爱自动。抗战期间,家乡必无虑,绝不可轻易搬动,在男处此危境,自能付余裕,决不负党国之培养,与蒋委员长之教诲,及父母之生育也。此函六月二十五日最危险时即以寄发,延搁以今者,大人阅后心有不安,时至今日,现境情势所迫,不得不将此函发出。谨云,以最危者应最爱上帝必助老人也。

(年月日不明)

(以上录自国防部史政局抗战将士忠列录)

选自秦孝仪等:《中华民国重要史料初编——对日抗战时期·第三编:作战经过(二)》,第241~242页,中国国民党中央委员会党史委员会出版,1981年版。

致 张 萍 舟

(年份不明)10月18日

萍舟①吾兄:

九日示悉,昨日上函谅达。沪战两月,敌军死亡依情报所载,其数达五万以上。现在沪作战敌军海陆空军总数在廿万以上,现尚源源增援中。以现势观察,沪战继有些微变化,决无碍整个计划。希释念可也。

信由上海探投。勿写八字桥或其他地名,即可交到。

弟十年来饱尝忧患。一般社会人情世故,影响于个人人生观,认识极为清楚。泰山鸿毛之训,早已了然于胸。故常处境危难,心神亦觉泰焉。望勿以弟个人之安危为念。

维诚在目前环境下,绝对不能来汉。如蕉岭有危险,汉口则不可以言语计矣。抗战绝非短期可了,汉口商业中心更非可久居之地。倘维诚属个人行动,自较便当,以今日而论,幼民姊弟绝不能片刻无人照料也。望速将弟意转知维诚,不论如何,绝不能轻易离开家中,切盼。

黄渡情形如何,此间何无所知,当加注意。款项只要可以寄去,必尽各种方法,遵命汇去,勿念。

岳母抵汉后,想因店铺放弃而内心不安。吾兄经济情形若(如)何?倘有困难,希函知以便设法接济也。弟衣物此间购买方便,望勿麻烦可也。敬祝冬祺!

岳母大人以次敬叩安好!

中民弟

(年份不明)十月十八日

注释:

① 萍舟,为张萍舟,谢晋元的连襟兄弟。

选自《中国档案报》,2011年2月17日(总第2116期)。

方学苏① 烈士给弟弟方强的信

(年份不明)10月28日

满弟:

近来得你信,甚念想。身体好。我旅现已编为十一预备师,师长为前旅长。我已调充第一旅第一团少校团副,我连已改编为十一预备师第一旅一团一营一连,连长职交易排长接替。

十一月一日即开上海参战,吾素志已达。此去当与敌一争高下,试看倭奴凶焰到几时!吾兄弟或将从此永别,此无丝毫悲虑,为国家民族争生存,真大荣幸!家事弟当负以后完全责任,吾无积蓄,妻儿生活当有累于汝等者,此余恨事耳。

到沪后当有信告,吾体近转健,毋为虑。

手此,顺叩

安好

兄学苏手启

(年份不明)十月廿八日

注释:

① 方学苏,国民革命军的副团长,湖南常德人。1937年11月10日淞沪会战中牺牲,时年30岁。这是他在参战前写给家中最小的弟弟方强的信。

此文见上海淞沪抗战纪念馆资料。

新四军烈士李云鹏家书

李云鹏烈士

李云鹏(1920~1943),江苏沛县人。1939年参加中华民族解放先锋队,不久参加中国共产党,先后编入八路军第115师685团、苏鲁豫支队等,并被派往延安抗日军政大学学习。1941年,先后在新四军第3师7旅19团2营4连任宣传员、文化教员、连政治指导员。1943年春,在淮阴刘皮镇西南的刘老庄与日军激战中,他与全连指战员一起壮烈殉国。1946年春淮阴人民在刘老庄修建"八十二烈士陵园",纪念这82名为国捐躯的烈士。

家 书 一

(年份不明)7月4日

父母亲大人大鉴:

　　自儿离家已经年余,记得曾在本年四月间,于泗县郑集寄家信一封,不知大人收到否?回音否?如家音回报,可惜我也不能等收了。我已离开此地转入本省淮阴了,以致家音不能等收,儿异常为念。不知大人身体近来健康否?不知家中生活情形和收成怎样?更不知当地情形如何?儿在外甚为惦念之。儿在外身体很好,生活也很好,现在的我比从前粗壮而高大了,请大人不要为念。儿还在这里工作,工作也非常忙碌,可是为了——所以我之工作精神也非常兴奋。此信至家不过慰问而已。因现无一定的地止(址),儿现在心目中所最挂念者,以我年老悲慈之祖母。儿离家时,祖母曾染重疾,不知大人的病痊愈了否?身体健康否?不知祖母饮食起居怎样?儿心中非常挂念。希二大人将我之情讲给他(她)听,以免大人之悬念。这次离家,未报此恩反而离家,是我之罪过也。待风息波静,凯然而归,全家团聚,以报此恩。儿现已将"亚光"改为"云鹏",请父指教之。现因时间之短促,不能再叙。并祝各位叔父母的身体安康!各位小弟弟好吗?侄在外甚为挂念。

　　待[代]问祖母大人:现在他[她]老人家的身体好吗?生活好吗?我在外生活、身体都很好,请老大人切勿挂念为盼。

　　祝

身体安康!

儿云鹏上
(年份不明)七月四日

家 书 二

1942年(阴历四月初四)

父母亲大人大鉴:

　　敬禀者男于前几日接大人清明之来信一封,洞悉家情,知家中遭此不测:三弟不幸夭折,吾祖母继又于六月间逝世。消息之传来,正如晴空霹雳,心中悲伤,恨不能插翅飞来。男从三月母亲去世,一切都由祖母照料,不辞劳苦,把我养活成人,不孝男竟弃年迈之祖母,踏上这浪流(流浪)的道路,像我这忘恩负义东西,真愧为世人!

　　父亲之嘱言,我紧(谨)记在心。现在,我的性格与前也有些不同了。请大人放心,我在此处作(做)工、生活都很好,工资也不多,只能作零用开支,不能剩余。我的身体也粗壮得很,起居饮食都很安宜,望大人切忽(勿)挂心。此处物质(资)粮米都很昂贵,每人每日生活不下十元。此处地面荒乱,土匪猖獗,交通不便,皇军常常下乡扫荡与清乡,使儿也没有一定住所。待时局平靖(静)一些,儿定回乡。此处直到徐州都是如此的慌乱,望大人切忽(勿)驾临为佳。因地面不平靖(静),交通不便,加之男又无一定之住所。又须(需)许多经济,在途有很大的危险。男深感双亲为我之虑,我的详情有王盂庄宪珠告诉清楚,切忽(勿)悬念。关于洪筹表叔与他侄尊明、尊迁(洪魁之儿狗)都与我在一起,生活相同,望告诉他家人,切勿挂念。洪筹表叔也曾屡去家信,没见回音。以后他家来信可寄到这个地点,我再转交。洪凯表叔已去世二年余,不知他家人知道否?侯再荣也和我在一起,也告知他家人。

各位叔父、叔母大人:都好吧!侄在外也非常挂念,不知阖家弟妹安好否?现在读书没有?望再来信告诉我。我在外也很好,请大人不要挂念,今后望大人多多来信,并祝阖家安好!

男云鹏敬禀
(一九四二年)阴历四月初四
回音时寄淮阴北老张集西北八里陈庄陈以和先生转交。

据李云鹏弟弟妹妹保存的家书复印件,四月初四信第二页背面为:
外祖母大人:
现在好否?身体康泰。望告之他(她)老人家不要挂念我,就说我在外问他(她)老人家好哩。把我的情况也告诉他(她)老人家。如没有事时,常把他(她)老人家叫到我家住几天。

男(一九四二年)阴历四.四

以上两封信选自中国人民抗日战争纪念馆、抢救民间家书项目组委会:《抗战家书》,第81~83页,中国画报出版社,2007年版。

褚定侯烈士写给哥哥的信

褚定侯烈士

褚定侯(1919~1942)，字勇深，号湘藩，浙江莫干山人。1936年在杭州一中读书。1938年秋，就读天目山战时浙西临时中学时，投笔从戎，入黄埔军校。毕业后，先分配到军令部，后编入国民革命军陆军第41师121团任排长，参加了第二次长沙会战。在1941年12月下旬开始的第三次长沙会战中，褚定侯在浏阳河一带与日军日夜激战，直至他与全排战友全部壮烈牺牲。

褚定侯烈士写给哥哥的信

(年份不明)12月27日

浩兄：

如握！

前日寄二书，不知收到否？弟已呈报告与团部，团长未能批准，云此非常紧急之时，不准弟请长假。弟部队已于昨日早晨出发进占阵地，而于昨日下午，师长亲自到弟阵地中侦察地形，改命弟单独守浏阳河北岸之村落据点，命弟一排死守此处，命弟与阵地共阵亡。又云若在此能坚守七天，则可有办法。因此弟于昨日（廿五）晚率部到守地，连夜赶筑工事及障碍物，阵地之后五十公尺处即为大河，河扩水深，无舟无桥，此真为韩信之背水阵矣。本日情报：敌人已达汨罗江，计程三四日后能到此，然前线队伍，能毕力能抵，则能否到此，是为问题。加之本日湘北本年冬首次飞雪，则敌人之攻势，该稍挫缓矣。然吾军各师官兵均抱视死如归之决心，决不让敌渡浏阳河南岸来。弟告部士兵："不要他渡河！"一句话，敌此次不来则已，一来则拼一拼。弟若无恙则兄可勿念，若有不幸则请兄勿悲。古云"古来征战几人回"，并请告双亲勿悲，生死有命，富贵在天，然弟一切自知自爱，务祈兄勿念。

兄上次寄来洋二百元悉数收到，祈勿念。

家中近来有信到兄处否？弟已久无告双亲矣，请能代书告之，云弟安全也。时在阵地，一切不便，故不多作书。

待此次作战后，则弟当入滇谒兄安好也。兄若赐言，仍可寄浏阳军邮第一五〇号四一师一二一团二营六连弟收可也。时因北风雨雪交加，关山阻绝，希冀自爱，余不一一。

即请

冬好！

侯弟拜上
（年份不明）十二.二七

选自中国人民抗日战争纪念馆、抢救民间家书项目组委会：《抗战家书》，第87～92页，中国画报出版社，2007年版。

爱国华侨符克烈士家书

符克烈士

符克(1915~1940),原名符家客,海南文昌县(今文昌市)人。1927年在党的教育下参加了童子团。1933年侨居越南,任小学教员。1935年考入暨南大学。"七·七事变"后,相继到上海、南京、绥远、山东等地进行抗日救亡工作。1938年初,在延安陕北公学学习,加入中国共产党;同年秋,受党的指派赴越南发动华侨支援祖国抗战,任越南琼崖华侨救国会常委。1939年底,在香港任琼侨联合会总会救济部驻琼办事处主任兼回乡服务团总团长。1940年8月,在同国民党琼崖守备司令王毅、广东省第九区督察专员兼保安司令吴道南谈判时,被吴道南杀害,时年25岁。1951年,原中共琼崖特委书记、琼崖独立总队总队长冯白驹将军为符克烈士题词:生为民死为民,生伟大死光荣。

爱国华侨符克烈士家书

(年份不明)1月7日

亲爱的双亲、大哥嫂和弟弟们:

你们别挂心吧!我已于五日早上安然抵家了。回忆前日我们共聚一堂,这是何等难得的机会共叙天伦的乐趣。如今,我孤零零一个人,远离了你们回到祖国来,踏上艰险的程途中去,未免使你们难舍与挂念的。只是我也是一样的。不过,我为了自己的前途谋出路,我不得不放下一时的感伤,所以,说来我的心肠总是比你们粗一点的,硬一点的。幸得你们了解我的归意与决心!故能在那经济拮据与多事的环境中供给川资我回来,这是值得我特别感谢的!

我此行,虽然是预备在艰险的环境中渡(度)过生活的。当然是使得你们担心的。不过,我是大了的人,同时也是受过相当教育的人,无论如何,我总会设法顾全生命的安全。你们时常说危险,不肯我归来,你们的意想是对的。不过,你们要明白,我们是一个平常的人,倘不敢冒险前进,寻求出路,是不会有光明之日的。我感觉到像我这样的人,能够跟这个伟大的时代向前走,虽不敢说将来一定有出路有办法,但,对于自己的训练是有很大裨益的,我认清了这点,所以我透视生死的问题并不是首要的,也可以说是生命必经的过程的平常的一回事。那么以后不必挂心我了。我只希望你安心地去作(做)你们的事业与工做(作),以谋发展你们各自的前途。这样,我相信着我们的家庭终有光明的一日。

我现暂住香江,静待消息。数日后决上省城去。以后的去向,目前尚难决定。最好当然是希望到内地去,设如不可能,或许在省城参加救亡工作也不定。以后你们寄信来我,地址请写:广州拱日西路129号梁刚先生转便妥!

秀兄、张兄、瑜弟、锦侄、存姐……诸位送我川资与吃品,甚感谢!

恕我没有空来分别来写吧！完了！此请健康！

客席　上
（年份不明）一.七

选自中国人民抗日战争纪念馆、抢救民间家书项目组委会：《抗战家书》，第105～106页，中国画报出版社，2007年版。

沈钧儒家书

沈钧儒

　　沈钧儒（1875～1963），浙江嘉兴人，字秉甫，号衡山，清光绪进士。早年留学日本政法大学，回国后先后参加立宪运动、辛亥革命、护法运动、五四运动。1926年任浙江省临时政务委员兼秘书长。1928年后任上海政法大学（后改为上海法学院）教务长，并执行律师业务。1933年参加中国民权保障同盟。1935年12月领导成立上海文化界救国会，支持"一二·九"抗日救亡运动。1936年5月参与宋庆龄、马相伯等领导成立的全国各界救国会联合会,11月与邹韬奋、李公朴等7人被国民党逮捕入狱,忠贞不屈,直至1937年7月31日获释。抗战胜利后,任中国人民救国会主席。新中国成立后,历任最高人民法院院长,政协全国委员会副主席、中国民主同盟中央主席。

沈钧儒的四封家书

1936年12月至1937年9月

家 书 一

(1936年12月19日)

菊、杏儿知悉:

　　昨天因急要大便,同时又急要发信,以致草草结束,不免要费你们的挂念了。现在可以告诉你们,昨天的大便虽不见很好,今天早起却得了一次通畅的大便,身心都感觉愉快。这几天你们因为不能来苏接见,定多种种愁虑,我要你们放心,顺便替你们解释几句。第一是关于本案,我自信无他,不独是我,就是邹、章、王、李、沙各位,还不是除了抗日目的以外,真是纯粹到如白纸一样洁净吗?万事只要问自己,我自己没有了问题,还有什么问题?根本不是一个微菌,他人用显微镜来照也好,用千里镜来照也好,反正是观点的错误与自扰,过几时自然而然会明白。你们是知道父亲的,应当相信我这几句话。第二我身体好,是的确的,就是不看见我,当然也可放心。还有一层,说起就不免有些愤慨。天津的青年,天津市政府不是拿到了就直接送进日本宪兵营吗?这是报上登载过,大家都知道的。同在一个国家之内,我们现在是受我们国家法律的裁判,不应当再有话说,接见不接见,争他做什么,尤其我是律师,相信法律是公平、是正直,决不至会歪曲了事实,公道自在天壤,你们放心罢(吧)。再,我要购的联语书,盼你们早日寄来。我挚爱的菊、杏、采媳、熊熊、康康、小康祝你们平安。

　　　　　　　　　　　　　　　　　　　十九日午后四时半　父字
　　　　　　　　　　　　　　　　　　　　　(1936年12月19日)

　　他们五位都好,望告知各寓。

选自沈钧儒纪念馆:《沈钧儒家书》,第172~173页,群言出版社,2008年版。

家 书 二

(1937年1月12日)

  最近，邹、章、李、王诸先生家中寄来安报，均有被扣情事。原因尚未判明，惟顷由检察官通知，嘱我们转告家属，来信勿提时事，或者就是这个缘故，与禁止阅报用意相同，即望阅后以电话告知各家为要。再汝与各位夫人务必隔两三日约定见面一次，庶能消息相通，想本来如此办法也。此问合家均好。

  大儿知悉。

一月十二日晚　父字
（1937年）

（此为致沈谦之明信片。）

选自沈钧儒纪念馆：《沈钧儒家书》，第181页，群言出版社，2008年版。

家 书 三

(1937年7月16日)

四儿如见：

  前寄信皆寄往柏林，而最近大哥来此云汝并未到柏林，不知信会遗失否？陶星如先生之子赴德，大概是到柏林，托带一书《经历》，不知渠会寄往汝处否？大哥云有照片等寄汝，不知关于我等之起诉书、答辩状、速记录等亦有寄去否？汝近来体次如何？下半年计划如何？暑期中有何工作？极以为念。我事真太复杂，有一点无从说起。蒋对我等似有谅解，曾由杜月笙、钱新之、黄任之等到苏州来过两次传蒋意，欲我等往庐山面谈。而中央及地方党部似不愿我等与蒋直接解决，种种破坏。于是要判我等罪，要我等写悔过书，要于判罪后送反省院，要于赴庐山时对外宣布。是将我等改押反省院，因此我们设法拒绝一切，只好庐山也不去。在法院方面尽量有法律手续来对付。本来他们想于六月十一日一庭结束判罪，我等反对。法官不肯调查证据，声（申）请回避。于是改至廿五日再开庭。我等仍力持须要调查，法官允调张学良军法会审卷，因此到现在尚未得到三次开庭消息。无论如何，救国无罪，是非力争不可。外间朋友以扩大入狱运动相援助（小妹信已及了）。最近到庐山替我等讲话的人甚多。卢沟桥事变发动后，空气似较转好，一月左右或能有解决消息，告汝未可知也。至在此间饮食起居甚好，我身体尤强健之至。日来小妹晨夕在我侧,大概三哥两三日内亦可来此。我所闷闷者,即是驱逐出国之说近又沉寂耳。家中均好。杭弟毕业南归,桂哥调常州车站,不知有信与汝否?二哥欲来视我,苦无川资。大哥医务不见甚佳,整个社会一天天贫乏,真是不了,此信结束了,汝到底到阳城还是在柏林,即告我。此祝汝好。

七月十六日　衡山安字　第一号函

德国热不热?此间前几日热度八四至九二,最近两日均雨,稍凉,曾降至七四。德有西瓜否?我等今日大吃西瓜,甚甜美也。

(1937年7月16日)

选自沈钧儒纪念馆:《沈钧儒家书》,第209~210页,群言出版社,2008年版。

家　书　四

(1937年9月7日)

大儿、采媳、叔羊同览:

我此数日,因足指间破烂淌水不能行路,不得已入鼓楼医院治疗,今已第五日矣。两三日内或可痊愈,心中急不可言。身体之不自由,比在苏时更甚苦闷万状。又菊足趾亦有破烂处,现不许其走动,已两日不来医院矣。我因中山文化教育馆交通太不方便,与孙晓村①夫人商量合租一屋,在鼓楼三条巷聚槐村五号,现晓村已于前日下午释出,更无问题。医院中大家待我都好,惟来客仍多,亦是无法之事。飞机仅前日下午七时来过一次,可以说在最近一星期,晚上得以安枕而卧也。兹将各事详述如后:

一、国防参议会,共设参议员十六人,除我外尚有张伯苓、胡适之、蒋梦龄、梁漱溟、蒋百里、马君武、张君劢、晏阳初、毛泽东(周恩来代)、李璜、曾琦、傅斯年、陶希圣、黄任之、张镕西。每星期约开会两次,系永久性质,隶属于国防最高会议。主席为蒋、汪②,秘书长彭学沛。

一、我先住中山文教馆,在陵园,交通不便已极,每日包汽车,一天须廿二元。现移三条巷,拟坐人力车。会内每人每月送公费五百元,八月止送半月二百五十。我已用去汽车费等百余元,装电话六十元三二〇一八,捐助人五十元,故已所余无几,医药亦不够矣。杭州同葆学费,三叔有信来,已托人汇去矣。下月当可助汝百元,无问题也。

一、大儿医务情形如何,何以无一字与我?大家千万少出门,吃饭方法简单些,大媳不必天天出去买小菜。三儿脚到底好了没有，非要彻底好了才妥当，不可丝毫勉强将就，至要至要。我足好了决须设法回上海一行。届时三儿愿意做事，再定同来办法，现勿轻举妄动。火车甚多危险性，一个人来我不放心也。

一、闻弟有无信来？诸文绮先生最近寄款情形，大儿知道否？千万弄清楚。我此间亦拟为设法，望将学系、在德学校名称及经历、现在地址，开一张寄来。

一、藤箱内有我写件、半年来各种文件稿底、诗稿、大小图章，竟然失去，深为痛惜。放行李地方如在租界以内，三儿务为我亲自去检查一次，号头或有错误，勿可拘泥。如竟遗失，颇想登报访求，送还给以酬谢可也。

一、大伯是否仍在湫院镇。榴处想有信。十一公公当安好。余再及。即问合寓安好。

九月七日午刻父字
（1937年9月7日）

注释：
① 孙晓村(1906~1991)，浙江余杭人，著名爱国民主人士，时任救国会常委。
② 蒋、汪，指蒋介石、汪精卫。

选自沈钧儒纪念馆：《沈钧儒家书》，第212~213页，群言出版社，2012年版。

钟敬之家书

钟敬之

钟敬之(1910~1998),浙江嵊州人,我国著名的电影教育家、电影事业家和舞台美术家。1934年参加革命,同年加入左联和左翼剧联。1938年加入中国共产党。曾任延安鲁艺实验剧团、鲁艺美术工厂(研究室)主任。新中国建立后,曾任上海电影制片厂常务副厂长,北京电影学院党委书记、常务副院长,是新中国高等电影教育事业的奠基人之一。1941年9月,他从延安写给远在湖南祁阳的弟弟一封家书,倾诉了家园遭日寇焚毁的悲愤心情以及对亲人的无限牵挂。

钟敬之给弟弟的信

(1941年9月7日)

吾弟①如见:

将此信试探高仑②先生转你,不知能收到否?

传闻家庭巨变,房屋遭敌寇烧尽,人虽幸免于难,但衣物、器具悉付火中。思念及之,不禁泪下。我家何此不幸?本来生活艰难,已不堪其苦,今罹此种灾祸,日后怎能设想?况母亲已近花甲之年,年来又不断遭劫,其中痛苦,自可想见。愚兄身虽在数千里之外,心则无日不为慈亲而不安,而难过,而歉疚!徒以景况不济,势难救助,为之奈何!所幸吾弟现已安然逃出,希望即能就业,埋头技术学习,好好锻炼数年,将来总能为社会家庭出些力量。况你曾亲身经历此次浩劫,苦难算已受够,国敌家仇,铭铸在心,他日当不致有负慈母及愚兄之厚望也!

你近来身临新地,多承小棣、阿懦二兄③帮忙,待生活安定之后,当自努力学习,切勿有负二兄帮助之盛意为要。我已多日未与棣懦二兄通讯,实因不知彼等住地之故,如能见到,乞代为致意是荷。

家中久无音信,母亲盼我回家之心,定甚焦切,此事须请吾弟善自设法解析之。因自战乱以来,阖家分散,一时期望团圆,实无可能。母亲虽终日望我回家,事实怎能办到?不如设法劝母亲不必想我,倒还能安心度日。况今已家室全毁,所得幸免者,唯你我数人耳。如能各自立业,他日再图团聚,未无望也。目前母亲生活,确已十分困难,但事已如此,即为人洗衣缝服,亦须勉力度过难关。千万劝其不必专心盼我,以免增加其失望之心,更为难过,不如死心自己设法为佳。此中苦衷,愚兄实难言达,望吾弟能深深谅我,则感甚矣!

母亲及嫂嫂面前,望你转告,我不拟直接去信,因敌区通邮,诸多不便,且你写信,亦须慎言为要。以后希吾弟能多多设法来信(平信即成),阿懦兄住址如有更变,亦望时时见告。但我实因忙懒成习,恐不能经常写信,还乞不必见怪。

吾弟日前来信,附新儿照片一帧,看了甚为欣喜。战乱虽使骨肉离散,家业毁荡,但亦有新的东西在生长,足为我等希望之寄托也。遥想懦兄诸侄儿女,当亦个个长大成人,发进不息,特注下愚兄关心之意,乞为转达是荷。

家中廉、荷、华诸妹近况,以及乡间情形,有便亦望告知一二。

兄之状况如故,可称安适,请勿记念,为祷。专此即颂

近好!

诸亲友人均问好!

愚兄　春④手上

(一九四一年)九月七日⑤

注释:

① 收信人钟敬又,系写信人钟敬之的胞弟。新中国建立前参加江南游击队,新中国建立后长期从事文化工作,现为中国电影家协会离休干部。此信是1941年钟敬又自敌占区流亡至湖南祁阳后,收到的哥哥钟敬之寄自延安的家书。

② 高仓是钟敬又的大姐夫钱祖恩的别名,这是钟敬之为蒙蔽国民党特务,而有意将收信人的真实姓名隐去的。

③ 小棣、阿懦二兄,分别是钟敬又大姐夫钱祖恩和大姐钟湘霞不为外人所知的小名,皆因白区的特殊环境而隐去其真名。

④ 信末落款"春"是钟敬之的小名"春郎"的简称。

⑤ 这是1941年9月钟敬之从延安写给弟弟钟敬又的家书,由钟敬又抄寄给母亲而得以保存下来。

选自中国人民抗日战争纪念馆、抢救民间家书项目组委会:《抗战家书》,第62~64页,中国画报出版社,2007年版。

爱国华侨王雨亭给儿子王唯真的信

王雨亭

王雨亭(1892~1967),福建泉州人,著名爱国华侨,菲律宾《前驱日报》总编辑,"九·一八"事变后,该报与法国《救国时报》、纽约《华侨日报》并列为坚决支持抗战的三大华侨日报。1949年北京解放,王雨亭陪同陈嘉庚从香港回北京,参加了第一届全国政治协商会议筹备会。

收信人王唯真是王雨亭的儿子,1933年11月随父在菲律宾读书。1938年10月,15岁的王唯真在父亲的陪同下回国。1939年8月王唯真抵西安,在党中央创办的安吴堡青训班学习,年底抵延安,1940年10月参加中国共产党。由于王唯真英语好,他先后在《解放日报》、新华社担任英文翻译和国际新闻编辑工作。1967年1月,任新华社第一副社长。1988年3月离休。2006年5月在北京病逝,享年83岁。

爱国华侨王雨亭给儿子王唯真的信

1939年6月4日

真儿:

这是个大时代,你要踏上民族解放战争的最前线,我当然要助成你的志愿,决不能因为"舐犊之爱"而掩(淹)没了我们的民族意识。别矣,真儿!但愿你虚心学习,勿忘我平时所教训你的"有恒七分,达观三分",锻炼你的体魄,充实你的学问,造就一个强健而又智慧的现代青年,来为新中国而努力奋斗!

王雨亭
中华民国廿八年六月四日写于香港旅顺

选自中国人民抗日战争纪念馆、抢救民间家书项目组委会:《抗战家书》,第101页,中国画报出版社,2007年版。

八路军排长鲜正钦写给父母的信

1937年(月日不明)

叩禀:

父亲大人膝下,儿自民国廿一年离别出外贸易,不幸儿在南江参加革命至今。四月中旬写信一函,不知大人收到否?未见来音。不知道家门宗族合家老幼康泰与清吉否?收获如何?儿未得堂前进孝,甚觉抱愧。因我志而要为国为民效力之心,忠孝二字不能双全,人人知之。盼望大人福躬康健,我知幸也。儿自从军,一路平安,现在精神爽快,身体强壮,大人在家不要持念。儿与一般同志,共同团结,如兄如弟一样亲爱。儿现今在第18团军129师772旅3营9连任排长,并革命几年,学了很多道理。我们现快要出动,开赴前线上打日本去。日本侵占中国几省,现又大兵积极进攻绥东,一时一刻不放松向中国进攻,并想吞整个全中国,想把我们整个四万万同胞做他的牛马奴隶,是不满足的。现又进攻我们北平、天津、并节节进逼,大有一口吞下之势,中国到了大祸以临,国难当头;为要把日本逐出中国,收复东北失地,求得中华民主自由、太平安乐。那时我还家,探望居家,我的光荣伟大,居家更是光荣的。再说我兄弟,自我分别以后。未写过信与你,想来你身体安好。我自从军,到如今身体很好,弟在家可以不必记念。我因革命在外,所以要在家里,侍奉父亲,我以后还家才报弟之恩也。望你经常与我通信,这是我很盼望的。

再有我贤妻,你在堂前多多尽孝,我感情不尽矣。你的勤劳、痛苦,我不问自知悉,我还家时再报你的贤德之恩也。我在外身体很好,事事顺心,居家不要挂念。现今国共合作,全国统一和平,联合共同抗日救国,甚是光荣的事情,人人当有责任。家中如若见信,将家中一切的情形详细说明,忽速来音,不可迟误,以勉我知盼望也。

若有回音探交!

并问二叔合家老幼均安！

儿鲜正钦灯下同书
民国廿六年古历九月廿四号

选自《四川文物》，2001年第2期。原件由四川巴中县（今巴中市）文化馆提供，现存川陕革命根据地博物馆。

红军战士马皆得①的三封家书

第一封家书

（此信年份不明）（阴历）12月26日

双亲二大人台鉴，敬禀者无别：兹有男自本年七月，自三庙沟参加红军七十五团二营部担任传令兵工作后，自该地行动消灭敌人，亦同敌人打了十几仗，消灭田颂尧、杨森、刘存厚，占领了九个县份，一个府份，共缴了长短枪几十万余支，机关枪、迫击炮几百余挺（门），俘虏士兵十万余名，毙敌几万余名，这次又消灭了刘湘主力王方舟、范绍增等五旅之众，缴了长短枪几万余支，机关枪、迫击炮几十余挺（门），俘虏士兵几万余名，毙敌三万余名。男亦没受损失。现目前准备彻底消灭刘湘，打倒（到）新林、开江、万县，实现一省数省首先胜利。男目前正在准备上面任务，不得请假返里。希二大人在家加紧生产运动。男同队伍开至宣汉附近修（休）息。男身体非常强壮，希大人不必观念。特此敬请，言不深叙。火速回音。此致福安。阳历十二月二十六号。儿马皆得启。

（此信的年份不明）（阴历）12月26日

注释：

① 马皆得，四川巴中渔溪三合场人，1933年7月（阳历8月）参加红军，在红四方面军第九军第二十五师七十五团二营担任传令兵工作。

第二封家书①

1938年6月10日

母亲大人膝下敬禀者身体康健!

儿自出外几年,去年在甘肃凉洲(州)写了一封信回家,也没有来回信,只来了回条,上面写的是"父、哥、嫂、侄都去世了,家庭状况惨不可言,叫儿早归"。儿当时看见心里真是难过。到今年正月初五从凉洲(州)走,至二十五日到了陕西延安府,儿又写了一封信回家,也不见来回信。不知道收到没有?儿在这里等着来信。请母亲大人好好的(地)休养,儿在外而已(几)年,因为国家大事不能请假回家,也没有在母亲旁边转着,没有很好的(地)奉养母亲大人,这是儿很大的罪恶!因儿现在负有卫国之责,不能尽其孝。现在金钱也很缺少,每月发的钱只能够零用,也没有带回家的。儿现在身体也很好,没有生过病,请母亲大人不必挂念。家中一切事情,望母亲超(操)心。现家中的事,儿都不明白,请母亲大人详细说明,将信接到后,即速回音。

在(再)者,问后(候)胞兄马明得、马招得二位老哥身体健康吗?因兄(弟)出外已(几)年之久,没有与你们见面一次,因也是不可能的。现在家中的事,望你二位老哥超(操)点心。

再问我的外爷(公)吴春山老太爷身体康健吗?因为孙在外已(几)年,也没有在外爷(公)面前走过,这是孙之罪。

再问我在家的那些小朋友们是否很好?因兄不能在一处与你们玩耍,这真是对不起了!完了。

中国人民抗日军政大学校部通信班陕西延安府。

阴历五月十三日

(1938年6月10日)

注释:

① 第二信写的时间为1938年6月10日(阳历)

第三封家书①

1938年9月30日

母亲大人慈鉴,敬禀者,儿自从出外几年,今年阴历九月五日才收到家信一封,信上写的一切情形儿也知到(道)了。母亲大人身体还是健康吗？儿自出外，离家太远，没有在母亲面前好好的(地)奉养，也没有把外爷与父亲送老归山，这都是儿的罪恶，将来儿要回了家，再来好好奉养母亲大人，儿现在经济也很困难，没有充裕的钱代(带)回家中，现在家中一切事情，要望世昌大叔和俊德(得)老哥来招(照)管。俊德(得)老哥，请你劝我大舅与幺舅，现在国家以(已)到生死关头，还买田地做什么？要有充裕的钱，请借一些给我家中，以供给我母亲的生活。儿现在身体也很好，请母亲大人每(与)各位亲戚朋友族家，都不要担心挂念。儿现在也决定住军事学校，就是金钱缺少，请俊德(得)、我哥想法把钱兑一点来才好。话不多言，下次在(再)谈，接信后即速回音！

(一九三八年)九月三十号
儿马皆德(得)写

注释：
① 信写的时间为 1938 年 9 月 30 日

以上此三封信均选自《四川文物》，1996 年第 5 期。原件存川陕革命根据地博物馆。

新四军烈士程雄家书

程雄

程雄(1919~1943)，安徽岳西县人，乳名实穗，又名世杰，出生于一个贫苦农民家庭。

1938年在岳西县店前镇省属二十六工作团,任委员,同年加入中国共产党。1939年参加新四军江北游击队。1940年5月,任新四军第二师第五旅十三团二营三连副政治指导员、党支部书记、连长等职。1943年8月17日在江苏省六合县(今六合区)桂子山的对日作战中壮烈牺牲,时年24岁。

第 一 封①

(年份不明)5月5日

双亲大人膝下:

  在这里大概有一个相当的时间住吧!最近的工作情形,是分着两个方向进行,就是军队和民运。这当然是军队的工作要紧,但是民运方面虽然在军事上看起来比较是占次重的地位,而在这军民合作集中一切力量,来应付这第二期抗战对敌的反攻,以期达到抗战胜利,达到成功的目的。所以因这许多的重要焦点,我们这批政治工作同志,每天按时分布在各部队授课外,余下的时间,就是进行乡村的民运宣传工作,使当地的民众能达到和我们游击队的切实合作。

  儿过去多半是担任内部的事情,对于在外面工作的时间就很少。在今天一半是因为他们的工作分配不过来,一半是根据自己兴趣,所以在上午就和一位胡同志赴第十一连里去讲了一堂课,该连住的地点是在佛祖岭(即新五祖庙)。对儿所讲的呢?也没有怎样的充分准备,不过随便同他们把抗战形势大略分析了一下,所提出的几个重要点:1. 抗战的两大阶段; 2. 一期抗战失败的原因; 3. 二期抗战的四大原则。在讲过这几个问题后,又补充几个救亡歌曲,而士气大觉振奋,抵下午四点钟返队。在五点钟,我们又全体赴县城举行"五、五"及胜利大会,到会各(机)关及民众大概有六千人以上。在会毕大举游行,歌声轰动了宿松县城,高呼口号声震原野。因为今天的捷报迭至,区副军长亲至前线指挥胜利的英勇抗战,望江现已克复,安庆城外之各要点及飞(机)场等地均被我收复。安庆正在围攻中,城内火焰冲天,炮声震地,敌之师长郝文波全师反正,而安庆在指顾之间,即可克复。儿想在今天这样的热烈大会,第二次其他纪念大会,就可在安庆城内举行了。

  近来,二位大人康健吧!弟妹等都好吧!

  敬祝

金安!

儿 实穗跪禀

(年份不明)五、五

第 二 封②

(年月日不明)

亲爱的双亲大人膝下：

　　儿这次为了民族，为了阶级，为了可爱的家乡，为了骨肉相连的弟妹，求得生存和幸福，儿不得不来信辞别双亲大人，如果不能活着的话，双亲大人应保重玉体，抚育好弟妹。生活难度的话，可卖掉土地、房屋，把生命糊过来，到十年八年我们就好了，有饭吃、有衣穿、有房子住。现在儿就要离开大别山，走上最前线消灭敌人，保卫中华，望双亲不要悲伤挂念。儿为伟大而生，光荣而死，是我做儿子最后的心意，罪甚！罪甚！

(年月日不明)

注释：

①② 第一封信年份不可考，第二封信年月日不可考。

选自中国人民抗日战争纪念馆、抢救民间家书项目组委会：《抗战家书》，第76~78页，中国画报出版社，2007年版。

刘宗歆烈士写给妻子的信

1941年12月26日

舍子①：

　　十日来信收到，我在义乌诊治鼠疫病人已得五十多人，半死半活(发病后一天内服药者多治愈，二天后服药者多死亡)，疫势未减，很忙短时间不能走开，涛子很好，有潘家叫人何小姐照料大概还可以，家乡雅世伯来信平安我怕不能回乡啊。

　　何太太让她同斯炎走吧！你可设法同信客回乡转衢，行李等物要当心，到家后就写信给我，朋子可能时带来较好，寄给人家总不方便，你到家来信时若疫势平我可设法回乡，若病人仍很多那倒困难了，且等到乡后再说，钰弟来信说愿同来也很好！

　　母亲劝劝她说我明年一定来看他(她)，保重身体要紧！

再见!

宗歆②上 (一九四一年)十二,二十六。

我不要买东西!
来信寄义乌卫生医院转交

注释:
① 舍子,即陈娟,宗歆的妻子。
② 宗歆,即刘宗歆,1941年任浙江衢县(今衢江区)临时防疫处隔离医院医务主任。这是他牺牲前于1941年12月26日写给他妻子的最后一封信。

选自沈强等:《中国人民抗日战争纪念馆馆藏精品文物图录》,第127页。

新四军战士胡孟晋家书

新四军战士胡孟晋

胡孟晋,原名永生,1912年生,安徽舒城人。就读池州师范学校。1938年入党并加入新四军,先后从事民运与统战工作,1942年任东湖县中心县委委员、五区工委书记,1945年春任东湖中心县委组织部副部长。1947年去世。下面是1939年11月28日他写给妻子张惠的信。

新四军战士胡孟晋给妻子的信

1939 年 11 月 28 日

最亲爱的惠呵:

我们又要离别了!当你听了离别的声音,或者不高兴吧!

亲爱的,谁不愿骨肉的团聚,谁不留恋家庭的甜蜜,要知道国家民族重要,个人前途重要,因此又要别离亲人,而远征他乡了。

为了你的寂寞,为了你的思念,千里外的我,暂时停了救国的工作,越津浦跨淮南,到达别离一载的故乡来。二月来的团聚欢谈,畅言国事,解释问题,你的政治水准提高了,民族意识加强了,革命的阵营中,增加一位健将了。

畸形发展的中国,教育不普及,人民的知识简单,而妇女尤甚,只要家而不顾国。大难当头,应踊跃赴前线杀敌,而妇女们阻碍其夫或其子之伟志。希望你将无知识的妇女组织起来,宣传和教育她们,使伊等知道,"皮之不存,毛何附焉"?"国之不存家何在"?使她们不至含泪终日,倚门遥望前线上的夫、子早日归来呢!(望胜利归来)

惠,最亲爱的人,你是妇女中的先进者,对于我这次的外出,请不要依恋,要知道你爱人的走,不是故意地抛弃你,而是为着革命,为着独立自由幸福的新中国而努力奋斗的啊!

家庭经济之困难,生活之痛苦,我是深知的。要革命成功,须经过困难艰苦的阶段,当此环境中是要立定脚跟,具坚强之意志,任何之外诱,不可动摇的,"国危见忠臣",在困难中锻炼成真正的革命者啊!

富贵反多忧,钱是要人用,不要给钱用了人。在此抗战时,多少富翁成寒士,由此看来,金钱不足恃也。对于穷人要客气,要同情他。对富人也要与对普通人一样,对于守财奴,少与之来往,因为他只认钱,不认人,这些人不要看起他,但与之面子往来而已。

惠呵,我们要认清时代,当此革命时期,家庭衣食可维持就够了,不要有其他念头。要知道整千整万的难民,千百万的劳苦大众,生活是多么的痛苦呵!人生是要做伟大事业,而不是做了金钱的奴隶呵!太看重金钱的人是最污脏的,不要与之往来。

爱人呵,你在无事的时候,多多阅读书报,可使你知识进步,多多想工作的方法,切不要空想,也不要太挂念在外的我,劳神伤身,于事无益。好好教养两个小孩,切忌打骂。处家事,对外人,言语态度等等,可参考我的日记和通信,要切实地做,不然我的心思枉费了。请你真正地做吧,否则,太对不起在外的人呢!

最亲爱的人,你不要太念我,你的厚情我是知道的,我不是个薄情的人,请你放心,决不辜负你的热情呵!

在外的我，身体自知珍重，一切当知留心，请你安心在乡努力妇女解放的事业，成为女英雄，我在外对革命之伟业亦更加努力呵！别了，别了！

此致

敬礼

（中华民国）廿八、十一、廿八
群于舒百

选自中国人民抗日战争纪念馆、抢救民间家书项目组委会：《抗战家书》，第73~75页，中国画报出版社，2007年版。

中国远征军军人钱林保的家书

中国远征军军人钱林保

钱林保（1917~1997）又名钱礼，上海嘉定南翔人。因家贫初三辍学进烟杂店当学徒，后入挪威海员教会做杂役。1938年赴香港挪威海员教会工作，期间参加张光宇、叶浅予等主办的漫画训练班。1944年考入国民政府军事委员会东南干训团，担任翻译官；同年秋编入中国远征军装甲部队战车营保养连任翻译官，远征印、缅。抗战胜利后反沪在航空协会、市商会供职。1949年5月被上海市工商联留用。

钱林保致芳仪①

1944年11月12日

芳仪：

十足有一个星期没有给你信了，大概也盼得紧吧？原因是"16号信箱"（代表某部）快要出发了。……

对于死，我倒并没有你看得那样严重。当然我也是凡人，也有自私之心，最好让别人先死，我不要死，可是经过几次的"火的洗礼"，我对死看得太平凡了。我要不要到缅北去，那不是我自己能作（做）主的，现在希望的是，战局能好一点，那末（么）也许可能早一些回来，否则至少还要再等两年。

自从搬到39之8来以来，一个人住一个帐篷，生活安定了许多，但也寂寞了许多。晚上在油灯下，常常要弄到十二点钟才睡觉，因为成了习惯了，没有法子改掉。印度的天气，不如想象中那样的热，热天也许热些，冷天还是一样冷，像现在阴历九月中旬，早晚已经非毛线不行，尤其是帐篷里，比屋子里更冷些，晚上盖两条毛毯还不够。我除了迟睡的习惯外，其他还知道自己保重。小姐，你在国内，也请自己保重吧！我们都是离了窠的小鸟，再也没有亲爱的妈妈来当心我们了。

林保

（一九四四年）十一月十二日

注释：

① 芳仪，即高芳仪，钱林保的未婚妻，当时流离于重庆、昆明等地。抗战胜利后，在香港与钱林保结婚。

选自钱林保、高芳仪（《世纪》杂志社编）：《一个中国远征军翻译官的爱情书简》，第59~60页，上海书店出版社，2013年版。

高芳仪致钱林保

1944年10月12日

林保：

你这次在遥远的地方和正在不定的移动中却还能记得你曾经认识的一位朋友，数千里外寄上了许多画报,不胜感谢,现在你在遥远的印度国土,为感谢你的盛意,寄上联合画报一张及从出门时带来的一本歌谱上抄了二首很好听的歌曲给你,我想你无聊时唱唱也是好的,我自己就是常如此解除烦闷,你慢慢地去学吧,记得在火车中曾抄了一首《燕子》你已会唱了吧?告诉我,你说这次到印度,东西丢的丢,卖的卖了,那本邮票册还在吧?如果丢了那真太可惜了,我因教他们读到一课集邮,想起你亦有一本,故顺笔提起。

此祝

安好!

芳仪

(一九四四年)十月十二日

选自钱林保、高芳仪(《世纪》杂志社编):《一个中国远征军翻译官的爱情书简》,第26页,上海书店出版社,2013年版。

钱林保致高芳仪

1944年10月30日

芳仪:

……

你抄给我的那支《燕子》,我还保存着,早学会唱了,谢谢你的指教。

此地的剧运,倒很热闹,差不多每一个部队都有一个剧团,有的是京戏,有的是话剧,还有歌咏队等等,实在因为所有的娱乐太少了,所以都向这方面发展,虽然水准幼稚得可以,但热情总算不错,有机会请你寄一点剧本来。

你最近怎样,希望常常来信。即此敬请

平安!

林保

(一九四四年)十月三十日

附:《燕子》歌词

燕子啊,你来自北方;燕子啊,你来自北方!你知道,哪一些村镇遭了苦难,哪一些村镇变了屠场。

燕子啊,你来自北方;燕子啊,你来自北方!你知道,谁是我们痛恨的敌人,谁为了祖国英勇阵亡。

燕子啊,你来自北方;燕子啊,你来自北方!你知道,有一天我要回到家乡,谁是我的宝剑下的豺狼。

选自钱林保、高芳仪(《世纪》杂志社编):《一个中国远征军翻译官的爱情书简》,第39页,上海书店出版社,2013年版。

钱林保致高芳仪
1944年12月26日

芳仪:

……

现在把消息告诉你吧!我们部队已经决定要走,就在开过年新年内,所以在此地只有一个多星期日子,行动的目的地是利杜。我已经告诉过你,这是大后方,不要紧的。而且我这个部队,单位虽然小,却是一个独立部队,而且是担任后方工作的,所以即使上前线也不会太接近作战地区,这点请你放心,其他一切我会自己保重,不必悬念。好在几次三番的(地)跑路,已经旅行出经验来,不会再觉辛苦了。我在出发之前,至少应当再有一封信给你,以后在路上有军邮之处都投信,到目的地后再来一个总报告,你给我的信,尽管寄来,我告诉过你,我们的信箱是跟部队走的。

最近局势颇可乐观,犯黔的敌人已被顶住,而且节节被我向广西境内驱逐过去,八莫已经攻下来,如果腊戍也能收回的话,那末(么)也许可以提早我们回国的日期,我这样盼望着,并不是单纯为我自己,也为了祖国,缅甸滇路早些通,重兵器就可以运到中国,也就可以打击敌人,收复失地,我们也有用武之地了。

弟钱林保
(一九四四年)十二月二十六日

选自钱林保、高芳仪(《世纪》杂志社编):《一个中国远征军翻译官的爱情书简》,第102页,上海书店出版社,2013年版。

后　　记

　　《抗战信札》由李良志、吴美华、周大计协力合作完成。李良志拟定了本书的编写大纲，收集了本书信函的主要部分及本书所收照片的主要部分，撰写了本书绝大部分栏目的说明辞，审订了全部书稿，并负责本书所有文字的最后统稿定稿。吴美华收集了本书中共领袖人物、民主党派领导人以及其他著名爱国人士信函的主要部分，修改了本书全部栏目的说明辞，审订了全部书稿，并打印了本书撰写文字的主要部分。周大计收集了本书有关国民党人物、国民党抗战以及抗战时期国际关系信函的主要部分，撰写了部分栏目的说明辞，也审订了全部书稿。中国人民大学中共党史系硕士研究生耿苗苗参加了部分资料的收集复印工作。

　　在本书编写过程中，中共中央党史研究室、中国人民抗日战争纪念馆、中国人民大学图书馆为我们提供了许多资料和帮助，我们对此表示衷心的感谢。

　　本书的策划者是河南日报报业集团的方清刚先生和河南大学出版社的马博先生，没有他们的倡议和努力，就没有本书的编写和现在的成果，我们对方清刚先生和马博先生表示衷心感谢。本书承河南大学出版社为我们出版发行，我们对出版社全体同志表示感谢。

　　本书所引用的照片、信函，来不及一一向每位作者、编者致谢，谨表歉意。

李良志
2017 年 7 月